10일 만에 익히는

파이토치 딥러닝

10일 만에 익히는 파이토치 딥러닝

초판 1쇄 발행 2025년 12월 23일

지은이 **한기영** 펴낸이 **한기성** 기획·편집 **신승준** 표지 디자인 **오필민** 내지 디자인 **윤영준**
제작·관리 **이유현** 영업·마케팅 **김진불** 경영지원 **박미경** 용지 **유피에스** 출력·인쇄 **예림인쇄**
후가공 **이레금박** 제본 **예림원색**

펴낸곳 **(주)도서출판인사이트** 등록번호 **제2002-000049호** 등록일자 **2002년 2월 19일**
주소 **서울특별시 마포구 연남로5길 19-5** 전화 **02-322-5143** 팩스 **02-3143-5579**
이메일 **insight@insightbook.co.kr**

ISBN **978-89-6626-508-4** 93500

AI Insight

10일 만에 익히는

파이토치 딥러닝

한기영 지음

인사이트

차례

지은이의 글

이 책의 집필을 시작한 것은 2024년 12월이었습니다. 겨울의 초입에서 따뜻한 커피 한잔을 옆에 두고 집필 계획서를 작성했던 순간이 아직도 생생합니다. 그리고 지금 이 글을 쓰는 시점은 2025년 11월, 다시 겨울을 앞두고 있습니다. 꼬박 1년이라는 시간이 흘렀습니다. 처음에는 이렇게 오랜 시간이 걸릴 거라고는 예상하지 못했습니다. 하지만 일을 하면서 동시에 책을 쓴다는 것은 생각보다 훨씬 많은 노력이 필요했습니다.

집필 기간이 길어지면서 쉽지 않은 순간도 있었지만, 이 책이 딥러닝을 처음 접하는 분들에게 작은 출발점이 될 수 있다는 생각이 큰 힘이 되어 주었습니다. 딥러닝의 핵심 개념들을 독자가 조금이라도 더 쉽게 이해할 수 있다면 그것만으로도 충분히 보람 있는 일이라고 생각했습니다.

필자는 10년 넘게 인공지능과 데이터 분석을 가르쳐 왔습니다. 비전공자부터 실무자, 대학생, 경영자까지 다양한 배경을 가진 분들과 함께 배움의 순간을 나눠 왔습니다. 그 과정에서 늘 반복적으로 느낀 점이 있습니다. "데이터 분석과 인공지능은 흥미롭지만, 비전공자들에게는 진입 장벽이 높다"라는 점입니다. 새로운 용어가 많고 수학 개념도 등장하고 코드 구조도 익숙하지 않아 중도에 포기하는 사람이 적지 않았습니다. 그래서 이 책에서는 최대한 쉽게 그리고 여러 비유를 사용하며 마치 강의할 때처럼 친근하게 설명하려고 노력했습니다.

최근 인공지능은 상상할 수 없을 정도로 빠르게 발전하고 있습니다. 필자도 가끔은 현기증이 날 만큼 변화의 속도가 빠르게 느껴집니다. 동시에 이제는 누구나 쉽게 인공지능을 활용할 수 있는 시대가 되고 있습니다. 버튼 한 번으로 모델을 부르고 복잡한 작업도 간단한 프롬프트로 해결할 수 있습니다. 그래서 "이렇게 쉬워졌는데, 굳이 딥러닝 모델링 기술을 배워야 할까?"라는 생각이 들 수도 있습니다.

하지만 저는 오히려 이럴 때일수록 '기본기'가 무엇보다 중요하다고 생각합니다. 모든 분야에서 기초 지식이 가장 오래 남고 가장 깊은 이해로 이어지는 것처럼 딥러닝 기술은 인공지능 분야에서 깊이 있는 이해와 탐구를 위해 반드시 필요한 첫걸음입니다. 이 책이 바로 그 기초를 단단히 쌓아 주는 역할을 하리라고 생각합니다.

이 책은 크게 두 부분으로 이루어졌습니다. 1일 차부터 7일 차까지는 딥러닝을 학습하는 데 꼭 필요한 기초 개념을 다룹니다. 머신러닝에서 시작해 회귀, 분류, 모델링 절차, 모델 성능 관리, 클래스 선언 방식 등 딥러닝의 눈으로 세상을 보는 기반을 제공하는 내용들입니다. 특히 파이토치를 활용해 직접 모델을 설계하고 학습시키는 흐름을 반복함으로써 '코드가 어떻게 흘러가는지' 자연스럽게 익힐 수 있도록 구성했습니다.

8~10일 차는 이런 기초 위에서 한 단계 더 나아가는 차시들입니다. 딥러닝에서 가장 활발한 세 가지 분야, 즉 시각 지능(CNN), 언어 지능(RNN), 비지도학습(Autoencoder)을 골고루 경험할 수 있도록 구성했습니다. 단순한 개념 소개를 넘어 실습 중심으로 구성해 직접 손으로 모델을 만들며 원리를 이해할 수 있도록 했습니다. 총 10일 동안 하루에 한 차시씩 차근차근 그리고 꾸준히 따라가며 학습한다면 딥러닝을 이해하는 데 필요한 기본 틀을 쌓을 수 있을 것입니다

코드는 깃허브(github.com)를 통해 별도로 제공하지만, 진짜 실력은 결국 직접 코드를 입력하고 오류도 겪어 보면서 모델의 결과가 달라지는 경험을 통해 만들어집니다. 한 줄의 코드를 고치기 위해 몇 시간 고민할 때도 있고, 작은 실수를 찾는 데 많은 시간이 걸릴 수도 있습니다. 하지만 바로 그런 과정이 독자의 딥러닝 실력을 탄탄하게 만듭니다. 코드 한 줄, 그래프 하나에도 의미가 담긴다는 사실을 직접 느끼는 것이 중요합니다.

한 권의 책을 처음부터 끝까지 읽으며 이해한다는 것은 결코 쉬운 일이 아닙니다. 때로는 용어가 낯설고 모델 구조가 복잡하게 느껴질 수도 있습니다. 하지만 배움의 길은 원래 완만한 오르막이 아니라, 조금씩 난이도가 있는 계단을 오르는 일과 같습니다. 한 계단씩 꾸준히 올라가는 것이 중요합니다. 만약 독자가 이 책을 끝까지 완주한다면 그 과정에서 얻은 지식과 경험이 앞으로 인공지능 분야에서 역량을 쌓는 데 튼튼한 기반이 되어 줄 것입니다. 지금은 작은 첫걸음처럼 보일지 모르지만, 이 책을 통해 쌓은 기초는 앞으로 다루게 될 더 크고 다양한 모델을 이해하는 데 큰 도움이 될 것입니다.

- 참조 코드 URL: *https://github.com/DA4BAM/pytorch_deeplearning_codefiles*

10일 만에 완주하는 파이토치 딥러닝 체크 리스트

이 표는 딥러닝 학습의 기본기를 다지는 과정에서 각각의 차시마다 핵심이 되는 요소를 한 곳에 모아 놓은 체크리스트입니다. 학습할 때마다 중요한 내용을 놓치지 않고 학습했는지 체크해 보길 바랍니다.

구분	학습 내용	체크
1일 차	• 머신러닝의 개념과 핵심 방법론인 CRISP-DM을 이해했는가?	☐
	• 실습 환경인 코랩에서 머신러닝 코드를 작성할 수 있는가?	☐
	• 머신러닝으로 회귀 모델링을 구현해 보았는가?	☐
	• 머신러닝으로 분류 모델링을 구현해 보았는가?	☐
2일 차	• 전체 흐름을 이해하기 위한 딥러닝 무작정 따라하기 코드를 문제없이 구현했는가?	☐
	• 딥러닝의 중요한 자료구조인 텐서를 이해하고 조작할 수 있는가?	☐
	• 딥러닝 학습의 핵심 메커니즘인 오차 계산과 가중치 조정에 대해 대체로 이해했는가?	☐
3일 차	• 딥러닝 모델 구조를 설계하면서 손실 함수와 옵티마이저를 좀 더 이해했는가?	☐
	• 데이터를 효과적으로 학습시키기 위한 미니배치, 에포크, 학습률을 이해하고 구현했는가?	☐
	• 딥러닝의 은닉층을 이해하고 활성화 함수의 개념과 구현 방법을 이해했는가?	☐
4일 차	• 이진 분류의 출력층에서 시그모이드 함수를 사용해 확률을 계산해 보았는가?	☐
	• 은닉층이 없는 로지스틱 회귀 모델을 구현하고 회귀 모델과의 차이를 이해했는가?	☐
	• 이진 분류 모델에 은닉층을 추가하는 복잡한 딥러닝 패턴을 잘 학습했는가?	☐
	• HR 예제로 직원의 이직 여부를 예측하는 모델을 잘 구현했는가?	☐
5일 차	• 다중 분류에서 소프트맥스 함수의 역할과 손실 함수인 교차 엔트로피를 이해했는가?	☐
	• 붓꽃 데이터 세트를 활용해 다중 분류 모델링의 기본기를 익혔는가?	☐
	• MNIST 데이터를 활용한 다중 분류 실습으로 분류 모델링 실력을 한 단계 확장했는가?	☐

6일 차	• 모델의 복잡도에 따라 과적합이 발생할 수 있는 이유를 이해했는가?	□
	• 과적합 방지를 위한 조기 종료, 드롭아웃, 가중치 규제를 이해하고 실습으로 구현했는가?	□
7일 차	• 종전의 모델 선언 방식에 비해 클래스 선언 방식이 갖는 장점을 이해했는가?	□
	• 다양한 패턴의 모델 클래스 생성법을 실습과 함께 익혔는가?	□
8일 차	• CNN의 의미와 이미지를 작은 영역으로 나누어 패턴을 학습하는 과정을 이해했는가?	□
	• MNIST 데이터로 여러 형태의 합성곱층과 맥스 풀링층으로 구성된 CNN 모델을 구현했는가?	□
	• CIFAR-10 데이터로 컬러 이미지를 처리하는 CNN 모델을 설계해 보았는가?	□
9일 차	• 자연어 처리와 문장, 토큰, 말뭉치 같은 개념이 무엇을 의미하는지 모두 이해했는가?	□
	• RNN의 구조, 작동 원리, 장단점 등을 모두 이해했는가?	□
	• 트위터 데이터를 이용해 NLP 프로젝트의 기본 흐름을 실습으로 구현해 보았는가?	□
10일 차	• 클러스터링, 차원 축소 같은 비지도학습의 기본 개념과 오토인코더를 이해했는가?	□
	• 오토인코더의 구조를 이해하고 차원 축소, 노이즈 제거, 이상 탐지 등의 사례를 확인했는가?	□
	• 오토인코더를 이용해 MNIST 데이터의 노이즈 제거, 분포 시각화 작업을 실습해 보았는가?	□

1부

딥러닝 기초 with 파이토치

1부에서 다루는 내용

- 머신러닝 모델링
- 딥러닝 기초
- 회귀 모델링
- 이진 분류 모델링
- 다중 분류 모델링
- 딥러닝 모델 성능 다루기
- 클래스 선언 방식

1~7일 차까지는 딥러닝을 학습하는 데 꼭 필요한 기초 개념을 다룹니다. 머신러닝에서 시작해 회귀, 분류, 모델링 절차, 모델 성능 관리, 클래스 선언 방식 등 딥러닝의 눈으로 세상을 보는 기반을 제공하는 내용들입니다. 특히 파이토치를 활용해 직접 모델을 설계하고 학습시키는 흐름을 반복함으로써 '코드가 어떻게 흘러가는지' 자연스럽게 익힐 수 있도록 구성했습니다.

1일 차

머신러닝 모델링 빠르게 정리하기

이번 차시에서 주목할 키워드

- CRISP-DM
- 머신러닝
- 모집단과 표본
- 모델링 코드 절차

1일 차 학습 목표

- 머신러닝이 무엇이며 왜 필요한지, 그리고 모델, 모델링과 같은 기본 개념을 숙지합니다.
- 머신러닝을 체계적으로 정리해 주는 CRISP-DM 프로세스 여섯 단계를 설명할 수 있습니다.
- 실제 코드 실습을 통해 데이터 전처리 → 모델 설계 → 학습 → 예측 → 평가로 이어지는 모델링 절차를 익히고, 머신러닝 모델이 만들어지는 과정을 단계별로 이해합니다.

딥러닝을 올바르게 이해하고 활용하려면 그 바탕이 되는 머신러닝의 개념과 흐름을 먼저 익혀야 합니다. 1일 차에서는 본격적인 파이토치 딥러닝 학습에 앞서 머신러닝의 기본 개념과 실제 프로젝트 수행 절차를 살펴봅니다. 이 과정은 딥러닝 학습에 필요한 준비 운동의 일환이라고 생각하면 좋겠습니다.

머신러닝이 처음인 분은 여기서 소개하는 기본 개념과 실습을 꼼꼼하게 읽고 따라 해보기를 권합니다. 물론 머신러닝을 하나의 차시로 모두 익힐 수는 없지만, 머신러닝의 흐름과 구조 그리고 코드 작성 방식에 익숙해져야 딥러닝도 쉽게 이해할 수 있습니다. 이제부터 머신러닝과 딥러닝의 큰 흐름을 단계별로 익혀 보겠습니다.

머신러닝이란?

머신러닝/딥러닝 학습에 필요한 기초적인 몇 가지 용어를 알아봅니다. 많이 알려진 용어지만 여전히 정확히 사용되고 있지는 않습니다.

인공지능? 머신러닝? 딥러닝?

자주 혼동하는 세 용어를 정리합니다. 바로 인공지능(Artificial Intelligence, AI), 머신러닝(Machine Learning, ML), 딥러닝(Deep Learning, DL)입니다. 이 세 용어는 밀접하게 연결되어 있기 때문에 실무 현장에서는 혼용해 사용하는 경우가 많습니다. 하지만 학습을 시작하는 이 시점에서는 각각의 개념을 정확히 이해하고 넘어가는 것이 좋습니다.

인공지능은 범위가 가장 넓은 개념으로 "인간처럼 사고하고 행동할 수 있는 기계를 만드는 것"을 목표로 하는 기술입니다. 초창기 인공지능은 규칙 기반(Rule-Based) 시스템이 중심이었습니다. 규칙 기반 시스템은 사람이 명시적으로 "이럴 땐 이렇게 하라"라고 컴퓨터에게 일일이 지시하는 방식입니다. 일반적으로 소프트웨어를 개발할 때 그리는 순서도(Flow Chart)가 규칙 기반 시스템의 대표적인 사레입니다. 규칙이 많고 복잡할수록 사람의 개입은 많아지고 유지보수도 어려워집니다.

규칙 기반 시스템의 한계를 극복하는 과정에서 등장한 기술이 바로 머신러닝입니다. 머신러닝은 사람의 명시적인 지시 없이 데이터를 기반으로 컴퓨터가 스스로 패턴을 학습하고 의사결정을 내리는 기술입니다. 즉, 사람이 규칙을 하나하나 만들어 주지 않아도 머신 스스로 데이터를 기반으로 규칙을 추론합니다. 머신러닝은 인공지능의 한 분야로 분류할 수 있습니다.

딥러닝은 머신러닝의 하위 분야로 인공 신경망(Artificial Neural Network)을 기반으로 동작하는 기술입니다. 딥러닝 모델에서 입력 데이터는 여러 층(Layer)을 거치면서 점차 핵심적이고 추상적인 특징으로 변환됩니다. 복잡한 데이터를 변환하는 과정에서 딥러닝은 중요한 패턴을 찾습니다. 딥러닝은 이제 이미지에서 사물을 인식하고 음성 데이터를 분석해 발화 내용을 파악하고 텍스트에서 감정을 추론하거나 요약문을 생성하는 등 여러 작업에서 사용되고 있습니다.

인공지능, 머신러닝, 딥러닝은 [그림 1-1]이 보여 주듯이 서로 포함 관계에 있다 보니 세 용어가 종종 혼용되어 사용됩니다. 학문적, 실무적으로 정확한 구분이 필요할 때도 있지만, 일반적으로 사용할 때는 이 경계가 명확하지 않습니다. 특히 대학 강의에서 과목명은 머신러닝이지만, 배우는 내용은 주로 딥러닝(인공 신경망)인

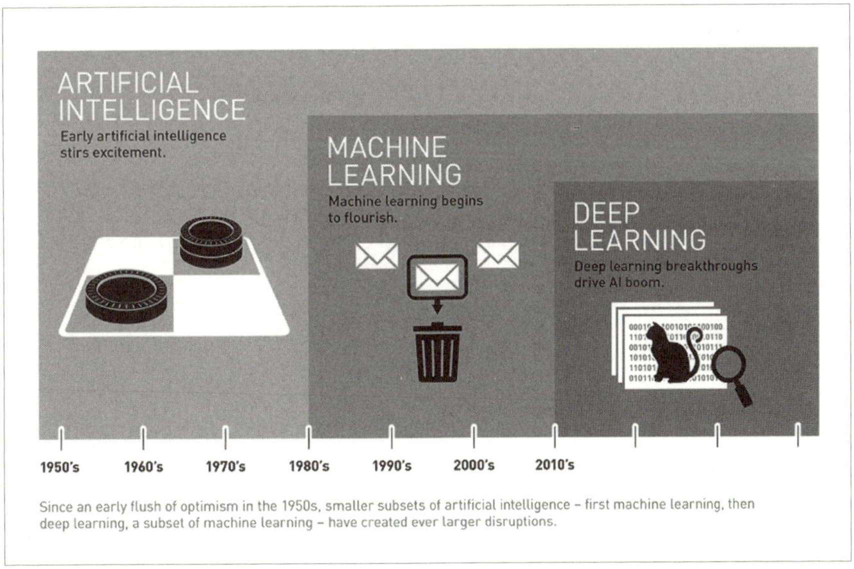

[그림 1-1] 인공지능, 머신러닝, 딥러닝 비교(출처: *https://blogs.nvidia.com/blog/whats-difference-artificial intelligence-machine-learning-deep-learning-ai/*)

경우가 많습니다. 딥러닝이 현재 머신러닝 분야에서 가장 활발히 연구되고 있고 응용 가능성도 높은 기술이기 때문입니다. 그래서 학계에서는 머신러닝이라고 쓰고 딥러닝이라고 부른답니다.

한편 실무에서는 종종 딥러닝과 머신러닝을 구분해 사용합니다. 딥러닝은 주로 인공 신경망 기반의 모델을 학습시키는 방법으로 정의하고 대규모 데이터를 처리하거나 비정형 데이터(예: 이미지, 음성, 텍스트)를 다룰 때 자주 활용합니다. 반면 머신러닝은 딥러닝을 제외한 나머지 알고리즘을 지칭하는 경우가 많습니다. 여기에는 전통적인 통계 모델들이 있습니다. 대표적으로 선형회귀(Linear Regression), 최근접 이웃(K-Nearest Neighbors), 의사결정나무(Decision Tree), 랜덤 포레스트(Random Forest), 그리고 XGBoost 같은 알고리즘들이 전통적인 통계 모델들입니다.

딥러닝이 머신러닝보다 무조건 뛰어난 방법은 아니라는 점이 중요합니다. 문제의 종류, 데이터의 양, 해석의 용이성, 컴퓨팅 자원 등에 따라 전통적인 머신러닝 기법이 더 적합한 경우도 많습니다. 따라서 이 두 가지 접근 방식을 '상호 보완적인 도구'로 이해하고 상황에 맞게 적절히 활용해야 합니다.

머신러닝의 종류

머신러닝은 모델이 데이터를 기반으로 스스로 패턴을 학습하고 이를 바탕으로 예측하거나 결정을 내리는 기술입니다. 그런데 모델이 데이터를 학습하는 방식은 모두 똑같지 않습니다.

학습 방식과 문제의 성격에 따라 머신러닝은 지도학습(Supervised Learning), 비지도학습(Unsupervised Learning), 강화학습(Reinforcement Learning), 세 가지로 구분합니다. 세 방식 모두 데이터에 대한 접근 방법이 다르고 활용 분야도 다양합니다.

지도학습

먼저 머신러닝의 대표적인 학습 방식인 지도학습(Supervised Learning)입니다. '지도'라는 단어가 암시하듯이 이 방식은 마치 선생님이 학생에게 정답을 알려 주며 학습을 이끄는 행위와 비슷합니다. 데이터를 이용해 모델을 학습시킬 때 입력 데이터와 함께 정답에 해당하는 목푯값(target)도 제공합니다.

이메일 스팸 필터링 시스템을 만든다고 해봅시다. 이때 시스템의 입력값은 이메일의 내용이고 정답(목푯값)은 '스팸이다' 또는 '스팸이 아니다'와 같은 값입니다. 모델은 정답이 달린 수많은 이메일 데이터를 보면서 어떤 표현이나 구조가 스팸 메일에서 자주 등장하는지 학습합니다. 학습을 마친 모델은 새로운 이메일이 들어오면 이제 학습한 패턴에 따라 그것이 스팸인지 아닌지 예측할 수 있습니다.

지도학습은 정답 유형에 따라 다시 둘로 나뉩니다.

- 회귀(Regression): 정답이 숫자(연속형 값)일 때. 예: 집값 예측, 온도 예측 등
- 분류(Classification): 정답이 범주(클래스)일 때. 예: 합격/불합격, 고양이/강아지 분류 등

비지도학습

비지도학습(Unsupervised Learning)은 어떻게 다를까요? 지도학습이 정답(목푯값)을 주면서 학습시키는 방법이라면 비지도학습은 이름 그대로 목푯값이 주어지지 않은 상황에서 모델 스스로 데이터를 관찰하고 그 안에서 패턴을 찾는 학습 방법입니다. 사람이 "이게 정답이야"라고 알려 주지 않기 때문에 모델은 스스로 입력 데이터의 유사성을 기준으로 그룹을 나누거나 데이터의 숨은 구조를 파악합니다.

예를 들어 수많은 고객 데이터를 분석하면서 "이 고객과 저 고객이 비슷한 구매 행동을 보인다"라고 그룹화할 수 있다면 마케팅으로 각각의 그룹에 맞는 맞춤 전략을 세울 수 있습니다. 이처럼 비슷한 특성에 따라 데이터를 묶는 작업을 클러스터링(Clustering, 군집화)이라고 합니다.

또한 비지도학습은 차원 축소(Dimensionality Reduction) 작업에도 활용됩니다. 예를 들어 비지도학습은 수백 개의 특징이 있는 데이터를 2, 3차원으로 축소해 시각화하거나 노이즈(Noise)를 제거해 더 의미 있는 정보를 추출할 수 있습니다.

비지도학습은 우리가 아직 잘 모르는 데이터의 내부 구조나 숨은 패턴을 발견할 때 매우 유용한 도구입니다.

여기서 잠깐

입력값과 목푯값(정답)의 다양한 이름들

모델을 학습시킬 때 데이터는 입력값과 목푯값으로 표현됩니다. 그런데 이 단어와 유사한 용어가 아주 많습니다. 일부만 적어 보면 다음과 같습니다.

- 입력값: input, x, feature(특징, 특성), 요인, 독립변수
- 목푯값: output, y, target, label, 결과, 종속변수, ground truth, 정답

이 용어들은 통계학, 머신러닝, 데이터 마이닝 등 여러 분야에서 사용합니다. 이 책에서는 주로 입력값(x, feature)과 목푯값(y, target)으로 표기합니다. 그리고 입력값과 목푯값을 변수(입력변수, 목표변수)로 표기하기도 합니다.

강화학습

마지막으로 소개할 방식은 강화학습(Reinforcement Learning)입니다. 이 방식은 지도학습이나 비지도학습과는 접근 방식이 다릅니다. 강화학습에서는 모델이 정적인 데이터만 바라보는 것이 아니라, '환경'과 직접 상호작용하면서 학습합니다.

강화학습은 마치 게임과 비슷합니다. 모델이 어떤 행동을 취하면 환경은 그에 대한 보상(또는 벌점)을 제공합니다. 모델은 이 보상을 최대화하기 위해 최적의 행동 전략(Policy)을 스스로 찾아 학습합니다. 행동심리학에서 말하는 '보상 심리'와 매우 유사한 동작입니다. 한마디로 보상으로 바람직한 행동을 강화하는 것이죠.

쉬운 예로 체스나 바둑과 같은 게임을 생각해 봅시다. 머신러닝 모델은 게임을 여러 번 진행하면서 이기고 지는 경험을 합니다. 이때 모델이 두는 어떤 수에 일정한 보상이나 벌점을 주면 점차 나은 수를 선택할 가능성이 높아집니다. 2016년 이세돌과의 바둑 대결로 잘 알려진 알파고(AlphaGo)는 실제로 강화학습으로 훈련했던 대표적인 인공지능입니다. 현재 강화학습은 게임 외에도 로봇 제어, 자율주행, 자동화된 금융 트레이딩 등 다양한 분야에서 응용되고 있습니다.

[표 1-1]은 지도, 비지도, 강화학습을 비교한 표입니다.

[표 1-1] 지도, 비지도, 강화학습 비교

학습 방식	데이터 제공 방식	예
지도학습	입력+목푯값 제공	예측, 분류, 스팸 필터링
비지도학습	입력만 제공, 목푯값 없음	클러스터링, 차원 축소, 이상 탐지
강화학습	환경과 상호작용+보상	게임, 로봇 제어, 자율주행

이 책은 지도학습을 중심으로 딥러닝 모델을 학습합니다. 즉, 입력값(feature)과 목푯값(target)이 주어진 데이터 세트(Dataset)를 기반으로 딥러닝 모델이 어떻게 목푯값을 맞히는지 단계적으로 살펴봅니다.

다만 마지막 차시에서는 비지도학습의 대표 모델인 오토인코더(Autoencoder)를 사용해 목푯값 없이도 데이터를 표현하고 재구성하는 방법을 알아봅니다.

머신러닝의 다양한 학습 방식 가운데 "어떤 방법이 더 뛰어나다"라고 하기보다는 문제의 특성과 목적에 따라 적절한 방식을 선택하는 일이 더 중요합니다. 이번 차시에서 배울 머신러닝의 기본 개념을 잘 이해한다면 향후 딥러닝 학습이 훨씬 더 수월해질 겁니다.

모델과 모델링

모델

머신러닝에서 말하는 모델(Model)은 데이터에서 발견한 패턴을 수학적으로 표현한 구조(수학식)입니다. 모델은 단순히 데이터를 저장하거나 요약하는 것이 아니라, 데이터 속에 숨겨진 규칙성과 의미 있는 관계를 찾아내어 앞으로 발생할 새로운 데이터를 예측하거나 추론할 수 있도록 만든 도구입니다.

예를 들어 매장의 과거 판매 데이터를 이용해 다음 주의 판매량을 예측하거나 고객 데이터를 분석해 특정 고객이 어떤 제품을 구매할 확률이 높은지 알아내는 등의 작업이 모두 모델을 통해 이루어집니다. 다시 말해 모델은 데이터를 분석해 얻은 지식이나 경험을 수학적 구조로 담아낸 결과물이라고 할 수 있습니다.

모델링

모델을 만드는 과정이 바로 모델링(Modeling)입니다. 모넬링할 때 가장 중요한 목표는 오차(Error, Loss)를 최소화하는 일입니다. 오차란 예측값과 목푯값의 차이를 의미하며 모델이 얼마나 정확한지 평가하는 기준입니다. 이 오차를 줄이기 위해서는 데이터를 잘 이해하고 그에 적합한 알고리즘을 선택하며 모델의 구조나 하이퍼파라미터(Hyperparameter)를 잘 조정해야 합니다. 참고로 하이퍼파라미터는 모델을 튜닝(조정)할 때 사용하는 요소입니다.

모델링은 단순히 기술적인 작업을 넘어 데이터와 알고리즘, 그리고 문제 자체의 이해를 요구하는 종합적인 작업입니다. 단지 계산을 잘하는 것으로 좋은 모델을 만들 수는 없습니다. 어떤 문제를 해결하려는 것인지, 그 문제를 풀기 위해 어떤 데이터를 활용할 수 있는지, 어떤 방식으로 해석하고 적용할 수 있는지를 함께 고려해야 합니다.

모델의 가장 중요한 목적은 표본을 기반으로 전체(모집단)를 잘 추정하는 일입니다. 그 전에 '표본'과 '모집단'의 의미가 무엇인지 정확히 이해하는 일이 필요합니다.

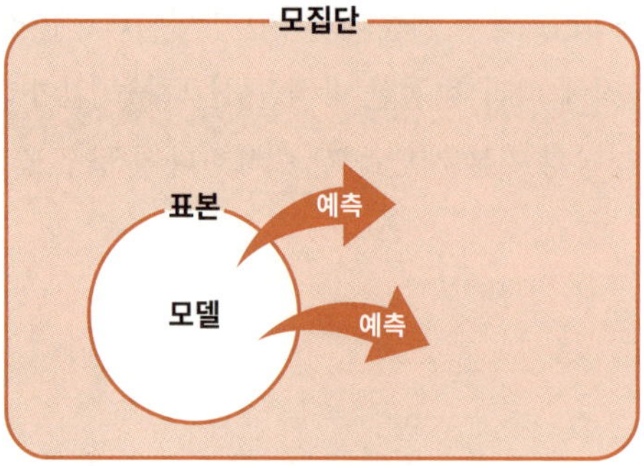

[그림 1-2] 모집단과 표본

- 표본(Sample): 현재 가지고 있는 데이터, 즉 과거에 수집된 데이터의 일부를 말합니다. 표본은 전체 데이터 집합인 모집단에서 추출한 일부 데이터입니다. 모델은 이 표본 데이터를 이용해 패턴을 학습합니다.
- 모집단(Population): 실제로 예측하려는 모든 데이터 집합입니다. 전체 데이터에는 과거와 현재뿐 아니라, 아직 관측되지 않은 미래의 데이터도 포함됩니다. 왜냐하면 모델을 사용하는 궁극적인 목적은 미래에 발생할 사건이나 값을 예측하는 데 있기 때문입니다.

모델과 모델링의 개념을 이해했으니 다음은 머신러닝 프로젝트의 전체 흐름을 체계적으로 관리할 수 있는 방법론을 알아보겠습니다.

머신러닝 프로젝트의 수행 절차

머신러닝 프로젝트는 단순히 데이터를 불러와 모델을 학습시키는 것에 국한하지 않습니다. 머신러닝 프로젝트는 어떤 문제를 해결할지 명확히 정의하고 데이터를 이해하면서 전처리하고 적절한 모델을 선택하고 평가하고 실제로 활용할 수 있도록 배포하는 일련의 과정입니다. 그리고 머신러닝 프로젝트의 전체적인 흐름을 체계적으로 안내하는 방법론이 바로 CRISP-DM입니다.

CRISP-DM은 Cross Industry Standard Process for Data Mining의 약자로, 1990년대 말 유럽연합(EU)의 지원을 받아 IBM과 여러 데이터 마이닝 전문 기업들이 협력해 개발한 표준 프로세스입니다. 1990년대라니 꽤 오래되었죠? 하지만 지금도 기업과 기관에서 널리 사용하는 방법론입니다. 실제로 필자가 강의나 컨설팅을 다니며 만난 기업들의 머신러닝 프로젝트 역시 이 CRISP-DM을 기본 틀로 삼고 있었습니다.

CRISP-DM은 현업에서 신뢰하는 실무 프레임워크입니다. 데이터 분석 및 인공지능 프로젝트를 처음부터 끝까지 끌고 가는 데 있어 훌륭한 나침반 역할을 합니다.

CRISP-DM 살펴보기

CRISP-DM은 ①비즈니스 이해(Business Understanding), ②데이터 이해(Data Understanding), ③데이터 준비(Data Preparation), ④모델링(Modeling), ⑤평가(Evaluation), ⑥배포(Deployment) 프로세스로 구성되어 있습니다.

[그림 1-3]은 CRISP-DM 프로세스를 한눈에 볼 수 있도록 정리한 다이어그램입니다.

각각의 프로세스를 하나하나 살펴보겠습니다.

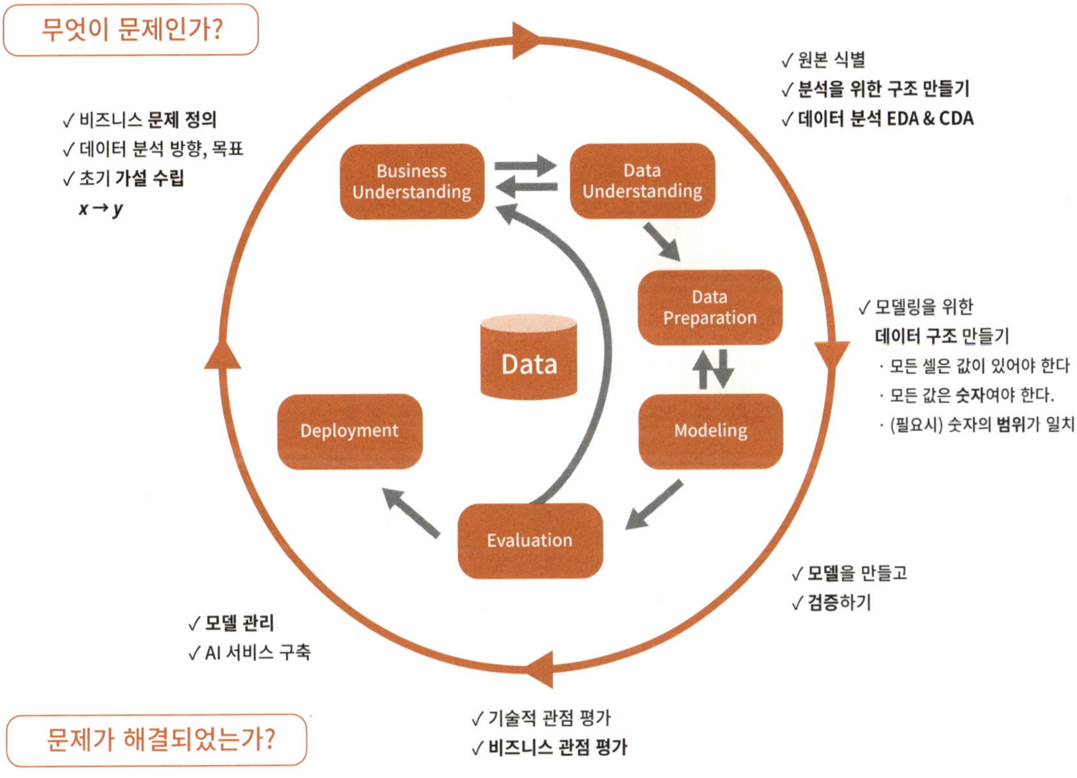

[그림 1-3] CRISP-DM 방법론

1. 비즈니스 이해

첫 번째 단계는 무엇보다 문제를 명확히 정의하는 일입니다(Business Understanding). "우리는 무엇을 해결하려고 하는가?"라는 질문을 중심으로 비즈니스 문제를 데이터 분석 문제로 변환하는 작업을 합니다. 예를 들어 매출을 늘리고 싶다는 목표가 있다면 이는 고객의 구매 패턴을 분석하고 최적의 마케팅 전략을 찾는 문제로 구체화할 수 있습니다. 이 단계에서는 방향성과 목표를 정립하고 초기에 해결할 가설을 수립하는 일이 핵심입니다.

가설 구조는 보통 x→y(x이면 y이다)와 같은 논리 문장(전제와 결론)의 형태입니다. 여기서 x는 요인을, y는 결과를 뜻합니다. 어떤 요인으로 인해 결과가 발생한다는 구조입니다. 예를 들면 "고객의 나이(x)에 따라서 구매액(y)이 달라진다"라고 가설을 구성할 수 있습니다(또는 "고객의 나이(x)에 따라서 구매액(y)에 차이가 있다"라고 쓰기도 합니다).

2. 데이터 이해

문제를 정의했다면 이제 데이터를 이해해야 합니다(Data Understanding). 어떤 데이터가 있는지, 데이터는 얼마나 신뢰할 수 있는지, 그리고 데이터의 주요 특성은 무엇인지 분석합니다. 이를 위해 탐색적 데이터 분석(Exploratory Data Analysis, EDA)과 확증적 데이터 분석(Confirmatory Data Analysis, CDA) 같은 기법을 써서 데이터의 분포와 가설의 타당성 여부를 파악합니다. 이 프로세스는 "이 데이터를 가지고 원하는 문제를 해결할 수 있을까?"라는 질문에 답하기 위해 데이터를 파악하는 중요한 단계입니다. 모델링을 본격적으로 수행하다 보면 사람은 대체로 모델의 구조, 기술에 집중하는 경향이 있습니다. 그러다가 데이터의 비즈니스적 의미를 잊습니다. 따라서 데이터 이해 단계에서 데이터의 분포와 통계량을 살펴보며 비즈니스의 의미를 파악하고 정리하는 일은 매우 중요합니다.

3. 데이터 준비

모델링을 위해서는 데이터가 특별한 구조를 갖도록 준비해야 합니다(Data Preparation). 데이터 준비는 데이터를 모델링에 적합한 형태로 가공하는 단계입니다. 여기서는 데이터를 정리하고 결측값을 처리하며 범주형 데이터를 숫자형 데이터로 변환하는 작업을 합니다. 또한 필요에 따라서는 숫자형 데이터의 범위를 맞추는 작업(Scaling)을 수행하기도 합니다. 데이터 준비는 모델 성능에 영향을 미치므로 꼼꼼한 처리가 필요합니다.

4. 모델링

이제 모델을 설계하고 학습시킬 차례입니다(Modeling). 문제에 따라 회귀, 분류, 클러스터링 등 적절한 알고리즘을 선택하고 학습 데이터를 기반으로 패턴을 학습시킵니다. 여러 모델을 실험하면서 성능을 비교하고 과적합 여부나 예측 정확도, 처리 시간 등 다양한 요소를 고려해 최적의 모델을 선택합니다. 이 단계는 우리가 다루는 인공지능 기술의 '핵심'이며 가장 흥미로운 부분이기도 합니다. 다만 좋은 모델을 만들기 위해서는 이전 단계에서 데이터 준비가 제대로 되어 있어야 합니다.

5. 평가

모델이 잘 학습되었는지, 정말로 문제를 해결할 수 있는지 점검하는 단계입니다(Evaluation). 단순히 정확도가 높다고 해서 좋은 모델이라고 할 수는 없습니다. 처음 정의한 "비즈니스 문제 해결에 모델이 실질적으로 도움이 되는가?"라는 관점에서도 평가가 이뤄져야 합니다. 기술적 지표뿐만 아니라 현업에서 실제로 사용할 수 있는지, 성능이 지나치게 특정 집단에 편향되지는 않았는지 등도 함께 고려해야 합니다.

6. 배포

모델이 평가 단계를 통과했다면 이제 실전에 투입합니다(Deployment). 배포 단계에서는 모델을 운영 시스템에 적용하거나 사용자에게 결과를 보여 주는 애플리케이션에 연결하는 등의 작업이 이뤄집니다. 배포 후에도 성능을 지속적으로 모니터링해야 합니다. 시간이 지나면서 데이터의 특성이 바뀌거나 외부 환경이 변하면 기존 모델의 성능도 떨어질 수 있기 때문입니다. 이런 현상을 모델 드리프트(Model Drift)라고 하며 이를 감지하고 대응하는 일도 실무에서는 매우 중요한 작업입니다.

CRISP-DM은 각각의 단계가 유기적으로 연결된 프로세스를 통해 데이터 분석 프로젝트를 효율적으로 수행하도록 도와줍니다. 데이터 분석이나 모델링 과제를 수행할 때 어디서부터 시작할지 막막하다면 이 CRISP-DM의 프로세스대로 수행해 보길 권장합니다.

두 가지 중요한 질문

CRISP-DM은 데이터 분석과 인공지능 모델링을 효과적으로 수행하기 위한 프로세스이자 방법론입니다. 이 방법론에서 가장 중요한 핵심은 '비즈니스 문제 해결'입니다. 그래서 필자는 강의할 때마다 CRISP-DM을 별도의 이름으로 부르곤 합니다. 즉, '데이터와 AI를 활용한 비즈니스 문제 해결 방법론'이라고 말이죠. 좀 길지만, CRISP-DM을 이처럼 명확히 설명하는 명칭은 없습니다.

이어서 CRISP-DM을 적용해 과제를 수행할 때 비즈니스 문제 해결 관점에서 꼭 고려해야 할 두 가지 중요한 질문에 대해 설명하겠습니다.

첫 번째 질문: "무엇이 문제인가?"

데이터 분석과 모델링 기술의 궁극적인 목적은 비즈니스 문제를 해결하는 데 있습니다. 따라서 해결해야 할 문제를 명확히 정의하는 일이 가장 우선되어야 합니다. 문제가 무엇인지도 모른 채 복잡한 기술이나 알고리즘을 고민하는 일은 시간과 자원의 낭비가 될 수 있습니다. 먼저 비즈니스 목표가 무엇인지 정확히 이해해야 합니다. 그래야 이 목표를 데이터 분석 과제로 자연스럽게 연결할 수 있습니다.

두 번째 질문: "문제가 해결되었는가?"

아무리 멋진 분석 보고서나 복잡한 인공지능 모델을 만들었다 해도 최초에 정의했던 비즈니스 문제를 해결하지 못한다면 그 결과는 무의미합니다. CRISP-DM의 평가 단계에서는 반드시 이 질문에 답할 수 있어야 합니다. 배포 이후에도 인공지능 시스템이 운영 환경에서 비즈니스 문제를 해결하는지 지속적으로 모니터링해야 합니다. 이는 성공적인 모델링과 분석이 실질적인 가치를 창출하기 위해서 반드시 거쳐야 할 과정입니다.

이 두 질문은 단순히 CRISP-DM의 흐름을 따라가는 데서 멈추지 않고 모든 데이터 분석 프로젝트의 본질에 집중하자는 메시지를 담고 있습니다. 복잡한 기술보다 '무엇을 왜 분석하는가'를 기억하는 것이 더 중요합니다. 이것이 바로 CRISP-DM 방법론에서 가장 중요한 초점입니다.

독자에게 당부하고 싶은 이야기가 있습니다. 차시마다 새로운 알고리즘을 배우고 실습을 구현하기 전에 다시 이 페이지로 돌아와 CRISP-DM의 프로세스를 살펴보기 바랍니다. 머신러닝/딥러닝의 모든 알고리즘과 기법은 결국 비즈니스 문제를 해결하기 위해 필요합니다. CRISP-DM 프로세스를 다시 살펴보는 일은 알고리즘의 세부 내용에 자칫 빠질 수도 있는 독자로 하여금 전체적인 프로세스 관점에서 모델링을 바라보게 하고 비즈니스 문제 해결이라는 근본적인 목적에 초점을 맞추는 데 많은 도움이 될 것입니다.

개발 환경 코랩 소개

딥러닝 실습을 위해서는 먼저 코드를 작성하고 실행할 수 있는 개발 환경이 필요합니다. 그런데 파이썬 설치부터 라이브러리 세팅, GPU 환경 구성까지 처음부터 모든 것을 손수 준비하려면 생각보다 많은 시간이 걸립니다. 이때 사용할 수 있는 가장 간편하고 강력한 도구가 바로 구글 코랩(Colab, Colaboratory)입니다.

구글 코랩이란?

코랩은 구글에서 제공하는 클라우드 기반의 무료 개발 환경으로 별도의 설치 없이 웹 브라우저만 있다면 바로 파이썬 코드를 실행할 수 있습니다. 무엇보다 GPU와 TPU 자원까지 무료로 제공하기 때문에 머신러닝이나 딥러닝을 학습하는 입장에서는 매우 매력적인 도구입니다.

코랩은 주피터 노트북(Jupyter Notebook) 환경과 동일한 인터페이스를 제공하기 때문에 이 편집기를 사용해 본 사람이라면 금방 적응할 수 있습니다. 물론 처음 사용하는 사람이라도 간단한 사용법만 익히면 어렵지 않게 사용할 수 있습니다. 이 책의 실습 코드는 모두 코랩 환경에서 작성합니다.

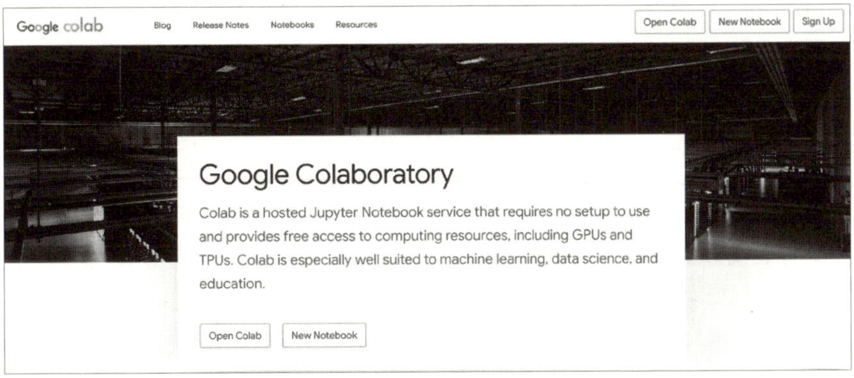

[그림 1-4] 구글 코랩(*https://colab.research.google.com*)

구글 코랩은 다음과 같은 특징이 있습니다.

- 클라우드 기반 개발 환경: 코랩은 로컬 컴퓨터에 파이썬이나 라이브러리를 따로 설치할 필요가 없습니다. 구글 클라우드 서버에서 코드를 실행하기 때문에 인터넷만 연결되어 있다면 어디서든 바로 실습할 수 있습니다. 개인 PC의 성능이 떨어져도 코랩에서는 전혀 문제가 되지 않습니다.
- 무료로 제공하는 GPU 및 TPU: 코랩은 고사양 컴퓨팅 자원이 필요한 딥러닝 작업을 위해 GPU(Graphics Processing Unit)와 TPU(Tensor Processing Unit)를 지원합니다. 설정에서 런타임 유형만 변경하면 손쉽게 GPU를 사용할 수 있기 때문에 대용량 데이터를 훨씬 빠르게 처리할 수 있습니다.
- 주피터 노트북과 동일한 인터페이스: 코랩은 주피터 노트북과 거의 동일한 인터페이스를 제공하므로 사용자는 익숙한 환경에서 코드를 작성하고 결과를 확인할 수 있습니다. 코드 셀, 마크다운 셀(코랩에서는 '텍스트 셀'이라고 함)을 활용해 코드를 작성하면서 동시에 문서화할 수 있습니다.
- 구글 드라이브와의 통합: 코랩은 구글 드라이브(Google Drive)와 완벽히 연동됩니다. 작업한 파일을 드라이브에 저장하면 언제든지 다시 열어 볼 수 있고 파일 공유도 간편합니다. 또한 외부 데이터를 불러오거나 저장하는 일도 쉽게 처리할 수 있습니다.
- 다양한 라이브러리 내장: 코랩에서는 머신러닝과 데이터 분석에 필요한 주요 라이브러리(NumPy, Pandas, Matplotlib, SciPy, sklearn 등)들이 기본으로 설치되어 있습니다. 따라서 사용자는 별도의 설치 과정 없이도 바로 작업할 수 있습니다. 이 책에서 다루는 파이토치(Pytorch) 라이브러리도 이미 설치되어 있습니다.

코랩은 지금 딥러닝을 공부하는 여러분이 가장 쉽고 빠르게 시작할 수 있는 실습 환경입니다.

코랩 설치하기

코랩을 사용하려면 먼저 두 가지를 준비해야 합니다. 하나는 구글 ID입니다. 구글 ID는 구글 홈페이지에 접속해 [로그인] - [계정 만들기]를 진행하면 얻을 수 있습니다.

또 하나는 구글 드라이브에서 코랩을 설치해야 합니다. 코랩은 다음과 같은 방법으로 설치합니다. 먼저 구글 ID로 로그인하고 구글 드라이브로 이동합니다(*https://*

drive.google.com). 구글 드라이브에서 왼쪽 윗부분에 있는 〈+ 신규〉 버튼을 클릭하면 팝업 메뉴가 나옵니다. 팝업 메뉴에서 [새 폴더]를 클릭해 폴더를 하나 만듭니다(새 폴더의 이름은 자유롭게 정합니다). 지금 생성한 폴더가 앞으로 코랩에서 작성할 코드 파일(*.ipynb)을 저장할 공간입니다.

계속해서 생성한 폴더에서 [그림 1-5]의 순서에 따라 코랩을 설치합니다.

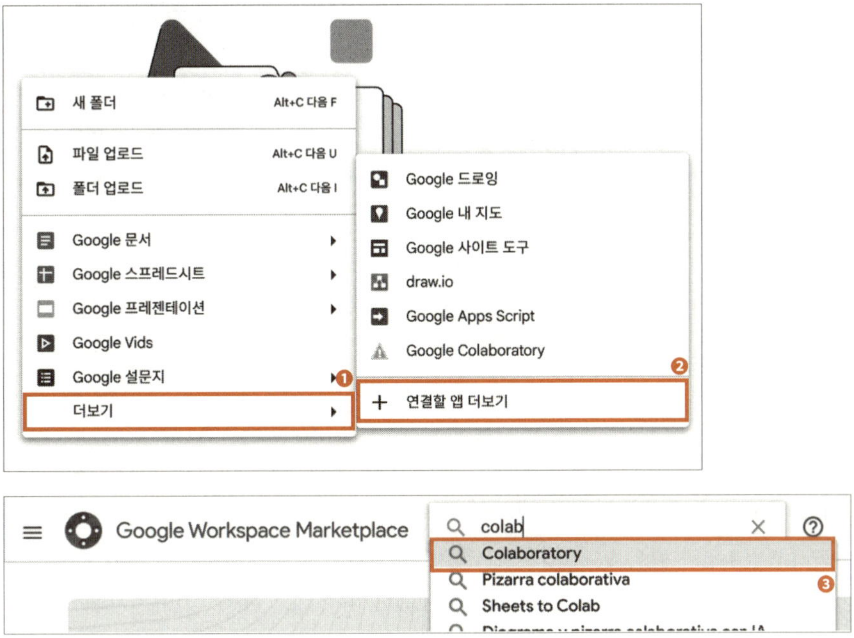

[그림 1-5] 구글 코랩 설치하기 1

❶❷ 구글 드라이브에 생성한 폴더에서 마우스 오른쪽 버튼을 클릭하고 [더보기] - [+ 연결할 앱 더보기] 메뉴를 선택합니다. 그럼 [Google Workspace Marketplace] 창이 열립니다.

❸ [Google Workspace Marketplace] 창의 검색 폼에서 'Colaboratory'를 입력하고 Enter 키를 누릅니다..

[그림 1-6]과 같은 화면이 나오면 'Colaboratory' 카드를 클릭해 설치합니다.

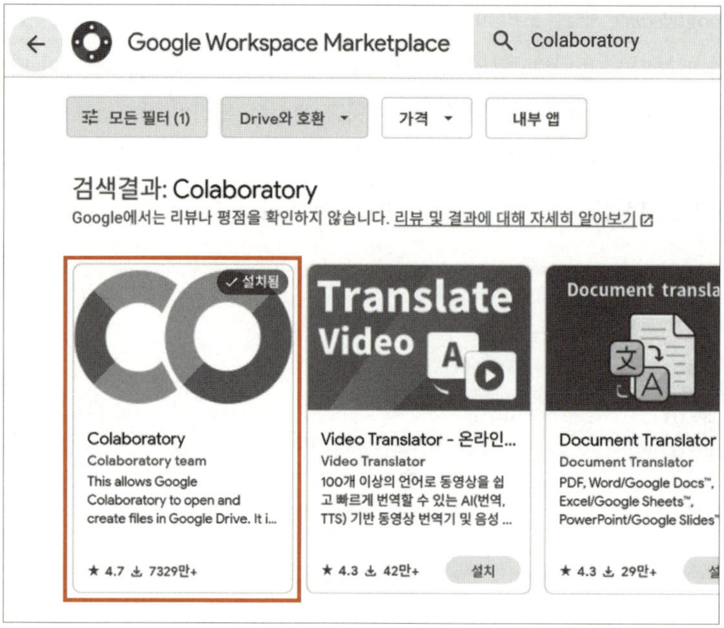

[그림 1-6] 구글 코랩 설치하기 2

설치는 금방 끝납니다. 다시 한번 생성한 폴더에서 마우스 오른쪽 버튼을 클릭하고 [더보기] 메뉴를 선택하면 [Google Colaboratory] 메뉴가 보입니다. 이 메뉴를 클릭하면 [그림 1-7]과 같은 빈 코랩 파일 창이 열립니다. 코랩 파일 창이 보이지 않는다면 브라우저(구글 크롬이나 윈도우 Edge 등)를 닫았다가 다시 열면 정상적으로 동작합니다.

코랩의 기본 화면

[그림 1-7]은 코랩의 기본 화면 구성입니다. 주피터 노트북과 유사한 화면 구성으로 처음 사용자도 금방 익숙해집니다

❶ 코드 파일의 이름을 입력합니다.

❷ 기본 메뉴 구성입니다.

❸ 왼쪽 패널: 목차, 검색, 파일 등을 간단히 확인할 수 있게 아이콘을 모아 놓은 곳입니다.

❹ 본문 편집 영역: 실제로 코드나 텍스트를 입력하고 실행하는 공간입니다. 코드 셀, 텍스트 셀을 작성하고 실행 결과를 바로 확인할 수 있어 실습과 문서 작성을 동시에 진행할 수 있습니다.

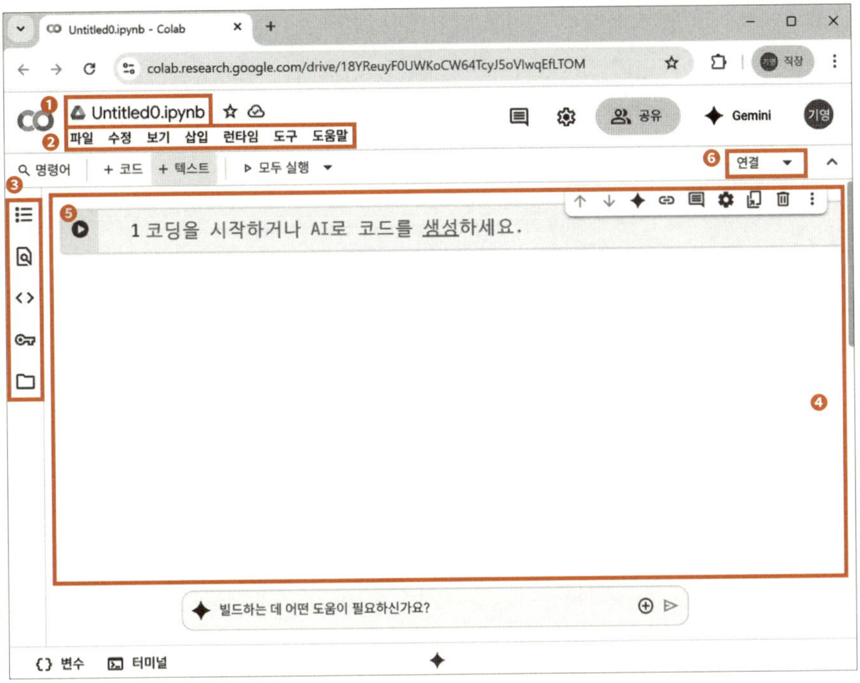

[그림 1-7] 구글 코랩의 기본 화면

❺ 코드 셀: 코드와 주석을 입력하는 곳입니다. 앞으로 가장 많이 사용할 요소입니다.

❻ 연결: 〈연결〉 버튼을 누르면 이 파일을 구글에서 제공하는 클라우드와 연결합니다. 〈연결〉 버튼을 누르지 않더라도 파일을 열고 코드를 실행하면 '연결'을 먼저 수행합니다. 만약 이미 연결되어 있다면 〈연결〉 버튼이 아니라 〈RAM, 디스크〉 버튼으로 바뀌고 현재 연결된 시스템 상태를 보여 줍니다.

코랩은 기본 기능 외에도 많은 기능이 있습니다. 추가 기능은 필요할 때마다 설명하겠습니다.

GPU 연결하기

코랩의 장점 중 하나는 무료로 GPU를 이용할 수 있다는 점입니다. GPU는 비싼 하드웨어이므로 노트북이나 PC에 장착하기엔 부담이 됩니다. 하지만 딥러닝 모델링을 수행하는 데 GPU가 없다면 수행 시간이 오래 걸릴 수 있습니다. 구글 코랩에서는 GPU를 무료로 제공합니다. 물론 무한정 쓸 수는 없고 사용에 일정한 제약이 있습니다.

코랩에서 GPU를 사용하려면 기본 메뉴에서 [런타임] - [런타임 유형 변경]을 차례로 선택하면 됩니다. [그림 1-8]과 같이 GPU를 선택하는 대화상자가 나옵니다. 가장 일반적인 GPU는 'T4 GPU'이므로 이를 선택하고 〈저장〉 버튼을 클릭하면 GPU를 사용할 수 있습니다.

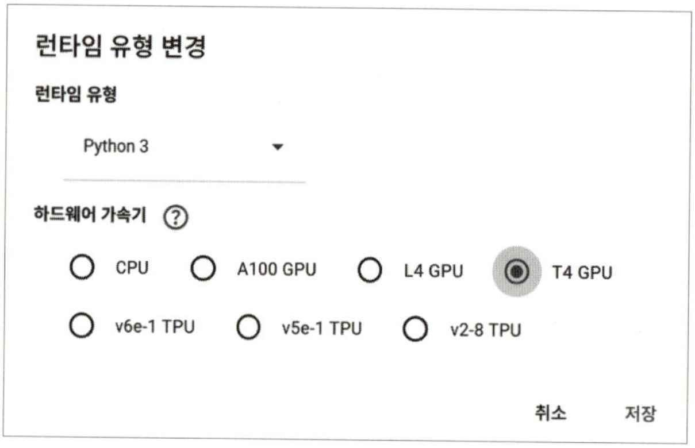

[그림 1-8] 런타임 유형 변경, GPU 선택

GPU가 무료라고 해서 마음껏 쓸 수 있는 장치는 아닙니다. 그래서 꼭 필요할 때에 한정해 사용합니다. GPU가 필요하지 않는데도 'GPU 런타임'을 선택하면 코랩은 "GPU를 사용하지 않으면 CPU 런타임으로 변경하세요"라는 팝업 경고문을 계속 내보냅니다. 이 책에서도 필요한 실습에 한정해 GPU 런타임을 사용합니다.

코랩 사용법 간단하게 알아보기

코랩의 코드 셀과 텍스트 셀(마크다운 셀)의 사용법은 주피터 노트북과 매우 유사합니다. 셀과 셀 경계에 마우스를 갖다 대면 〈+ 코드〉, 〈+ 텍스트〉라는 버튼이 생기는데, 이를 클릭하면 새로운 셀을 간단하게 추가할 수 있습니다.

코드 셀에서는 파이썬 코드와 주석을 작성합니다. 여기서는 실행 방법만 간단히 확인하고 넘어갑니다.

다음과 같이 코드 셀에 다음과 같이 파이썬 코드를 입력하고 Shift+Enter 키를 누릅니다.

CODE
```
print('Hello world!')
```

OUTPUT
```
Hello world!
```

코드 셀 하단에 Hello world!라는 텍스트를 출력하고 커서는 다음 셀로 이동합니다.

코드 셀을 실행하는 방법은 다음과 같은 방법이 있습니다.

- Ctrl + Enter 혹은 코드 셀 왼쪽에 있는 ▶(플레이 버튼): 코드 셀을 실행합니다.
- Shift + Enter: 코드 셀을 실행하고 다음 셀로 이동합니다.
- Alt + Enter: 코드 셀을 실행하고 빈 코드 셀을 추가합니다.

다양한 실행 방법이 있으니 필요에 맞게 사용하기 바랍니다. 이 정도의 동작만 익혀도 당장 코랩에서 실습하는 데 지장이 없습니다. 좀 더 세부적인 내용은 필요할 때마다 설명합니다.

머신러닝 코드 작성 절차

실제 머신러닝 모델을 만들기 위해 코드를 작성할 차례입니다. 그런데 아무리 좋은 도구와 알고리즘이 있더라도 코드를 어떤 흐름으로 작성할지 미리 머릿속에 그려두지 않으면 쉽게 길을 잃을 수 있습니다. 따라서 모델링을 본격적으로 구현하기에 앞서 머신러닝 코드를 작성하는 전반적인 절차를 먼저 정리해 보겠습니다.

머신러닝 코드의 작성 절차는 [그림 1-9]와 같이 크게 두 부분으로 나눌 수 있습니다.

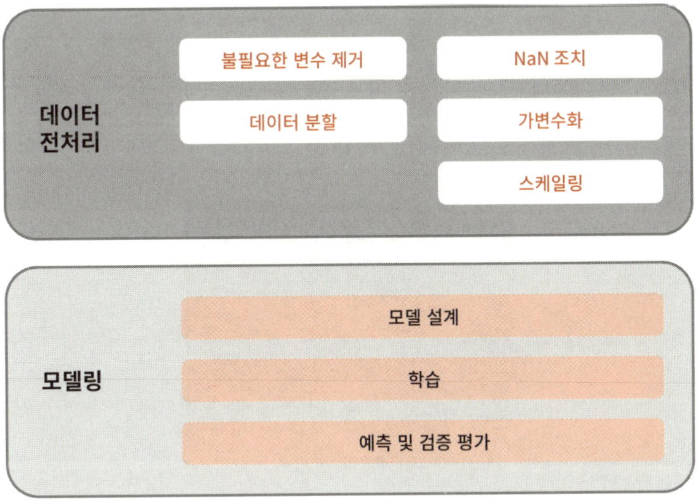

[그림 1-9] 머신러닝 코드 작성 절차

- 데이터 전처리: 모델을 제대로 학습할 수 있도록 데이터를 정리하고 준비하는 단계입니다. 데이터를 잘 준비하는 것이 모델의 성능을 높이는 데 굉장히 중요한 역할을 합니다. 어쩌면 모델링보다 더 중요한 단계라고 할 수 있습니다.
- 모델링: 준비된 데이터를 바탕으로 모델을 설계하고 학습시키며 예측과 평가까지 수행하는 단계입니다. 이때 다양한 머신러닝 알고리즘을 이용해 모델을 만듭니다.

이제 파트별로 어떤 작업을 포함하는지 좀 더 구체적으로 살펴보겠습니다.

데이터 전처리

데이터 전처리는 모델을 학습시킬 수 있는 형태로 데이터를 정리하는 과정입니다. 이 단계는 마치 요리를 하기 전 재료를 다듬는 일과 같습니다. 아무리 좋은 요리사라도 재료 손질이 제대로 되어 있지 않으면 좋은 요리를 기대하기 어렵듯이 데이터 전처리가 허술하면 모델 성능도 떨어질 수밖에 없습니다.

데이터 전처리에는 다음과 같은 3가지 핵심 요건이 있습니다.

- 모든 셀에는 값이 있어야 한다.
- 그 값은 모두 숫자여야 한다.
- 필요에 따라서는 각 열(Column)의 값(숫자) 범위를 맞춰 주어야 한다.

이 세 요건을 충족해야 비로소 모델링 코드를 안정적으로 실행할 수 있습니다. 여기서 '셀(Cell)'은 데이터 세트 각각의 요소(Element)를 지칭하는 용어입니다. 마치 엑셀의 셀과 같은 의미로 받아들이면 됩니다.

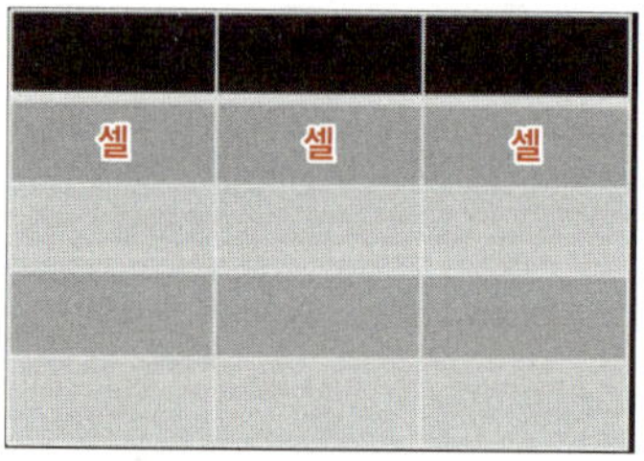

[그림 1-10] 엑셀의 '셀'과 같은 의미

첫 번째 요건: "모든 셀에는 값이 있어야 한다"

모델링하기 전에 결측값(Missing Value)을 식별하고 이를 처리하는 작업을 의미합니다. 결측값이란 데이터에서 값이 비어 있거나 수집되지 않은 상태를 말합니다. 예를 들어 어떤 사람의 키나 나이를 조사했는데, 응답하지 않아 셀에 값이 누락되었다면 이를 결측값이라고 합니다. 결측값은 삭제하거나 특정 값(평균, 최빈값, 중앙값 등)으로 대체해 셀이 비어 있지 않도록 해야 합니다. 결측값은 NAN(Not a Number) 또는 NA(Not Available)라고도 표기합니다.

결측값을 조치하는 방법은 크게 두 가지입니다.

- 채우기: 결측값 자리에 다른 값을 채웁니다. 숫자형 feature에는 평균(Mean), 범주형 feature에는 최빈값(Mode) 등 다른 값으로 추정해 채우는 방법이 여러 가지 있습니다.
- 삭제하기: 결측값이 포함된 열을 삭제하거나 행을 삭제하는 방법입니다. 결측값 비율이 높고 열 자체가 중요한 정보가 아니라면 열을 삭제하는 것을 검토합니다. 그러나 비교적 결측값 비율이 적고 실제 운영에서도 결측값이 포함된 행을 삭제하고 처리해도 무방하다면 그때는 행 삭제를 검토합니다. 하지만 삭제를 결정할 때는 항상 주의해야 합니다. 먼저 채우는 방법을 검토하고 그래도 여의치 않다면 삭제합니다.

결측값을 조치하는 방법을 결정할 때는 통계적인 접근보다는 비즈니스 관점에서 이 방법을 적용하는 것이 타당한지 검토해야 합니다.

두 번째 요건: "값은 모두 숫자여야 한다"

데이터 세트의 모든 값은 숫자여야 모델링에서 사용할 수 있습니다. 보통 범주형 데이터의 경우 모델이 이해할 수 있는 숫자로 변환하는 과정이 필요합니다. 이를 위해 가변수(Dummy Variable)화 혹은 다른 말로 원-핫 인코딩(One-Hot Encoding)이라는 기법을 사용해 범주형 데이터를 숫자로 변환합니다. 여기서 "왜 꼭 숫자로 변환해야 하지?"라는 의문이 들 수 있습니다. 앞에서 모델은 데이터에 있는 패턴을 찾아 이 패턴을 수학식으로 정리해 놓은 것이라고 설명했습니다. 수학식에서 범주형 값은 계산할 수 없기 때문에 숫자로 변환하는 작업이 반드시 필요합니다.

세 번째 요건: "각 열(변수)의 값 범위를 맞춰야 한다"

데이터를 학습할 때는 입력값(feature)마다 범위(Scale)가 다르면 모델 학습에 영향을 미칠 수 있으므로 범위를 맞춰 주어야 합니다. 스케일링(Scaling) 기법을 활용해 모든 입력값이 동일한 범위(스케일)를 가지도록 정규화나 표준화를 수행합니다.

- 정규화(Normalization): 입력값의 범위를 0~1 사이로 맞추는 방법입니다. 예를 들어 고객의 나이가 21~87세의 범위에 있다면 21세를 0, 87세를 1로 변환합니다. 결국 이 둘 사이에 있는 나이는 모두 '0.##'으로 표현됩니다. 정규화를 적용하면 모든 입력값의 최솟값은 0, 최댓값은 1이 되므로 범위가 일치하게 됩니다.
- 표준화(Standardization): 입력값의 평균을 0, 표준편차를 1로 맞추는 스케일링 기법입니다. 표준화를 적용하면 모든 입력값의 평균과 표준편차가 일치하게 됩니다.

스케일링과 관련해 한가지 오해가 있습니다. 스케일링을 적용하면 원래의 분포 모양이 변한다고 생각합니다. 스케일링은 범위를 맞추는 방법입니다. 그러므로 분포 모양은 스케일링 전이나 후 모두 동일합니다.

데이터 분할

데이터 전처리 과정에는 데이터의 분할 작업도 포함됩니다. 데이터 분할은 모델의 학습과 평가에서 기본이 되는 중요한 단계입니다. 데이터 세트를 적절히 분할해 학습 데이터(train), 검증 데이터(validation), 그리고 테스트 데이터(test)로 나눕니다.

분할된 데이터를 이용해 모델의 일반화 성능을 평가할 수 있습니다. 일반화 성능은 학습할 때 사용하지 않은 새로운 데이터에서 모델이 얼마나 잘 작동하는지를 보여 주는 지표입니다. 쉽게 말해 모델을 객관적으로 평가할 때의 성적이라고 할 수 있습니다. 어떤 모델이 학습 데이터에서 아무리 높은 정확도를 보여도 학습하지 않은 새로운 데이터에서 성능이 떨어진다면 그 모델은 실제 문제를 해결하기 어렵다고 평가를 받습니다.

학습, 검증, 평가 데이터 세트를 살펴보겠습니다.

- 학습 데이터: 모델을 학습시키기 위해 사용하는 데이터입니다. 이 데이터를 기반으로 모델은 데이터의 패턴과 규칙을 학습합니다. 모델링할 때는 충분한 학습 데이터를 확보하는 일이 중요합니다.

- 검증 데이터: 학습한 모델의 성능을 객관적으로 평가하기 위해서 검증 데이터 세트를 사용합니다. 학습할 때 사용하지 않은 검증 데이터로 예측하고 성능을 평가하기 때문에 객관적인 평가가 가능합니다.
- 테스트 데이터: 최종적으로 모델의 성능을 평가하기 위해 사용하는 데이터입니다. 학습이나 검증 과정에서 사용하지 않은 완전히 분리된 데이터로서 마치 실제 운영 과정에서 발생한 데이터인양 간주됩니다. 학습 과정에서 사용하지 않은 데이터이기에 보통 new data라고도 합니다.

데이터 분할은 모델이 특정 데이터에 치우치지 않고 다양한 상황에서 안정적으로 작동할 수 있도록 도와주는 과정입니다. 올바른 데이터 분할은 모델의 신뢰성과 성능 평가의 공정성을 높이는 데 중요한 역할을 합니다.

모델링

데이터 전처리를 완료했다면 이제 본격적인 모델링에 들어갑니다. 모델링은 말 그대로 모델을 만들고 학습시키고 성능을 평가하는 일련의 과정입니다.

모델 설계

모델링의 첫 번째 단계는 모델 설계입니다. 모델 설계는 문제를 해결하기 위해 적합한 알고리즘을 선택하고 이를 바탕으로 모델의 구조를 정의하는 작업입니다. 딥러닝은 구조를 자유롭게 설계할 수 있는 반면, 머신러닝은 정해진 구조 안에서 일부 설정만 조정해 모델을 구성합니다. 이들 옵션은 모델 학습과 성능에 영향을 미치는데, 이를 하이퍼파라미터(Hyperparameter)라고 합니다. 또한 하이퍼파라미터를 적절히 조정하며 성능을 향상시키는 과정을 하이퍼파라미터 튜닝(Hyperparameter Tuning)이라고 합니다.

여기서 잠깐

파라미터? 하이퍼파라미터?

파라미터와 하이퍼파라미터를 구분하는 것을 어려워하는 분들이 많습니다. 이 두 용어를 구분해서 이해하는 일은 중요합니다.

- 하이퍼파라미터(Hyperparameter): 학습을 하기 전에 사람이 직접 설정하는 값입니다. 예를 들어 의사결정나무(Decision Tree)로 모델을 설계할 때 트리의 크기를 결정하는 max_depth 값을 지정하는데, 이 값이 바로 하이퍼파라미터입니다.

- 파라미터(Parameter): 모델이 학습을 통해 자동으로 찾아내는 값입니다. 예를 들어 의사결정나무 모델에서 각 노드의 분할 기준은 모델이 학습으로 찾은 파라미터입니다.

모델 학습

설계한 모델을 학습시키는 단계입니다. 학습 데이터에서 패턴을 찾아내고 이를 수학식 형태로 정리합니다. 학습 과정에서는 손실(Loss)을 최소화하기 위한 연산이 반복되는데, 데이터의 양이나 모델의 복잡도에 따라 많은 시간이 걸릴 수 있습니다.

> 여기서 잠깐
>
> **오차(Error), 손실(Loss)?**
>
> 머신러닝과 딥러닝에서 오차(Error)와 손실(Loss)은 거의 같은 의미로 사용합니다. 둘 다 예측값과 목푯값 간의 차(Difference)를 의미하며 모델이 얼마나 잘못 예측했는지를 수치로 표현한 값입니다. 일반적으로 오차는 개별 데이터에 대한 차이, 손실은 이들을 종합한 전체적인 평가값입니다. 하지만 현장에서는 오차와 손실, 오차 함수와 손실 함수를 혼용해 사용합니다. 이 책에서는 오차를 계산하는 함수는 손실 함수, 개별 데이터의 차나 손실 함수로 계산된 값은 오차라고 하겠습니다.

예측 및 검증 평가

학습이 끝나면 모델이 잘 학습됐는지 검증하고 실제 문제 해결에 사용할 수 있을 만큼 성능이 나오는지 확인하는 단계로 넘어갑니다. 검증 데이터(Validation Dataset)로는 하이퍼파라미터를 조정하거나 해서 성능을 미리 점검하고, 테스트 데이터(Test Dataset)로는 모델을 운영 환경에서 사용할 때 얻을 것으로 기대하는 성능을 측정합니다.

이때 모델 종류에 따라 다양한 평가 지표를 사용합니다. 숫자를 예측하는 회귀 모델은 목푯값과 예측값의 차(오차)를 평가하는 MSE(Mean Squared Error, 평균 제곱 오차), MAE(Mean Absolute Error, 평균 절댓값 오차), MAPE(Mean Absolute Percentage Error, 평균 절댓값 오차율) 등으로 평가합니다. 그리고 분류 모델 평가는 정분류율(Accuracy), 정밀도(Precision), 재현율(Recall) 등을 사용합니다.

다음 절에서는 이 절차를 바탕으로 실제 회귀와 분류 예제를 실습하면서 본격적으로 모델링 실력을 키워 보겠습니다. 머신러닝/딥러닝 입문자를 위해 이 책에서 처음 등장하는 코드는 비록 쉬운 부분일지라도 코드의 문법과 그 의미를 최대한 자세히 설명할 예정입니다.

회귀 모델링 예제: 광고비에 따른 매출 예측 모델

지금까지 머신러닝의 개념과 코드 작성 절차를 대략적이나마 익혔다면 이제는 실제로 모델링 예제를 따라하면서 감을 잡아 보는 시간이 필요합니다. 이번 절에서는 광고비 집행에 따라 매출액을 예측하는 회귀 모델을 만듭니다.

여기서 잠깐

회귀 모델이란?

'회귀(回歸, Regression)'라는 말은 원래 통계학에서 유래된 용어로 어떤 값이 평균으로 되돌아간다는 뜻에서 시작되었습니다. 하지만 머신러닝에서 회귀는 '숫자를 예측한다'는 의미로 사용됩니다.

회귀(Regression) 모델은 주어진 입력 데이터를 바탕으로 연속적인 수치값을 예측하는 데 사용하는 머신러닝 알고리즘입니다. 예를 들어 광고비에 따라 매출액을 예측하거나 기온에 따라 아이스크림 판매량을 예측하는 문제처럼 수치값을 추정할 때 회귀 모델을 사용합니다.

새 코랩 파일 생성하기

구글 드라이브로 이동합니다. 앞에서 만든 폴더에서 〈+신규〉 버튼을 클릭한 다음, [더보기] - [Google Colaboratory]를 선택합니다.

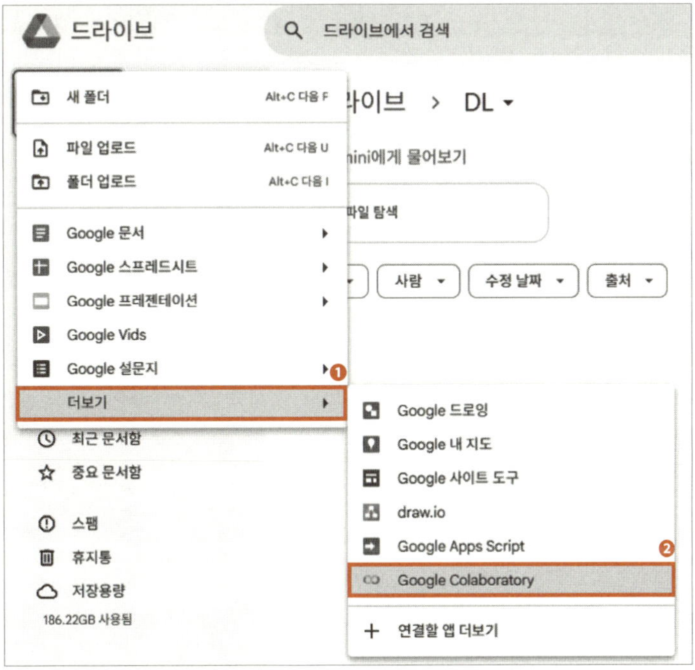

[그림 1-11] 신규 코랩 파일 생성

빈 코랩 파일 창이 나옵니다.

먼저 빈 코랩 파일 왼쪽 상단에 'Untitled0.ipynb'라고 되어 있는 파일 이름을 '1일차_머신러닝실습1.ipynb'로 변경합니다.

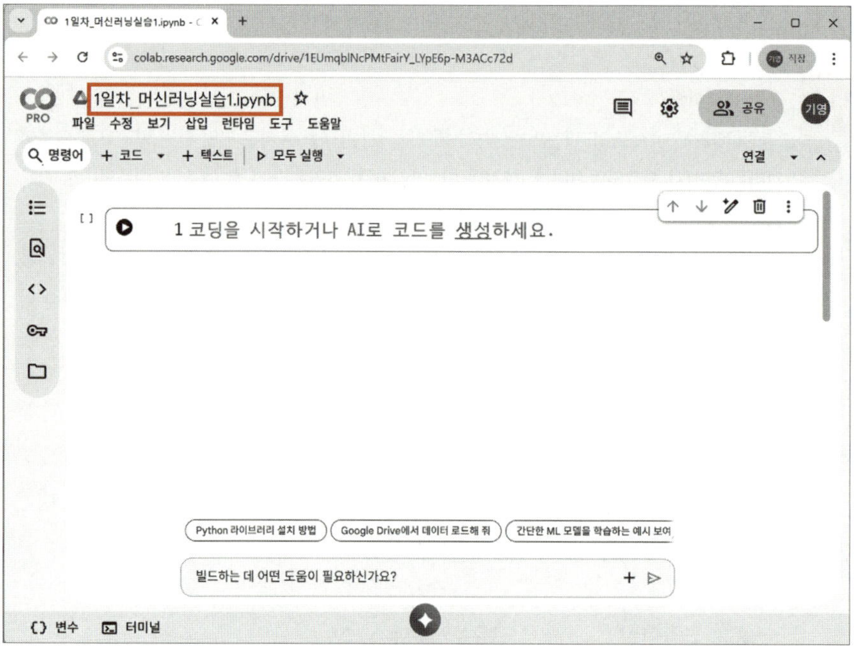

[그림 1-12] 빈 코랩 파일

여기서 잠깐

코랩 파일? 주피터 노트북 파일?

파이썬 코드 파일은 보통 확장자가 .py이거나 .ipynb 형식입니다. .py 파일은 일반적인 파이썬 코드 파일로서 텍스트 기반의 스크립트 파일입니다. .py 파일은 메모장이나 비주얼 스튜디오 코드 같은 에디터에서 열 수 있으며, 파일을 실행하면 파이썬 코드를 한 줄씩 순차적으로 수행합니다. 단순하고 가볍지만, 코드 설명이나 시각화 결과를 함께 보기엔 다소 불편할 수 있습니다. 반면 .ipynb 파일은 주피터 노트북 형식의 파일로서 코드는 물론 텍스트 설명(Markdown), 표, 그래프 등을 함께 기록할 수 있습니다. 특히 데이터 분석과 딥러닝 실습에서 코드 실행 결과를 바로 확인하고 코드에 설명을 곁들일 수 있어 매우 유용합니다. 구글 코랩도 .ipynb 형식을 기반으로 작동하는 웹 기반 주피터 노트북 환경입니다.

환경 준비

코드 파일의 처음 몇몇 셀에서는 주로 코드에서 사용할 라이브러리를 불러오거나 필요한 설정을 하거나 코드에서 반복해 사용할 함수를 정의합니다.

먼저 기본적인 라이브러리 4개를 불러옵니다.

CODE

```
import pandas as pd
import numpy as np
import matplotlib.pyplot as plt
import seaborn as sns
```

pandas, numpy는 데이터를 다루는 라이브러리이고, matplotlib과 seaborn은 데이터를 시각화할 때 사용하는 라이브러리입니다. 코드에서 사용할 때는 이 라이브러리들을 as 문법으로 pd, np, plt, sns 등의 별칭으로 사용합니다. 네 개의 라이브러리는 자주 사용하므로 항상 기본으로 불러온다고 생각하면 됩니다.

모두 작성했다면 셀에서 Shift+Enter 키를 누르거나 코드 셀 왼쪽에 있는 ▶(플레이 버튼)을 클릭해 셀을 실행합니다. 정상적으로 불러왔다면 [그림 1-13]과 같이 셀 왼쪽에 실행 시간과 함께 ✓ 기호가 표시됩니다. 또한 실행 시간 옆에 보이는 숫자 [1]은 실행 순번으로서 코드 셀을 실행할 때마다 1씩 증가합니다.

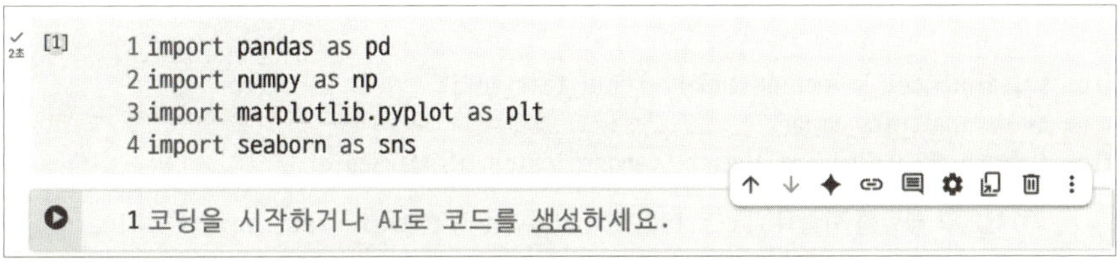

[그림 1-13] 코드 셀이 정상적으로 실행된 상태

> **여기서 잠깐**
>
> **셀 코드의 일련번호**
>
> 셀 코드 앞에 1, 2, 3, 4라고 번호가 붙어 있는데, 이는 라인(행) 번호를 의미합니다. 이 라인 번호는 사용자가 언제든지 설정할 수 있습니다. 기본 메뉴에서 [도구] - [설정]을 누르면 [설정] 대화상자가 나옵니다. 대화상자 왼쪽에 있는 [편집기] 메뉴를 선택하고 설정 항목의 '행 번호 표시'를 체크하면 코드 셀에서 이 번호가 보입니다. 개발할 때 라인 번호를 확인하는 경우가 종종 있으므로 체크해 두기 바랍니다.

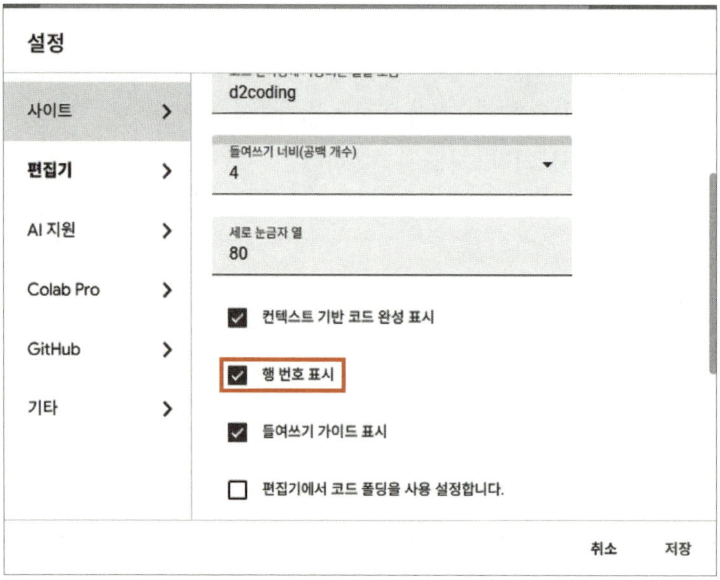

[그림 1-14] 코랩 설정에서 '행 번호 표시'

다음 셀에서 머신러닝 모델링에 필요한 sklearn(scikit-learn) 라이브러리 함수들도 불러옵니다. sklearn은 머신러닝을 위해 다양한 함수를 모아 놓은 유명한 라이브러리입니다.

CODE

```
from sklearn.model_selection import train_test_split                ①
from sklearn.metrics import *                                       ②
from sklearn.preprocessing import StandardScaler, MinMaxScaler      ③
```

① 데이터 세트를 학습과 테스트 데이터로 분할하는 함수 train_test_split을 sklearn 라이브러리에서 불러옵니다.

② 모델을 평가하는 sklearn 라이브러리의 지표 모듈(metrics)에서 모든 함수(*)를 불러옵니다. 앞에서 '모델링'의 '예측 및 검증 평가'에서 소개한 MSE(mean_squared_error)나 MAE(mean_absolute_error) 같은 성능 평가 함수들이 지표 모듈 함수입니다.

③ sklearn의 전처리 모듈(preprocessing)에서 스케일링 함수(StandardScaler, MinMaxScaler)를 불러옵니다.

코드 셀을 실행해 필요한 라이브러리와 함수들을 불러왔습니다. 실제로 개발하다 보면 이외에도 더 많은 라이브러리와 함수를 불러와 사용합니다.

데이터 전처리

다음은 데이터를 모델링에 적합한 형태로 정리하는 전처리 단계입니다. 앞에서 전처리의 3가지 핵심 요건을 간단히 설명했습니다. 이를 떠올리면서 코드를 작성합니다.

데이터 준비

모델링에 사용할 데이터를 불러옵니다. 데이터 역시 코드 파일의 전반부에서 불러옵니다.

빈 코드 셀에서 다음과 같이 입력합니다.

CODE

```
path = 'https://bit.ly/advertising_csv'  ①
data1 = pd.read_csv(path)                ②
data1.head()                             ③
```

OUTPUT

	TV	Radio	Newspaper	Sales
0	230.1	37.8	69.2	22.1
1	44.5	39.3	45.1	10.4
2	17.2	45.9	69.3	9.3
3	151.5	41.3	58.5	18.5
4	180.8	10.8	58.4	12.9

① csv(Comma-Separated Values) 형식의 데이터를 불러올 수 있도록 경로를 지정합니다. 경로는 필자의 깃허브(Github)에 등록되어 있는 데이터의 링크 주소입니다. 이 주소를 변수 path에 저장합니다.

② 판다스의 read_csv 메서드에서 파일 경로를 담은 변수를 지정하고 실행하면 데이터를 불러와 판다스의 데이터프레임 형식으로 저장합니다(data1).

③ 판다스의 데이터프레임 구조와 데이터의 일부를 조회할 때 head(n) 형식의 메서드를 사용하는데, 이때 n은 조회할 데이터의 건수를 의미합니다. head 메서드의 괄호에서 아무런 값도 지정하지 않으면 기본값으로 데이터 세트의 상위에 있는 5건의 데이터를 출력합니다.

여기서 잠깐

함수와 메서드

함수는 어떤 입력을 주면 그 입력을 계산해서 결과를 돌려주는 작은 코드 블록이라고 할 수 있습니다. 예를 들어 '더하기 함수'의 경우 두 수를 넣으면 두 수를 더한 결과를 돌려주는 역할을 합니다. 그래서 함수는 누구의 것도 아니고, 그냥 독립적으로 만들어 두고 필요할 때 불러 쓰는 도구입니다.

메서드는 겉으로 보면 함수와 비슷하게 동작합니다. 다만 차이가 있다면 메서드는 어떤 대상(객체라고 부름)에 붙어 그 대상을 다루는 일을 합니다. 예를 들어 df로 명명한 데이터프레임이 있을 때, 이 데이터의 일부를 보려면 df 뒤에 .head()를 붙이면 됩니다. 이때의 head가 바로 메서드입니다. 즉, 메서드는 '특정 대상을 위한 함수'라고 생각하면 이해하기 쉽습니다.

정리하면 함수는 독립적으로 동작하는 계산 규칙이고 메서드는 어떤 대상에 붙어 그 대상을 다루는 계산 규칙입니다.

광고 데이터를 불러왔으니 이제 데이터를 전처리하고 모델링해야 하지만, 그보다 데이터를 이해하는 일이 먼저입니다. 데이터를 잘 모른 채 모델링을 시작한다면 마치 눈을 감고 운전하는 것과 다름없습니다.

앞에서 코드 셀을 실행하면 [표 1-2]와 같은 형태의 결과가 나왔습니다.

[표 1-2] 광고비에 따른 매출 데이터

TV	Radio	Newspaper	Sales	
230.1	37.8	69.2	22.1	관측치
44.5	39.3	45.1	10.4	
17.2	45.9	69.3	9.3	
151.5	41.3	58.5	18.5	
180.8	10.8	58.4	12.9	
입력값(feature, x)			목푯값(target, y)	

각각의 행은 분석 단위, 혹은 예측 단위입니다. 구체적으로 어떤 지역이나 어떤 기간의 데이터인지는 명시되지 않았지만, 행 하나를 단위 데이터로 보고 모델을 만들 수 있습니다.

Sales(매출액)는 예측하려는 목푯값(target 또는 y)이고 TV, Radio, Newspaper는 광고비라는 입력값(feature 또는 x)들입니다. 이번에 생성할 회귀 모델의 목표는 세 광고비를 입력으로 받아 매출(Sales)을 예측하는 것입니다. 참고로 여기서 매출액의 단위는 1,000달러입니다.

x, y 나누기

다음으로 전체 데이터에서 x와 y를 분리해야 합니다. 이 작업은 기술적으로 꼭 필요한 것은 아니지만, 전처리나 모델링을 좀 더 깔끔하고 체계적으로 구성하기 위해 많이 사용합니다.

빈 코드 셀에서 다음 코드를 입력합니다.

CODE

```
target = 'Sales'                 ①
x = data1.drop(target, axis=1)   ②
y = data1.loc[:, target]         ③
```

① 변수 Sales를 target으로 지정합니다.

② drop 메서드는 데이터프레임에서 열 혹은 행을 삭제할 때 사용합니다. x=data1.drop(target, axis=1)은 target에 저장한 Sales 열을 data1에서 삭제하고 나머지 열은 x에 저장합니다. 이때 axis=1은 열을 의미합니다. 만약 행을 삭제하려면 axis=0으로 지정해야 합니다.

③ data1.loc[:, target]은 Sales 열만 조회하며 그 결과를 y에 저장합니다. 데이터프레임에 담긴 데이터를 조회할 때는 loc[**행 조건, 열 조건**] 형식으로 사용합니다. 행 조건 대신 :을 사용하면 모든 행을 조회하겠다는 의미입니다.

데이터를 이처럼 x, y로 나누면 이후 각각의 데이터 처리에 필요한 작업을 손쉽게 수행할 수 있습니다.

데이터 분할: train, validation

다음으로 데이터를 분할합니다. 이번 예제에서는 테스트 데이터는 이미 분리되어 있다고 가정하고 학습 데이터와 검증 데이터로만 나누겠습니다. train_test_split 함수는 sklearn에서 제공하는 데이터 분할 함수입니다. 앞에서 분할한 x와 y를 입력값으로 넣고 학습 데이터와 검증 데이터를 7:3의 비율로 지정합니다. 함수 이름이 train_test_split이어서 자칫 학습 데이터와 테스트 데이터를 분할한다고 생각할 수 있지만, 이 함수는 하나의 데이터 세트를 두 데이터 세트로 분할하는 함수라고 이해하는 게 좋습니다.

빈 셀에서 다음과 같이 입력합니다.

CODE

```
x_train, x_val, y_train, y_val = train_test_split(x, y, test_size = .3,
                                                  random_state=20)  ①
```

① test_size=0.3은 전체 데이터의 30%를 검증 데이터로 사용한다는 의미입니다. random_state=20은 결과의 재현성을 위해 설정합니다.

한 가지 주의할 점이 있습니다. 바로 함수가 반환하는 결괏값을 저장할 변수의 위치입니다. 함수의 반환값은 x_train, x_val, y_train, y_val, 총 4개의 변수에 저장됩니다. x 두 개(x_train, x_val)가 먼저 나오고, 다음에 y 두 개(y_train, y_val)가 나옵니다. 이 순서를 헷갈리는 사람이 많으니 유의하길 바랍니다.

여기서 잠깐

결과의 재현성이란?

재현성이란 동일한 코드를 여러 번 실행하더라도 항상 같은 결과가 나오도록 보장하는 특성을 말합니다. 머신러닝에서는 데이터 분할이나 모델 학습 과정이 무작위(Random)로 처리되는 경우가 많습니다. 이때 random_state(혹은 random seed)를 지정하면 결과의 일관성을 확보할 수 있습니다. random_state에 값을 지정하면 무작위로 처리되던 데이터 분할의 결과도 항상 일정하게 나옵니다.

random_state 설정은 실험 결과를 비교하거나 다른 사람과 결과를 공유할 때 매우 중요합니다. 필자도 강의할 때 random_state 코드를 사용합니다. 강사와 교육생이 동일한 코드를 실행했을 때 동일한 결과가 나오도록 하기 위함입니다.

스케일링

다음으로 전처리의 마지막 단계인 스케일링을 수행합니다. 스케일링은 거리 계산을 기반으로 패턴을 찾는 알고리즘에서는 필수적으로 사용합니다. 그러나 선형회귀나 의사결정나무 같은 알고리즘에서 스케일링 여부는 결과에 아무런 영향을 주지 않습니다.

빈 셀에서 다음과 같이 입력합니다.

CODE

```
scaler = MinMaxScaler()                      ①
x_train = scaler.fit_transform(x_train)     ②
x_val = scaler.transform(x_val)             ③
```

① 'MinMax' 방식의 스케일러를 선언합니다. MinMaxScaler 함수는 모든 값의 범위를 0~1 사이의 값으로 변환합니다.

② 학습 데이터(x_train)를 기준으로 최솟값과 최댓값을 찾고(fit), 0~1 사이의 값으로 변환(transform)합니다. 이를 한꺼번에 해주는 메서드가 fit_transform입니다.

③ 검증 데이터(x_val)는 학습 데이터의 최솟값과 최댓값을 기준으로 변환만 수행합니다. 이때는 transform 메서드를 사용합니다.

일반적으로 스케일링은 학습 데이터를 기준으로 설정하고(fit), 나머지 데이터 세트, 이를테면 검증 데이터나 테스트 데이터는 변환(transform)만 수행합니다. 다음 차시부터 시작할 딥러닝에서는 스케일링을 반드시 해야 합니다. 값의 크기가 학습의 속도나 안정성에 영향을 미치기 때문입니다. 따라서 여러분은 "스케일링은 기본적으로 전처리 작업이다"라고 이해하는 게 좋습니다.

여기까지가 머신러닝을 위한 데이터 준비 단계입니다. 코드를 직접 작성하는 것이 때로는 조금 귀찮은 작업처럼 여겨질 수도 있지만, 코드를 직접 손으로 하나씩 작성할 때 실력이 늡니다. 이어서 모델링 단계로 넘어갑니다.

모델링

학습 및 검증

이제 모델을 선언하고 학습시키고 검증 평가하는 단계입니다. 여기서 사용할 모델은 머신러닝에서 가장 기본이 되는 선형회귀(Linear Regression)입니다. 선형회귀는 직선 하나로 데이터를 설명하려는 아주 단순한 방식이지만, 그만큼 해석도 직관적이어서 딥러닝의 근간이 되는 알고리즘입니다.

CODE

```
from sklearn.linear_model import LinearRegression  ①
model = LinearRegression()       ②
model.fit(x_train, y_train)      ③
pred = model.predict(x_val)      ④
```

① 함수 불러오기: 회귀 모델의 가장 기본이 되는 선형회귀 함수를 불러옵니다.

② 모델 선언: LinearRegression 함수로 선형회귀 모델을 선언하고 변수 model에 저장합니다. 함수 LinearRegression의 괄호를 비운 채 선언하면 설정은 기본값으로 하겠다는 의미입니다.

③ 학습: 선언한 모델(model)은 fit 메서드로 학습시킵니다. 입력값은 학습 데이터의 x(x_train)와 y(y_train)입니다.

④ 검증-예측: 학습이 끝난 모델을 검증하려면 predict 메서드로 검증 데이터(학습할 때 사용하지 않은 데이터, x_val)를 사용해 예측합니다.

머신러닝 모델링 절차는 딥러닝과 큰 틀에서 매우 유사합니다. 좀 더 자세한 내용은 3일 차 회귀 모델링에서 설명합니다.

여기서 잠깐

선형회귀

선형회귀(Linear Regression)는 머신러닝에서 가장 기본이 되는 알고리즘으로 입력값(x)과 출력값(y) 사이의 선형 관계를 찾아 예측하는 모델입니다. 주어진 데이터를 가장 잘 설명하는 직선을 그리는 것이 핵심이며, 직선은 수학적으로 $y = wx + b$라는 1차 함수로 표현됩니다. 여기서 w는 기울기(가중치), b는 절편입니다. 모델을 학습시키면서 가장 적절한 w와 b의 값을 결정합니다.

또한 선형회귀는 딥러닝의 기본 개념을 이해하기 위한 중요한 출발점입니다. 딥러닝 모델은 여러 개의 입력과 층을 쌓아 복잡한 비선형 문제를 해결하지만, 마지막 출력층에서는 선형회귀와 같은 구조를 사용하는 경우가 많습니다. 또한 선형회귀처럼 오차를 계산한 다음, 오차를 줄이기 위해 가중치를 조정하는 과정(최적화)은 딥러닝도 동일합니다. 따라서 선형회귀를 제대로 이해하면 딥러닝의 학습 구조도 훨씬 쉽게 받아들일 수 있습니다.

그런데 한 가지 주의해서 살펴볼 지점이 있습니다. 모델을 학습할 때는 x_train과 y_train을 이용하고, 예측할 때는 왜 x_val만 이용할까요? 우리는 공부할 때 답을 맞혀 가면서 문제를 풀지요? 모델도 마찬가지입니다. 학습할 때는 문제(x_train)와 답(y_train)이 필요합니다. 그러나 학습이 모두 끝난 다음, 실력을 검증하기 위해 모의고사를 볼 때는 당연한 이야기지만 문제만 주어진 상태에서 풉니다. 모델링도 마찬가지로 검증할 때는 시험 문제(x_val)만 제공하는 거죠. 그렇다면 y_val은 언제 사용할까요? 이것은 바로 이어지는 모델 평가 지표에서 설명합니다.

회귀 모델 평가

x_val이 모의고사 문제라면 y_val은 이 시험의 목푯값(target)입니다. 시험 문제를 풀면 채점해서 점수를 매기는 과정이 필요하듯이 모델 역시 학습을 평가합니다. 이를 '모델 평가'라고 합니다.

모델 평가하기

회귀 모델을 평가하는 대표적인 4가지 지표 코드를 작성하고 실행합니다.

CODE
```
print('RMSE:', root_mean_squared_error(y_val, pred))  ①
print('R2:', r2_score(y_val, pred))
print('MAE:', mean_absolute_error(y_val, pred))
print('MAPE:', mean_absolute_percentage_error(y_val, pred))
```

OUTPUT
```
RMSE: 2.1824586788058977
R2: 0.8568542870042719
MAE: 1.5030135035019552
MAPE: 0.23452930250376364
```

① root_mean_squared_error(y_val, pred): 목푯값(y_val)과 예측값(pred)을 순서대로

> 입력해 성능 평가 지표 RMSE를 계산합니다. R2, MAE, MAPE의 값도 각각 다른 함수를 이용해 같은 방식으로 얻습니다.

sklearn에서 제공하는 성능 평가 함수들은 목푯값과 예측값순으로 입력합니다. 특히 MAPE는 입력 순서에 따라 평가 결과가 달라지므로 순서에 유의해야 합니다.

회귀 모델 평가 1: 오차의 크기와 오차율

실제 지표를 이해하기 전에 몇 가지 개념을 이해하는 게 필요합니다. 우선 오차를 표현할 때 자주 사용하는 기호들을 살펴보겠습니다.

- y: 목푯값(Ground Truth, 정답 데이터)
- $\hat{y}$: 예측값(Predicted Value, y-hat이라고 읽음)
- $\bar{y}$: 평균값(Mean Value, y-bar라고 읽음)

이 기호들은 통계나 딥러닝 모델 평가에서 자주 쓰이는 기본 표현들입니다.

모델을 평가할 때 사용하는 기본 방법 중의 하나는 오차를 측정하는 일입니다. 오차는 목푯값과 예측값의 차입니다.

$$\text{error} = y - \hat{y}$$

오차가 양수이면 모델이 예측을 실세보다 작게, 음수이면 실제보다 크게 예측한 경우입니다.

그리고 오차의 크기를 계산하는 방법은 두 가지입니다.

- 제곱 오차(Squared Error): $(y - \hat{y})^2$
- 절댓값 오차(Absolute Error): $|y - \hat{y}|$

두 방법 모두 오차의 크기를 나타냅니다. 특히 제곱 오차는 큰 손실값에 더 큰 페널티를 주어 계산합니다.

그리고 오차율은 다음과 같이 표현합니다.

- 상대 절대 오차(Relative Absolute Error): $\left|\frac{y - \hat{y}}{y}\right|$

상대 절대 오차는 목푯값에 대한 상대적 비율입니다.

[표 1-3]은 지금까지 설명한 오차의 크기 두 가지와 오차율을 계산하는 예제입니다.

[표 1-3] 오차 계산 예제

예측값($\hat{y}$)	목푯값(y)	오차	제곱 오차	절댓값 오차	상대 절대 오차
1	1	0	0	0	0
2	1	-1	1	1	1
0	-1	-1	1	1	1
3	4	1	1	1	1/4
2	5	3	9	3	3/5

앞에서 회귀 모델을 평가할 때 사용한 지표들은 이들 제곱 오차, 절댓값 오차, 상대 절대 오차를 이용한 것입니다.

- MSE(Mean Squared Error): $\frac{\sum (y-\hat{y})^2}{n}$. 제곱 오차의 평균값입니다.
- RMSE(Root Mean Squared Error): $\sqrt{\frac{\sum (y-\hat{y})^2}{n}}$. MSE는 오차를 제곱해서 계산한 값이므로 원래 값과 단위가 동일하도록 MSE에 제곱근을 취해 구합니다.
- MAE(Mean Absolute Error): $\frac{\sum |y-\hat{y}|^2}{n}$. 절댓값 오차(Absolute Error)의 평균을 계산한 값입니다.
- MAPE(Mean Absolute Percentage Error): $\frac{\sum \left|\frac{y-\hat{y}}{y}\right|}{n}$. 상대 절대 오차의 평균입니다.

여기서 잠깐

평균을 나타내는 수식 $\frac{\sum \square}{n}$

수식이 나오면 부담스러워 하는 사람이 많습니다. 하지만 수학 기호를 조금만 이해하면 상당히 많은 수식이 눈에 들어옵니다. 앞에서 설명한 평가 지표의 수식을 보면 공통적으로 보이는 수식 형태가 있습니다. 바로 $\frac{\sum \square}{n}$이지요. 수식에서 $\frac{\sum \square}{n}$같은 형태가 있으면 평균으로 읽으면 됩니다. 산술 평균은 모두 더해서 개수로 나누어 계산합니다. 모두 더하라는 수학 기호가 $\sum \square$이고, n은 개수를 의미하므로 $\frac{\sum \square}{n}$와 같은 식은 "평균을 구한다는 의미구나"라고 생각하면 됩니다.

앞서 실행했던 회귀 모델의 성능 평가 결과를 표로 정리하고 그 의미를 살펴보겠습니다(소수점 넷째 자리에서 반올림).

[표 1-4] 성능 평가 지표의 값과 의미

지표	값	의미
RMSE	2.182	오차의 평균적인 양을 가늠해 볼 수 있습니다. 그러나 오차의 제곱으로 계산된 값이므로 오차의 양과 딱 일치하지는 않습니다.
MAE	1.503	'평균 오차'라고 합니다. 회귀 모델로 예측할 때 발생하는 평균 오차가 1.5(1,500달러) 정도된다는 의미입니다.
MAPE	0.235	'평균 오차율'이라고 합니다. 어떤 모델은 매출액을 예측할 때 평균적으로 23.5% 정도 오차가 발생한다는 의미입니다.

오차의 양과 오차율의 평가 지표를 살펴보았습니다. 이어서 회귀 모델의 설명력이라고 하는 평가 지표인 R^2 Score를 설명합니다.

회귀 모델 평가 2: 모델의 설명력(R^2 Score)

모델을 평가할 때 중요한 것이 기준점입니다. 기준 대비 얼마나 성능이 좋은지 비교 평가를 합니다. 기존 모델이 있다면 현재 모델이 기존 모델보다 얼마나 성능이 개선되었는지 비교하고 평가할 수 있습니다. 또한 기존 모델의 존재 여부와 상관없이 최소한의 기준을 평균으로 삼을 수도 있습니다.

예를 들어 판매량을 예측하는 모델을 만든다고 합시다. 이때 학습 데이터의 평균 판매량이 10개라면 항상 10으로만 예측하는, 즉 평균값으로 예측하는 모델을 기준점으로 삼습니다. 그리고 회귀 모델을 만들 때 최소한 평균값으로 예측하는 모델보다는 성능이 좋기를 기대합니다.

R^2 Score는 회귀 모델이 단순히 평균값으로 예측하는 모델보다 얼마나 더 성능이 개선되었는지를 평가하는 지표입니다. 이를 계산하는 수식은 조금 복잡하므로 여기서는 개념만 단순화해 설명합니다.

- 평균값 예측 모델에서 발생하는 오차를 전체 오차(Total Error)라고 합니다.
- 회귀 모델에서 발생하는 오차를 회귀 오차(Regression Error)라고 합니다.

$$R^2 \text{ Score} = (\text{전체 오차} - \text{회귀 모델 오차}) / \text{전체 오차}$$

다시 말하면 R^2 Score는 평균으로 예측한 값보다 회귀 모델이 얼마나 더 잘 예측하는지 나타내는 평가 지표입니다. 특별히 R^2 Score를 모델의 설명력 혹은 결정계수라고 합니다.

앞에서 만든 회귀 모델의 R^2 Score 값은 0.857(0.856…에서 반올림)이었습니다. 평균으로 예측했을 때의 오차를 기준으로 할 경우, 이 회귀 모델은 "약 85.7%를 줄여 주었다" 또는 "85.7% 더 잘 설명한다"라는 의미입니다. 비즈니스 관점으로 이해하기가 쉽지는 않지요? 일단 이 정도로 평가 지표는 어떤 것들이 있고 그 의미는 무엇인지 대략 살펴보았습니다.

지금까지 머신러닝의 회귀 모델링 과정을 처음부터 끝까지 수행했습니다. 간단한 코드들로 구성했지만, 일반적인 모델링 흐름을 이해하는 데는 부족함이 없습니다. 다시 한번 전체적인 흐름을 요약하면 다음과 같습니다.

- 환경 준비: 필요한 라이브러리와 함수들을 불러왔습니다.
- 데이터 준비: 'csv' 파일로 저장된 데이터를 불러와 데이터프레임으로 저장하고 x와 y 분할, 학습 데이터와 검증 데이터로 분할, 스케일링을 수행했습니다.
- 모델링 및 평가: 선형회귀 모델을 선언한 다음, 학습(`fit`)하고 예측(`predict`)하고 평가했습니다.

분류 모델링 예제: 대학원 합격 여부 예측

회귀 모델에 이어 대학원 합격 여부를 예측하는 분류 모델을 코드로 작성합니다. 앞서 만든 구글 드라이브 폴더에서 마우스 오른쪽 버튼을 클릭한 다음, [더 보기] - [Google Colaboratory] 메뉴를 차례로 선택해 새 코랩 파일을 생성합니다. 파일 이름은 '1일차_머신러닝실습2.ipynb'로 변경합니다.

이번 예제의 목표는 학생 성적, 시험 점수, 출신 학교 수준 등의 데이터로 그 학생이 대학원에 합격할 가능성이 있는지 예측하는 일입니다. 말 그대로 합격(True)이냐 불합격(False)이냐를 판별하는 이진 분류(Binary Classification) 문제입니다.

환경 준비

불러올 라이브러리는 '1일차_머신러닝실습1.ipynb'의 환경 준비와 동일합니다.

다음 코드를 작성하고 실행합니다.

CODE

```
import pandas as pd
import numpy as np
import matplotlib.pyplot as plt
```

```
import seaborn as sns
from sklearn.model_selection import train_test_split
from sklearn.metrics import *
from sklearn.preprocessing import StandardScaler, MinMaxScaler
```

pandas, numpy, maplotlib, seaborn은 기본적으로 라이브러리 전체를 불러옵니다. sklearn 라이브러리에서는 필요한 함수만 선별해 불러옵니다. 그러나 반드시 이렇게 불러와야 하는 것은 아니며 개발자의 코딩 스타일에 맞게 얼마든지 다르게 작성할 수 있습니다.

데이터 전처리

데이터를 모델링에 적합한 형태로 정리하는 전처리 단계입니다. 데이터를 불러와 다음과 같은 순서로 전처리를 수행합니다.

① 데이터 준비

② x, y 분할

③ 가변수화

④ train, validation 분할

⑤ 스케일링

'1일차_머신러닝실습1'의 전처리와 달리 '가변수화' 단계가 추가되었습니다.

데이터 준비

데이터 파일의 경로(path)를 지정한 다음, 판다스의 read_csv 메서드로 데이터를 불러와 데이터프레임으로 저장합니다(data2). 계속해서 head 메서드로 상위 5건의 데이터를 조회합니다.

CODE
```
path = "https://bit.ly/graduate_csv"
data2 = pd.read_csv(path)
data2.head()
```

이 데이터 세트는 대학원 진학을 시도한 학생들의 정보를 담고 있습니다. 조회 결과([표 1-5])를 보면 각각의 행은 한 명의 지원자이며 입력변수는 모두 4개입니다.

[표 1-5] 대학원 진학 시험 응시자의 데이터

admit	gre	gpa	rank
0	380	3.61	3
1	660	3.67	3
1	800	4.00	1
1	640	3.19	4
0	520	2.93	4

- admit: 합격 여부(1: 합격, 0: 불합격) → 목푯값
- gre: GRE 시험 점수(대학원 입학 시험)
- gpa: 학부 평균 성적(Grade Point Average)
- rank: 지원자의 출신 학교 랭킹(1~4 범주)

이 데이터의 admit이 바로 예측하려는 목푯값이고 나머지 변수들은 예측에 사용할 입력값입니다.

x, y 나누기

데이터를 x와 y로 나눕니다. 이 구조로 데이터를 분리하면 이후 전처리와 모델 학습이 훨씬 깔끔하게 이루어집니다.

CODE

```
target = 'admit'
x = data2.drop(target, axis=1)
y = data2.loc[:, target]
```

코드는 이미 앞에서 설명했습니다. 33쪽을 참조하기 바랍니다.

가변수화

이번 예제의 데이터 전처리 단계에서 주의할 변수는 범주형인 rank입니다. 범주형 변수 rank는 모델링하기 전에 숫자로 변환하는 전처리 작업이 필요합니다. 이를 가변수화라고 합니다.

모델은 데이터에서 패턴을 찾으면서 수학 연산을 하는데, 범주형 데이터로는 수학 연산을 직접 할 수 없기 때문에 가변수화를 합니다. 예를 들어 성별 데이터의 경

우 남자나 여자를 직접 수학식에 입력해 계산할 수는 없습니다. 남자에 3을 곱하거나 여자에 5를 더할 수는 없기 때문입니다. 그래서 모델링을 하기 전에 범주형 데이터는 반드시 숫자로 변환합니다.

여기서 한 가지 의문을 가질 분도 있을 것 같습니다. 이미 "변수 rank의 값은 숫자 1, 2, 3, 4로 되어 있는데, 왜 가변수화를 하지?"라고 말입니다. 그런데 rank에 저장된 숫자는 데이터 타입이 숫자일 뿐, 의미는 숫자가 아닌 범주입니다. 즉, rank가 2라고 해서 rank가 1인 값보다 2배 크다는 의미는 아닙니다. 그래서 범주형 변수가 숫자로 표현되어 있더라도 이 숫자를 바로 계산에서 사용할 수 없습니다.

빈 셀에서 다음 코드를 입력합니다.

CODE

```
cat_cols = ['rank']                                              ①
x = pd.get_dummies(x, columns = cat_cols, drop_first = True)    ②
x.head()
```

OUTPUT

	gre	gpa	rank_2	rank_3	rank_4
0	380	3.61	False	True	False
1	660	3.67	False	True	False
2	800	4.00	False	False	False
3	640	3.19	False	False	True
4	520	2.93	False	False	True

① 범주형 변수를 리스트 형식으로 저장합니다.

② get_dummies 메서드를 이용해 범주형 변수를 가변수(0 혹은 1) 형태로 변환합니다.

- x: 가변수화할 대상 데이터 세트
- columns=cat_cols: 범주형 변수 목록. ①에서 리스트로 저장한 범주형 변수.
- drop_first=True: 가변수화한 다음 첫 번째 범주를 제거해 다중 공선성(Multicollinearity) 문제를 방지(예: rank_1, rank_2, rank_3, rank_4 중 rank_1을 제거하고 나머지 3개만 사용)

코드에서 가변수화를 수행하고 head 메서드로 상위 5건의 결과를 출력했습니다. rank 변수는 rank_2, rank_3, rank_4 세 개의 열로 변환되어 있습니다. 코드에서 설명했듯이 drop_first 옵션을 True로 설정하면 rank_1은 결과에서 제외됩니다.

가변수화된 값은 True/False로 표시되어 있는데, 모델을 학습할 때는 True는 1, False는 0으로 바꿔어 처리됩니다.

여기서 잠깐

다중 공선성(Multicollinearity)이란?

다중 공선성 문제는 여러 개의 입력변수(x) 사이에 강한 상관관계가 있을 때 발생하는 문제입니다. 주로 선형회귀나 로지스틱 회귀 모델에서 발생합니다. 입력변수 사이에 강한 상관관계가 있는 경우 모델링 과정에서 각각의 입력변수와 목푯값(y)의 개별적인 관계를 제대로 학습하지 못해 예측 성능이 떨어질 수 있습니다.

가변수화할 때 생성된 가변수 중 하나를 제거하는 이유는 이러한 다중 공선성 문제를 피하기 위해서입니다. 예컨대 성별(남, 여) 범주형 변수를 가변수화하면 [표 1-6]과 같은 결과를 얻습니다.

[표 1-6] 성별 변수의 가변수화 예시

남자	여자
True	False
False	True
True	False

결괏값을 보면 남자의 값이 True면 여자는 False, 반대로 남자가 False면 여자는 무조건 True일 수밖에 없습니다. 즉, 남자 또는 여자의 열 중 하나를 제외해도 성별 변수의 값을 표현할 수 있습니다. 둘 다 있을 필요가 없으며 오히려 있다면 정보의 중복이 발생합니다.

다시 대학원 합격 여부 예측 데이터로 넘어가서 rank 변수는 4개의 범주로 구성되어 있습니다. 이 변수를 가변수화할 때 범주 3개의 값을 알면 나머지 범주값은 자동으로 결정됩니다. 만일 4개의 범주로 구성하면 정보의 중복이 발생합니다. 정보 중복은 다중 공선성 문제를 일으킵니다. 따라서 정보 중복을 방지하기 위해 가변수화 함수인 get_dummies에서 drop_first 옵션을 True로 설정합니다.

그러나 선형회귀, 로지스틱 회귀 모델 외에는 다중 공선성이 큰 문제가 되지 않습니다. 특히 딥러닝에서는 다중 공선성이 고려 대상이 아니기 때문에 크게 신경 쓸 필요가 없습니다.

데이터 분할 및 스케일링

이어서 데이터를 학습 데이터와 검증 데이터로 분할하고 스케일링을 수행합니다

CODE

```
x_train, x_val, y_train, y_val = train_test_split(x, y, test_size = .3,
                                                   random_state=20)
scaler = MinMaxScaler()
```

```
x_train = scaler.fit_transform(x_train)
x_val = scaler.transform(x_val)
```

코드의 설명은 33~34쪽을 참조 바랍니다. 이제 모델링을 수행하기 위한 데이터의 준비를 완료했습니다.

모델링: 학습, 예측

이번에는 로지스틱 회귀(Logistic Regression) 모델을 사용합니다. 로지스틱 회귀는 가장 기본적인 분류 알고리즘입니다. 특히 딥러닝으로 이진 분류 모델을 만들 때는 로지스틱 회귀의 원리를 바탕으로 하므로 반드시 기억해야 할 중요한 알고리즘입니다. 로지스틱 회귀는 4일 차에서 좀 더 자세히 다룹니다.

CODE

```
from sklearn.linear_model import LogisticRegression ①
model = LogisticRegression()
model.fit(x_train, y_train)
pred = model.predict(x_val)
```

> ① LogisticRegression 함수를 불러와 모델을 선언합니다. 분류 모델의 가장 기본적인 알고리즘인 로지스틱 회귀 모델로 선언합니다. 나머지 코드의 설명은 35쪽과 동일합니다.

로지스틱 회귀 모델을 선언하고 학습시키고 예측했습니다.

로지스틱 회귀는 이름에 '회귀'가 들어 있지만, 실제로는 분류(Classification) 문제를 해결하는 데 사용하는 머신러닝 알고리즘입니다. 입력값(x)과 목푯값(y) 사이의 관계를 학습한다는 점에서는 선형회귀와 비슷하지만, y가 연속적인 수치가 아니라 특정 범주(예: 합격/불합격, 스팸/정상)라는 점에서 다릅니다. 로지스틱 회귀는 $y = wx + b$의 결과를 시그모이드(Sigmoid) 함수에 통과시켜 0과 1 사이의 확률값으로 바꾸고 이 확률을 기준으로 범주를 분류하는 모델입니다. 로지스틱 함수라고도 불리는 시그모이드는 굉장히 중요한 함수로 4일 차에서 좀 더 자세히 설명합니다.

분류 모델 평가 방법

이번에는 분류 모델을 어떻게 평가하는지 살펴보겠습니다. 방금 생성한 분류 모델의 평가 코드를 작성하고 평가 방법에는 어떤 것이 있는지, 결과는 어떻게 해석하는지 설명합니다.

분류 모델 평가하기

분류 모델은 혼동 행렬(Confusion Matrix)과 sklearn에서 제공하는 분류 결과 보고서(classification_report) 함수를 이용해 평가합니다.

다음과 같이 코드를 작성하고 실행 결과를 살펴보겠습니다.

CODE

```
print(confusion_matrix(y_val, pred)) ①
```

OUTPUT

```
[[74 10]
 [26 10]]
```

① 혼동 행렬(confusion_matrix) 함수의 입력으로 검증 데이터의 목푯값(y_val)과 예측값(pred)을 순서대로 받습니다.

코드의 실행 결과로 나온 혼동 행렬을 이용해 모델의 성능을 다양하게 평가할 수 있습니다.

여러 평가 결과를 일목요연하게 정리해서 보여 주는 분류 보고서 함수를 출력합니다.

CODE

```
print(classification_report(y_val, pred)) ①
```

OUTPUT

```
              precision    recall  f1-score   support

           0       0.74      0.88      0.80        84
           1       0.50      0.28      0.36        36

    accuracy                           0.70       120
   macro avg       0.62      0.58      0.58       120
weighted avg       0.67      0.70      0.67       120
```

① 분류 결과 보고서(classification_report) 함수는 혼동 행렬을 이용한 다양한 분류 모델 평가 지표를 간단한 보고서 형태로 출력합니다. 이 함수도 목푯값과 예측값순으로 입력해야 합니다.

참고로 전처리 단계에서 사용한 train_test_split 함수는 데이터를 랜덤하게 분할합니다. 하지만 random_state=20으로 옵션을 지정했으므로 독자도 필자와 동일한 결과가 나왔을 겁니다. 하지만 실제 모델링에서는 random_state 같은 옵션을 사용하지 않습니다. 왜냐하면 실전(운영 환경)에서는 다양한 데이터가 생성될 수 있기에 동일한 조건으로 모델링을 수행할지라도 성능은 조금씩 달라질 수 있습니다. 이는 자연스러운 현상으로 성능 평가 결과의 변동성(Variance)으로 이해하고 받아들여야 합니다. 공부하는 학생이 모의고사를 여러 회 풀면 풀 때마다 조금씩 점수가 달라집니다. 시험 문제가 다르니 성적에도 편차가 있기 마련입니다.

이제 분류 모델에 대한 성능 평가 결과를 좀 더 자세히 살펴보겠습니다.

분류 모델 평가 1: 혼동 행렬

분류 모델을 평가하려면 먼저 혼동 행렬(Confusion Matrix)을 만들고 혼동 행렬에서 다양한 평가 지표를 계산해야 합니다. 먼저 혼동 행렬을 만드는 과정을 설명합니다.

쉽게 이해할 수 있도록 검증 데이터 8건의 예측 결과를 [표 1-7]에 담았습니다.

[표 1-7] 모델의 예측 결과 예시

예측값	목푯값
합격	합격
불합격	불합격
합격	불합격
불합격	합격
불합격	불합격
불합격	불합격
합격	합격
불합격	불합격

[표 1-7]의 결과는 다음과 같이 4가지 경우로 집계할 수 있습니다.

- 실제로 합격인데, 예측도 합격인 경우: 2건
- 실제로 합격인데, 예측은 불합격인 경우: 1건
- 실제로 불합격인데, 예측은 합격인 경우: 1건
- 실제로 불합격인데, 예측도 불합격인 경우: 4건

집계한 숫자를 [표 1-8]로 다시 정리한 것이 교차 집계표, 즉 혼동 행렬입니다.

[표 1-8] 간단한 교차 집계표 예시

		예측값		
		불합격	합격	계
목푯값	불합격	4	1	5
	합격	1	2	3
	계	5	3	8

이 혼동 행렬의 각 숫자를 이용해 모델을 평가하는데, 중요한 평가 지표들을 살펴보면 다음과 같습니다.

- 정분류율(Accuracy): 혼동 행렬의 전체 데이터(8명) 중에서 합격(2명)과 불합격(4명)을 모두 맞춘 비율입니다($\frac{4+2}{8}=0.75$).
- 재현율, 정밀도, F1 Score는 불합격과 합격 관점에서 각각 계산해야 합니다.
- 재현율(Recall): 재현율을 합격 관점에서 설명하면 실제 합격한 사람(3명) 중에서 합격을 예측해서 맞춘 사람 수(2명)의 비율입니다($\frac{2}{3}=0.67$). 재현율은 목푯값을 기준으로 얼마나 맞췄는지를 평가한다는 점이 특징입니다.
- 정밀도(Precision): 역시 합격 관점에서 설명하면 합격으로 예측한 사람(3명) 중에서 실제로 맞춘 사람 수(2명)의 비율입니다($\frac{2}{3}=0.67$). 정밀도는 예측값을 기준으로 얼마나 맞췄는지를 평가한다는 점이 특징입니다.
- F1 Score: 재현율과 정밀도의 조화평균(Harmonic Mean)입니다. 이 지표는 재현율과 정밀도 두 지표를 함께 고려해 평가합니다($\frac{2 \times \text{Recall} \times \text{Precision}}{\text{recall} + \text{precision}} = \frac{2 \times 0.67 \times 0.67}{0.67 + 0.67} = 0.67$).

분류 모델을 평가하는 4가지 성능 지표는 모두 "모델이 얼마나 잘 맞췄는가?"와 관련되어 있기에 1에 가까울수록 성능이 좋은 모델입니다. 정분류율은 모델의 정확도이므로 쉽게 이해가 되는데, 재현율과 정밀도는 여전히 혼란스럽나요? 일상과 관련된 예시로 다시 한번 설명하겠습니다.

우선 재현율은 목푯값을 기준으로 얼마나 맞췄는지, 정밀도는 예측값을 기준으로 얼마나 맞췄는지를 평가하는 지표라는 점을 기억하며 다음 내용을 천천히 읽기 바랍니다.

코로나 진단 키트로 100명을 검사하는데, 이 가운데 실제 코로나 환자는 15명이라고 가정하겠습니다. 진단 키트 검사 결과, 코로나 양성이 20명이 나왔습니다. 그런데 코로나 양성 20명 중에서 진짜 코로나 확진자는 7명이고 정상은 13명입니다. 이를 혼동 행렬로 정리하면 [표 1-9]와 같습니다.

[표 1-9] 코로나 진단 검사 혼동 행렬 예시

		예측값		
		음성	양성	계
목푯값	정상	72	13	85
	확진	8	7	15
	계	80	20	100

확진자 혹은 양성 관점에서 이 진단 키트의 재현율과 정밀도를 계산합니다.

- 재현율: "이 진단 키트는 코로나 확진자를 얼마나 잘 찾아?"라는 질문에 대한 답이 바로 재현율입니다. 여기서는 실제 확진자 15명 중에서 7명을 찾아냈습니다.
- 정밀도: "이 진단 키트는 양성 예측자를 얼마나 잘 맞춰?"라는 질문은 정밀도가 얼마인지를 묻는 것입니다. 여기서는 양성으로 예측한 20명 중에서 7명을 맞췄습니다.

이제 조금 이해가 되나요? 이처럼 재현율과 정밀도는 비슷한 듯하지만 관점이 다른 성능 평가 지표이기에 현업에서도 처음에는 많이 혼동하는 편입니다.

실무에서 이 두 값은 보완 관계에 있기 때문에 함께 살펴봐야 합니다. 필자가 어떤 코로나 확진자도 모두 찾을 수 있는 진단 키트를 만든다고 한다면 독자는 아마도 필자를 이상하게 생각할 겁니다. 이 말은 재현율이 1인 진단 키트를 만들 수 있다는 의미입니다. 곰곰이 생각해 보면 이런 진단 키트를 만드는 일은 대단히 쉽습니다. 검사한 모든 사람을 그냥 '양성'으로 분류하면 1이 됩니다. 확진자를 한 명도 놓치지 않았으니까요. 어처구니없는 일이죠? 그런 검사 키트를 사용할 의사는 아무도 없을 겁니다. 이처럼 양성으로 극단적으로 분류하면 양성이라고 예측한 시도 가운데 실제 양성을 맞춘 비율, 즉 정밀도가 형편없이 낮아집니다. 그래서 이 두 지표는 균형 있게 살펴야 합니다.

그리고 두 지표를 하나로 요약한(조화평균으로 계산한) 지표가 바로 F1 Score입니다.

분류 모델 평가 2: 분류 결과 보고서 함수

분류 결과 보고서 함수(classification_report)는 혼동 행렬에서 계산한 다양한 성능 지표를 요약 보고서 형태로 제공합니다.

앞에서 대학원 합격 예측 예제의 성능 평가 결과를 다시 가져오겠습니다. 혼동 행렬 코드를 실행하면 나오는 결과를 표 형태로 정리하면 [표 1-10]과 같습니다.

[표 1-10] 대학원 합격 여부 예측 모델의 혼동 행렬

		예측값		
		불합격	합격	계
목푯값	불합격	77	3	80
	합격	34	6	40
	계	111	9	120

검증 데이터 120건을 모델로 예측하고 집계했습니다. 혼동 행렬의 각 요소에 해당하는 4개의 숫자(77, 3, 34, 6)로 다양한 성능 지표를 계산할 수 있다고 설명했습니다. 이를 classification_report 함수를 이용해 한꺼번에 보여 주는 통계가 분류 결과 보고서입니다.

[그림 1-15]와 같이 함수 classification_report의 결과를 보면 0은 불합격, 1은 합격을 의미합니다. 여러 결괏값 중에서 박스로 표시한 숫자를 직접 계산해 보겠습니다.

```
[[77  3]
 [34  6]]
              precision    recall  f1-score   support

           0       0.69   ❷ 0.96      0.81        80
           1    ❸ 0.67      0.15   ❹ 0.24        40

    accuracy                       ❶ 0.69       120
   macro avg       0.68      0.56      0.53       120
weighted avg       0.68      0.69      0.62       120
```

[그림 1-15] 검증 데이터에 대한 예측 결과

❶ 정분류율: 전체 정분류율은 0.69입니다. $\frac{77+6}{77+3+34+6} = 0.69.$

❷ 재현율: 불합격자(0) 관점에서 실제 불합격자(80명) 중에서 불합격으로 예측해 맞춘 사람(77명)의 비율이 0.96입니다. $\frac{77}{77+3} = 0.96.$

❸ 정밀도: 합격자 관점에서 합격으로 예측한 사람(9명) 중에서 실제 합격자(6명)의 비율입니다. $\frac{6}{3+6} = 0.67$

❹ F1 Score: 합격자 관점에서 재현율(0.15)과 정밀도(0.67)의 조화평균 값인 0.24입니다. $\frac{2 \times 0.15 \times 0.67}{0.15 + 0.67} = 0.24$

이렇게 해서 분류 모델을 어떻게 평가하는지 살펴보았습니다. 모델을 만든 후 검증 데이터로 평가하는 일은 굉장히 중요합니다. 마치 공부를 열심히 한 후 모의고사를 통해 실력을 확인하듯이 모델의 성능을 객관적으로 확인할 수 있는 방법이기 때문입니다.

이번 차시에서 소개한 여러 지표는 이후 딥러닝 모델을 구현하면서 데이터와 비즈니스 관점에서 어떻게 해석하는지 차근차근 소개합니다.

정리

이번 차시에서는 머신러닝의 개념부터 실습 흐름까지 빠르게 훑어보며 딥러닝 학습에 앞서 꼭 필요한 기초를 다졌습니다. 인공지능(AI), 머신러닝(ML), 딥러닝(DL)의 개념적 차이를 시작으로 머신러닝이 데이터에서 패턴을 어떻게 학습하고 이를 바탕으로 어떻게 예측하고 분류하는지 다양한 예시로 살펴보았습니다. 특히 머신러닝의 대표적인 학습 방식인 지도학습, 비지도학습, 강화학습을 소개하면서 이 책에서는 지도학습을 중심으로 내용을 전개할 것임을 안내했습니다.

또한 머신러닝 모델이란 무엇이며 왜 '표본으로 전체를 추정하는 일'이 중요한지, 모델링 과정이 단순한 계산이 아닌 데이터와 알고리즘, 그리고 비즈니스 문제의 이해를 함께 요구하는 복합적인 작업인지를 설명했습니다. 이를 바탕으로 데이터 분석 과제를 체계적으로 수행할 수 있도록 돕는 표준 방법론인 CRISP-DM의 여섯 단계를 설명했습니다. 이 방법론은 이후 독자가 실제 프로젝트를 진행할 때 든든한 나침반이 되어줄 것입니다.

실습에서는 구글 코랩 환경에서 머신러닝 모델링의 전체적인 흐름을 경험했습니다. 데이터 전처리의 핵심 요건(결측값 처리, 가변수화, 스케일링), 학습용 데이터와 검증용 데이터의 분할, 모델 설계, 학습, 예측, 평가까지 전 과정을 실습으로 익혔습니다. 또한 회귀(숫자 예측)와 분류(범주 예측) 모델에 각각 어떤 평가 지표(RMSE, R^2, MAE, Accuracy, Precision, Recall, F1 Score 등)를 사용하는지도 구체적으로 다뤘습니다.

이제 독자 여러분은 머신러닝이라는 큰 흐름을 정리했습니다. 다음 차시부터는 인공 신경망(Artificial Neural Network)을 중심으로 딥러닝 모델의 핵심 개념과 구조, 학습 원리를 하나씩 깊이 있게 탐구하겠습니다.

2일 차

딥러닝 기초

이번 차시에서 주목할 키워드

- 텐서
- 배치
- 데이터 로더
- 가중치
- 손실 함수
- 최적화

2일 차 학습 목표

- 딥러닝의 기본 단위인 텐서의 의미와 역할을 알아봅니다.
- 데이터 세트와 데이터 로더 구조를 이해하고 배치 단위 학습을 설명할 수 있습니다.
- 딥러닝 모델이 학습하는 핵심 원리인 가중치 업데이트와 손실 최소화 과정을 단계별로 이해하고, 최적화가 어떻게 이루어지는지 이해합니다.

이번 차시에서는 딥러닝 모델링을 본격적으로 시작하기 전에 딥러닝 코드의 기본 구조와 전처리 방법, 그리고 딥러닝 학습의 핵심 과정인 가중치가 학습되는 원리를 차근차근 익히겠습니다. 딥러닝은 머신러닝과 유사한 점도 많지만, 데이터 처리 방식과 학습 구조에서 중요한 차이점들이 존재합니다. 특히 딥러닝의 핵심인 텐서(Tensor) 구조와 가중치 업데이트 과정을 이해하는 것이 핵심 목표입니다.

이번 차시는 딥러닝의 기초 개념과 실습을 동시에 익힐 수 있는 매우 중요한 단계입니다. 딥러닝 실습이 다소 생소할 수 있지만, 과정을 차근차근 따라하다 보면 금방 익숙해집니다. 일부 내용은 1일 차에서 이미 다루었기 때문에 특별한 경우가 아니라면 동일한 코드는 반복 설명하지 않습니다. 다만 필요한 경우에는 이해를 돕기 위해 좀 더 자세히 설명하겠습니다.

딥러닝 무작정 따라하기

이번 절은 코드 구조와 흐름을 익히는 것이 목적입니다. 그래서 소스코드와 개념 설명은 최소화하고 코드 흐름을 설명하는 데 초점을 둡니다. 개념과 관련한 설명은 이후에 서술한 '딥러닝 학습 개념 이해' 절에서 자세히 다루었습니다. 따라서 중간중간 궁금한 점이 생기더라도 조금만 참고 따라오길 바랍니다.

딥러닝의 코드 구조

딥러닝을 처음 접하는 사람에게 가장 효과적인 학습 방법은 먼저 코드를 무작정 입력하고 실행하면서 전체 흐름을 눈으로 확인하는 일입니다. 아직 개념에 익숙하지 않더라도 코드의 흐름을 몸으로 익히는 것만으로도 학습의 기초는 튼튼해집니다.

딥러닝과 머신러닝 코드의 구조 비교

딥러닝의 코드 구조를 이해하기에 앞서 딥러닝이 머신러닝과 어떻게 다른지 잠시

짚고 넘어가겠습니다. [그림 2-1]을 보면 딥러닝 모델링의 전체 흐름은 크게 데이터 전처리와 모델링 두 부분으로 나눌 수 있습니다. 이 구조는 머신러닝과 동일하지만, 딥러닝은 전처리와 모델링에서 몇 가지 중요한 차이점이 있습니다.

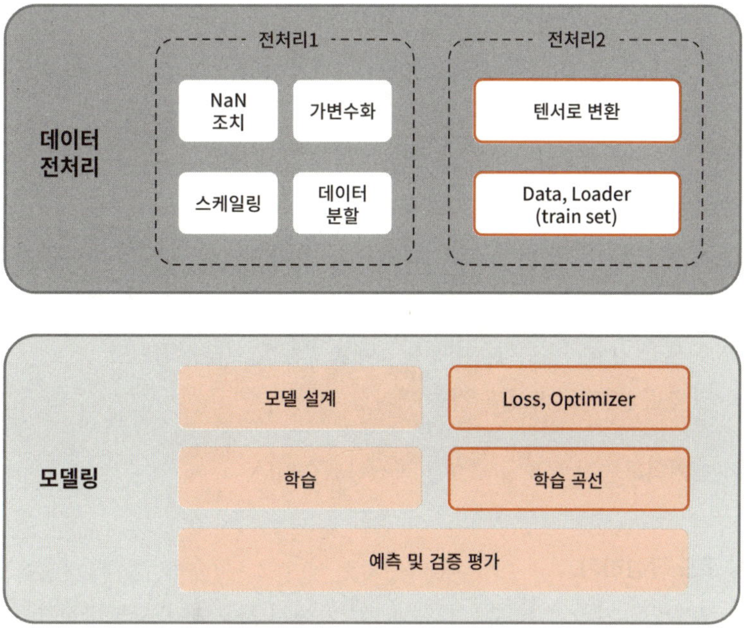

[그림 2-1] 딥러닝 코드 구조

[그림 2-1]의 데이터 전처리에서 '전처리1'은 머신러닝과 마찬가지로 결측값 처리, 가변수화, 스케일링, 데이터 분할 등 일반적인 데이터 처리 과정입니다.

데이터 전처리에서 '전처리2'는 딥러닝에서만 존재하는 단계입니다. 이 단계에서는 데이터를 텐서(Tensor)로 변환하고 데이터 로더(DataLoader)를 사용해 배치(Batch)를 처리할 수 있도록 준비하는 과정입니다. 이 단계는 GPU 연산의 효율성과 모델 학습의 안정성을 확보하기 위해 필수적으로 수행해야 합니다.

모델링 과정에서도 딥러닝은 머신러닝보다 훨씬 세밀한 설계가 필요합니다. 모델의 구조를 직접 설계하고 오차를 계산하는 손실 함수(Loss function)와 이를 최소화하기 위한 옵티마이저(Optimizer)를 명시적으로 설정해야 합니다. 또한 학습 과정을 학습 곡선(Learning Curve)으로 시각화해 학습의 진행 상태를 점검합니다. 마지막으로 예측 및 검증 평가 단계를 거쳐 모델의 성능을 확인합니다.

딥러닝 코드 절차

앞에서 설명한 딥러닝 코드 구조를 절차대로 정리하면 다음과 같습니다.

- 환경 준비: 딥러닝 학습에 필요한 라이브러리들을 불러오고, 딥러닝 학습에 사용할 디바이스(GPU 혹은 CPU)를 지정합니다.
- 데이터 전처리 1: 데이터를 불러와서 전처리를 수행합니다. 여기에는 머신러닝과 동일한 전처리 과정(데이터 분할, 스케일링 등)이 포함됩니다.
- 데이터 전처리 2: 딥러닝에서 필요한 전처리를 수행합니다. 텐서 변환, 데이터 로더 생성 등이 여기에 포함됩니다.
- 모델 선언: 딥러닝 모델 구조를 설계하고 옵티마이저와 손실 함수를 정의합니다.
- 학습: 모델을 학습시킵니다. 이때 데이터를 반복해 학습시킵니다.
- 예측 및 검증: 학습된 모델을 검증 평가합니다.

이 절차를 기억하면서 딥러닝 코드를 작성하겠습니다.

딥러닝 코드 작성하기

딥러닝 모델링을 간단히 살펴보기 위해 1일 차에서 사용했던 '광고비에 따른 매출액' 데이터를 사용합니다.

환경 준비

앞에서 만든 구글 드라이브 폴더에서 마우스 오른쪽 버튼을 클릭한 다음, [더 보기] - [Google Colaboratory] 메뉴를 차례로 선택해 새 코랩 파일을 생성합니다. 파일 이름은 '2일차_딥러닝실습.ipynb'로 변경합니다.

이어서 딥러닝 모델링을 위한 개발 환경을 준비합니다. 다음과 같이 코드를 입력하고 Shift+Enter 키를 눌러 실행합니다.

CODE

```
import pandas as pd
import numpy as np
import matplotlib.pyplot as plt
import seaborn as sns

from sklearn.model_selection import train_test_split
```

```
from sklearn.preprocessing import MinMaxScaler
from sklearn.metrics import *
```

1일차에서 살펴보았던 기본 라이브러리들을 불러옵니다

다음으로 딥러닝에서 사용할 파이토치 라이브러리와 함수들도 불러옵니다.

CODE

```
import torch                    ①
from torch import nn            ②
from torch.optim import Adam    ③
from torch.utils.data import TensorDataset, DataLoader  ④
```

① 파이토치 라이브러리를 불러옵니다. 파이토치는 딥러닝 모델을 만들고 학습할 때 필요한 핵심 도구입니다.

② nn은 신경망을 만들 때 자주 사용하는 모듈(Neural Network, nn)입니다.

③ 모델을 학습시킬 때 가중치(파라미터) 업데이트의 최적화 알고리즘 중 하나인 Adam을 불러옵니다.

④ 파이토치에서 데이터를 다룰 때 사용하는 도구들입니다.

필요한 라이브러리와 함수를 불러왔다면 다음으로 디바이스(Device)를 정합니다. 디바이스란 용어는 다양한 의미로 사용될 수 있는데, 여기서는 딥러닝 모델링 과정에서 수행되는 연산 처리 장치(CPU 혹은 GPU)를 지칭합니다.

CODE

```
device = "cuda" if torch.cuda.is_available() else "cpu"  ①
print(device)
```

OUTPUT

```
cpu
```

① GPU(cuda)를 사용할 수 있으면 cuda를, 그렇지 않으면 cpu를 device 변수에 저장합니다.

머신러닝은 대부분 CPU만을 지원하므로 디바이스를 따로 설정하지 않습니다. 그러나 딥러닝은 연산 효율과 처리 속도를 위해서 GPU를 지원합니다. 따라서 이와 같이 현재 개발 환경에서 GPU를 사용할 수 있는지 확인하고 지정합니다. 코랩 파일을 생성하면 기본으로 설정되는 연산 장치는 cpu이므로 코드의 결과는 cpu로 출력됩니다. GPU 사용은 이번 차시의 '텐서와 데이터 로더 다루기' 절에서 좀 더 자세히 살펴보겠습니다.

데이터 전처리 1: 머신러닝과 공통

이 단계는 머신러닝과 딥러닝 모두 동일합니다. 데이터를 정제하고 정리해서 모델이 학습하기 좋은 상태로 만드는 기본 과정입니다.

'광고비에 따른 매출액' 데이터 불러오기, x, y 분할, 학습 및 검증 데이터 분할, 그리고 스케일링을 수행하는 전처리 코드를 다음과 같이 작성합니다.

CODE

```
# 데이터 불러오기
path = 'https://bit.ly/advertising_csv'
adv = pd.read_csv(path)

# x, y 분할
target = 'Sales'
x = adv.drop(target, axis=1)
y = adv.loc[:, target]

# 학습/검증 데이터 분리
x_train, x_val, y_train, y_val = train_test_split(x, y, test_size=0.2,
                                                  random_state=20)
print(type(x_train), type(x_val))  ①

# 스케일링
scaler = MinMaxScaler()
x_train = scaler.fit_transform(x_train)
x_val   = scaler.transform(x_val)
print(type(x_train), type(x_val))  ②
```

OUTPUT

```
<class 'pandas.core.frame.DataFrame'> <class 'pandas.core.frame.DataFrame'>  ①
<class 'numpy.ndarray'> <class 'numpy.ndarray'>                              ②
```

코드를 모두 입력하고 실행했나요? 여기서 한 가지 살펴볼 것이 있습니다. 스케일링 전의 x_train과 x_val은 판다스의 데이터프레임(①)인데, 스케일링 후에 저장된 x_train과 x_val은 넘파이 배열(②)이라는 점입니다. 머신러닝에서는 데이터 세트가 넘파이 배열이든 판다스 데이터프레임이든 상관없지만, 딥러닝에서는 텐서 변환을 위해 데이터 세트가 반드시 넘파이 배열이어야 합니다.

데이터 전처리 2: 딥러닝에 필요한 전처리

딥러닝에서는 기본적인 전처리 외에도 추가적인 준비 과정이 필요합니다. 바로 데이터를 텐서(Tensor)로 변환하고 데이터 로더(DataLoader)를 활용해 모델이 효율적으로 학습할 수 있도록 구성하는 과정입니다. 파이토치로 딥러닝 모델을 구현하려면 모든 데이터가 반드시 텐서 형태여야 하며, 학습 과정을 체계적이고 효율적으로 진행하기 위해 데이터 로더를 사용해야 합니다.

텐서와 데이터 로더에 대한 구체적인 설명과 코드는 이번 차시의 세 번째 절에서 다룹니다. 여기서는 우선 개념만 간단히 살펴보고 넘어갑니다.

- 텐서(Tensor) 변환: 딥러닝 프레임워크인 파이토치(PyTorch)나 텐서플로(TensorFlow)에서는 데이터를 일반 배열이 아닌 텐서라는 형식으로 변환해 사용합니다. 텐서는 다차원 배열로서 GPU 연산에 최적화된 자료구조입니다. 일반적으로 딥러닝에서는 파이토치의 `torch.tensor` 함수를 이용해 넘파이 배열을 텐서로 변환합니다.
- 데이터 로더(DataLoader) 구성: 데이터 로더는 텐서로 변환된 데이터를 미니배치(Mini Batch) 단위로 묶어 모델에 공급하는 역할을 합니다. 미니배치 단위로 데이터를 공급하는 방식은 GPU 메모리를 효율적으로 사용하고 학습을 안정적으로 진행하기 위해 필수적입니다. 예를 들어 1만 개의 데이터가 있다면 한 번에 모두 입력하는 대신, 32개씩 묶어 모델에 순차적으로 제공합니다. 미니배치 단위로 데이터를 제공하면 학습이 훨씬 안정적으로 진행되고 GPU 자원을 효율적으로 활용할 수 있습니다.

이제 텐서 변환 및 데이터 로더 구성을 위한 코드를 작성합니다.

CODE

```
# 텐서 변환
x_train_ts = torch.tensor(x_train, dtype=torch.float32)                    ①
y_train_ts = torch.tensor(y_train.values, dtype=torch.float32).view(-1, 1)  ②
x_val_ts = torch.tensor(x_val, dtype=torch.float32)
y_val_ts = torch.tensor(y_val.values, dtype=torch.float32).view(-1, 1)

# 디바이스 할당
x_train_ts, y_train_ts = x_train_ts.to(device), y_train_ts.to(device)  ③
x_val_ts, y_val_ts = x_val_ts.to(device), y_val_ts.to(device)
```

① 넘파이 배열인 `x_train`을 파이토치 텐서로 바꾸고 데이터 타입을 계산에 적합한 32비트 실수형으로 지정합니다.

② 판다스의 시리즈 형태인 `y_train`에 `values` 속성을 적용해 넘파이 배열로 바꾼 다음, 파이토치 텐서로 변환합니다. 이때 `view(-1, 1)` 메서드로 1차원 배열을 2차원 형태(행 벡터→열 벡터)로 변경합니다. 이 내용 역시 '텐서와 데이터 로더 다루기' 절에서 좀 더 자세히 다룹니다. 검증 데이터(`x_val`, `y_val`)도 마찬가지 방식으로 변경합니다.

③ 학습용 텐서의 디바이스(여기서는 cpu)를 지정합니다. 연산 장치를 지정한다고 생각하면 됩니다. 검증용 텐서 역시 디바이스를 지정합니다.

사용할 데이터를 모두 텐서로 변환하고 디바이스까지 지정했으니 이제는 데이터 로더를 준비하겠습니다. 데이터 로더를 만드는 함수 DataLoader를 사용할 때는 텐서를 묶은 텐서 데이터 세트를 입력해야 합니다.

먼저 앞에서 텐서로 변경했던 학습 데이터(x_train_ts, y_train_ts)를 텐서 데이터 세트로 만들고 이 세트로 데이터 로더를 구성합니다.

CODE

```
BATCH_SIZE = 32                                                           ①
train_ds = TensorDataset(x_train_ts, y_train_ts)                          ②
train_loader = DataLoader(train_ds, batch_size = BATCH_SIZE, shuffle=True)  ③
```

① 한 번에 학습할 수 있는 배치 크기(데이터 개수)를 32로 정합니다.
② 학습 데이터 텐서(x_train_ts, y_train_ts)를 하나로 묶어 텐서 데이터 세트로 만듭니다. 이 작업은 데이터 로더 구성을 위해 꼭 필요합니다.
③ DataLoader 함수에 학습용 텐서 데이터 세트를 넣고 배치 크기를 지정합니다. 또한 배치를 만들 때 데이터를 섞도록 설정(shuffle=True)합니다.

DataLoader 함수는 데이터를 미니배치 단위로 잘라서 섞고 디바이스로 전달하는 일을 수행합니다. DataLoader 함수가 이 작업을 원활하게 수행하려면 인덱스로 접근할 수 있고 x와 y를 짝지어 꺼낼 수 있는 데이터 구조여야 합니다. 그래서 DataLoader 함수는 TensorDataset 함수로 구성된 데이터 형식을 요구합니다. 어떤 함수에서 특정 형식의 데이터를 입력으로 요구한다 함은 함수 내부의 동작 방식이 이미 정해져 있기 때문입니다. 따라서 DataLoader 함수를 안정적으로 동작하게 하려면 미리 약속된 입력 형식을 지켜야 합니다.

모델링을 위한 모든 데이터 준비는 끝났습니다. 지금까지의 딥러닝 절차를 다시 한번 정리하면 다음과 같습니다.

- 환경 준비: 딥러닝 학습에 필요한 라이브러리 및 함수 로딩. 딥러닝 학습에 사용할 디바이스(GPU 혹은 CPU) 지정.
- 데이터 전처리 1: 데이터 로딩, x, y 분할, 학습 및 검증 데이터 분할, 스케일링
- 데이터 전처리 2: 데이터를 텐서로 변환, 학습 데이터를 텐서 데이터 세트로 변환, 데이터 로더의 구성

여러분은 이 흐름을 언제든지 머릿속에 그릴 수 있어야 합니다. 그럼 모델링으로 넘어갑니다.

딥러닝 모델링: 모델 선언

이번 단계는 딥러닝 모델을 직접 설계하고 학습시키며 평가하는 모델링 단계입니다. 딥러닝에서 모델링이란 모델이 데이터를 어떻게 받아들이고 어떤 구조로 연산하며 어떤 방식으로 학습하고 평가할지 정하는 과정입니다.

앞에서 소개했던 [그림 2-1]을 보면 모델링 부분은 모델 설계, 손실 함수와 옵티마이저 지정, 학습, 학습 곡선, 예측 및 평가로 이루어져 있습니다. 이 순서에 맞게 이번 모델링 단계도 전체 흐름을 파악하는 데 초점을 두면서 작성합니다.

먼저 모델을 선언하는 부분입니다. 모델 구조를 설계하는 부분이기도 합니다. 딥러닝 모델은 여러 개의 층(Layer)과 노드(Node)로 구성됩니다. 우선 다음과 같이 층이 하나인 간단한 구조의 딥러닝 모델을 작성합니다.

CODE

```
in_features = x_train_ts.shape[1]  ①
model = nn.Sequential(              ②
    nn.Linear(in_features, 1),      ③
).to(device)                        ④
```

> ① shape 속성은 2차원 텐서의 행과 열의 길이(개수)를 출력합니다. [0]은 행의 길이, [1]은 열의 길이입니다. '광고비에 따른 매출액' 데이터에서 열의 길이는 입력변수(TV, Radio, Newspaper)의 개수이므로 3을 변수 `in_features`에 저장합니다.
>
> ② `nn.Sequential`은 딥러닝 모델을 선언하는 함수입니다. 이 함수에서 각각의 층(Layer)을 구성할 수 있습니다.
>
> ③ `nn.Linear` 함수로 한 개의 층을 구성합니다. 층에는 입력변수(정보)가 3개, 출력값은 1개가 있습니다..
>
> ④ 모델을 학습할 때 사용할 디바이스를 지정합니다. 이 모델의 디바이스는 cpu입니다.

이 딥러닝 모델은 3개의 변수(TV, Radio, Newspaper)를 이용해 매출액(Sales)을 예측합니다. `nn.Linear(3, 1)`은 입력 정보 3개로 예측값 1개를 출력하는 구조입니다.

손실 함수와 옵티마이저 구성

모델 구조를 선언했으니 이어서 손실 함수와 옵티마이저를 지정합니다. 모델을 학습시키기 위해서는 오차를 측정하는 손실 함수와 오차를 줄이기 위한 옵티마이저의 설정이 필요합니다. 다음 코드를 작성하고 실행합니다.

CODE

```
loss_fn = nn.MSELoss()                         ①
optimizer = Adam(model.parameters(), lr=0.01)  ②
```

> ① 딥러닝의 회귀 모델에서는 손실 함수로 MSELoss(평균 제곱 오차 손실)를 사용합니다.
>
> ② 모델의 가중치를 업데이트할 최적화 알고리즘으로 Adam을 사용합니다. Adam에서 lr 옵션은 학습률을 의미합니다.

손실 함수와 옵티마이저를 간략히 살펴보겠습니다.

- 손실 함수: 예측값이 목푯값과 얼마나 차이가 나는지 계산합니다. 개별 데이터에서 구한 오차의 전체 평균으로 계산합니다. 손실 함수를 목적 함수라고도 하는데, 이 손실 함수에서 계산된 값(흔히 오차라고 함)을 최소화하는 작업이 모델링 과정의 중요한 목적이기 때문입니다. 회귀 또는 분류 문제에 따라 각각 사용하는 손실 함수가 다릅니다. 이들 손실 함수는 3~5차시에서 모델링 유형에 맞게 자세히 설명합니다.
- 옵티마이저: 학습 과정에서 오차(손실)를 줄이는 방법은 모델의 가중치를 조절하는 일인데, 이 역할을 옵티마이저가 수행합니다. Adam은 옵티마이저의 한 종류로서 최근 딥러닝 모델링에서 가장 성능이 우수하다고 알려져 있습니다. 또한 옵티마이저가 가중치를 조절할 때 얼마만큼 조절할지를 결정하는 비율이 바로 학습률(lr, Learning Rate)입니다.

옵티마이저와 학습률은 딥러닝 학습의 방향과 속도를 결정하는 핵심 요소입니다. 이 두 요소는 이번 차시 마지막 절에서 다시 한번 다룹니다.

딥러닝 모델링: 학습

이제 모델을 학습시키겠습니다. 딥러닝에서 학습은 반복적이고 점진적인 방식으로 이루어지는데, 과정이 조금 복잡합니다. 따라서 학습 과정을 간단하게 먼저 설명하고 코드를 작성하겠습니다.

1. 학습 데이터의 반복 학습: 딥러닝은 학습 데이터를 한 번만 학습하는 것이 아니라 여러 번 반복해서 학습합니다. 우리가 교과서를 한 번 읽고 끝내는 게 아니라, 여러 번 반복해 공부하는 방법과 비슷합니다. 학습 데이터 전체를 한 차례

학습하는 과정을 1에포크(Epoch)라고 합니다. 에포크는 '주기'를 의미하는 단위입니다.

2. 에포크마다 배치 단위 학습: 1에포크마다 학습 데이터를 배치 단위로 학습시킵니다. 만약 전체 학습 데이터가 10건이고 배치 크기가 3이면 총 4개의 배치로 구성됩니다. 데이터 로더는 배치1(3건), 배치2(3건), 배치3(3건), 배치4(1건)와 같이 배치 단위로 총 4번에 걸쳐 데이터를 학습에 제공합니다.

3. 학습: 딥러닝에서 학습이란 현 데이터로 모델의 오차를 계산(오차의 순전파)하고 오차를 줄이기 위해 옵티마이저가 가중치를 조정(오차의 역전파)하는 과정입니다. 한 번 학습했다 함은 한 번 오차를 계산하고 가중치를 조정했다는 뜻입니다.

4. 검증: 에포크 단위로 학습된 모델의 성능을 검증합니다. 검증 데이터로 모델의 성능을 측정, 즉 오차를 계산합니다. 학습이 잘 진행되고 있다면 에포크가 거듭될수록 검증 오차는 줄어듭니다.

여기서 잠깐

오차의 순전파, 역전파

딥러닝의 학습 과정은 크게 순전파와 역전파로 나눌 수 있습니다.

- 순전파(Forward Propagation): 입력 데이터를 모델에 넣어 연산을 거친 다음, 예측값을 계산하는 과정입니다. 이때 목푯값과 비교해 오차를 구합니다.
- 역전파(Backward Propagation): 계산된 오차를 바탕으로 가중치가 얼마나 잘못되었는지를 역으로 전파해 가중치를 조금씩 조정하는 과정입니다.

순전파는 '예측하기', 역전파는 '틀린 만큼 가중치를 조정하기'라고 이해하면 쉽습니다.

이제 학습 코드를 작성합니다. 코드가 좀 길고 복잡해 보일 수 있지만, 앞에서 설명한 4가지 과정을 그대로 구현한 예시입니다. 여러분도 코드를 따라 작성하면서 딥러닝에서 학습은 어떻게 이루어지는지 전체적인 흐름을 익히기 바랍니다. 코드의 내용 중 일부는 3일 차에서 자세히 다룰 예정이므로 모르는 내용이 나오더라도 지금은 넘어가도 괜찮습니다.

CODE

```
EPOCHS = 100
tr_loss_list, val_loss_list = [], []
```

```
# 1. 학습 데이터 반복 학습
for epoch in range(EPOCHS):  ①
    model.train()    # 모델 학습 모드
    total_loss = 0.0
    n_batch = 0

    # 2. 에포크마다 배치 단위 학습
    for x, y in train_loader:                ②
        x, y = x.to(device), y.to(device)  ③

        # 3. 학습
        # 오차 순전파: 학습 데이터에서 오차 계산  ④
        pred = model(x)            # 모델에 x를 입력해 예측
        loss = loss_fn(pred, y)   # 오차 계산

        # 오차 역전파: 오차로부터 가중치 업데이트  ⑤
        optimizer.zero_grad()  # 기울기(gradient) 초기화
        loss.backward()          # 손실 함수를 기준으로 각 가중치의 기울기를 계산
        optimizer.step()         # 기울기를 기준으로 가중치 조정

        total_loss += loss.item()  ⑥
        n_batch += 1

    # 에포크마다 학습 오차 집계
    tr_loss = total_loss / n_batch  ⑦

    # 4. 검증
    model.eval()   # 모델 평가/추론 모드
    with torch.no_grad():  ⑧
        val_pred = model(x_val_ts)
        val_loss = loss_fn(val_pred, y_val_ts)

    tr_loss_list.append(tr_loss)  ⑨
    val_loss_list.append(val_loss)
    print(f"Epoch {epoch+1 : 4d} | train loss {tr_loss:.4f} | val loss {val_loss:.4f}")
```

OUTPUT

```
Epoch    1 | train loss 178.0856 | val loss 172.9225
Epoch    2 | train loss 150.3507 | val loss 146.1269
Epoch    3 | train loss 124.8844 | val loss 122.5367
(중략)
Epoch   98 | train loss 3.3977 | val loss 5.5265
Epoch   99 | train loss 3.3786 | val loss 5.4755
Epoch  100 | train loss 3.3517 | val loss 5.4273
```

① 학습 데이터로 모델을 반복 학습시키는 for loop 구문입니다. 여기서는 학습을 100번 반복합니다.

② 한 번 학습할 때마다 배치 단위로 데이터를 추출해 모델에 제공하는 for loop 구문입니다.

③ 배치 x와 y를 처리할 디바이스를 지정합니다.

④ 오차를 순전파합니다. 순전파는 데이터를 모델에 넣고 예측한 다음, 목푯값과 비교해 오차를 계산하는 과정입니다.

⑤ 오차를 역전파합니다. 순전파로 계산된 오차를 줄이기 위해 가중치를 조정하는 과정입니다. 옵티마이저가 이 역할을 맡아 처리합니다.

⑥ 이전 배치까지 누적 계산된 오차에 현재 배치의 오차를 더합니다. items 메서드는 이번 차시 '텐서와 데이터 로더 다루기' 절에서 배웁니다.

⑦ 하나의 에포크 과정이 끝나면 ⑥에서 합친 오차를 배치 수로 나누어 평균 오차를 계산합니다.

⑧ 검증 단계입니다. 한 에포크의 학습이 끝나면 검증 데이터를 이용해서 검증 성능(검증 오차)을 계산합니다. 이때 with torch.no_grad()는 다음 코드 블록에서는 기울기를 계산하지 않겠다는 의미입니다.

⑨ 한 에포크에서 계산된 학습 오차(tr_loss)와 검증 오차(val_loss)를 각각 리스트에 추가합니다. 학습이 모두 종료되면 학습 곡선을 그리기 위함입니다.

코드를 실행하면 에포크마다 학습 오차와 검증 오차가 출력 셀에 표시됩니다. 에포크가 진행될수록 두 오차가 조금씩 줄어드는 모습을 볼 수 있습니다. 다만 딥러닝 모델링 과정에서 무작위(Random) 요소가 포함되어 있기 때문에 책에 제시된 결과와 여러분이 직접 실행한 결과는 조금 다를 수 있습니다. 딥러닝에서는 보통 이런 무작위 요소를 받아들이고 모델링합니다.

딥러닝 모델링: 학습 곡선

딥러닝에서 학습이 적절하게 이루어졌는지 확인하기 위해 학습 곡선(Learning Curve)을 그립니다. 학습 곡선은 에포크마다 손실 함숫값(오차)의 변화를 그래프로 그린 것으로 모델이 제대로 학습했는지 모니터링할 수 있습니다. 또한 학습 곡선은 모델의 학습 상태가 과적합(Overfitting)인지 아니면 과소적합(Underfitting)인지 판단할 수 있는 중요한 정보를 제공합니다.

저장한 학습 오차와 검증 오차 리스트(tr_loss_list, val_loss_list)로 다음과 같이 학습 곡선을 그립니다.

CODE
```
plt.plot(tr_loss_list, label='train loss')  ①
plt.plot(val_loss_list, label='val loss')
plt.legend()  ②
plt.show()    ③
```

OUTPUT

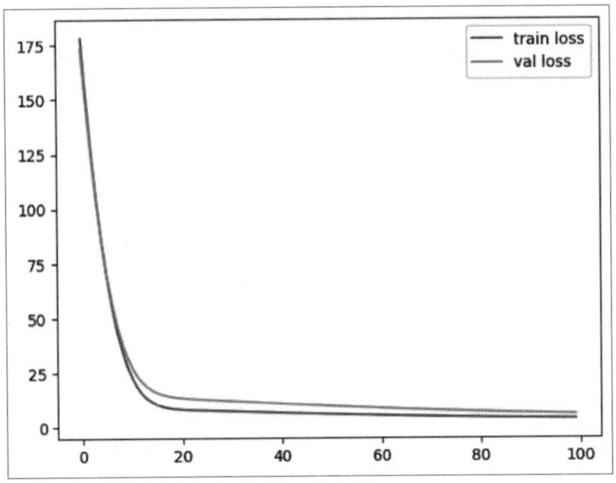

① matplotlib의 plot 메서드로 에포크마다 계산된 학습 오차와 검증 오차를 선 그래프로 시각화합니다.
② matplotlib의 plot 메서드에서 지정한 그래프의 레이블을 범례 형태로 표시합니다.
③ 그래프를 화면에 출력합니다.

그래프를 보는 기본 방법은 축의 의미가 무엇인지 확인한 다음, 그래프의 패턴이나 경향을 살펴보면 됩니다. 학습 곡선에서 x축은 에포크 수이고, y축은 손실 함숫값, 즉 오차입니다. 그래프를 보면 에포크가 증가할수록 오차가 급격히 줄어들다가 점차 기울기가 완만해지고 있습니다.

이 책의 그래프와 독자의 그래프 사이에 차이가 많이 나도 걱정할 필요는 없습니다. 데이터가 적을수록 학습 결과는 들쑥날쑥합니다. 다음 차시부터 다루는 데이터는 지금 예제 데이터보다 크기가 크므로, 책의 그래프와 유사한 학습 곡선이 그려질 겁니다. 여기서는 학습 곡선을 어떻게 그리는지 정도만 이해하면 됩니다. 학습 곡선을 해석하는 법 역시 3일 차에서 자세히 다룹니다.

딥러닝 모델링: 예측 및 검증 평가

학습이 끝난 다음에는 학습된 모델을 평가해야 합니다. 이를 위해 학습에서 사용하지 않은 검증 데이터나 테스트 데이터를 활용합니다. 검증 평가는 모델이 실전, 즉 운영 환경에서도 잘 작동할 수 있는지 판단하는 과정입니다.

학습된 모델로 검증 데이터를 예측한 다음, 회귀 모델 평가 지표인 RMSE, MAE, R^2 Score로 평가하겠습니다.

CODE

```
# 예측
model.eval()                                ①
with torch.no_grad():                       ②
    pred_val = model(x_val_ts).numpy()      ③

true_val = y_val_ts.numpy()   ④

# 평가   ⑤
print(f"RMSE : {root_mean_squared_error(true_val, pred_val):.4f}")
print(f"MAE  : {mean_absolute_error(true_val, pred_val):.4f}")
print(f"R2   : {r2_score(true_val, pred_val):.4f}")
```

OUTPUT

```
RMSE: 2.3297
MAE: 1.7562
R2: 0.8500
```

① 모델을 평가 모드로 전환합니다.

② with 문 이하 블록에서 torch.no_grad()로 기울기의 자동 계산(자동 미분)을 하지 않도록 합니다. 평가(예측)할 때는 기울기(Gradient, 그래디언트)를 계산할 필요가 없으므로 메모리와 속도를 절약합니다. 옵티마이저는 기울기를 계산해 가중치를 조정합니다. 옵티마이저는 이번 차시 마지막 절에서 다시 설명합니다.

③ 검증 데이터를 이용해서 예측합니다. 예측 결과는 텐서 데이터로 나옵니다. numpy 메서드로 예측 결과를 넘파이 배열로 변환하고 변수 pred_val에 저장합니다.

④ 검증 데이터의 정답에 해당하는 y_val_ts 텐서도 넘파이 배열로 변환합니다.

⑤ RMSE, MAE, R^2 Score로 평가하고 결과를 출력합니다. print 문의 :.4f는 평가 함수의 결과를 소수점 4자리로 출력(소수점 5자리에서 반올림)하라는 의미입니다.

학습 과정에서 무작위로 처리되는 부분이 있으므로 검증 평가 결과 역시 여러분과 필자의 결과는 다를 것입니다. 이 '무작위로 처리되는 부분'에 대해서는 이번 차시의 '딥러닝 학습 개념 이해' 절에서 다시 설명합니다.

지금까지 딥러닝 모델링 순서에 맞춰 코드를 작성해 보았습니다. 전체 과정을 다시 한번 정리합니다. 이렇게 재차 정리하는 이유는 이 흐름을 어떤 경우에도 꼭 기억하라는 의미입니다.

- 환경 준비: 딥러닝 학습에 필요한 라이브러리 및 함수 로딩, 딥러닝 학습에 사용할 디바이스(GPU 혹은 CPU) 지정.
- 데이터 전처리 1: 데이터 로딩, x, y 분할, 학습 및 검증 데이터 분할, 스케일링
- 데이터 전처리 2: 데이터를 텐서로 변환, 학습 데이터를 텐서 데이터 세트로 변환, 데이터 로더 구성

- 모델 선언: 딥러닝 모델 구조를 설계하고 옵티마이저와 손실 함수를 정의
- 반복 학습: 학습 데이터를 n번 반복(n에포크)
- 한 에포크 내에서 배치 단위 학습: 데이터 로더로 배치 단위 학습
- 학습의 정의: 하나의 배치로 모델의 오차를 계산(오차의 순전파)하고 오차를 줄이기 위해 옵티마이저가 가중치를 조정(오차의 역전파)하는 과정
- 예측 및 검증: 검증 데이터로 예측하고 성능을 평가

지금까지 딥러닝 구현의 큰 흐름을 모두 짚어 보았습니다. 이어지는 절들에서는 딥러닝 모델링을 본격적으로 배우기 전에 꼭 알아야 할 중요한 개념인 텐서와 데이터 로더, 디바이스, 가중치를 좀 더 상세히 소개합니다. 본격적인 모델링을 배우기 전에 꼭 알아야 할 핵심 개념들을 미리 살피기 위한 과정입니다.

딥러닝 학습 과정 이해 1: 텐서와 데이터 로더

이번 절에서는 딥러닝 모델링의 데이터 형식인 텐서(Tensor)의 기본 개념을 알아보고 간단한 예제들로 텐서를 직접 다루어 봅니다.

텐서 이해하기

딥러닝 모델에서는 일반적인 데이터 구조(데이터프레임, 배열 등) 대신 텐서(Tensor)라는 특별한 데이터 구조를 사용합니다. 텐서는 다차원 배열로서 딥러닝 프레임워크(텐서플로, 파이토치 등)에서 데이터를 효율적으로 처리하기 위해 설계된 자료구조입니다. 딥러닝을 효과적으로 학습하고 활용함에 있어 텐서를 이해하는 일은 매우 중요합니다.

딥러닝 모델은 수많은 데이터를 학습하며 연산을 수행하는데, 이 과정에서 대규모 행렬 연산이 필수적으로 사용됩니다. 행렬 연산을 위해 넘파이(NumPy) 배열도 유용하지만, 특히 텐서는 GPU를 활용한 빠른 연산과 자동 미분(Auto Differentiation) 기능을 지원한다는 점에서 특별합니다.

[그림 2-2]는 차원(Dimension)에 따라 달라지는 텐서(Tensor)의 구조를 보여 줍니다.

텐서는 딥러닝에서 데이터를 표현하는 기본 단위로서 차원이 증가할수록 데이터의 복잡도는 커지지만, 표현할 수 있는 정보량은 많아집니다. [그림 2-2]를 바탕으로 각 차원의 텐서가 무엇을 의미하는지 코드로 살펴보겠습니다.

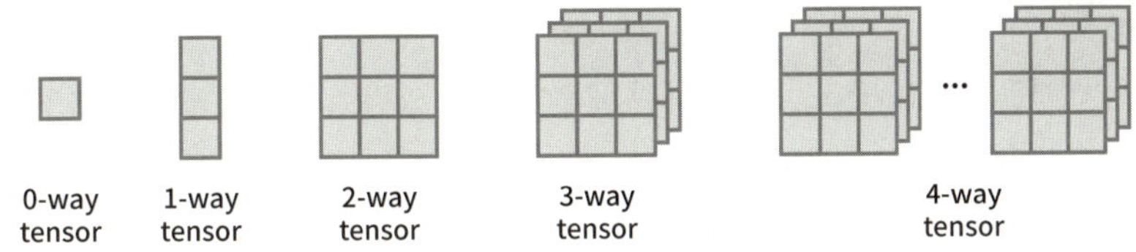

[그림 2-2] 차원에 따른 텐서 비교

새 코랩 파일을 만들고 파일 이름을 '2일차_텐서연습.ipynb'로 변경합니다. 첫 셀에서 기본적인 라이브러리를 몇 개 불러오겠습니다.

CODE
```
import torch
import numpy as np
import pandas as pd
```

텐서 실습에 꼭 필요한 라이브러리를 불러왔습니다. 이어서 텐서를 생성하고 다루는 방법을 살펴봅니다.

0-way Tensor

0-way 텐서는 스칼라(Scalar) 값 또는 단일 수치값을 뜻합니다. 예를 들면 정수 5나 실수 3.14 같은 단일 값이 바로 0-way 텐서입니다.

빈 코드 셀에서 다음과 같이 코드를 작성합니다.

CODE
```
scalar = torch.tensor(5)  ①
print(scalar)
print(scalar.shape)       ②
```

OUTPUT
```
tensor(5)
torch.Size([])
```

> ① torch.tensor 함수에 단일 수치값 5를 입력해 0-way 텐서를 만듭니다.
>
> ② shape 혹은 Size 속성을 이용하면 텐서의 축(Axis)별 길이, 즉 축별 데이터의 개수를 표시할 수 있습니다. 텐서의 크기라고도 합니다.

코드를 실행하면 0-way 텐서는 `tensor(5)`로 표시됩니다. shape 속성의 결과는 `torch.Size([])`로서 값이 비어 있습니다. 단일 값은 축(차원)이 없기 때문입니다. 이처럼 축이 없는 형태의 텐서를 0-way 텐서라고 합니다.

1-way Tensor

1-way 텐서는 벡터(Vector) 혹은 1차원 배열입니다. 일렬로 나열된 값의 집합입니다. 다음 코드를 작성하고 실행합니다.

CODE
```
vector = torch.tensor([1, 2, 3, 4])  ①
print(vector)
print(vector.shape)
```

OUTPUT
```
tensor([1, 2, 3, 4])
torch.Size([4])
```

① `torch.tensor` 함수에 1차원 리스트를 입력합니다.

코드를 실행하면 1차원 형태의 텐서인 `tensor([1, 2, 3, 4])`를 출력합니다. 1차원이므로 축은 1개이고 축의 길이(데이터 개수)는 4입니다. shape 속성을 이용해 출력하면 0-way 텐서는 축이 없어 비어 있었지만, 1-way 텐서는 길이가 4인 축이 하나 있습니다.

2-way Tensor

2-way 텐서는 행렬(Matrix) 형태의 2차원 구조입니다. 행(Row)과 열(Column)로 구성된 표 형식입니다.

CODE
```
matrix = torch.tensor([[1, 2, 3], [4, 5, 6]])  ①
print(matrix)
print(matrix.shape)
```

OUTPUT
```
tensor([[1, 2, 3],
        [4, 5, 6]])
torch.Size([2, 3])
```

① `torch.tensor` 함수에 2차원 리스트를 입력합니다.

코드를 실행하면 2차원 형태의 텐서인 `tensor([[1, 2, 3], [4, 5, 6]])`를 출력합니다. 2차원이므로 축은 2개입니다. 첫 번째 축의 길이는 2, 두 번째 축의 길이는 3, 즉 2행 3열입니다.

3-way Tensor

3-way 텐서는 3차원 배열입니다. 이는 2차원 배열(행렬)을 여러 개 쌓아 놓은 형태입니다. 대표적인 3차원 형태의 데이터가 컬러 이미지입니다. 컬러 이미지는 2차원 데이터와 3가지 색상(Red, Green, Blue)이 만나 이루어진 3차원 데이터 구조입니다.

3차원 텐서 코드를 다음과 같이 작성합니다.

CODE

```
tensor3d = torch.rand(2, 3, 4)  ①
print(tensor3d)
print(tensor3d.shape)
```

OUTPUT

```
tensor([[[0.5711, 0.4481, 0.3645, 0.2995],
         [0.8532, 0.1059, 0.2305, 0.1047],
         [0.7042, 0.6744, 0.9566, 0.0341]],

        [[0.5395, 0.8055, 0.8040, 0.9909],
         [0.7151, 0.4588, 0.3526, 0.9051],
         [0.9468, 0.0474, 0.5821, 0.7685]]])
torch.Size([2, 3, 4])
```

① 3차원 텐서는 3차원 형태, 즉 축이 3개 있는 구성입니다. 3차원 리스트를 입력할 수도 있지만, 여기서는 torch.rand 함수로 무작위로 2×3×4의 행렬값을 채우는 3차원 텐서를 생성했습니다.

3차원 텐서의 결과가 제법 복잡해 보입니다. 또한 2×3×4 크기의 3차원 텐서를 어떻게 읽어야 할지도 난감합니다. 이 3차원 텐서는 3×4로 된 2차원 텐서가 2개 있다고 읽으면 됩니다. 3차원 텐서는 여러 개의 2차원 텐서로 이루어진 구조입니다.

그렇다면 4차원 텐서는 어떻게 읽어야 할까요? 일상에서는 보통 3차원 공간만을 상상할 수 있다 보니 4차원은 어렵게 느껴집니다. 4차원 텐서는 여러 개의 3차원 텐서가 모인 구조이고, 5차원 텐서는 여러 개의 4차원 텐서가 모인 구조라고 생각하면 조금 더 쉽게 받아들일 수 있습니다.

흑백 이미지 한 장은 보통 2차원으로 표현됩니다. 그런데 컬러 이미지는 색상(Red, Green, Blue)을 추가로 표현하므로 이미지 하나가 3차원(색상×세로 픽셀 수×가로 픽셀 수)입니다. 컬러 이미지(3차원)가 여러 개 있는 데이터 세트가 4차원 텐서 데이터라고 생각하면 조금 더 받아들이기 쉽습니다.

텐서 다루기

이제 텐서를 생성하고 조작하면서 딥러닝에서 데이터를 어떻게 다루는지 직접 익혀보겠습니다. 텐서를 다루는 방법은 처음부터 모두 외울 필요는 없습니다. 코드를 실행하고 여러 가지 조작을 경험하는 것만으로도 충분합니다. 이후 실제로 텐서 작업이 필요할 때 다시 찾아보고 적용하면 됩니다.

텐서의 데이터 타입 지정

텐서를 구성하는 값은 모두 숫자로서 이 숫자에는 타입을 지정할 수 있습니다. 기본적으로 정수형(int64)이나 실수형(float32) 타입을 많이 사용합니다. 딥러닝에서는 문제의 성격에 따라 특정 데이터 타입을 요구하는 경우가 있습니다. 예를 들어 분류 문제에서는 일반적으로 목푯값(target)은 정수형(int64)으로, 연속적인 값인 입력값(feature)은 실수형(float32)으로 처리합니다.

다음 코드를 입력합니다.

CODE

```
int_tensor = torch.tensor([1, 2, 3], dtype=torch.int64)              ①
float_tensor = torch.tensor([1.0, 2.0, 3.0], dtype=torch.float32)  ②
print(int_tensor)
print(float_tensor)
```

OUTPUT

```
tensor([1, 2, 3])
tensor([1., 2., 3.])
```

① 텐서를 만들 때 dtype=torch.int64로 지정하면 값을 정수형으로 저장합니다. int64는 64비트 정수형을 의미하며 텐서에서 정수형을 표현할 때 사용하는 기본 타입입니다.

② dtype=torch.float32로 지정하면 값을 32비트 실수형 데이터로 저장합니다. 역시 텐서에서 실수형을 표현할 때 사용하는 기본 타입입니다.

실수형 텐서의 결과를 보면 각각의 값 뒤에 점(.)이 붙어 1., 2., 3.으로 표시됩니다. 소수점 이하에 값이 있으면 그대로 표현하지만, 1.0이나 2.0처럼 소수점 이하가 0이면 0을 생략하고 1., 2.과 같이 나타냅니다. 마찬가지로 0.1, 0.2는 앞의 0을 생략하고 .1, .2 형태로 표현합니다.

정수 및 실수 타입을 잘못 쓰면 학습 과정에서 오류가 발생하거나 성능이 떨어지므로 데이터 타입에 주의해야 합니다.

텐서 속성 확인

생성한 텐서에는 다양한 속성이 있습니다. 다음은 텐서를 다룰 때 자주 사용하는 속성들입니다.

CODE
```
print(float_tensor)
print(f"Shape: {float_tensor.shape}")
print(f"Datatype: {float_tensor.dtype}")  ①
print(f"Device: {float_tensor.device}")   ②
```

OUTPUT
```
tensor([1., 2., 3.])
Shape: torch.Size([3])
Datatype: torch.float32
Device: cpu
```

> ① 텐서의 데이터 타입을 확인합니다.
> ② 텐서가 어느 디바이스에 할당되어 있는지 보여 줍니다.

실행 결과는 실수형 텐서의 결괏값, 1차원 텐서(float_tensor)의 길이, 1차원 텐서의 타입, 그리고 텐서를 처리하는 디바이스가 각각 무엇인지 보여 줍니다.

텐서 연산하기

딥러닝에서는 입력 데이터에 가중치를 곱하고 활성화 함수를 적용하고 손실을 계산하는 등 다양한 수치 연산들을 수행합니다.

먼저 간단한 사칙연산부터 시작하겠습니다. 다음 코드를 작성합니다.

CODE
```
a = torch.tensor([1.0, 2.0, 3.0])
b = torch.tensor([4.0, 5.0, 6.0])
print("덧셈:", a + b)
print("곱셈:", a * b)
print("제곱:", a ** 2)
```

OUTPUT
```
덧셈: tensor([5., 7., 9.])
곱셈: tensor([ 4., 10., 18.])
제곱: tensor([1., 4., 9.])
```

파이토치에서 텐서 연산은 넘파이의 배열 연산과 비슷합니다. 기본적인 사칙 연산은 같은 위치의 값끼리(element-wise) 계산합니다. 예를 들어 두 텐서의 덧셈 연산의 결과를 보면 텐서 a의 첫 번째 값 1.과 텐서 b의 첫 번째 값 4.을 더해 결과 텐서의 첫 번째 값이 5.이 됩니다.

텐서 집계하기

텐서 연산에서 자주 사용하는 집계 함수인 sum, mean, max를 알아봅니다. 다음과 같이 코드를 입력합니다.

CODE

```
x = torch.tensor([[1, 2, 3], [4, 5, 6]], dtype=torch.float32)  ①
print("전체 합계:", x.sum())        ②
print("열별 합계:", x.sum(dim=0))  ③
print("행별 합계:", x.sum(dim=1))  ④
```

OUTPUT

```
전체 합계: tensor(21.)
열별 합계: tensor([5., 7., 9.])
행별 합계: tensor([ 6., 15.])
```

① 32비트 실수 타입으로 2차원 텐서를 선언합니다.
② 집계 함수 sum 메서드의 괄호에 아무것도 입력하지 않으면 데이터의 전체 합계를 계산합니다.
③ dim=0: 첫 번째 차원은 행입니다. 행 방향으로(즉, 열별로) 합계를 계산합니다.
④ dim=1: 두 번째 차원인 열 방향으로(즉, 행별로) 합계를 계산합니다.

dim=0일 때 행 방향으로 계산한다는 것이 이해가 되나요? 이해를 돕기 위해 [그림 2-3]으로 다시 설명합니다.

[그림 2-3]과 같이 2차원 텐서가 있을 때 dim=0은 행이 증가하는 방향으로 집계하라는 의미입니다. 따라서 sum(dim=0)의 결과는 [5., 7., 9.]입니다. 또한 dim=1은 열이 증가하는 방향으로 집계하라는 의미로 결과는 [6., 15.]입니다.

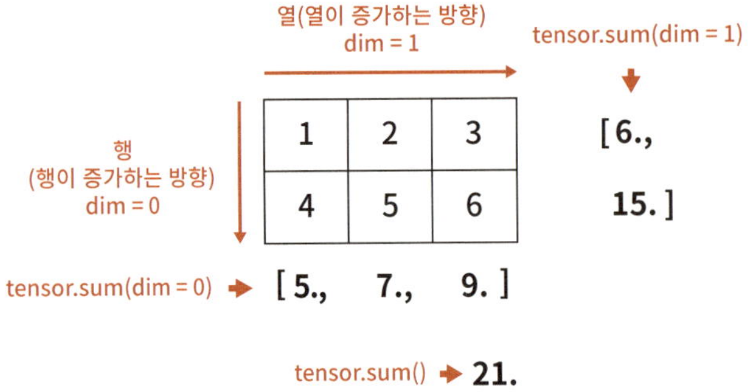

[그림 2-3] 텐서 집계 함수 이해하기

텐서 차원 변경

경우에 따라서 텐서의 차원을 바꾸는(Reshape) 작업을 합니다. 예를 들어 3행 2열의 2차원 텐서를 같은 차원의 2행 3열로 변경할 수 있고 차원을 늘리거나 줄일 수도 있습니다. 텐서의 차원을 변경할 때 사용하는 메서드로는 view 또는 reshape(넘파이나 판다스에서 사용하는 함수와 이름이 같음)가 있습니다.

코드로 연습하겠습니다.

CODE

```
x = torch.tensor([[1, 2], [3, 4], [5, 6]])
print("원래 텐서:", x)       ①
reshaped = x.view(2, 3)    ②
print("변형된 텐서:", reshaped)
```

OUTPUT

```
원래 텐서:  tensor([[1, 2],
                   [3, 4],
                   [5, 6]])
변형된 텐서: tensor([[1, 2, 3],
                   [4, 5, 6]])
```

① 현재 텐서는 3행 2열입니다.
② 2행 3열로 변경합니다.

view 등의 메서드로 텐서 구조를 변경할 수 있습니다. 모델의 차원에 맞게 데이터를 입력해야 하는 경우 텐서 구조를 변경하는 작업들은 반드시 필요한 전처리 과정입니다. 예를 들어 이미지 한 장의 기본 구조는 3차원입니다. 이미지를 데이터 세트로 만들면 4차원이 됩니다. 모델을 학습시키거나 학습된 모델로 예측할 때는 반드시 데이터를 4차원 구조 형태로 만들어 입력해야 합니다. 간혹 흑백 이미지를 2차원으로 저장하는 경우가 있습니다. 그때는 reshape 메서드 등을 사용해 2차원 이미지를 3차원으로 변환해야 합니다.

텐서 연결과 분리

데이터를 다루다 보면 여러 텐서를 하나로 합치거나 하나의 텐서를 여러 개의 텐서로 나누는 경우가 있습니다.

먼저 두 개의 텐서를 합치는 방법을 설명합니다. 두 개의 텐서(2×2 텐서 a와 1×2 텐서 b)를 위아래(행 방향, dim=0)로 합치려면 torch.cat 함수를 사용합니다. cat은 Concatenate의 약자로 사슬로 엮는다는 의미입니다. 다음 코드를 입력하고 결과를 확인합니다.

CODE

```
a = torch.tensor([[1, 2], [3, 4]])
b = torch.tensor([[5, 6]])
concatenated = torch.cat([a, b], dim=0)  ①
print("연결된 텐서:\n", concatenated)
```

OUTPUT

```
연결된 텐서:
 tensor([[1, 2],
        [3, 4],
        [5, 6]])
```

> ① cat 메서드에서 리스트로 두 텐서를 묶어([a, b]) 입력하고 방향은 행(dim=0)으로 지정하면 두 텐서를 행 방향으로(위아래로) 합칩니다.

텐서를 cat으로 합칠 때 주의해야 할 점이 있습니다. 즉, 행 방향으로 합치려면 열 수가 같아야 하고 열 방향으로 합치려면 행 수가 같아야 합니다. 그래야 구조적으로 합칠 수 있습니다.

다음은 1차원 텐서 x를 크기가 3인 1차원 텐서 두 개로 나누는 split 메서드입니다.

CODE

```
x = torch.tensor([1, 2, 3, 4, 5, 6])
split1, split2 = torch.split(x, 3)  ①
print("분리된 텐서:", split1, split2)
```

OUTPUT

```
분리된 텐서: tensor([1, 2, 3]) tensor([4, 5, 6])
```

> ① 텐서 x를 길이가 3인 텐서로 각각 분할합니다. 결과적으로 길이가 6인 텐서 x는 길이가 3인 텐서 두 개로 나누어집니다. 텐서 x의 길이가 10이라면 길이가 3인 텐서 3개와 길이가 1인 텐서 하나, 즉 총 4개로 나누어집니다.

cat과 split 메서드는 실전에서 다양하게 사용됩니다. 예를 들어 연도별 판매 데이터를 하나로 합칠 때는 torch.cat 메서드를 사용할 수 있고, 하나의 텐서 데이터 세트를 학습용과 테스트용으로 나눌 때는 torch.split 함수를 사용할 수 있습니다. 다만 이 책은 실제 현장에서 더 자주 사용하는 방법인 sklearn의 train_test_split 함수를 활용해 텐서 데이터 세트를 나눕니다.

텐서 내적과 행렬곱

텐서 내적(Dot Product, 점곱)은 두 개의 1차원 텐서(벡터)를 곱해 하나의 숫자(스칼라)를 만드는 연산입니다.

CODE
```
a = torch.tensor([1, 2, 3])
b = torch.tensor([4, 5, 6])
dot = torch.dot(a, b)
print("Dot product:", dot)
```
OUTPUT
```
Dot product: tensor(32)
```

마찬가지로 같은 위치의 값끼리(element-wise) 곱셈한 다음 모두 합쳐 계산합니다.

$$1\times4+2\times5+3\times6=4+10+18=32$$

텐서 내적의 결과는 하나의 숫자인 스칼라(0차원 텐서)입니다. 딥러닝에서는 유사도 계산(Cosine Similarity)이나 노드 출력을 계산할 때 텐서 내적 연산을 사용합니다.

행렬곱(Matrix Multiplication) 연산은 이해하면 좋겠지만, 조금 어려운 내용일 수 있으므로 편하게 넘어가도 괜찮습니다. 행렬곱 연산은 두 개의 다차원 텐서(행렬) 간의 특별한 연산입니다. 행렬 A와 행렬 B의 행렬곱 연산은 수학에서는 $A \circ B$로 표기합니다. 행렬곱의 예제 코드는 다음과 같습니다.

CODE
```
A = torch.tensor([[1, 2], [3, 4]])
B = torch.tensor([[5, 6], [7, 8]])
result = torch.matmul(A, B)  ①
print(result)
```
OUTPUT
```
tensor([[19, 22],
        [43, 50]])
```

① 행렬 A와 행렬 B의 행렬곱 연산(matmul)을 수행합니다.

행렬곱 연산은 행렬의 순서가 중요합니다. $A \circ B$라고 하면 행렬 A의 행과 행렬 B의 열을 내적하여 값을 구합니다. 예를 들어 A의 1행 [1, 2]와 B의 1열 [5, 7]을 내적하면 $1\times5+2\times7=19$가 되고, 이 값이 결과 행렬의 1행 1열에 위치합니다. 이렇게 모든 행과 열에서 내적 연산을 수행해 최종적인 결과 행렬을 출력합니다.

$$\begin{bmatrix}1\times5+2\times7, & 1\times6+2\times8\\ 3\times5+4\times7, & 3\times6+4\times8\end{bmatrix}=\begin{bmatrix}19, & 22\\ 43, & 50\end{bmatrix}$$

행렬곱 연산을 할 때는 `torch.matmul` 함수 대신 `@` 연산자를 사용할 수도 있습니다.

`torch.matmul(A, B)`와 `A@B`의 결과는 동일합니다.

행렬곱 연산을 수행할 때는 주의할 점이 있습니다. A의 열 수와 B의 행 수가 일치해야 합니다. 예를 들어 A가 2×3 행렬이고 B는 3×4 행렬이면 `A@B`의 연산이 가능합니다. A의 열 수인 3과 B의 행 수인 3이 같기 때문입니다. 그러나 `B@A` 연산은 B의 열 수 4와 A의 행 수 2가 불일치하므로 연산할 수 없습니다.

행렬곱 연산은 다소 어렵습니다. 하지만 걱정할 필요는 없습니다. 딥러닝 코드를 작성하면서 직접 행렬곱을 계산할 일은 거의 없습니다. 다만 개념을 이해해 두면 이후 더 깊이 공부할 때 큰 도움이 됩니다.

지금까지 텐서를 다루는 몇 가지 방법을 살펴보았습니다. 이어서 텐서를 기반으로 학습할 때 데이터를 배치 단위로 공급하는 데이터 로더를 설명합니다.

데이터 로더

딥러닝 모델을 학습할 때는 단순히 데이터를 배열이나 텐서 형태로 불러오는 것만으로는 충분하지 않습니다. 모델을 효율적으로 학습시키려면 데이터를 무작위로 섞고(Shuffle) 일정 크기의 미니배치(Mini Batch) 단위로 나누고 필요할 때마다 자동으로 불러오는 기능이 필요합니다. 이를 위해 데이터 로더(DataLoader)를 사용합니다.

배치(Batch)란 '묶음'을 의미합니다. 딥러닝은 데이터를 하나씩 순차적으로 학습하는 방식이 아니라, 여러 개를 묶어 동시에 처리합니다. 이때 지나치게 큰 묶음이 아닌 작은 단위로 데이터를 나누어 학습하는데, 이 단위를 미니배치(Mini Batch)라고 합니다.

데이터 로더는 데이터를 미니배치 단위로 나누어 모델에 공급함으로써 데이터를 효율적으로 학습할 수 있도록 돕습니다.

데이터 로더를 만들기 위한 절차는 [그림 2-4]와 같습니다.

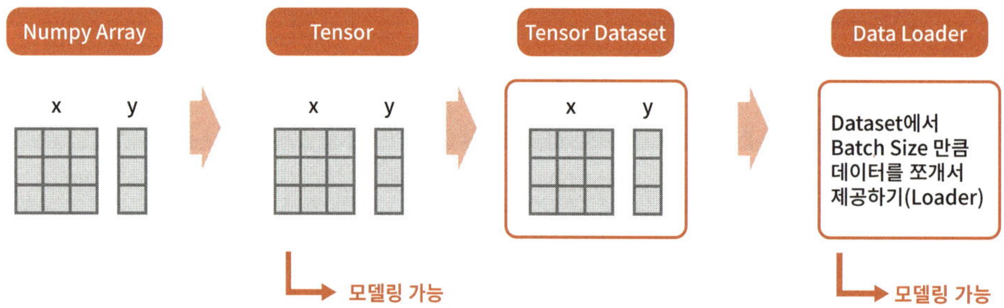

[그림 2-4] 넘파이 배열부터 데이터 로더까지 만드는 절차

단계가 많아 보이지만 코드로 구현하면 간단합니다. '2일차_텐서연습.ipyb' 파일에서 '광고비에 따른 매출액' 데이터(Advertising)를 불러와 데이터 로더를 구현하겠습니다.

넘파이 배열→텐서 변환

'2일차_텐서연습.ipyb'의 마지막 빈 셀에서 데이터를 불러와 넘파이 배열을 준비합니다.

CODE

```
path = 'https://bit.ly/advertising_csv'
adv = pd.read_csv(path)
target = 'Sales'
x = adv.drop(target, axis=1)
y = adv.loc[:, target]
x_np = x.values    ①
y_np = y.values
print(type(x_np))  ②
print(x_np.shape)
```

OUTPUT

```
<class 'numpy.ndarray'>
(200, 3)
```

① 판다스의 데이터프레임 혹은 시리즈 뒤에 values 속성을 붙이면 넘파이 배열이 됩니다.
② type 함수로 x_np의 타입을 확인합니다.

데이터를 불러와 x, y로 분할한 다음 넘파이 배열을 만들었습니다. x_np의 크기는 200행 3열입니다.

다음으로 넘파이 배열을 텐서로 변환합니다. 이때 데이터는 실수 타입으로 지정합니다

CODE

```
# 넘파이 배열 x, y를 텐서로 변환
x_tensor = torch.tensor(x_np, dtype=torch.float32)
y_tensor = torch.tensor(y_np, dtype=torch.float32)
print(x_tensor.shape, y_tensor.shape)
```

OUTPUT

```
torch.Size([200, 3]) torch.Size([200])
```

넘파이 배열의 크기 그대로 텐서로 변환했습니다. x_tensor와 y_tensor의 데이터는 각각 200건입니다.

넘파이 배열과 파이토치 텐서는 모양이 비슷해 보이지만 중요한 차이가 있습니다. 넘파이 배열은 계산만 담당하는 반면, 파이토치 텐서는 GPU 연산과 자동 미분(AutoGrad)을 지원합니다. 자동 미분은 연산 과정을 기록해 두었다가 역전파 단계에서 기울기를 자동으로 계산해 주는 기능입니다. 이 기능 덕분에 우리는 복잡한 미분 계산을 직접 하지 않고도 모델을 학습시킬 수 있습니다. 그래서 일반 연산에는 넘파이를 주로 쓰지만, 딥러닝 학습에서는 반드시 텐서를 사용해야 합니다.

x 텐서, y 텐서 → 텐서 데이터 세트 변환

이번에는 x 텐서, y 텐서를 하나로 묶어 텐서 데이터 세트로 변환합니다.

CODE

```
from torch.utils.data import DataLoader, TensorDataset   ①
dataset = TensorDataset(x_tensor, y_tensor)              ②
print(dataset[:3])
print(len(dataset))
```

OUTPUT

```
(tensor([[230.1000,  37.8000,  69.2000],
         [ 44.5000,  39.3000,  45.1000],
         [ 17.2000,  45.9000,  69.3000]]), tensor([22.1000, 10.4000,  9.3000]))
200
```

① torch.utils.data 모듈에 있는 함수 DataLoader와 TensorDataset을 불러옵니다.
② TensorDataset 함수에 x_tensor와 y_tensor를 입력하고 텐서 데이터 세트를 생성합니다. 생성한 데이터 세트를 변수 dataset에 저장합니다.

텐서 데이터 세트를 만들 때 주의할 점이 하나 있습니다. x_tensor의 데이터 건수와 y_tensor의 데이터 건수가 같아야 합니다. 앞에서 텐서로 변환하고 구조(shape)를 확인했을 때 x_tensor와 y_tensor 모두 200건씩 같은 크기였습니다.

텐서 데이터 세트에서 print(dataset[:3])으로 상위 3건의 데이터를 확인하면 2차원 텐서(x_tensor) 3건과 1차원 텐서(y_tensor) 3건을 출력합니다. len 함수로 텐서 데이터 세트의 크기를 확인하면 데이터가 총 200건 있음을 알 수 있습니다.

텐서 데이터 세트로 데이터 로더 선언

생성한 텐서 데이터 세트를 이용해 데이터 로더를 선언합니다.

CODE

```
# 데이터 로더 생성
data_loader = DataLoader(dataset, batch_size = 32, shuffle = True)
```

DataLoader 함수에서 shuffle 옵션을 True로 지정하면 데이터를 무작위로 섞습니다. 또한 batch_size=32는 배치 크기를 32로 지정하는데, 배치 하나에 데이터가 32건씩 담기도록 합니다. 전체 데이터 건수가 200건이고 배치 크기가 32이므로 총 7개의 배치가 만들어집니다.

[그림 2-5] 200건의 데이터를 크기 32로 나눌 때의 배치 예시

[그림 2-5]를 보면 앞에서부터 6개의 배치에는 데이터가 32건씩 담기고 마지막 배치에는 나머지 8건이 담깁니다.

> 여기서 잠깐
>
> **배치 크기는 마음대로 정해도 되나요?**
>
> 배치 크기의 기본값은 32입니다. 이는 32건의 데이터(2차원 데이터 세트라면 32행의 데이터)를 한 묶음(배치)으로 만들어 학습시킨다는 의미입니다. 전체 학습 데이터 세트가 크면(데이터 건수가 많으면) 배치 크기를 더 크게 잡고, 데이터가 적으면 좀 더 작은 값으로 지정할 수 있습니다. 배치 크기는 학습을 시키면서 조절하는 하이퍼파라미터이므로 정답이 있는 것은 아닙니다. 그러나 기본값인 32를 많이 사용합니다.

선언한 데이터 로더에서 반복문(for loop)으로 배치를 하나씩 꺼내 배치가 어떤 형식으로 되어 있는지(shape) 확인하겠습니다.

CODE

```
for n, batch in enumerate(data_loader):                ①
    x_batch, y_batch = batch                           ②
    print(f"배치 {n}, x 배치 크기:{x_batch.shape}")    ③
```

OUTPUT

```
배치 0, x 배치 크기: torch.Size([32, 3])
배치 1, x 배치 크기: torch.Size([32, 3])
배치 2, x 배치 크기: torch.Size([32, 3])
배치 3, x 배치 크기: torch.Size([32, 3])
배치 4, x 배치 크기: torch.Size([32, 3])
배치 5, x 배치 크기: torch.Size([32, 3])
배치 6, x 배치 크기: torch.Size([8, 3])
```

① 데이터 로더(data_loader)에서 배치를 하나씩 불러와 변수 batch에 저장합니다. 이때 enumerate 함수를 사용하면 반복문의 순번도 함께 제공합니다(순번은 n에 저장).

② 배치 하나에는 x 배치와 y 배치가 있습니다.

③ 배치의 순번과 x 배치의 크기를 출력합니다.

각각의 배치를 불러와 배치에 담긴 데이터의 건수를 확인했습니다. 모델 학습 과정에서 데이터 로더를 사용하면 배치 단위로 학습(오차의 순전파와 역전파)이 이루어집니다.

디바이스 할당: GPU 혹은 CPU에 할당하기

딥러닝 모델을 학습할 때는 모델이나 데이터를 디바이스에 할당합니다. 여기서 디바이스는 연산을 처리하기 위한 GPU나 CPU를 의미합니다. 디바이스를 할당한다는 말은 데이터 처리 또는 모델의 학습 연산을 어느 장치에서 수행할지 정한다는 의미입니다.

딥러닝에서 GPU가 필요한 이유

디바이스를 적절히 설정하는 일은 모델의 학습 속도와 성능에 중요한 영향을 미칩니다. 딥러닝 학습에서는 수많은 행렬 연산(텐서 연산)이 필요한데, 이 과정에서 GPU의 역할은 매우 중요합니다. GPU가 필요한 이유는 다음과 같습니다.

- 대규모 병렬 연산 처리 능력: GPU는 수천 개의 작은 코어로 구성되어 있어 여러 개의 연산을 동시에 수행하는 데 최적화되어 있습니다. 딥러닝에서는 행렬 연산이 매우 빈번하게 사용되기 때문에 GPU는 이러한 연산을 병렬로 처리함으로써 학습 속도를 극대화합니다. 반면 CPU는 직렬(Sequential) 처리가 강점이므로 데이터 전처리와 같은 작업에 적합합니다.
- 고성능 학습을 위한 메모리 대역폭: GPU는 CPU보다 메모리 대역폭이 훨씬 커 대량의 데이터를 빠르게 로딩하고 계산합니다. 따라서 GPU를 사용하면 일반적으로 CPU보다 10배에서 100배 이상 빠르게 모델을 학습시킬 수 있습니다. 특히 대량의 데이터 세트와 복잡한 신경망 구조(CNN, RNN 등)를 학습시킬 때 GPU의 사용은 필수적입니다.

하지만 연산을 모두 GPU로 처리하는 것은 효율적이지 않을 수도 있습니다. GPU 자원은 상대적으로 CPU에 비해 비싸기 때문입니다. 따라서 실무에서는 GPU와 CPU를 적절히 혼용해 사용합니다. CPU는 주로 데이터의 전처리나 학습된 모델로 예측을 수행할 때 사용합니다. 별도의 디바이스를 지정하지 않으면 기본값은 CPU입니다. 반면 GPU는 모델 학습과 검증 연산에 사용합니다. CPU와 달리 GPU는 모델과 데이터 세트를 명시적으로 할당해야 이 디바이스를 사용할 수 있습니다.

디바이스 할당하기

다시 새로운 코랩 파일을 생성하고 이름은 '2일차_디바이스할당.ipynb'로 합니다. 코드를 작성하기 전에 먼저 런타임 유형을 변경해야 합니다.

코랩 상단 메뉴에서 [런타임] - [런타임 유형 변경]을 차례로 선택합니다. [런타임 유형 변경] 대화상자가 나타납니다. 대화상자에서 [그림 2-6]과 같이 GPU를 'T4 GPU'로 선택하고 〈저장〉 버튼을 클릭합니다.

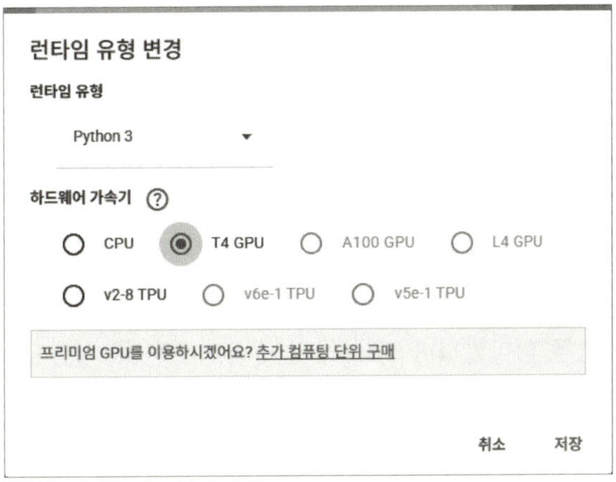

[그림 2-6] [런타임 유형 변경] 대화상자에서 GPU 선택

필요한 라이브러리와 '광고비에 따른 매출액' 데이터를 불러와 데이터를 준비합니다.

CODE

```
# 라이브러리 로딩
import torch
from torch import nn
import numpy as np
import pandas as pd

# 데이터 로딩 및 x, y 분할
path = 'https://bit.ly/advertising_csv'
adv = pd.read_csv(path)

target = 'Sales'
x = adv.drop(target, axis=1)
y = adv.loc[:, target]

# numpy로 변환한 다음 텐서로 변환
x_np = x.values
```

```
y_np = y.values
x_tensor = torch.tensor(x_np, dtype=torch.float32)
y_tensor = torch.tensor(y_np, dtype=torch.float32)
```

이제 코드로 CPU와 GPU 디바이스의 이름을 준비합니다.

CODE

```
device = "cuda" if torch.cuda.is_available() else "cpu"  ①
print(f"Using {device} device.")                         ②
```

OUTPUT

```
Using cuda device.
```

> ① torch.cuda.is_available()로 현재 GPU를 사용할 수 있는 환경인지 확인합니다. 사용 가능하다면 변수 device에는 cuda를, 그렇지 않으면 cpu를 저장합니다.
> ② device를 출력해서 저장된 값을 확인합니다.

여기서 CUDA(Compute Unified Device Architecture)는 앤비디아(NVIDIA)에서 제공하는 GPU 기술을 의미합니다. 코드를 실행하면 GPU를 사용할 수 있는 cuda가 출력됩니다.

모델과 학습 데이터를 디바이스에 할당하려면 다음과 같이 코드를 작성합니다.

CODE

```
# 모델을 디바이스(GPU)에 할당하기
model = nn.Sequential( nn.Linear(3, 1) )  ①
model = model.to(device)                  ②

# 데이터 세트를 디바이스에 할당.
x, y = x_tensor.to(device), y_tensor.to(device)  ③
```

> ① 모델을 선언합니다. 모델링에 대한 자세한 설명은 3일 차에서 다룹니다. 여기서는 "아주 간단한 딥러닝 모델은 이런 식으로 선언하는구나"라고 생각하고 넘어갑니다.
> ② to(device) 메서드로 선언한 모델을 GPU로 이동시킵니다. to(device)를 지정하지 않으면 기본적으로 CPU에 할당됩니다.
> ③ to(device) 메서드로 데이터 세트 역시 GPU로 이동시킵니다. 역시 디바이스 할당 작업을 하지 않으면 기본값은 CPU입니다.

모델과 데이터 세트를 디바이스에 할당할 때는 모두 to(device) 메서드를 사용합니다. 한 가지 중요한 점은 모델과 데이터가 반드시 같은 디바이스에 있어야 연산이 가능하다는 것입니다. 즉, 둘 다 GPU에 할당되거나 둘 다 CPU에 할당되어야 오류 없이 동작합니다.

디바이스 위치 옮기기

디바이스 할당에서 한 가지 더 알아야 할 것이 있습니다. 현재 디바이스를 다른 디바이스로 옮기는 방법입니다. 예를 들면 cuda의 데이터를 cpu로 옮겨야 할 수도 있고, 반대의 경우도 발생할 수 있습니다.

먼저 현재 디바이스를 확인하는 코드는 다음과 같습니다.

CODE
```
print(next(model.parameters()).device)  ①
print(x.device, y.device)               ②
```

OUTPUT
```
cuda:0
cuda:0 cuda:0
```

> ① next(model.parameters())는 모델에서 학습 가능한 모든 파라미터(가중치)를 반환합니다. 이때 이 파라미터들이 어느 디바이스에 있는지 device 속성으로 확인합니다.
> ② 학습할 데이터 세트의 디바이스도 함께 확인합니다.

실행 결과를 보면 모델 파라미터와 데이터 세트(x, y)가 모두 cuda:0으로 출력됩니다. 모두 GPU에 할당된 상태임을 의미합니다. 디바이스 이름 뒤의 :0은 GPU의 순번을 나타내는데, 만약 GPU가 두 개 이상이라면 원하는 디바이스 번호를 지정해 특정 GPU에 할당할 수도 있습니다.

여기서 잠깐

모델이 어느 디바이스에 있는지 확인할 때 왜 파라미터를 확인할까?

디바이스 할당은 연산을 CPU에서 수행할지 GPU에서 수행할지 정하는 과정입니다. 딥러닝 모델은 여러 개의 파라미터(가중치 텐서)로 구성되어 있는데, 학습이나 추론할 때는 이 파라미터들이 입력 데이터와 함께 연산에 사용됩니다. 그런데 파이토치의 모델 객체 자체에는 device 속성이 없습니다. 따라서 모델의 디바이스를 확인하려면 내부 파라미터 중 하나를 꺼내어 그 파라미터의 device 속성을 확인해야 합니다. 결국 파라미터가 할당된 디바이스가 곧 모델이 실제로 연산을 수행할 장소를 의미합니다.

GPU와 CPU 간에 할당된 디바이스를 전환하려면 다음과 같은 코드를 이용합니다.

CODE
```
# GPU -> CPU
x_cpu = x.cpu()  ①
y_cpu = y.to("cpu")
print(x_cpu.device, y_cpu.device)
# CPU -> GPU
x_gpu = x_cpu.cuda()  ②
```

```
y_gpu = y_cpu.to("cuda")
print(x_gpu.device, y_gpu.device)
```

OUTPUT

```
cpu cpu
cuda:0 cuda:0
```

① 현재 x는 cuda로 GPU에 할당되어 있는 상태인데, x.cpu 또는 x.to('cpu') 메서드를 사용하면 x를 CPU로 옮기고 변수 x_cpu에 저장합니다.

② x_gpu = x_cpu.cuda는 x를 다시 GPU로 옮기는 명령입니다. cuda 대신 to('cuda') 메서드를 사용할 수도 있습니다.

이처럼 디바이스를 전환하는 코드는 간단합니다.

첨언하면 파이토치에서 제공하는 함수들은 CPU와 GPU에 할당된 데이터를 모두 처리할 수 있습니다. 하지만 sklearn이나 numpy 같은 라이브러리 함수들은 GPU 연산을 지원하지 않으며 파이토치 텐서를 직접 입력값으로 받을 수도 없습니다. 예를 들어 sklearn의 mean_absolute_error 함수는 넘파이 배열, 판다스 시리즈(Series), 리스트(List)와 같은 1차원 데이터 구조만 받을 수 있기 때문에 1차원 텐서는 인식하지 못합니다. 따라서 sklearn과 같은 함수를 사용할 때는 GPU에 있던 텐서를 CPU로 옮기고 다시 넘파이 배열로 변환해야 합니다.

- CUDA→CPU: 최종 형태가 넘파이 배열입니다. 넘파이 배열은 cuda를 지원하지 않기에 cpu로 옮겨야 합니다.
- Tensor→numpy 배열: 텐서를 넘파이 배열로 변환합니다.

이를 한꺼번에 변경할 수 있는 코드를 적으면 다음과 같습니다. 예시이니 직접 따라할 필요는 없습니다.

CODE

```
pred = pred.cpu().numpy()  ①
y = y.cpu().numpy()
mean_absolute_error(y, pred)
```

① cpu 메서드를 사용해 CPU로 디바이스를 변경하고, numpy 메서드를 사용해 넘파이 배열로 변환합니다.

지금까지 딥러닝을 이해하는 데 꼭 필요한 텐서와 데이터 로더 그리고 디바이스 할당을 설명했습니다. 내용이 좀 길었지만, 딥러닝 모델링의 기본기를 닦는 부분이니 이해가 안 되는 부분이 있다면 다시 한번 꼼꼼히 읽어 보기를 권합니다.

딥러닝 학습 과정 이해 2: 가중치 조정

이번 차시의 마지막 절에서는 가중치 조정을 살펴봅니다. 딥러닝 모델 학습에서 가장 중요한 요소 중 하나가 바로 가중치(Weight)입니다. 데이터에는 다양한 패턴이 숨어 있는데, 학습 과정에서 이 패턴을 수치로 표현한 것이 가중치입니다. 가중치는 데이터의 규칙과 특징을 담아낸 숫자입니다. 따라서 모델 학습의 핵심 목표는 최적의 가중치를 찾는 일입니다. 이번 절에서는 가중치가 무엇인지 어떻게 조정되는지 그리고 딥러닝에서 가중치 학습이 어떤 방식으로 이루어지는지 이해하는 데 초점을 맞추겠습니다.

가중치란?

간단한 예를 들어 가중치(Weight)를 설명하겠습니다. 어떤 매장에서 1~3월의 판매량 데이터로 4월의 판매량을 예측하려고 합니다.

[표 2-1] 특정 매장의 월별 판매량 합계

1월 판매량	2월 판매량	3월 판매량	4월 판매량
110	120	125	?

어떻게 하면 4월의 판매량을 예측할 수 있을까요? 가장 간단한 방법은 1~3월 판매량의 평균을 계산해 보는 것입니다.

$$4월\ 판매량 = \frac{1}{3} \cdot 1월\ 판매량 + \frac{1}{3} \cdot 2월\ 판매량 + \frac{1}{3} \cdot 3월\ 판매량$$

이 식은 1~3월의 판매량으로 4월의 판매량을 예측하는 수식인데, 1, 2, 3월 각각의 판매량이 1/3씩 비중이 똑같다는 의미로도 해석할 수 있습니다. 다른 말로 표현하면 1, 2, 3월 판매량의 가중치(w)가 모두 1/3이라는 뜻입니다.

$$4월\ 판매량 = w \cdot 1월\ 판매량 + w \cdot 2월\ 판매량 + w \cdot 3월\ 판매량,\ w = \frac{1}{3}$$

이제 다르게 접근해 봅시다. 4월 판매량을 더 정확하게 예측하려면 어떻게 해야 할까요? 1~3월의 판매량을 모두 똑같은 가중치로 봐야 할까요? 아닐 수도 있겠다는 생각이 들죠? 어떤 사람은 3월에 가장 큰 가중치를, 다음으로 2월, 그리고 1월에 가장 작은 가중치를 부여해야 한다고 생각할 수 있습니다. 타당한 의견입니다. 가중치를 다르게 설정해야 더 정확한 예측이 가능할 수 있습니다.

$$4\text{월 판매량} = w_1 \cdot 1\text{월 판매량} + w_2 \cdot 2\text{월 판매량} + w_3 \cdot 3\text{월 판매량}$$

가중치는 입력 데이터(1, 2, 3월의 판매량)의 영향력을 조정하는 값입니다. 그렇다면 가중치 w_1, w_2, w_3를 어떻게 정해야 할까요? 가장 적절한 가중치는 어떻게 찾을 수 있을까요?

가중치 업데이트

가중치 업데이트 절차

이제 적절한 가중치를 찾는 중요한 방법을 소개하려고 합니다. 처음부터 정답(최적의 가중치)을 찾을 수는 없으니, 일단 첫 발을 떼고 한 걸음씩 움직이면서 목적지인 최적의 가중치에 접근해 봅시다. 절차는 다음과 같습니다.

① 초기 가중치를 임의로 설정: 가중치의 초깃값은 랜덤한 값으로 할당합니다.

② 현재의 가중치로 예측값 계산: 현재의 가중치로 구성된 모델에 학습 데이터를 입력하고 예측 결과를 계산합니다.

③ 목푯값과 차이(오차) 계산: 예측값이 목푯값과 얼마나 차이가 나는지 확인합니다. 이때 손실 함수에서 지정한 오차 계산 방식을 이용합니다. ②~③의 과정을 오차의 순전파라고 했습니다.

④ 오차를 줄이는 방향으로 가중치 조정: 오차를 줄이려면 가중치를 조정해야 합니다. 그렇다면 어느 방향으로 가중치를 조정해야 할까요? 또 얼마나 조정해야 할까요? 이때 가중치를 조절하는 해결사가 바로 옵티마이저(Optimizer)입니다. 옵티마이저는 가중치를 높일지 낮출지를 결정하고 얼마나 조정할지 찾아 적용하는 역할을 합니다. 손실 함수로 오차를 계산하고 옵티마이저로 가중치를 조정합니다. 조정된 가중치는 다시 모델 식에 적용됩니다. 이 과정을 오차의 역전파라고 했습니다.

⑤ 이전 과정(②~④)을 반복: 지정한 횟수(에포크)만큼 반복 학습합니다. 반복 학습하며 오차를 관찰하는 과정에서 오차가 거의 줄어들지 않으면 학습을 멈추도록 설정할 수도 있습니다. 보통 에포크마다 오차를 측정하고 오차가 줄어드는지 학습 곡선을 그려 학습이 적절히 이루어지고 있는지 판단합니다.

학습의 첫 단계에서 가중치는 무작위 값으로 초기화되기 때문에 이 책의 학습 결과와 여러분의 결과가 조금씩 다를 수 있습니다. 또한 동일한 학습 코드를 여러 번 실행하더라도 매번 결과가 달라질 수 있습니다. 이런 차이는 자연스럽게 발생하는 변동이므로 그대로 받아들이면 됩니다.

가중치 업데이트 예시

딥러닝 가중치 업데이트 절차를 보스턴 집값 데이터를 예시로 다시 한번 살펴보겠습니다.

보스턴 집값 데이터(Boston Housing Dataset)는 1970년대 보스턴 지역의 주택 가격을 설명하기 위해 수집된 데이터 세트로서 하위 계층 비율, 방 개수, 범죄율, 교육 수준 등 여러 특징(feature)을 포함하고 있으며 집값(중위 가격)을 예측하는 데 널리 활용됩니다.

가중치 업데이트의 학습 절차를 확인하는 예제이므로 여기서는 하위 계층 비율(변수명: `lstat`)로 집값(변수명: `medv`)을 예측하는 간단한 모델을 만들어 설명합니다.

[그림 2-7]의 빨간색 선에 대한 식은 $medv = w_1 \cdot lstat + w_0$과 같습니다. 일반적으로 w_1을 기울기, w_0을 절편이라고 합니다. 이 두 값이 가중치입니다. 그렇다면 최적의 가중치는 어떻게 찾을까요? 앞에서 가중치 업데이트를 설명한 순서대로 짚어 보겠습니다.

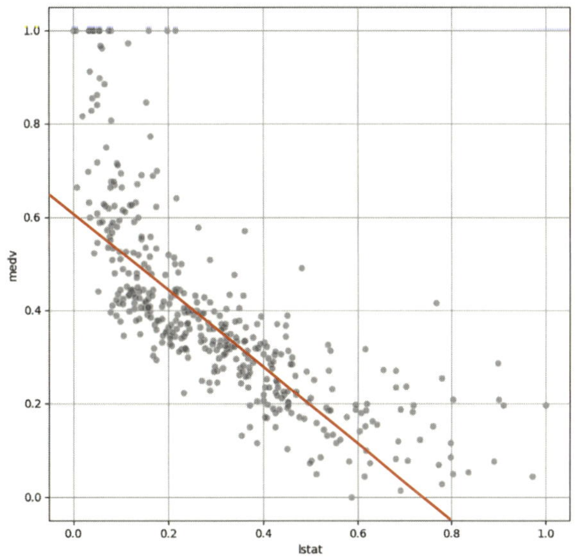

[그림 2-7] 보스턴의 집값 데이터. 하위 계층 비율과 집값에 대한 산점도

① 초기 가중치를 임의로 설정: $medv = 0.5 \cdot lstat + 0.17$. 여기서 0.5와 0.17은 랜덤하게 지정한 값입니다.

② 현재 가중치로 예측값 계산: 만약 `lstat`이 0.4라면 집값(`medv`)에 대한 예측값은 $0.5 \times 0.4 + 0.17 = 0.37$입니다. 이런 식으로 학습 데이터를 모델에 입력하고 예측값을 모두 계산합니다.

③ 목푯값과의 차이(오차) 계산: 예측값과 목푯값의 차이를 계산합니다. 집값을 예측하는 회귀 모델이므로 손실 함수는 MSE(Mean Squared Error)를 사용합니다.

④ 오차를 줄이는 방향으로 가중치 조정: 옵티마이저가 오차를 줄이는 방향과 조절량을 결정해 0.5를 0.4로, 0.17를 0.21로 조정한다고 가정해 봅시다. 그러면 모델 식은 $medv = 0.4 \cdot lstat + 0.21$이 됩니다.

⑤ 이 과정(②~④)을 반복합니다.

가중치를 조절해 변동되는 모델의 예시 그래프는 [그림 2-8]과 같습니다.

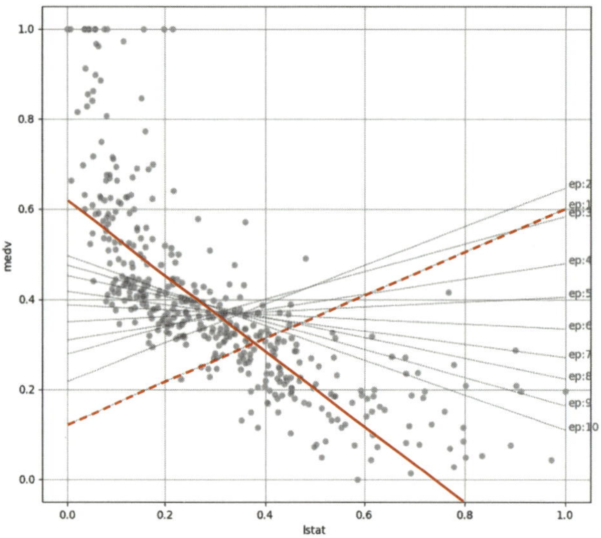

[그림 2-8] 가중치 조정에 따른 모델 식의 변화

최종 모델은 [그림 2-8]에서 보이는 굵은 빨간색 선입니다. 여러 개의 얇은 선은 가중치(기울기와 절편)를 조정할 때마다 바뀌는 모델 식입니다. 그래프 오른쪽 끝의 ep#은 에포크 1에서 에포크 10까지를 나타냅니다. 조금 굵은 빨간색 점선(---)은 가중치의 초깃값(#ep1) 모델입니다. 가중치가 조금씩 조정되면서 모델이 점차 최종 모델(굵은 선)에 가까워지고 있습니다.

경사 하강법

가중치 조정은 옵티마이저의 역할이라고 했습니다. 최근 딥러닝에서는 대표적인 옵티마이저로 Adam을 주로 사용합니다. Adam의 기본 원리는 경사 하강법(Gradient Descent)에 기초하고 있습니다. 경사 하강법은 손실 함수를 줄이기 위해 가중치를 어느 방향으로(+ 또는 −) 이동시키고 얼마나 크게 조정할지 결정하는 방법입니다.

[그림 2-9]를 보면서 경사 하강법을 설명하겠습니다. 그래프의 x축은 조정할 가중치(w), y축은 손실 함수(Loss Function)의 결과, 즉 오차입니다.

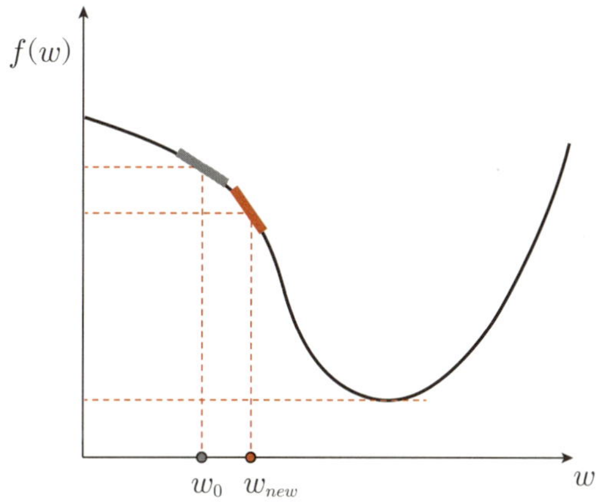

[그림 2-9] 경사 하강법

단계별로 설명하면 다음과 같습니다.

1. 가중치의 초깃값 설정: 학습은 먼저 임의의 시작점 w_0(초기 가중치)을 정하는 일에서 시작합니다. 초기 가중치 값은 대부분 랜덤하게 초기화되는데, 아직은 오차가 큰 상태입니다. 여기서는 오차, 즉 그래프에서는 $f(w)$의 값을 최대한 줄일 수 있도록 w를 이동시키는 것이 목표입니다.

2. 기울기(Gradient)를 계산: 이제 시작점에서 어느 방향으로 이동해야 오차가 줄어드는지 알아야 합니다. 이때 사용하는 것이 바로 기울기, 즉 그래디언트(Gradient)입니다. 그래디언트는 미분값입니다.

    - 기울기가 양수라면 w를 왼쪽(− 방향)으로 조정해야 오차가 줄어듭니다.
    - 기울기가 음수라면 w를 오른쪽(+ 방향)으로 조정해야 오차가 줄어듭니다.

항상 기울기의 반대 방향으로 가중치를 이동시키는 것이 핵심입니다. [그림 2-9]에서 w_0(초기 가중치)의 기울기는 음수(−)입니다. 그러므로 w를 오른쪽 방향으로 조정해야 합니다. 즉, w_0을 약간 증가시켜야 합니다.

3. 조절량 조정 - 학습률(Learning Rate): 기울기 방향은 알았지만, 얼마나 이동시킬지도 중요합니다. 너무 많이 움직이면 최적값을 지나갈 수 있고, 너무 조금 움직이면 학습 속도가 느려질 수 있습니다. 이 이동의 크기를 결정하는 값이 바로 학습률(Learning Rate)입니다. 보통 학습률의 기호는 η(에타, eta)를 사용합니다. 학습률을 적용한 수식은 다음과 같습니다.

$$w_{new} = w_0 - \eta \times \frac{\partial f(w)}{\partial w}$$

- w_{new}: 업데이트된 새로운 가중치
- w_0: 현재의 가중치
- η: 학습률(Learning Rate)
- $\frac{\partial f(w)}{\partial w}$: 손실 함수에 대한 미분값(기울기, 그래디언트)

이 수식대로 기울기를 따라 w를 조금씩 이동시키면 오차는 점차 줄고 모델은 더 좋은 예측을 하게 됩니다. 여기서 기울기에 학습률을 곱한 값이 바로 조절량이고 기울기의 반대 방향이 조정되는 방향입니다.

4. 반복→수렴(Convergence): 이 과정을 반복적으로 수행하며 가중치를 조금씩 업데이트하면 결국 한곳으로 수렴합니다. 이때 수렴하는 지점에서 오차가 가장 작아지는 최적의 가중치가 나옵니다. 실제로 딥러닝에서는 이 과정을 수백, 수천 번 반복(Epoch)해 오차를 점차 줄입니다. 이런 원리로 가중치를 조정하는 방식이 바로 경사 하강법입니다.

여기서 잠깐

Adam 옵티마이저란?

Adam 옵티마이저는 딥러닝에서 가장 많이 사용하는 최적화 알고리즘 중 하나입니다. Adam 옵티마이저는 기본적인 경사 하강법(Gradient Descent)에 두 가지 개념을 결합해 보다 빠르고 안정적으로 가중치를 업데이트할 수 있도록 고안한 방법입니다.

Adam은 다음 두 가지 정보를 함께 사용합니다

- 1차 모멘트(Momentum): 기울기(Gradient)를 누적해 방향을 안정적으로 유지하도록 합니다. 쉽게 말하면 방향성에 있어서는 최근의 경향을 따라가는 방식입니다.
- 2차 모멘트(RMSprop): 기울기의 제곱 평균을 이용해 기울기가 큰 방향은 작게, 작은 방향은

크게 조정합니다. 그럼 스케일을 자동으로 조절하는 효과가 있습니다.

왜 Adam을 많이 사용할까요? 첫째, Adam은 반복할 때마다 학습률을 다르게 조정하므로 최적의 성능을 찾는 데 좀 더 용이합니다. 둘째, 빠르게 수렴하면서도 진동이나 튐이 적어 안정적인 학습이 가능합니다. 셋째, 딥러닝에서는 데이터를 작은 묶음(미니배치)으로 나누어 학습하는데, 이때 매번 계산되는 기울기가 조금씩 달라져 학습이 불안정해질 수 있습니다. Adam은 이런 변화를 잘 조정해 주기 때문에 작은 단위로 나누어 학습하더라도 빠르고 안정적으로 좋은 성능을 낼 수 있습니다. 따라서 최근 딥러닝 모델의 개발자 대다수는 Adam 옵티마이저를 사용합니다.

정리

이번 차시에서는 딥러닝 코드를 무작정 따라해 보면서 딥러닝의 구조(흐름)를 살펴보았습니다. 더불어 딥러닝에서 사용하는 데이터 형식인 텐서와 가중치 조정 등을 상세히 설명했습니다.

딥러닝 코드의 흐름은 머신러닝과 유사한 점도 있지만 몇 가지 지점에서 차이가 있습니다. 먼저 딥러닝에서는 데이터 전처리 파트에서 스케일링을 필수로 적용해야 하고, 학습 데이터 세트를 텐서 데이터 세트로 만들고 데이터 로더로 선언해야 합니다. 또한 모델링 파트에서는 모델의 구조를 설계하고 데이터 로더로 미니배치 단위로 학습시키며 학습 곡선을 이용해 학습이 적절하게 수행되었는지 파악합니다. 특히 모델 구조를 설계할 때 손실 함수와 옵티마이저를 지정해야 합니다.

또한 이번 차시에서는 딥러닝의 핵심 데이터 구조인 텐서 개념과 더불어 텐서 데이터 세트와 데이터 로더를 설명했습니다. 그리고 데이터와 모델을 디바이스(cpu 혹은 cuda)에 할당하거나 다른 디바이스로 옮기는 방법도 익혔습니다.

끝으로 가중치 업데이트를 다뤘습니다. 가중치는 딥러닝 모델이 입력 데이터를 학습하는 데 있어 핵심적인 요소입니다. 가중치는 학습 초기에는 랜덤하게 설정되지만, 학습 과정에서 점차 최적의 값으로 조정됩니다. 가중치 조정은 손실 함수를 최소화하는 방향으로 가중치를 업데이트하는 과정이며, 이를 위해 경사 하강법과 같은 최적화 기법을 사용합니다. 가중치 조정이 제대로 이루어지면 모델은 패턴을 정확히 학습하고 새로운 데이터에서도 좋은 성능을 낼 수 있습니다

이제 딥러닝의 기본 구성과 학습 원리를 익혔다면 본격적으로 모델을 만들 시간입니다. 다음 차시에서는 수치값을 예측하는 회귀 문제를 중심으로 딥러닝 모델을 직접 설계하고 학습시키는 방법을 살펴봅니다. 단계별로 단순한 모델에서 시작해 점차 복잡한 구조의 모델을 학습합니다.

3일 차

회귀 모델링

이번 차시에서 주목할 키워드

- 회귀 모델
- 손실 함수(MSE)
- 옵티마이저
- 학습률
- 학습 곡선

3일 차 학습 목표

- 회귀 모델의 개념과 구조를 이해하고 직접 설계하며 모델링의 흐름을 익힙니다.
- 손실 함수, 옵티마이저, 학습률, 배치 크기 등 주요 하이퍼파라미터를 이해합니다.
- 학습 곡선과 검증 곡선을 해석하며 모델이 제대로 학습하고 있는지를 배웁니다.

회귀 모델링(Regression Modeling)이란 숫자를 예측하는 모델을 만드는 과정입니다. 이번 차시에서는 딥러닝으로 회귀 모델링을 수행하기 위한 기본적인 사항들을 살펴봅니다.

2일 차에서 익힌 딥러닝의 기본 구조와 학습 흐름을 바탕으로 실제 데이터를 이용해 회귀 모델을 처음부터 끝까지 구성합니다. 모델 설계부터 학습, 평가에 이르기까지 실습 중심으로 진행하므로 예제를 따라하면 딥러닝 회귀 모델이 어떤 방식으로 숫자 데이터를 예측하는지 자연스럽게 이해할 수 있습니다. 특히 이번 차시에서 다루는 손실 함수, 옵티마이저, 학습률, 배치 크기, 에포크 등의 개념은 이후 더 복잡한 모델을 다룰 때도 반복해서 사용하므로 반드시 익히기를 바랍니다.

딥러닝 모델 구조 설계하기

딥러닝 모델 구조를 어떻게 설계하는지 모델 구조를 구성하는 요소는 무엇인지 설명합니다.

프로세스의 이해

딥러닝 모델 구조를 이해하기 전에 먼저 '프로세스(Process)'라는 개념을 간단히 알아보겠습니다. 프로세스란 어떤 일을 단계적으로 수행하는 흐름을 말합니다. 이 단계를 이해하면 모델이 어떻게 작동하는지 더 쉽게 받아들일 수 있습니다.

프로세스란 일정한 목표를 이루기 위해 하나의 작업(Task)이 다른 작업(Task)과 연결되면서 서로 협력하는 일련의 단계들을 말합니다. 각각의 단계는 이전 단계에서 얻은 출력(Output)을 받아 새로운 입력(Input)으로 사용하며 이를 처리한 결과를 다음 단계로 전달합니다. 따라서 프로세스에서 각각의 단계는 독립적으로 동작하는 것이 아니라 공통의 목표를 이루기 위해 긴밀히 연결되어 있습니다. [그림 3-1]은 일반적인 프로세스를 다이어그램으로 보여 주고 있습니다.

[그림 3-1] 일반적인 프로세스

여기서 각각의 단계는 자신만의 고유한 Task를 수행하고, 처리된 결과는 다음 단계의 입력으로 활용됩니다. [그림 3-1]과 같이 Task1의 Output은 Task2의 Input으로 전달됩니다. 기업의 상품 생산 프로세스를 예로 들겠습니다. 상품의 기획 단계에서 아이디어가 만들어지면 디자인 단계에서 상품의 외형 설계 및 자재가 결정되고 생산 단계에서 실제 제품이 만들어집니다. 그 후 물류 입출고, 매장 판매 과정을 거쳐 최종적으로 소비자에게 도달합니다.

딥러닝도 이와 같은 프로세스의 개념과 유사합니다. 모델은 다음과 같은 순서로 학습합니다.

① Input 데이터를 받아들입니다(예: 테이블 형태 데이터, 이미지, 텍스트 등).
② 데이터를 여러 층(Layer)에서 처리합니다(예: Linear, CNN, RNN Layer 등).
③ 최종적으로 Output을 생성합니다(예: 분류 결과, 회귀값 등).

이 학습 과정은 단 한 번으로 끝나는 것이 아닙니다. 모델은 반복적인 학습으로 점차 개선됩니다. 마치 공부할 때 교재를 여러 번 반복 학습하는 것처럼 모델 또한 주어진 데이터를 반복 학습하며 점점 더 정확한 결과를 내는 방향으로 성능을 개선합니다.

프로세스가 단순히 단계의 나열이 아니라 단계가 서로 연결되어 하나의 시스템으로 완성되듯이, 딥러닝도 입력에서 시작해 여러 층을 거쳐 출력층에 이르는 전체적인 구조가 유기적으로 이어지면서 비로소 하나의 모델이 됩니다.

이제 프로세스의 기본 개념을 바탕으로 회귀 모델링에서는 모델 구조를 어떻게 설계하고, 손실 함수와 옵티마이저는 어떻게 선택하는지 구체적으로 알아보겠습니다.

딥러닝 모델의 기본 요소들

딥러닝 모델은 입력(Input) 데이터를 받아 여러 연산 단계(Layer)를 거쳐 출력(Output)을 생성하는 구조입니다. 이 구조를 설명하기 위해서 '보스턴(Boston) 집값'을 예측하는 간단한 회귀 모델을 예로 들겠습니다.

데이터 소개

보스턴 집값 데이터는 1970년대 미국 보스턴 시의 주택 가격을 설명하기 위해 수집된 대표적인 회귀 분석용 데이터입니다. 범죄율, 주택당 평균 방의 개수, 고속도로 접근성, 교육 수준 등과 같은 다양한 특징이 집값 데이터에 포함되어 있는데, 이 특징들을 이용해 주택의 중위 가격을 예측하는 데 활용합니다.

'보스턴 집값' 데이터의 변수는 다음과 같습니다.

- `crim`: 지역별 범죄율(특정 지역의 1인당 범죄 발생 비율)
- `zn`: 25,000평방피트 이상의 주거 구역 비율
- `indus`: 비소매 상업 지역 면적 비율(상업용 부동산이 차지하는 비율로서 상업 지역의 밀도)
- `chas`: 찰스강 인접 여부(1은 인접, 0은 비인접)
- `nox`: 일산화질소 농도(대기 중 일산화질소의 농도를 나타내는 대기 오염 지표)
- `rm`: 주택당 평균 방의 개수
- `age`: 1940년 이전에 건축된 주택 비율
- `dis`: 5개 보스턴 고용센터까지의 거리(중심 업무 지구까지의 가중 평균 거리)
- `rad`: 주요 고속도로 접근성 지수(값이 클수록 접근성이 높음)
- `tax`: 재산세율(단위는 10,000달러당 세금)
- `ptratio`: 학생-교사 비율(한 교사가 담당하는 평균 학생 수로서 교육 여건 평가 지표)
- `lstat`: 하위 계층 비율
- `medv`: 타운별 주택의 중앙값으로 단위는 1,000달러(target)

이 데이터를 이용해 간단한 딥러닝 모델부터 점차 복잡한 구조의 모델까지 다뤄보겠습니다.

간단한 딥러닝 모델 구조

보스턴 집값 데이터의 모든 특징(feature)을 이용해 모델링할 수 있지만, 좀 더 쉽게 설명하기 위해 단순한 구조에서 시작합니다.

[그림 3-2]의 딥러닝 모델은 입력(Input)과 층(Layer) 그리고 출력(Output)으로 구성되어 있습니다. 모델 구조에서 동그라미는 노드(Node)로서 하나의 정보를 의미합니다. 각각의 요소를 하나씩 살펴보겠습니다.

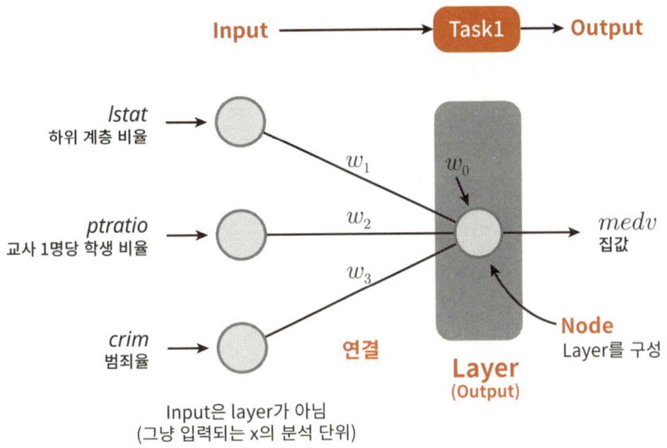

[그림 3-2] 간단한 회귀 모델 구조

모델 입력

모델 입력(Input)으로 다양한 특징(feature)을 사용할 수 있습니다. [그림 3-2]에서는 세 가지 정보인 `lstat`, `ptratio`, 그리고 `crim`을 입력으로 지정해서 집값(`medv`)을 예측하려고 합니다. 입력 데이터는 모델의 첫 번째 층으로 전달(또는 연결이라고도 함)됩니다.

층

모델에 입력된 데이터는 첫 번째 층(Layer)과 연결되며, 이때 각각의 입력값에 가중치(Weight)를 곱해 입력의 중요도를 조절합니다. [그림 3-2]의 구조에서 층은 1개이고 노드(Node)도 1개입니다. 층의 노드 수는 층의 출력값 수입니다. 여기서 층의 입력 정보는 3개이고 출력 정보는 1개입니다.

여기서 잠깐

노드를 부르는 다양한 이름들

딥러닝에서 사용하는 노드(Node), 뉴런(Neuron), 유닛(Unit)은 거의 같은 개념을 가리키지만, 맥락에 따라 조금씩 다르게 표현됩니다.

- 뉴런(Neuron): 생물학적 신경세포에서 따온 이름으로 입력을 받아 가중치와 합산한 다음, 활성화 함수를 거쳐 출력하는 연산 단위를 뜻합니다.
- 노드(Node): 그래프 구조 관점에서 본 표현으로 신경망을 수학적으로 모델링했을 때 각각의 연산 지점을 가리키는 데 주로 사용합니다.
- 유닛(Unit): 코드에서는 뉴런 혹은 노드를 유닛으로 표현하기도 합니다.

본질적으로 같은 개념을 지칭하지만 표현 방식이 약간씩 다르다고 이해하면 됩니다.

가중치는 어떤 연결 정보가 더 중요한지 나타내는 값입니다. 모델 학습 과정에서는 이 가중치들을 적절히 조정해 보다 정확한 결과를 생성합니다. 층의 노드에서는 이런 입력값과 가중치를 이용해서 연산을 수행합니다. 즉, 입력 데이터(`lstat`, `ptratio`, `crim`)는 각기 다른 가중치(w_1, w_2, w_3)와 곱셈 연산을 하고 합산됩니다. 다음은 노드의 연산을 표현하는 수식입니다.

$$medv = w_1 \cdot lstat + w_2 \cdot ptratio + w_3 \cdot crim + w_0$$

수식 말미에 있는 w_0은 바이어스(Bias)로서 모델이 데이터를 보다 유연하게 학습하도록 돕는 값입니다. 바이어스는 그래프에서 직선의 시작 위치를 옮겨 주는 역할을 합니다. 만약 바이어스가 없다면 모델이 학습하는 선이나 곡선은 무조건 원점을 지나가야 합니다. 그러면 데이터가 원점 근처에 있지 않을 때는 아무리 가중치를 잘 조정해도 제대로 예측하기 어렵습니다.

입력값과 가중치의 곱셈 결과는 층의 각 노드에서 처리됩니다. 층은 딥러닝 모델 구조의 기본 단위로서 데이터를 처리하고 그 결과를 다음 단계로 전달하는 역할을 합니다. 층은 여러 노드로 구성할 수 있는데, 각각의 노드는 다음과 같은 절차로 자신의 역할을 수행합니다.

① 입력 데이터와 가중치를 받아들입니다.
② 주어진 수학적 계산(예: 가중치와 입력값의 곱셈과 합산)을 수행합니다.
③ 결과를 다음 층이나 최종 출력으로 전달합니다.

출력

모델의 최종 결과는 출력(Output)으로 나타납니다. [그림 3-2]에서는 출력값이 집값(`medv`)에 대한 예측값이므로 모델은 입력 데이터(`lstat`, `ptratio`, `crim`)를 이용해 가장 적합한 집값을 예측하기 위해 학습합니다. 즉, 모델 학습 과정은 각각의 가중치를 최적화하며 예측의 정확도를 높이는 데 초점을 맞춥니다.

다층 구조

[그림 3-2]는 단층 구조지만, 딥러닝은 보통 층(Layer)을 여러 개로 구성합니다. 여러 층으로 구성하면 모델은 정보를 점차 추상화해 복잡한 패턴을 학습할 수 있습니다. 이와 같은 구조를 다층 신경망(Multi-Layer Neural Network) 또는 간단히 다층

(Multi-Layer) 구조라고 합니다. 전통적인 머신러닝에서는 하나의 입력층과 출력층으로 이루어진 단순한 모델이 많았지만, 딥러닝에서는 은닉층(Hidden Layer)을 여러 개 추가함으로써 훨씬 더 정교한 표현과 학습이 가능합니다.

왜 이렇게 여러 층이 필요한 걸까요? 그 이유는 바로 현실 세계의 데이터가 생각보다 복잡하고 비선형적인 구조이기 때문입니다. 이미지, 음성, 텍스트와 같은 데이터는 단순한 선형 모델로는 잘 설명되지 않습니다. 따라서 딥러닝은 층을 깊게 쌓아 단순한 특징에서 점점 더 복잡하고 추상적인 특징으로 발전시키는 구조입니다. 이 과정에서 머신(컴퓨터)은 사람처럼 복잡한 패턴을 인식하고 예측하는 능력을 키울 수 있습니다.

[그림 3-3]은 다층 구조를 다이어그램으로 나타냅니다.

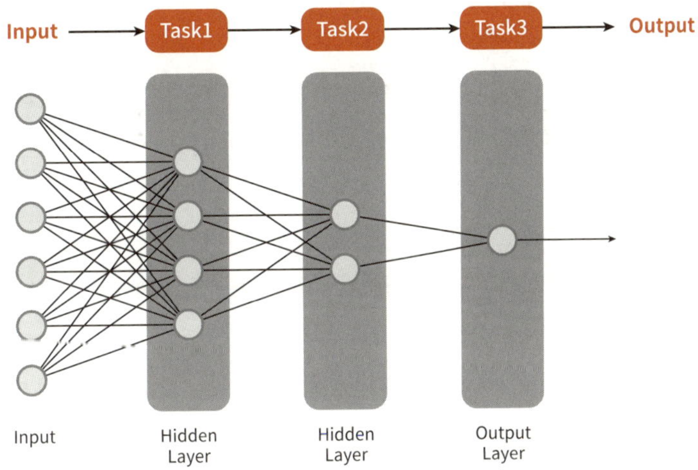

[그림 3-3] 다층 구조(Multi-Layer) 예시

[그림 3-3]의 윗부분은 일반적인 데이터 처리 프로세스입니다. 입력(Input)이 주어지면 순차적으로 Task1, Task2, Task3이라는 단계를 거쳐 최종 결과(Output)를 만듭니다. 이때 각각의 작업(Task)은 이전 작업의 결과를 바탕으로 수행됩니다. 단계적인 작업 흐름은 딥러닝 모델에서도 그대로 적용됩니다.

[그림 3-3]의 아랫부분은 실제 딥러닝 신경망 구조를 단순화한 도식입니다. 입력(Input)으로 시작된 데이터는 두 개의 은닉층(Hidden Layer)을 차례로 거쳐 출력층(Output Layer)에 도달합니다. 각각의 은닉층에서는 노드들이 이전 층의 출력을 받아 가중치를 곱하고 비선형 함수를 적용해 새로운 출력을 만듭니다. 이 과정에서 모델은 점점 더 복잡한 규칙과 특징을 학습합니다.

딥러닝의 다층 구조는 일종의 계층적 학습 구조입니다. 각각의 층은 자신에게 주어진 입력을 바탕으로 단순한 규칙을 학습하고 그 결과를 다음 층으로 전달합니다. 각각의 층이 작은 단위의 학습을 반복함으로써 전체 모델은 간단한 패턴→중간 수준의 구조→고차원의 추상적인 특징을 발전시킵니다.

예를 들어 이미지 데이터를 다룬다고 가정하면 딥러닝 모델은 첫 번째 은닉층에서는 선이나 점과 같은 기본적인 패턴을 인식하고, 두 번째 은닉층에서는 눈, 코, 입 같은 중간 단위의 구성 요소를 파악하며, 마지막 층에서는 얼굴 전체를 종합적으로 판단하는 식으로 동작합니다.

은닉층을 추가하면 모델의 표현 능력(Representation Power)이 증가해 복잡한 문제를 더 잘 해결할 수 있습니다. 하지만 여기에는 주의할 점도 있습니다. 층이 많아지면 학습 시간이 오래 걸릴 뿐만 아니라 너무 복잡한 구조로 인해 과적합(Overfitting) 문제를 일으킬 수 있습니다. 또한 기울기 소실(Vanishing Gradient)이라는 학습 문제도 발생할 수 있습니다. 물론 이런 문제들을 해결하기 위한 여러 방법들이 개발되었습니다. 적절한 활성화 함수의 사용(예: ReLU), 드롭아웃(Dropout) 같은 규제 기법 활용, 배치 정규화(Batch Normalization) 등을 통해 모델의 안정성과 일반화 성능을 높일 수 있습니다.

이들 방법의 세부 기법과 구현은 이후 차시에서 하나씩 다룹니다. 여기서는 딥러닝은 여러 층으로 이루어져 정보를 단계적으로 처리하며 이 과정에서 점점 더 깊고 정교한 패턴을 학습한다는 점만 기억하면 됩니다.

모델 구조와 코드 비교

딥러닝 모델의 구조를 파이토치 코드로 살펴보겠습니다. 딥러닝 모델은 입력 데이터에서 출력 결과를 생성하기 위해 설계되며, 이를 수학적으로 정의하고 코드로 표현하는 과정이 필수적입니다.

[그림 3-4]에서는 모델과 코드를 비교하면서 서로 어떻게 연관되는지 살펴보겠습니다.

❶ `n_feature = x.shape[1]`: 입력 데이터 `x`의 열(Column) 수를 가져옵니다. [그림 3-4]의 모델은 입력 정보가 3개(`lstat`, `ptratio`, `crim`)입니다.

❷ `nn.Sequential()`: 딥러닝 모델 구조를 설계할 때 여러 층을 순서대로 연결해 하나의 모델로 정의하는 함수입니다.

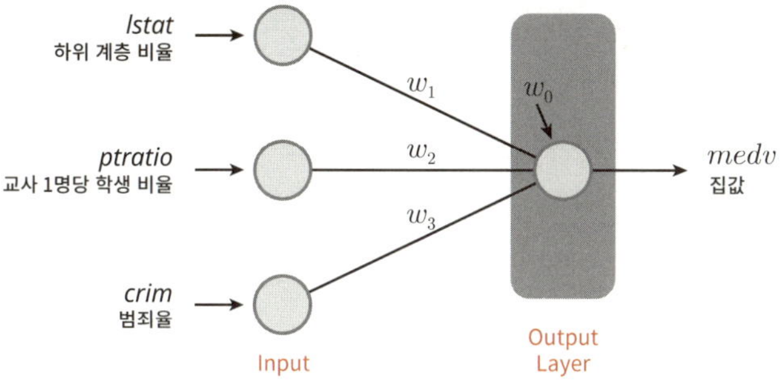


```
n_feature = x.shape[1] ❶

# 모델 구조 설계
model1 = nn.Sequential( ❷
        nn.Linear(n_feature, 1) ❸
    ).to(device)
```

[그림 3-4] 간단한 모델 구조와 코드

❸ `nn.Linear(n_feature, 1)`: 하나의 층(Layer)을 정의하는 함수입니다. 첫 번째 인수는 입력 특징 수(3개), 두 번째 인수는 출력 노드 수(1개)를 나타냅니다. 이 층은 입력과 가중치의 곱셈과 바이어스의 합산을 수행한 다음, 출력을 생성합니다.

손실 함수

앞서 정의한 모델 선언(모델 구조 설계) 코드에 이어 손실 함수(Loss Function)를 지정합니다. 모델을 설계하는 시점에서 어떤 손실 함수를 사용할지 지정하며, 모델 학습 단계에서 이 손실 함수를 사용합니다.

CODE
```
loss_fn = nn.MSELoss() # 손실 함수 정의
```

손실 함수는 다른 이름으로 오차 함수, 비용 함수, 목적 함수라고도 합니다. 딥러닝 모델 학습은 손실 함수로 모델이 얼마나 잘 작동하는지 평가하고 이를 개선하는 작업이 핵심입니다. 개선 과정은 모델이 예측한 값과 목푯값의 차이(오차)를 줄이기 위해 가중치를 조금씩 조정하며 진행됩니다. 손실 함수는 회귀 모델인 경우 MSE(Mean Squared Error), 분류 모델인 경우 교차 엔트로피(Cross Entropy)를 사용합니다. 이번 코드에서는 회귀 모델의 손실 함수인 MSE(`nn.MSELoss`)를 사용했습니다.

MSE는 목푯값(y)과 예측값($\hat{y}$)의 차이를 제곱해 계산합니다. 그런데 MSE 수식을 보면 제곱 오차에 1/2을 곱하고 있습니다.

$$\text{nn.MSELoss}() = \frac{1}{2}\|y - \hat{y}\|^2$$

수식은 모델 최적화 과정에서 손실 함수를 미분하게 되는데, 이때 제곱의 2가 내려와 1/2과 곱하면서 1로 상쇄되도록 해줍니다.

일반적으로 오차(error)의 크기를 계산하는 방법은 두 가지입니다. 즉, 제곱 오차(Squared Error)나 절댓값 오차(Absolute Error)를 이용해 구합니다. 제곱 오차를 L2 오차(손실), 절댓값 오차를 L1 오차(손실)라고 합니다. 분류 모델의 손실 함수인 교차 엔트로피의 공식과 설명은 다음 차시인 분류 모델링에서 다룹니다.

옵티마이저

딥러닝 모델 학습은 손실 함수로 모델의 성능을 평가하고 옵티마이저(Optimizer, 최적화기)를 활용해 손실값을 줄이는 방향으로 모델의 가중치와 바이어스를 업데이트하는 과정입니다. 옵티마이저는 학습 과정에서 손실값을 최소화할 수 있도록 안내하는 역할을 합니다. 옵티마이저는 손실 함수에서 계산된 오차를 기반으로 그래디언트(Gradient, 기울기)를 계산해 가중치를 조정합니다.

옵티마이저도 다음과 같은 코드로 선언합니다.

CODE
```
optimizer = Adam(model1.parameters(), lr=0.1)
```

옵티마이저가 모델의 모든 가중치와 바이어스(`model1.parameters()`)를 업데이트하도록 지정합니다. 이때 `lr=0.1`과 같이 가중치를 얼마나 조절할지에 영향을 주는 비율(학습률)을 함께 설정합니다.

코드에서 사용한 Adam(Adaptive Moment Estimation)은 딥러닝에서 가장 널리 사용되는 옵티마이저입니다. Adam은 학습 과정에서 학습률을 동적으로 조정하고 이전 기울기 정보를 활용해 업데이트 방향의 안정성을 높입니다. 2일 차에서 이를 모멘텀(Momentum) 기법이라고 했습니다. 또한 옵티마이저는 기울기 변화가 크더라도 학습이 안정적으로 진행되도록 합니다.

여기서 잠깐

옵티마이저의 발전

초기에는 가장 단순한 방법인 경사 하강법(Gradient Descent)이 널리 사용되었습니다. 이 방법은 손실을 줄이기 위해 기울기의 반대 방향으로 조금씩 이동하며 가중치를 업데이트합니다. 하지만 이 방식은 학습 속도가 느리고 복잡한 손실 함수에서는 쉽게 최적화되지 않는 문제가 있었습니다. 경사 하강법을 보완해 좀 더 빠르게 학습시키고 학습 안정성을 확보하려는 방법들이 여럿 고안되었는데, 다음과 같은 옵티마이저들이 대표적입니다.

- SGD(Stochastic Gradient Descent): 확률적 경사 하강법. 반복할 때마다 전체 데이터가 아닌 일부 데이터(Batch)를 사용해 가중치를 조정하므로 계산이 빠릅니다.
- Momentum: SGD에 속도를 더해 주는 방식. 이전의 이동 방향을 일정 비율로 유지하면서 더 빠르고 부드럽게 학습하도록 도와줍니다.
- Adagrad: 파라미터마다 학습률을 다르게 적용하는 방식. 자주 업데이트되는 파라미터는 작은 학습률, 드물게 업데이트되는 파라미터는 큰 학습률을 사용합니다. 하지만 시간이 지날수록 학습률이 너무 작아지는 문제가 있습니다.
- RMSprop: Adagrad의 단점을 보완해 최근의 기울기를 중심으로 학습률을 조정합니다. 특히 RNN 계열 모델에서 성능이 좋습니다.
- Adam(Adaptive Moment Estimation): Momentum과 RMSprop을 결합한 방식으로 현재 가장 널리 사용되는 옵티마이저입니다. 학습률을 자동으로 조절하면서도 빠르고 안정적인 수렴을 제공합니다.

학습률

학습률(Learning Rate)은 옵티마이저가 가중치를 얼마나 빠르게 업데이트할지 결정하는 중요한 하이퍼파라미터(Hyperparameter)입니다. [그림 3-5]는 학습률에 따라 오차가 어떻게 줄어드는지 보여 줍니다. 각각의 그래프에서 y축은 손실, x축은 가중치입니다.

[그림 3-5]에서 화살표는 가중치를 조정했을 때 오차가 줄어드는 방향과 크기입니다. 맨 오른쪽 그래프처럼 학습률이 너무 크면 학습 과정이 불안정해지고 최적의 손실값에 도달하지 못할 수 있습니다. 맨 왼쪽 그래프처럼 학습률이 너무 작으면

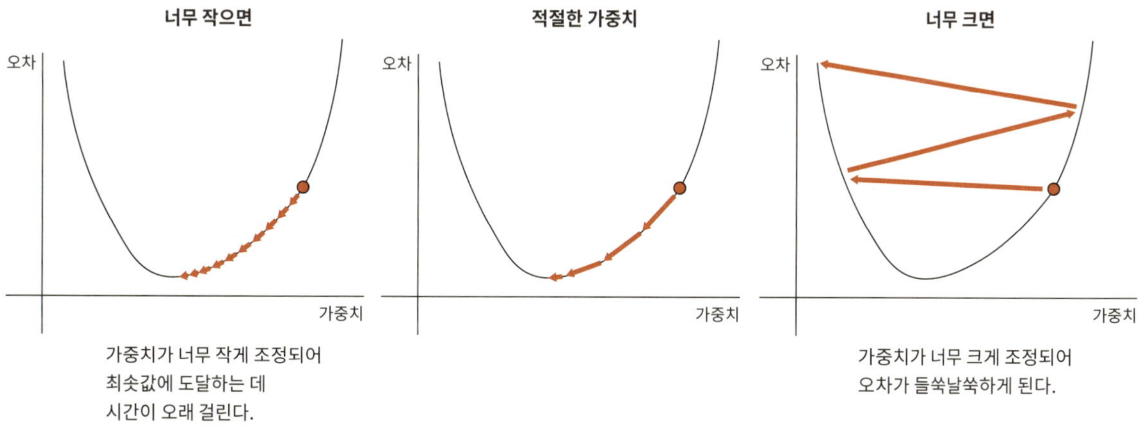

[그림 3-5] 학습률에 따라 오차가 줄어드는 정도 비교

학습 속도가 매우 느려져 시간이 많이 걸릴 수 있습니다. Adam 옵티마이저는 기본적으로 가중치가 조정되어 감에 따라 학습률도 조절되는 메커니즘을 포함하고 있지만, 초기 학습률은 사용자가 설정해야 합니다. 보통 처음에는 0.001이나 0.01을 많이 사용합니다.

회귀 모델링 실습 1: 단일 층으로 이루어진 회귀 모델

이제 새 코랩 파일을 만들고 앞서 설계한 구조로 코드를 작성하겠습니다. 새로 작성한 코랩 파일의 이름은 '3일차_회귀모델실습1.ipynb'로 명명합니다.

환경 준비에서 데이터 전처리까지

이미 여러 번 반복 설명한 코드들은 따로 설명하지 않습니다. 기억나지 않는다면 앞에서 설명한 내용을 다시 한번 참고해 코드를 작성하길 바랍니다.

환경 준비: 라이브러리 불러오기

주요 라이브러리를 먼저 불러옵니다.

CODE

```
import pandas as pd
import numpy as np
import matplotlib.pyplot as plt
import seaborn as sns
from sklearn.model_selection import train_test_split
from sklearn.metrics import *
from sklearn.preprocessing import StandardScaler, MinMaxScaler
```

다음 코드 셀에서 파이토치 라이브러리와 관련 함수들도 불러옵니다.

CODE

```
import torch                                                 ①
from torch import nn                                         ②
from torch.utils.data import DataLoader, TensorDataset       ③
from torch.optim import Adam                                 ④
```

① 파이토치의 기본 함수 전체를 불러옵니다.

② 신경망(nn, neural network) 관련 모듈이 포함된 함수들을 불러옵니다.

③ 텐서 데이터 세트와 데이터 로더를 선언하기 위한 함수를 불러옵니다.

④ Adam 옵티마이저 함수를 불러옵니다.

파이토치 함수를 불러오는 코드는 자주 사용하므로 눈에 익숙해져야 합니다.

환경 준비: 디바이스 설정

코랩에서는 생성하는 파일마다 GPU 혹은 CPU를 설정할 수 있는데, 기본 설정은 CPU입니다. 코랩 파일에 설정된 디바이스를 확인하고 준비하는 코드를 다음과 같이 작성합니다.

CODE

```
device = "cuda" if torch.cuda.is_available() else "cpu"
print(f"Using {device} device")
```

OUTPUT

```
Using cpu device
```

코드를 실행하면 `Using cpu device`가 출력되는 것을 확인할 수 있습니다(이 책에서 GPU는 꼭 필요할 때에 한정해 사용합니다).

데이터 로딩 및 준비

데이터를 불러와 전처리합니다. 데이터 전처리는 x, y를 분할하고, 학습 데이터(train)와 검증 데이터(val)를 분할하고 스케일링하는 작업입니다. 이번 모델의 특징(feature)에는 범주형 데이터가 없으므로 가변수화는 하지 않습니다.

CODE

```
# 데이터 로딩
path = 'https://bit.ly/ds_boston_csv'  ①
data = pd.read_csv(path)

# x, y 분할
target = 'medv'
features = ['lstat', 'ptratio', 'crim']  ②
x = data.loc[:, features]                ③
y = data.loc[:, target]

# train, val 분할
x_train, x_val, y_train, y_val = train_test_split(x, y, test_size=.2, random_state = 20)

# 스케일러 선언
scaler = MinMaxScaler()
x_train = scaler.fit_transform(x_train)
x_val = scaler.transform(x_val)
```

① 보스턴 집값 데이터(csv 파일)의 주소 링크입니다.

② 모델 구조에 맞게 전체가 아니라 lstat, ptratio, crim 세 개의 입력변수(feature)만 사용합니다.
③ 세 개의 입력변수만 담아 x의 데이터 세트를 구성합니다.

데이터 로더와 사용자 정의 함수

이제 데이터 세트에 대한 기본 준비가 끝났으므로 학습할 때 미니배치 단위로 데이터를 공급하는 데이터 로더를 준비하겠습니다.

2일 차에서 설명했듯이 딥러닝 모델 학습에서는 전체 데이터를 한꺼번에 입력하기보다는 미니배치(Mini Batch, 작은 일괄처리 단위) 단위로 나누어 입력하고 학습합니다.

이때 배치 크기는 모델의 학습 성능과 효율성에 영향을 미칩니다. 배치 크기가 크면 한 번의 학습에서 많은 데이터를 활용하므로 모델의 가중치 업데이트가 더 안정적입니다. 그러나 메모리 사용량이 증가하고 학습 시간이 길어질 수 있습니다. 배치 크기가 작으면 업데이트가 더 자주 이루어져 학습이 빠르게 진행되지만, 가중치 조정에서 변동성이 커질 수 있습니다. 배치 크기의 기본값으로 32를 많이 사용합니다.

딥러닝 학습에서 데이터 로더를 만들려면 다음과 같은 절차로 진행해야 합니다.

- x, y를 텐서로 바꾼다.
- x 텐서, y 텐서를 텐서 데이터 세트로 만든다.
- 만든 텐서 데이터 세트로 데이터 로더를 선언한다.

모델링 과정에서 자주 반복되는 코드는 사용자 정의 함수로 만들어 두었다가 필요할 때 사용하면 작업이 훨씬 효율적입니다. 여기서는 데이터 로더의 생성을 한꺼번에 처리해 주는 make_Dataset이라는 사용자 정의 함수를 하나 만들겠습니다.

CODE

```
def make_DataSet(x_train, x_val, y_train, y_val, batch_size = 32) :  ①

    # 데이터 텐서로 변환
    x_train_tensor = torch.tensor(x_train, dtype=torch.float32)              ②
    y_train_tensor = torch.tensor(y_train, dtype=torch.float32).view(-1, 1)  ③
    x_val_tensor = torch.tensor(x_val, dtype=torch.float32)
    y_val_tensor = torch.tensor(y_val, dtype=torch.float32).view(-1, 1)
```

```
    # TensorDataset 생성: 텐서 데이터 세트로 합치기
    train_dataset = TensorDataset(x_train_tensor, y_train_tensor)  ④

    # DataLoader 생성
    train_loader = DataLoader(train_dataset, batch_size=batch_size, shuffle = True)  ⑤
    return train_loader, x_val_tensor, y_val_tensor                                   ⑥
```

① make_DataSet 함수는 x_train, x_val, y_train, y_val 데이터 세트와 batch_size(미니 배치의 크기)를 입력으로 받습니다. 이때 x_train, x_val, y_train, y_val은 모두 넘파이 배열 형식이어야 텐서로 변환할 수 있습니다. batch_size의 기본값은 32로 지정합니다.

② torch.tensor 메서드로 x_train을 텐서로 변환합니다. x_train을 실수형 데이터로 처리하도록 타입은 dtype=torch.float32로 지정합니다. 보통 입력값(x)은 실수형으로 지정합니다.

③ y_train의 1열에 데이터를 맞추도록 구조를 변환(view(-1, 1))합니다. 결괏값을 2차원 구조로 만든다는 의미입니다.

④ TensorDataset 함수는 두 개 이상의 텐서를 하나의 묶음으로 다룰 수 있게 해줍니다. 즉, x_train_tensor와 y_train_tensor가 한쌍으로 연결된 데이터가 되어 학습에서 사용됩니다.

⑤ DataLoader 함수는 학습할 때 사용할 수 있게 데이터를 미니배치 단위로 나눕니다. batch_size를 지정하고 shuffle=True로 데이터를 섞은 다음, 배치를 만들어 공급합니다.

⑥ 학습 데이터 로더인 train_loader와 검증 데이터 세트(텐서)인 x_val_tensor, y_val_tensor를 결과로 반환합니다.

딥러닝 모델을 제대로 학습시키려면 입력값(feature, x)과 목푯값(target, y)의 데이터 타입과 차원을 정확히 확인하는 일이 매우 중요합니다. 특히 x와 y의 형태는 문제 유형에 따라 다르게 구성되는데, 이를 잘못 설정하면 오류가 발생합니다.

먼저 입력값 x는 대부분 실수형(float)으로 처리하며 2차원 구조입니다. 목푯값 y는 문제의 종류에 따라 데이터 타입과 차원이 달라집니다. 회귀 문제에서는 숫자를 예측하므로 목푯값도 실수형이며 2차원 형태로 구성합니다. 반면 분류 문제는 목푯값이 클래스 번호(예: 0, 1, 2 등)로 주어지는데, 이때는 정수형으로 처리하고 1차원 형태로 구성해야 합니다.

요약하면 x는 항상 실수형의 2차원 배열이고 y는 회귀 문제의 경우 실수형 2차원 텐서, 분류 문제의 경우 정수형 1차원 텐서로 구성한다는 점을 꼭 기억해야 합니다. 자료형과 차원을 올바르게 설정하는 일은 딥러닝 모델 학습을 위한 기본적인 준비 과정입니다.

[표 3-1] 모델링을 위한 데이터 자료형과 차원

구분	x	y(회귀)	y(분류)
자료형	torch.float32(실수형)	torch.float32(실수형)	torch.long 또는 torch.int64(정수형)
차원	2차원 텐서	2차원 텐서(열 1개)	1차원 텐서

make_DataSet 함수를 정의했다면 이제 이 함수를 이용해 데이터 로더와 검증 데이터 세트(텐서)를 준비합니다. 다음과 같이 코드를 작성합니다.

CODE

```
print(type(y_train), type(y_val))
y_train = y_train.values  ┐ ①
y_val = y_val.values      ┘
print(type(y_train), type(y_val))
```

OUTPUT

```
<class 'pandas.core.series.Series'> <class 'pandas.core.series.Series'>
<class 'numpy.ndarray'> <class 'numpy.ndarray'>
```

① y_train과 y_val을 make_DataSet 함수에 입력하기 전에 넘파이 배열로 변환합니다. 현재 이 데이터들은 판다스의 시리즈 형식입니다. 판다스의 데이터프레임이나 시리즈 형식의 데이터에 values 속성을 적용하면 넘파이 배열로 변환할 수 있습니다.

실행 결과를 보면 판다스 시리즈(pandas.core.series.Series)의 데이터가 넘파이 배열(numpy.ndarray)로 변환되었음을 알 수 있습니다.

이제 make_DataSet 함수로 데이터 로더를 구성합니다.

CODE

```
train_loader, x_val_ts, y_val_ts = make_DataSet(x_train, x_val, y_train, y_val, 32)  ①

# 첫 번째 배치만 로딩해서 살펴보기
for x, y in train_loader:  ②
    print(f"Shape of x [rows, columns]: {x.shape}")
    print(f"Shape of y: {y.shape} {y.dtype}")
    break
```

OUTPUT

```
Shape of x [rows, columns]: torch.Size([32, 3])
Shape of y: torch.Size([32, 1]) torch.float32
```

① make_DataSet 함수를 사용해 학습용 데이터 로더(train_loader)와 검증용 텐서(x_val_ts, y_val_ts)를 각각 생성합니다.

② 데이터 로더가 잘 만들어졌는지 확인하기 위해 첫 번째 배치의 구조(shape)를 출력합니다.

실행 결과를 살펴보면 x, y 각각 행(rows)이 32(batch_size의 지정값)임을 확인할 수 있습니다.

make_DataSet 함수의 코드를 보면서 한 가지 의문이 생길 수 있습니다. "왜 학습용 데이터는 데이터 로더로 만들고 검증용 데이터는 그냥 텐서로 반환하지?"라고 말입니다. 학습 과정에서는 전체 데이터를 한꺼번에 처리하지 않고 미니배치 단위로 나누어 학습한다고 했습니다. 따라서 데이터 로더로 선언하고 사용합니다. 반면 검증 과정은 모델의 성능을 확인하는 과정입니다. 이때는 검증 데이터 전체를 한꺼번에 넣어 평가하면 되므로 굳이 배치 단위로 나눌 필요가 없습니다. 다만 검증용 데이터의 크기가 클 경우에는 효율적인 메모리 사용을 위해 데이터 로더를 만들어 사용하는 경우가 있습니다.

모델 구조 설계부터 학습까지

모델 구조 설계

이제 모델 구조를 코드로 구현합니다. 층이 하나인 간단한 형태의 모델 구조를 설계하고 손실 함수와 옵티마이저를 지정하는 코드도 다음과 같이 작성합니다.

CODE

```
n_feature = x.shape[1]
model1 = nn.Sequential(nn.Linear(n_feature, 1)).to(device)
loss_fn = nn.MSELoss()
optimizer = Adam(model1.parameters(), lr=0.01)
print(model1)
```

OUTPUT

```
Sequential(
  (0): Linear(in_features=3, out_features=1, bias=True)
)
```

층 하나, 노드 하나인 모델 구조를 선언했습니다. 모델을 출력(print)하면 입력(feature)은 3개이고 노드(실행 결과에서는 out_feature로 표현됨)는 1개임을 알 수 있습니다. 앞서 모델 구조를 설명할 때 각 층의 출력값 수는 노드 수와 같다고 했습니다.

모델 학습 함수 생성: train

다음은 모델을 학습시키는 단계입니다. 설계된 모델과 손실 함수, 옵티마이저를 사용해 학습할 차례입니다. 모델을 학습시키는 과정 역시 딥러닝 모델링에서는 늘 반복되는 과정입니다. 따라서 사용자 정의 함수를 하나 만들어 두면 모델을 학습시킬 때마다 반복해 사용할 수 있어 효율적입니다.

모델을 학습시킬 함수는 다음과 같은 절차를 담아야 합니다.

① 데이터 로더에서 배치 단위로 데이터를 추출합니다.
② 모델에 입력해 예측값을 추출합니다.
③ 예측값과 목푯값을 비교해 오차를 계산합니다.
④ 오차를 줄이는 방향으로 가중치를 업데이트합니다(옵티마이저의 역할).
⑤ ①~④를 반복하며 학습 데이터 세트 전체를 배치 단위로 학습합니다.

다음은 모델을 학습시키는 사용자 정의 함수인 train의 코드입니다.

CODE

```
def train(dataloader, model, loss_fn, optimizer, device):  ①
    size = len(dataloader.dataset)  ②
    num_batches = len(dataloader)   ③
    tr_loss = 0                     ④
    model.train()                   ⑤
    for x, y in dataloader:         ⑥
        x, y = x.to(device), y.to(device)  ⑦
        pred = model(x)             ⑧
        loss = loss_fn(pred, y)     ⑨
        tr_loss += loss             ⑩
        loss.backward()             ⑪
        optimizer.step()            ⑫
        optimizer.zero_grad()       ⑬
    tr_loss /= num_batches          ⑭
    return tr_loss.item()           ⑮
```

① train 함수는 데이터 로더, 모델, 손실 함수, 옵티마이저, 디바이스를 입력으로 받습니다.

② dataloader.dataset은 데이터 로더에 담긴 텐서 데이터 세트입니다. len 함수로 길이를 계산하면 첫 번째 축(차원)의 데이터 개수를 반환합니다. 보통 데이터 세트의 첫 번째 축은 데이터의 건수입니다.

③ len 함수에 dataloader를 넣고 실행하면 추출할 수 있는 배치 수를 세어 반환합니다. 예를 들어 100건의 데이터를 batch_size=30으로 지정하면 반환하는 값은 4입니다. 배치 크기가 30이므로 마지막 배치에는 데이터가 10개밖에 없지만 하나의 배치로 인정됩니다. DataLoader 함수 옵션에서 drop_last=False가 기본 설정인데, 만약 이 옵션을 True로 설정하면 지정한 사이즈보다 작은 배치는 제외합니다.

④ 학습 오차를 저장할 변수를 선언하고 초깃값으로 0을 지정합니다.

⑤ 모델을 학습 모드(Training Mode)로 전환해 학습할 준비를 합니다.

⑥ 데이터 로더에서 배치 단위로 x와 y를 추출합니다.
⑦ 추출한 배치 x와 y를 모델과 같은 디바이스에 할당합니다.
⑧ x를 모델 함수에 입력하고 예측을 수행합니다. 예측 결과는 변수 pred에 저장합니다.
⑨ 손실 함수로 예측값과 목푯값 사이의 오차를 계산합니다. 이 오차는 배치 하나의 MSE 값입니다.
⑩ 이번 배치에서 계산된 오차를 변수 tr_loss에 더합니다.
⑪ 역전파를 수행해 모델 각각의 파라미터에 대한 오차의 기울기를 계산합니다.
⑫ 기울기를 바탕으로 모델의 파라미터(가중치)를 업데이트합니다. 두 줄(⑪, ⑫)의 간단한 코드지만, 이때 기울기 계산과 함께 오차의 역전파(Back Propagation) 과정이 수행되면서 전체 오차를 줄이는 방향으로 파라미터가 각각 조정됩니다.
⑬ 이번에 사용한 기울기를 초기화합니다. 만약 초기화하지 않으면 이전 기울기가 누적되어 잘못된 학습이 진행될 수 있습니다.
⑭ ⑥~⑬ 반복으로 전체 배치를 모두 학습한 다음, 배치 단위로 모두 더한 손실값(tr_loss)을 배치 수로 나누어 최종 MSE 값을 계산합니다. 이 값은 학습 데이터 전체를 한 번 학습하고 얻은 손실값입니다.
⑮ 텐서로 계산된 손실값 tr_loss는 0-way 텐서입니다. 이 값을 텐서가 아닌 스칼라 값으로 만들려면 item 메서드를 추가하면 됩니다. 이 손실값을 반환(return)합니다.

코드를 한 줄씩 모두 설명하느라 좀 길었습니다. 하지만 딥러닝 모델의 학습 과정을 이해하는 매우 중요한 코드이므로 모르는 부분이 있다면 다시 한번 잘 읽어 보기 바랍니다.

모델 검증 평가 함수: evaluate

학습이 모두 끝나면 모델에 대한 검증 평가를 수행합니다. 검증 평가는 에포크마다 수행하는데, 중간 성능을 평가하기도 하고 최종 모델의 성능을 평가하기도 합니다. 검증 평가 역시 딥러닝 모델링에서 늘 반복되는 과정입니다. 따라서 검증 평가를 위한 사용자 정의 함수를 생성합니다. 함수의 이름은 evaluate로 하고 다음과 같이 작성합니다.

CODE
```
def evaluate(x_val_tensor, y_val_tensor, model, loss_fn, device):  ①
    model.eval()           ②
    with torch.no_grad():  ③
        x, y = x_val_tensor.to(device), y_val_tensor.to(device)
        pred = model(x)
        val_loss = loss_fn(pred, y).item()
    return val_loss, pred  ④
```

① evaluate 함수는 x와 y의 검증 텐서 데이터, 모델, 손실 함수, 디바이스를 입력으로 받습니다.
② 모델을 학습 모드에서 평가 모드로 변경합니다.
③ 평가할 때 with 블록에서는 기울기를 계산하지 않도록 설정합니다. 메모리를 절약하고 평가 속도를 향상하기 위해 반드시 필요합니다.
④ 결과로 검증 손실값 val_loss와 예측값 pred를 반환합니다.

사용자 정의 함수 train과 evaluate를 각각 생성했으니 이제 이 함수들을 이용해 보스턴 집값 모델을 학습시키고 검증합니다. 다음 코드를 작성합니다.

CODE
```
epochs = 50                                 ①
tr_loss_list, val_loss_list = [], []        ②
for t in range(epochs):                     ③
    tr_loss = train(train_loader, model1, loss_fn, optimizer, device)     ④
    val_loss, _ = evaluate(x_val_ts, y_val_ts, model1, loss_fn, device)   ⑤
    tr_loss_list.append(tr_loss)                                          ⑥
    val_loss_list.append(val_loss)
    print(f"Epoch {t+1}, train loss: {tr_loss:4f}, val loss: {val_loss:4f}")   ⑦
```

OUTPUT
```
Epoch 1, train loss : 575.150574, val loss : 496.143677
Epoch 2, train loss : 563.427124, val loss : 486.102875
Epoch 3, train loss : 550.694763, val loss : 476.235138
...
Epoch 48, train loss : 269.287384, val loss : 201.011337
Epoch 49, train loss : 264.016693, val loss : 197.745712
Epoch 50, train loss : 256.517303, val loss : 194.616913
```

① 학습 데이터를 50번 반복 학습할 수 있도록 에포크를 지정합니다.
② 학습 오차와 검증 오차를 저장할 빈 리스트를 선언합니다.
③ 에포크 수만큼 반복 횟수를 지정합니다.
④ train 함수로 학습 데이터 전체를 한번 학습한 다음, MSE 값을 tr_loss에 기록합니다.
⑤ evaluate 함수로 검증 데이터의 오차를 계산해 val_loss에 저장합니다. 여기서는 예측값 pred는 사용하지 않을 예정이므로 _로 코드를 작성합니다. _는 함수가 반환하는 값을 사용하지 않을 때 작성하는 코드입니다.
⑥ tr_loss_list와 val_loss_list에 학습 오차를 추가합니다.
⑦ 에포크마다 학습 오차와 검증 오차를 출력합니다.

코드의 결과를 보면 에포크를 진행할 때마다 train loss와 val loss가 조금씩 줄어들고 있음을 알 수 있습니다.

학습 곡선: 학습 성능의 시각화

학습 곡선(Learning Curve)은 딥러닝 모델의 학습 성능을 평가해 적절한 에포크 수를 결정하는 데 필요한 그래프입니다. 학습 곡선으로 학습 데이터와 검증 데이터의 손실값(Loss) 변화를 시각적으로 확인할 수 있습니다. 정답은 아니지만, 모델 학습이 잘 되었는지 경향을 파악하는 데 매우 유용합니다.

학습 곡선 함수

다음은 학습 곡선을 그리기 위해 미리 생성한 dl_learning_curve 사용자 정의 함수입니다. 학습 곡선 역시 모델링에서는 반복해 사용하므로 미리 사용자 정의 함수를 정의해 둡니다.

CODE

```
def dl_learning_curve(tr_loss_list, val_loss_list):                    ①
    epochs = list(range(1, len(tr_loss_list)+1))                        ②
    plt.plot(epochs, tr_loss_list, label='train_err', marker = '.')     ③
    plt.plot(epochs, val_loss_list, label='val_err', marker = '.')      ④
    plt.ylabel('Loss')
    plt.xlabel('Epoch')
    plt.legend()
    plt.grid()
    plt.show()
```

① dl_learning_curve 함수는 학습 과정에서 생성한 학습 오차와 검증 오차 리스트를 입력으로 받습니다.

② 에포크를 [1, 2, 3, ... , n] 형태의 리스트로 생성합니다.

③ x축을 에포크, y축을 학습 오차로 하는 선 그래프를 그립니다. 값 위치에는 marker 속성으로 점(.)을 찍도록 지정합니다.

④ ③번 그래프에 겹쳐 검증 오차 그래프를 그립니다.

그 외 하단 코드들은 주로 그래프를 꾸밀 때 사용하는 코드입니다.

이 함수를 이용해 보스턴 집값 예제의 학습 곡선을 그립니다.

CODE

```
dl_learning_curve(tr_loss_list, val_loss_list)
```

dl_learning_curve 함수에는 에포크마다 계산해서 추가한 학습 오차와 검증 오차 리스트를 입력합니다.

[그림 3-6]의 학습 곡선을 보면 에포크가 증가하면서 점차 오차가 줄어들고 있습

니다. 학습 오차는 학습할 때 옵티마이저가 가중치를 조절하기 위해 살펴보는 오차이고, 검증 오차는 에포크마다 학습이 적절히 이루어졌는지 우리가 직접 검증하기 위한 오차입니다. 참고로 [그림 3-6]은 이상적인 학습 곡선의 예시입니다. 독자의 경우 이와 같은 형태의 그래프가 출력되지 않을 수 있습니다.

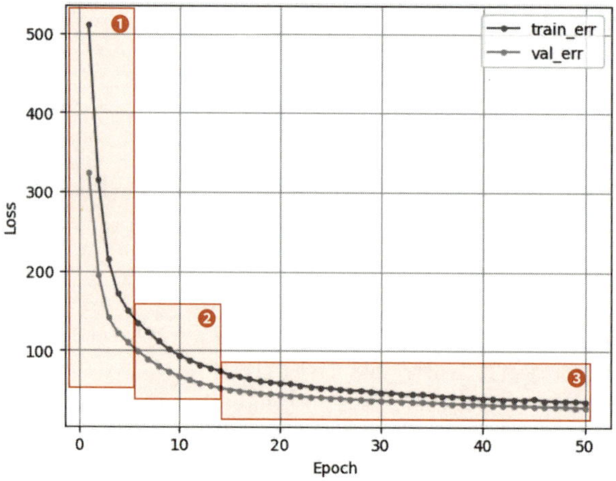

[그림 3-6] 일반적인(바람직한) 학습 곡선 예시

학습 곡선 그래프를 보고 적절히 학습되었는지 파악할 수 있는 세 가지 포인트가 있습니다.

❶ 초기 에포크에서 손실값 감소: 학습 초반에는 모델이 데이터의 패턴을 학습하기 시작하면서 학습 오차가 빠르게 감소합니다. 검증 오차도 함께 감소하는 것이 이상적입니다.

❷ 손실값 감소 둔화: 급격히 감소하던 손실값은 에포크가 증가함에 따라 둔화됩니다.

❸ 손실값 수렴: 에포크가 진행됨에 따라 손실값의 감소율이 점차 줄어들고 학습이 안정화됩니다. 학습 오차와 검증 오차가 수렴하는 시점은 상황마다 다를 수 있습니다.

학습 곡선의 모양은 굉장히 다양한 형태를 띱니다. 따라서 학습 곡선을 보고 바로 이해하는 게 쉽지 않습니다. 학습시킬 때마다 학습 곡선을 확인하고 해석하는 경험이 많이 필요합니다.

학습 코드의 실행 결과와 학습 곡선 비교

학습 코드를 실행하면 print 문이 에포크마다 학습 오차와 검증 오차를 출력하는데, 이 값들을 그대로 그래프로 옮긴 것이 바로 학습 곡선입니다. [그림 3-7]을 보면 에포크 1의 학습 오차는 511.075378로서 학습 곡선 그래프에서는 학습 오차 선의 첫 번째 값으로 표시됩니다. 에포크 2의 검증 오차는 195.211868로서 그래프에서는 검증 오차 선의 두 번째 값으로 표시됩니다.

```
Epoch 1, train loss : 511.075378, val loss : 323.897247
Epoch 2, train loss : 315.015930, val loss : 195.211868
Epoch 3, train loss : 215.207825, val loss : 141.835831
Epoch 4, train loss : 171.418182, val loss : 121.652657
Epoch 5, train loss : 150.290390, val loss : 109.641151
Epoch 6, train loss : 135.386856, val loss : 98.918694
Epoch 7, train loss : 123.140778, val loss : 88.936485
Epoch 8, train loss : 111.578232, val loss : 80.315216
Epoch 9, train loss : 101.194511, val loss : 73.271255
Epoch 10, train loss : 93.610931, val loss : 67.307648
Epoch 11, train loss : 87.407593, val loss : 62.564026
Epoch 12, train loss : 82.275528, val loss : 58.867832
```

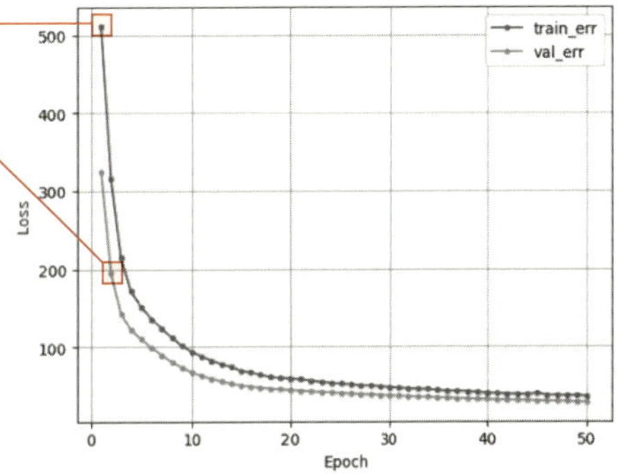

[그림 3-7] 학습, 검증 손실 출력과 학습 곡선

학습 과정에서 에포크마다 손실 함수로 계산된 결과를 그래프로 그대로 옮긴 그래프가 학습 곡선입니다. [그림 3-6] 또는 [그림 3-7]과 같이 초기 에포크에서 오차가 확 줄고 오차 감소세가 꺾이다가 완만해지는 학습 곡선을 보면 학습이 적절하게 진행되었다고 판단할 수 있습니다. 다만 조심할 부분이 있습니다. 학습이 잘 진행되고 있다는 것은 주어진 조건에서, 즉 모델 구조와 지정된 하이퍼파라미터에서 학습이 잘 진행되었다는 의미이지 최적의 모델을 만들었다는 의미는 아닙니다. 최적의 모델은 모델 구조를 잘 설계하고 적절한 하이퍼파라미터를 설정할 때 비로소 가능한 일입니다. 그러므로 학습 곡선은 주어진 상황에서 학습이 잘 진행되었는지 판단하는 도구이지 모델의 최적화를 보장하지는 않는다는 점을 꼭 기억하기 바랍니다.

바람직하지 않은 학습 곡선 예

가장 바람직한 학습 곡선은 앞서 살펴본 [그림 3-7]의 형태입니다. 이번에는 바람직하지 않은 학습 상태의 곡선을 몇 개 살펴보겠습니다.

[그림 3-8]를 보면 학습 오차는 에포크가 증가함에 따라 감소하지만, 여전히 큰 값을 유지하고 있습니다. 데이터에 대한 학습이 충분히 이루어지지 않았음을 나타냅

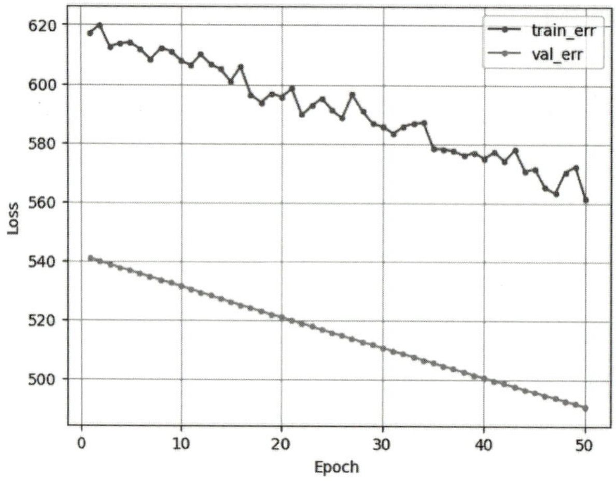

[그림 3-8] 학습이 덜 됨

니다. 검증 오차 또한 지속적으로 감소하고 있으나, 학습 오차와의 간격이 크지 않습니다. 모델이 데이터의 복잡한 패턴을 충분히 학습하지 못했음을 보여 줍니다. 이 학습 곡선은 에포크 수가 부족하거나 학습률이 너무 낮을 때 발생할 수 있습니다.

[그림 3-9]는 학습 오차가 들쭉날쭉하게 변동하며 안정되지 않은 상태를 보여 줍니다. 이 현상은 모델의 가중치 업데이트가 불안정하게 이루어질 때 발생하며 학습이 제대로 이루어지지 않았음을 나타냅니다. 이러한 학습 곡선이 나타나는 주된 원인은 다음과 같습니다.

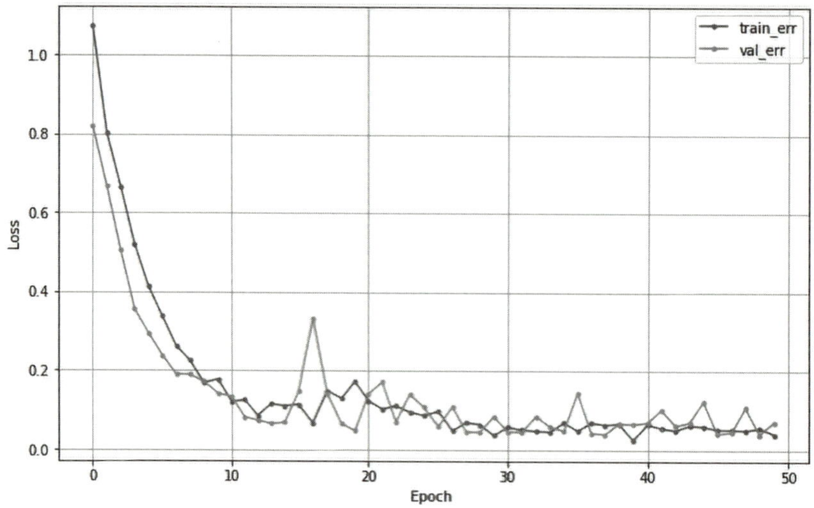

[그림 3-9] 학습 오차가 들쭉날쭉

- 학습률이 너무 큼: 학습률이 지나치게 크면 모델의 가중치가 적절한 방향으로 조정되지 못하고 과도하게 업데이트됩니다. 이로 인해 손실값이 안정적으로 감소하지 못하고 오히려 불규칙하게 변동(줄었다 늘었다)됩니다.
- 미니배치(Mini Batch) 간 데이터 편차: 미니배치 사이즈가 너무 작거나 데이터가 잘 섞이지 않아 미니배치 간 데이터의 편차가 클 경우 학습의 불안정성을 유발할 수 있습니다.

[그림 3-10]은 학습이 반복될수록(에포크가 증가할수록) 학습 오차는 계속 줄어들지만, 검증 오차는 어느 순간부터 점차 증가하는 그래프입니다. 이 현상을 과적합이라고 합니다.

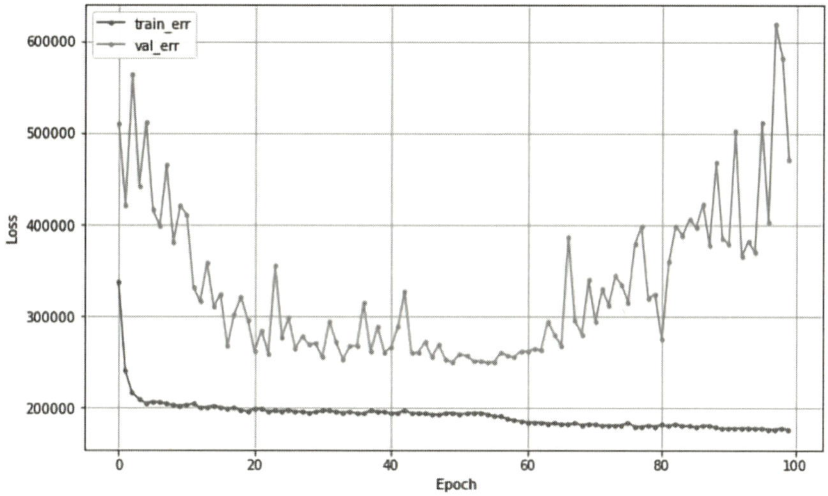

[그림 3-10] 검증 오차가 증가

과적합은 모델이 학습 데이터에 지나치게(Over) 적합되어(fitting) 학습할 때 사용하지 않은 데이터, 즉 검증 데이터에서 성능이 떨어지는 현상입니다. 학습 오차는 계속 줄어들지만, 검증 오차는 일정 시점 이후 오히려 증가하기 시작합니다. 이는 모델이 학습 데이터에 지나치게 의존하고 있음을 나타냅니다.

과적합이 발생하는 주요 원인은 다음과 같습니다.

- 에포크 수 과도: 모델이 너무 많은 에포크 동안 학습해 학습 데이터의 노이즈나 불필요한 패턴까지 학습하는 경우입니다.
- 모델의 과도한 복잡성: 모델의 파라미터 수가 과도하게 많아 학습 데이터에 대

한 적합도는 높아지는 반면, 새로운 데이터에 대한 일반화 성능이 떨어집니다.

• 학습 데이터 부족: 학습 데이터(표본)가 적어 데이터가 전체 데이터(모집단)를 대표하지 못할 때 과적합이 발생할 가능성이 높습니다.

모델의 복잡도와 과적합은 딥러닝 모델 학습에서 중요한 개념입니다. 모델 성능 최적화를 다루는 6일 차에서 다시 자세히 설명합니다.

모델 평가

이제 모델링의 마지막 단계로 검증 데이터 세트로 예측하고 성능을 평가합니다. 학습할 때 에포크마다 검증 평가를 했던 evaluate 함수를 이용해 다시 한번 예측한 다음, 예측값을 다양한 성능 지표로 평가합니다. 모델의 성능을 평가하는 코드를 다음과 같이 작성합니다.

CODE

```
_, pred = evaluate(x_val_ts, y_val_ts, model1, loss_fn, device)          ①
mae = mean_absolute_error(y_val_ts.numpy(), pred.numpy())                 ②
mape = mean_absolute_percentage_error(y_val_ts.numpy(), pred.numpy())     ③
print(f'MAE : {mae}')
print(f'MAPE : {mape}')
```

OUTPUT

```
MAE: 4.252387046813965
MAPE: 0.19883064925670624
```

① evaluate 함수로 검증 데이터에서 예측값을 추출합니다. evaluate 함수는 결과로 두 개의 값을 반환하는데, 두 값은 손실 함수의 결괏값과 검증 데이터의 예측값입니다. 여기서는 손실 함수의 결괏값이 필요하지 않으므로 _로 처리합니다.

② mean_absolute_error 함수는 sklearn에서 제공하는 평균 절댓값 오차(MAE)를 계산하는 함수입니다. y_val_ts와 pred는 모두 텐서입니다. 따라서 mean_absolute_error 함수를 사용하려면 넘파이 배열로 변환해야 합니다.

③ mean_absolute_percentage_error 함수는 sklearn에서 제공하는 평가 함수로 절대 평균 오차율을 의미합니다. 이 함수 역시 넘파이 배열을 입력으로 받으므로 텐서를 넘파이 배열로 변환합니다.

코드 실행 결과를 보면 평균 절댓값 오차(MAE)는 4.252입니다. 집값(1,000달러 단위)을 예측하면 평균적으로 4,252달러 정도의 오차가 발생한다는 의미입니다. 평균 절댓값 오차율(MAPE)은 0.199로서 약 19.9%의 오차가 발생한다는 의미입니다.

지금까지 회귀 모델링의 모든 절차를 코드와 함께 살펴보았습니다. 조금 어려운 부분이 있지만, 그래도 코드의 흐름은 이해가 되지요?

이제 다음으로 중요한 주제인 은닉층을 알아보겠습니다.

회귀 모델링 실습 2: 은닉층이 있는 회귀 모델

앞 절에서는 출력이 하나뿐인 간단한 구조의 딥러닝 모델을 만들었습니다. 이번 절에서는 딥러닝 모델을 보다 복잡한 구조로 설계하고 학습시키겠습니다.

딥러닝의 이름을 보면 뭔가 깊이(Deep) 학습(Learning)한다는 의미를 담고 있는 것 같은데, 정확히 그 의미가 무엇일까요? 딥러닝이라는 이름에는 은닉층(Hidden Layer)을 깊이 쌓는 구조로 학습한다는 뜻이 담겨 있습니다. 딥러닝 모델에서 은닉층은 입력 데이터와 출력층 사이에서 중간 계산을 수행하며 복잡한 패턴을 학습하는 데 중요한 역할을 합니다. 모델 구조에서 은닉층의 노드 수와 활성화 함수를 적절히 조정해 데이터에 최적화된 학습을 수행할 수 있습니다. 따라서 은닉층이 없다면 딥러닝이라는 이름을 붙이기 곤란합니다.

은닉층이 있는 다층 모델 구현하기

보스턴 집값 데이터를 바탕으로 설계한 [그림 3-11]의 모델은 입력(Input), 은닉층(Hidden Layer), 출력층(Output Layer)으로 구성되어 있습니다. 입력은 12개의 특징(feature)으로 구성되어 첫 번째 층(은닉층)에 연결됩니다.

[그림 3-11]에서 은닉층은 2개의 노드로 구성되어 있습니다. 즉, 입력 데이터를 받아 중간 연산을 수행한 다음, 활성화 함수(Activation Function)로 비선형 변환을 수행하고 다음 층으로 결과를 전달합니다. 은닉층에서 사용하는 대표적인 활성화 함수는 ReLU(Rectified Linear Unit)입니다.

출력층은 1개의 노드로 구성되며 은닉층에서 넘어온 결과를 받아 최종 계산을 한 다음, 예측 결과(여기서는 집값)를 출력합니다.

[그림 3-11]의 구조 그대로 코드로 구현해 은닉층이 있는 회귀 모델을 구현합니다. 앞서 작성했던 '3일차_회귀모델실습1.pynb'의 코드 파일을 다시 불러와 모델 구조만 다시 코딩하면 바로 구현할 수 있습니다. 하지만 아직 코드에 익숙해져야 하는 입문자를 위해 이번 절에서도 차근차근 처음부터 다시 작성해 보겠습니다.

코드는 다음과 같은 순서로 작성합니다.

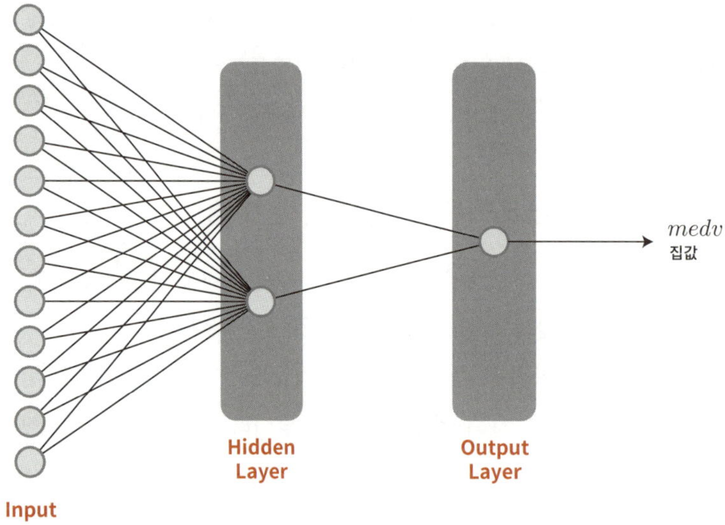

[그림 3-11] 은닉층을 포함한 모델 구조

- 환경 준비: 라이브러리 로딩, 디바이스 준비, 사용자 정의 함수 생성
- 데이터 전처리: 데이터 로딩, x와 y 분할, 가변수화, train과 val 분할, 스케일링, 데이터 로더 준비
- 모델 설계, 학습, 평가: 회귀 모델 설계, 손실 함수와 옵티마이저 준비, 학습, 학습 곡선 출력, 예측하고 모델 평가

이런 흐름으로 빠르게 작성합니다. 새 코랩 파일을 생성하고 코드 파일의 이름은 '3일차_회귀모델실습2.pynb'로 합니다

환경 준비

먼저 환경 준비 코드를 작성합니다. 라이브러리 및 함수 로딩, 디바이스 설정, 그리고 사용자 정의 함수들을 생성합니다.

CODE
```
# 라이브러리, 함수 로딩
import pandas as pd
import numpy as np
import matplotlib.pyplot as plt
import seaborn as sns
from sklearn.model_selection import train_test_split
from sklearn.metrics import *
from sklearn.preprocessing import MinMaxScaler
import torch
```

```python
from torch import nn
from torch.utils.data import DataLoader, TensorDataset
from torch.optim import Adam

# 디바이스 지정
device = "cuda" if torch.cuda.is_available() else "cpu"

# 함수 생성
## 데이터 로더 선언 함수
def make_DataSet(x_train, x_val, y_train, y_val, batch_size = 32) :
    # 데이터 텐서로 변환
    x_train_tensor = torch.tensor(x_train, dtype=torch.float32)
    y_train_tensor = torch.tensor(y_train, dtype=torch.float32).view(-1, 1)
    x_val_tensor = torch.tensor(x_val, dtype=torch.float32)
    y_val_tensor = torch.tensor(y_val, dtype=torch.float32).view(-1, 1)
    # TensorDataset 생성: 텐서 데이터 세트로 합치기
    train_dataset = TensorDataset(x_train_tensor, y_train_tensor)
    # DataLoader 생성
    train_loader = DataLoader(train_dataset, batch_size=batch_size, shuffle = True)
    return train_loader, x_val_tensor, y_val_tensor

## 학습 함수
def train(dataloader, model, loss_fn, optimizer, device):
    size = len(dataloader.dataset)  # 전체 데이터 세트의 크기
    num_batches = len(dataloader)   # 배치 크기
    tr_loss = 0
    model.train()                          # 학습 모드로 설정
    for x, y in dataloader:                # batch 단위 로딩
        x, y = x.to(device), y.to(device)  # 디바이스 지정
        # Feed Forward(오차 순전파)
        pred = model(x)
        loss = loss_fn(pred, y)
        tr_loss += loss
        # Backpropagation(오차 역전파)
        loss.backward()        # 역전파를 통해 각 파라미터에 대한 오차 기울기 계산
        optimizer.step()       # 옵티마이저가 모델의 파라미터를 업데이트
        optimizer.zero_grad()  # 옵티마이저의 기울기값 초기화.
    tr_loss /= num_batches     # 모든 배치에서의 loss 평균
    return tr_loss.item()

## 검증 평가 함수
def evaluate(x_val_tensor, y_val_tensor, model, loss_fn, device):
    model.eval()            # 모델을 평가 모드로 설정
    with torch.no_grad():   # 평가 과정에서 기울기를 계산하지 않도록 설정
        x, y = x_val_tensor.to(device), y_val_tensor.to(device)
        pred = model(x)
        eval_loss = loss_fn(pred, y).item()   # 예측값 pred와 목푯값 y 사이의 오차 계산
    return eval_loss, pred
```

```
## 학습 곡선 함수
def dl_learning_curve(tr_loss_list, val_loss_list):
    epochs = list(range(1, len(tr_loss_list)+1))
    plt.plot(epochs, tr_loss_list, label='train_err', marker = '.')
    plt.plot(epochs, val_loss_list, label='val_err', marker = '.')
    plt.ylabel('Loss')
    plt.xlabel('Epoch')
    plt.legend()
    plt.grid()
    plt.show()
```

함수를 생성하는 코드가 꽤 길지요? 하지만 이처럼 필요한 함수를 미리 생성하면 이후 구현 과정에서는 좀 더 간결한 코드를 작성할 수 있습니다.

데이터 전처리

이어서 데이터 전처리 코드를 작성합니다.

CODE

```
# 데이터 로딩
path = 'https://bit.ly/ds_boston_csv'
data = pd.read_csv(path)

# x, y 분할
target = 'medv'
x = data.drop(target, axis = 1)   # 이번에는 12개의 입력변수 모두를 이용합니다.
y = data.loc[:, target]

# train, val 분할
x_train, x_val, y_train, y_val = train_test_split(x, y, test_size=.2, random_state = 20)

# 스케일링
scaler = MinMaxScaler()
x_train = scaler.fit_transform(x_train)
x_val = scaler.transform(x_val)

# y_train, y_val을 넘파이 배열로 변환
y_train = y_train.values
y_val = y_val.values

# 데이터 로더 준비
train_loader, x_val_ts, y_val_ts = make_DataSet(x_train, x_val, y_train, y_val, 32)
```

모델링을 위한 준비 역시 모두 마쳤습니다. 이어서 은닉층을 포함하는 딥러닝 모델링을 수행합니다.

모델 구조를 코드로 옮기기

은닉층을 포함하고 있는 [그림 3-11]의 모델 구조를 코드로 작성하면 다음과 같습니다.

CODE

```
n_feature = x.shape[1]
model2 = nn.Sequential(nn.Linear(n_feature, 2),   ①
           nn.ReLU(),                              ③
           nn.Linear(2, 1),                        ②
        ).to(device)
```

① nn.Linear(n_feature, 2)는 첫 번째 층으로 은닉층입니다. 은닉층은 입력과 출력층 사이에 있는 모든 층을 의미합니다. 12개의 특징(feature)을 입력으로 받으며 노드는 2개가 있습니다.

② nn.Linear(2, 1)은 출력층입니다. 2개의 은닉층 노드에서 계산된 값을 입력으로 받아 1개 노드에서 출력값을 만듭니다.

③ nn.ReLU: ①의 은닉층 다음에 사용하는 활성화 함수입니다. 이 함수를 사용해 은닉층의 결과를 변환합니다. 활성화 함수는 모델이 데이터의 복잡한 패턴(비선형 패턴)을 학습할 수 있도록 돕습니다.

정리하면 모델 구조는 12개의 입력이 2개의 노드로 이루어진 은닉층을 거쳐 1개의 노드로 이루어진 출력층으로 연결됩니다. 모델을 코드로 구현할 때는 각각의 층은 nn.Linear 함수로 만들고 은닉층 다음에는 활성화 함수 nn.ReLU를 배치합니다. 입력은 별도의 함수를 사용하지 않으며 첫 번째 nn.Linear 함수에서 특징 수(n_features)로 지정됩니다.

모델 학습과 검증 평가

모델 설계를 마쳤으니 손실 함수와 옵티마이저를 지정하고 학습, 학습 곡선, 검증 평가 코드를 작성합니다.

CODE

```
# 손실 함수, 옵티마이저 준비
loss_fn = nn.MSELoss()
optimizer = Adam(model2.parameters(), lr=0.01)

# 학습
epochs = 100       # 100번 반복 학습
tr_loss_list, val_loss_list = [], []
for t in range(epochs):
```

```
    tr_loss = train(train_loader, model2, loss_fn, optimizer, device)
    val_loss, _ = evaluate(x_val_ts, y_val_ts, model2, loss_fn, device)
    tr_loss_list.append(tr_loss)      # 학습 곡선을 그리기 위해 리스트에 추가
    val_loss_list.append(val_loss)    # 학습 곡선을 그리기 위해 리스트에 추가
    print(f"Epoch {t+1}, train loss : {tr_loss:4f}, val loss : {val_loss:4f}")

# 학습 곡선
dl_learning_curve(tr_loss_list, val_loss_list)
```

OUTPUT

```
Epoch 1, train loss: 447.761414, val loss: 194.380157
Epoch 2, train loss: 185.168839, val loss: 149.917419
Epoch 3, train loss: 145.526703, val loss: 90.958237
...
Epoch 98, train loss: 26.931124, val loss: 20.659004
Epoch 99, train loss: 25.440304, val loss: 20.526436
Epoch 100, train loss: 26.007988, val loss: 20.483324
```

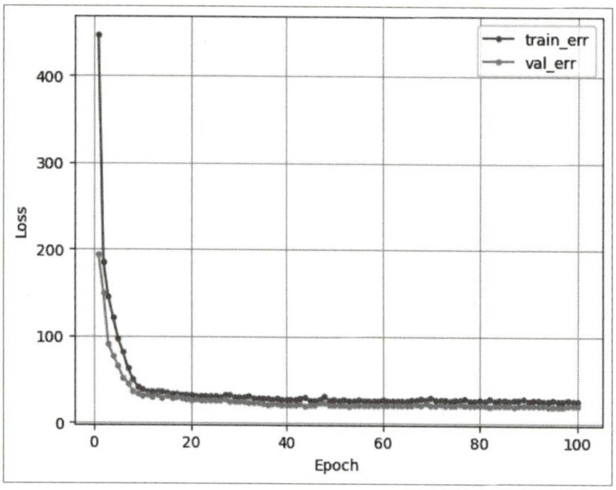

학습 곡선을 보면 초기 에포크에서 손실값이 급격히 감소하다가 8~10번째 에포크에서 오차의 감소 폭이 꺾이고 이후 점차 완만해집니다. 일반적인 학습에서는 이런 형태의 학습 곡선이 나옵니다. 하지만 학습 곡선은 아주 다양하게 나올 수 있음을 꼭 기억하기 바랍니다. 특히 학습 데이터의 건수가 적을 때는 학습시킬 때마다 그래프 모양이 매우 다르게 나옵니다.

이어서 모델의 검증 평가 코드를 작성합니다.

CODE

```
# 예측 결과
_, pred = evaluate(x_val_ts, y_val_ts, model2, loss_fn, device)
# 모델 평가
mae = mean_absolute_error(y_val_ts.numpy(), pred.numpy())
mape = mean_absolute_percentage_error(y_val_ts.numpy(), pred.numpy())
```

```
print(f'MAE : {mae}')
print(f'MAPE : {mape}')
```

OUTPUT

```
MAE : 3.127894878387451
MAPE : 0.14842672646045685
```

은닉층을 포함한 모델의 평가 결과를 보면 평균적으로 약 3,128달러의 오차가 발생하고 오차율은 0.148 정도입니다. 앞서 생성했던 은닉층 없는 모델보다 성능(MAE: 4.252, MAPE: 0.199)이 조금 개선되었다고 보기에는 학습 데이터가 너무 적습니다.

다음 코드를 실행하면 이 예제의 학습 데이터가 총 404건임을 알 수 있습니다.

CODE

```
x_train.shape
```

OUTPUT

```
(404, 12)
```

학습 데이터가 적으면 동일한 모델 구조와 하이퍼파라미터일지라도 학습시킬 때마다 성능 측정값이 들쑥날쑥할 수 있습니다. 마치 여론 조사에서 표본 수가 적으면 조사마다 편차가 많이 차이 나는 것과 마찬가지입니다. 학습 데이터가 수만 건 이상이라면 이런 편차는 많이 줄어들어 동일한 조건에서도 안정적인 성능 결과를 얻을 수 있습니다. 모델의 성능은 6일 차에서 자세히 다룹니다.

추가 학습하기

앞에서 모델을 100번 학습(에포크 100)했을 때 학습 오차(train loss)는 26.007988, 검증 오차(val loss)는 20.483324였습니다. 만약 이 상태에서 다시 학습 코드를 실행하면 모델은 처음부터 다시 학습하는 것이 아니라, 바로 이 시점의 결과(즉, 이미 학습된 가중치)를 이어받아 계속 학습합니다

완전히 처음부터 학습을 다시 시작하려면 모델을 다시 선언해야 합니다. 모델 선언을 다시 하면 가중치가 무작위로 초기화되기 때문에 이전 학습 결과와 상관없이 처음부터 학습을 다시 시작합니다.

활성화 함수

지금까지 대부분의 코드들은 자세히 설명했지만, 활성화 함수에 대해서는 깊이 있

게 이야기하지 않았습니다. 이번에는 은닉층 다음에 사용하는 활성화 함수를 좀 더 알아보겠습니다.

활성화 함수의 필요성

딥러닝은 여러 은닉층을 쌓아 데이터에 담긴 다양한 패턴을 학습합니다. 이때 각각의 층에서 계산된 결괏값을 다음 층으로 전달하기 전에 활성화 함수를 사용해 비선형성을 추가합니다. 비선형성이 추가되면 복잡한 패턴을 학습할 수 있습니다.

> 여기서 잠깐
>
> **선형성과 비선형성**
>
> 선형성(linearity) 혹은 선형 관계란 입력이 변할 때 출력이 일정한 비율로 변하는 관계를 말합니다. 예를 들어 $y=2x$는 전형적인 선형 관계입니다. x가 두 배가 되면 y도 항상 두 배가 됩니다. 이런 관계는 직선 형태로 표현되며 단순해서 예측하기 쉽습니다.
>
> 반면 비선형성(non-linearity) 혹은 비선형 관계는 입력과 출력이 일정한 비율로 변하지 않는 관계를 말합니다. 예를 들어 $y=x^2$이나 $y=\sin(x)$는 비선형 관계입니다. x가 두 배가 되더라도 y가 두 배가 되지 않죠. 이런 관계는 곡선 형태로 표현되며 복잡한 패턴을 나타낼 수 있습니다.

활성화 함수가 없다면 딥러닝 모델은 단순한 선형회귀와 같은 모델로 동작하게 되어 데이터의 복잡한 패턴을 학습할 수 없습니다. 즉, 모델은 선형 함수로만 동작합니다. 이 경우 은닉층을 아무리 추가해도 전체 모델은 선형회귀와 동일한 결과를 보입니다.

예를 들어 [그림 3-12]와 같은 단순한 모델에서 은닉층에 활성화 함수가 없다면 각각의 층은 이전 층의 출력값과 가중치를 단순히 선형적으로 결합합니다. 층이 아무리 많이 쌓여도 결과적으로 식은 $\hat{y}=w\cdot x+b$ 형태의 선형 조합으로서 선형회귀와 동일합니다.

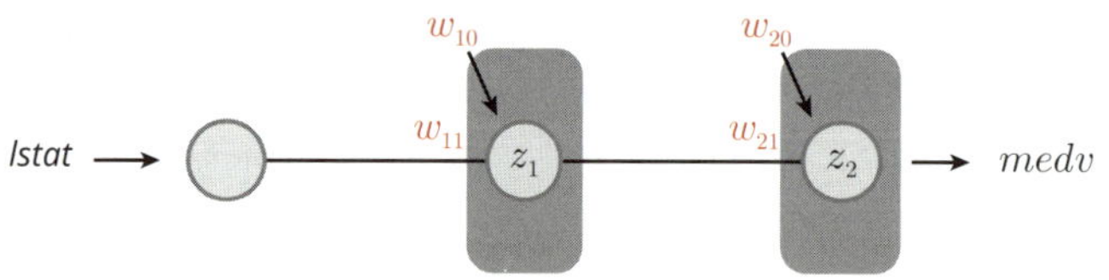

$z_1 = w_{11}\cdot lstat + w_{10}$

$z_2 = w_{21}\cdot z_1 + w_{20}$

$z_2 = w_{21}\cdot (w_{11}\cdot lstat + w_{10}) + w_{20}$

$z_2 = w_{21}\cdot w_{11}\cdot lstat + w_{21}\cdot w_{10} + w_{20}$

[그림 3-12] 은닉층에 활성화 함수가 없으면 발생하는 문제

이런 모델은 데이터의 복잡한 패턴(비선형 관계)을 학습하지 못합니다. 따라서 딥러닝 모델을 설계할 때는 은닉층에 반드시 활성화 함수를 추가해야 합니다. 활성화 함수를 추가하면 입력 데이터가 각각의 층을 거칠 때마다 단계적으로 연산하면서 더 고차원적인 특징을 학습합니다.

활성화 함수의 종류

성능 최적화를 위한 연구와 함께 활성화 함수도 발전하고 있습니다. 이 중 몇 가지 활성화 함수를 간단히 알아보겠습니다.

- Step 함수: 입력값이 0보다 크거나 같으면 1, 작으면 0을 반환합니다. 초기 뉴럴넷에서 사용된 활성화 함수로 지금은 잘 쓰이지 않습니다.
- Sigmoid 함수: 입력값이 클수록 1에, 작을수록 0에 근사하도록 변환하는 함수입니다. 주로 이진 분류 모델의 출력층에서 사용됩니다.
- Tanh 함수: 시그모이드 함수와 굉장히 유사한데, 자세히 보면 출력값의 범위가 (−1, 1) 사이입니다. 주로 RNN 계열 알고리즘(RNN, LSTM, GRU 등)의 활성화 함수로 사용됩니다.
- ReLU 함수: 입력이 양수일 때는 그대로 반환하고 음수일 때는 0을 반환합니다. 현재 은닉층에서 가장 많이 사용되는 활성화 함수입니다(`max(0, x)`).

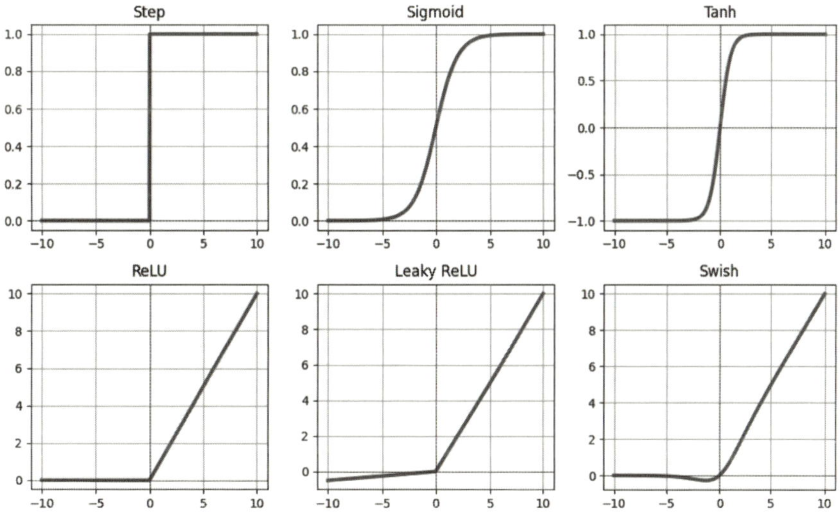

[그림 3-13] 다양한 활성화 함수

- Leaky ReLU 함수: ReLU에서 변형된 활성화 함수로서 입력이 음수일 때도 작은 기울기(Alpha)를 허용합니다. ReLU를 개선한 활성화 함수지만, 성능에서 큰 차이가 없다고 평가되어 ReLU를 대체하지는 못하고 있습니다.
- Swish 함수: 역시 ReLU에서 변형된 활성화 함수로서 입력이 0인 근방에서 바로 꺾이지 않고 부드럽게 처리된 형태로 출력됩니다($x \times \text{sigmoid}(x)$). 가장 최근에 나온 활성화 함수인데, 경우에 따라서는 ReLU보다 나은 성능을 보이기도 합니다.

활성화 함수의 역할

활성화 함수는 은닉층과 출력층에서 각기 다른 목적으로 사용됩니다. 은닉층에서는 비선형 함수로 변환해 모델이 복잡한 데이터 패턴을 학습하도록 돕습니다. 비선형성을 추가해 여러 층이 결합되었을 때는 모델이 계층적인 특징을 학습하도록 합니다.

회귀 모델은 출력층에서 활성화 함수를 사용하지 않지만, 분류 모델은 출력층에 활성화 함수를 사용합니다. 이는 모델의 출력값을 문제 유형(이진 분류, 다중 분류)에 적합한 형태로 변환하기 위함입니다. 이진 분류에서는 시그모이드(Sigmoid) 함수를 이용해 출력값을 0~1 사이의 값(확률값)으로 만듭니다. 다중 분류에서는 소프트맥스(Softmax)를 사용해 출력값을 각 클래스의 확률로 변환합니다. 출력층의 활성화 함수는 분류 모델링에서 다시 자세히 다룹니다.

은닉층과 노드 수를 결정하는 가이드라인

은닉층의 노드 수를 어떻게 설정하는지에 따라 모델의 성능과 복잡도가 달라집니다. 복잡한 데이터 패턴을 학습하기 위해서는 복잡한 모델 구조가 필요합니다. 그러나 어느 정도로 복잡하게 설계하는 것이 맞는지는 실험을 해봐야 알 수 있습니다.

은닉층의 노드 수를 설계하는 데 고려할 점을 먼저 소개하고 기본적인 방향성과 최근 딥러닝 모델 설계의 추세도 함께 설명합니다.

은닉층과 노드 수를 정할 때 고려할 점

은닉층과 노드 수를 정할 때는 다음과 같이 몇 가지 고려할 점이 있습니다.

- 데이터의 특성과 문제 복잡도: 은닉층과 노드의 수는 데이터의 복잡도와 문제 유형에 따라 다르게 지정(설계)하게 됩니다. 데이터가 단순한 선형 관계라면 적은 수의 은닉층과 노드로도 충분합니다. 반면 데이터가 비선형적이고 복잡하다면 더 많은 은닉층과 노드가 필요합니다.
- 과적합(Overfitting) 문제: 은닉층과 노드 수가 지나치게 많으면 모델이 데이터를 과도하게 학습해 새로운 데이터에서 성능이 떨어질 수 있습니다.
- 계산 효율성: 은닉층과 노드 수가 많을수록 계산 비용이 증가하고 학습 시간이 오래 걸립니다. 하드웨어 자원(CPU, GPU 및 메모리)의 한계를 고려해 적절히 설정해야 합니다.

기본적인 설계 방향

가장 적절한 은닉층과 노드의 수를 처음부터 알 수 없으므로 실험과 검증으로 결정해야 합니다. 다음은 이때 사용하는 몇 가지 가이드라인입니다.

- 은닉층: 하나씩 늘려가며 성능이 더 이상 개선되지 않을 때까지 실험합니다. 이때 검증 데이터를 이용한 검증 성능으로 비교해야 합니다.
- 노드 수: 노드 수 역시 은닉층과 유사하게 조금씩 늘려가면서 검증 성능을 평가합니다.
- 은닉층이 여러 개일 때 각각의 노드 수: 입력 특징(feature) 수에서 시작해 출력층 방향으로 갈수록(은닉층1 → 은닉층2 → … → 출력층) 노드 수를 줄이는 방식을 주로 사용합니다. 노드 수를 점차 줄이는 이유는 데이터의 주요 특징을 추출하고 점진적으로 요약(추상화)해 마지막 출력층으로 전달하기 위함입니다.

> 예: 입력층(12개 특징) → 은닉층1(8개 노드) → 은닉층2(4개 노드) → 출력층(1개 노드)

하지만 꼭 이런 방식으로 모델 구조를 설계해야 하는 것은 아닙니다. 특정 문제에서는 은닉층의 노드 수를 다양하게 변형하는데, 늘렸다가 줄이는 구조를 채택할 수도 있습니다. 데이터의 특성과 문제 복잡도에 따라 적절한 구조를 설계할 필요가 있으며 여기에는 답이 정해져 있지 않습니다. 따라서 노드 수를 늘렸다가 점차 줄이는 시도도 해보기 바랍니다.

예: 입력층(12개 특징) → 은닉층1(16개 노드) → 은닉층2(8개 노드) → 출력층(1개 노드)

최근 딥러닝 구조 설계 방향

최근 AI 개발자들이 선호하는 딥러닝 모델 설계 방식은 두 단계로 진행합니다. 먼저 가능한 한 은닉층 수와 노드 수를 늘려 복잡하게 구성한 다음, 규제 기법으로 과적합을 방지합니다.

대표적인 규제 기법으로는 조기 종료(Early Stopping), 드롭아웃(Dropout) 그리고 가중치 규제(Regularization)가 있습니다. 모델이 복잡해지면 자연스럽게 따라오는 문제가 바로 과적합입니다. 복잡한 모델에 다양한 규제 기법을 적용해 과적합을 방지하기 위한 장치를 마련합니다. 과적합과 관련해서는 6일 차 성능 최적화에서 자세히 다룹니다.

정리

이번 차시에서는 딥러닝으로 회귀 모델링을 수행하면서 모델의 구조와 요소를 하나씩 살펴보았습니다.

모델은 회귀 모델(Regression)과 분류 모델(Classification)이 있습니다. 회귀 모델은 숫자를 예측하는 모델로 집값, 주식 가격 등 연속적인 값을 예측합니다. 분류 모델은 범주(Class)를 나누는 모델로서 이메일 스팸 분류, 이미지에서 고양이/개 구분 등이 여기에 해당됩니다.

딥러닝 모델은 기본적으로 입력, 은닉층, 출력층으로 구성됩니다. 각 구성 요소의 역할과 특징은 다음과 같습니다.

- 입력: 데이터를 모델로 전달하는 시작 지점입니다. 입력 특징(feature) 수에 따라 입력 노드의 개수가 결정됩니다. 또한 입력은 계산을 수행하지 않고 데이터를 은닉층으로 전달하는 역할만 합니다.
- 은닉층: 데이터의 특징을 학습하고 입력 데이터를 변환해 출력층에 전달합니다. 비선형성을 도입해 복잡한 패턴을 학습하는 중요한 요소입니다. 은닉층은 여러 층으로 구성될 수 있으며 각 층의 노드 수와 활성화 함수에 따라 모델의 성능은 크게 달라집니다. 비선형성을 추가하기 위해 활성화 함수를 사용하는데, 일반적으로 ReLU를 많이 사용합니다(경우에 따라서는 Sigmoid, Tanh, Leaky ReLU 등

을 선택할 수도 있습니다). 은닉층이 깊어질수록(층의 개수가 많을수록) 모델의 표현력이 증가하지만, 과적합의 위험도 증가합니다.

- 출력층: 최종 예측 결과를 반환합니다. 예측해야 하는 데이터의 형태와 문제 유형에 따라 출력층의 노드 수와 활성화 함수가 달라집니다.

[표 3-2] 회귀 모델의 주요 구성 요소 정리

구분	은닉층	출력층		최적화	
	활성화 함수	활성화 함수	노드 수	옵티마이저	손실 함수
회귀 모델	ReLU	없음	1	Adam	nn.MSELoss

모델 구조를 설계하면서 학습을 위해 준비할 것이 두 가지 더 있었습니다. 바로 손실 함수와 옵티마이저입니다. 모델의 학습 목적은 오차를 최소화하는 가중치를 찾는 일입니다. 최소화할 오차를 계산하려면 손실 함수를 지정해야 합니다. 회귀 모델에서는 평균 제곱 오차(MSE, Mean Squared Error)를, 분류 모델에서는 교차 엔트로피(Cross Entropy)를 주로 사용합니다.

옵티마이저(Optimizer)는 계산된 오차를 최소화하도록 가중치를 조정하는 역할을 합니다. 학습 데이터를 미니배치 단위로 나누어 학습할 때, 각 미니배치마다 오차를 계산하고 그에 따라 가중치를 업데이트합니다. 또한 전체 데이터를 몇 번 반복 학습할지를 결정하는 에포크(Epoch)도 하이퍼파라미터의 하나입니다.

이로써 회귀 모델링의 전체 과정을 모두 살펴보았습니다. 다음 차시에서는 분류 모델링을 수행하며 새롭게 익혀야 할 개념들을 알아보겠습니다.

4일 차

이진 분류 모델링

이번 차시에서 주목할 키워드

- 이진 분류
- 시그모이드 함수
- 이진 교차 엔트로피
- 혼동 행렬
- 분류 모델 평가 지표

4일 차 학습 목표

- 이진 분류를 이해하고 시그모이드 함수가 확률을 만드는 원리를 습득합니다.
- 단순한 로지스틱 회귀 모델부터 은닉층이 포함된 분류 모델까지 직접 비교하며 만듭니다.
- HR 데이터를 활용한 실습으로 데이터 준비→모델 설계→학습→평가로 이어지는 분류 모델링 과정을 실습합니다.

분류 모델링은 데이터를 정해진 범주(Class) 가운데 하나로 분류하는 작업입니다. 범주가 두 개인 경우를 이진 분류(Binary Classification)라고 하며 고객 이탈 예측이나 질병 진단 등 실무에서 자주 활용되는 모델입니다. 범주가 세 개 이상이면 다중 분류(Multi-class Classification)라고 합니다. 이번 차시에서는 먼저 은닉층에 대해 비즈니스 관점에서 어떻게 이해해야 하는지 설명합니다. 다음으로 딥러닝을 활용한 이진 분류 모델을 중심으로 핵심 개념을 이해하고 직접 구현하며 실전 모델링 역량을 키우겠습니다.

은닉층에 대한 비즈니스 관점 이해

딥러닝 모델에서 은닉층은 입력 데이터를 변형하고 중요한 특징(feature)을 추출합니다. 하지만 은닉층 내부에서 정확히 어떤 일이 일어나는지 직접 관찰하기는 어렵습니다. 은닉층은 딥러닝 모델 구조에서 가장 중요한 부분으로 딥러닝의 꽃이라고 해도 과언이 아닙니다. 이번 절에서는 은닉층을 직관적으로 이해할 수 있는 특별한 모델 구조를 예로 들어 설명합니다.

은닉층에서 일어나는 일

은닉층의 역할은 기존 데이터를 변환하고 새로운 특징을 생성하는 일입니다. 생성(혹은 추출)된 특징들은 기존 데이터보다 더 의미 있고 문제 해결에 적합한 정보입니다. 3일 차에서 살펴본 '보스턴 집값 예측' 데이터로 은닉층을 좀 더 이해해 보겠습니다.

[그림 4-1]과 같은 구조의 모델을 설계한다고 가정합시다. 노드 사이의 연결은 완전 연결(Fully Connected)이 아닌 부분 연결(Locally Connected) 구조입니다.

`nn.Linear` 함수로 층을 쌓으면 완전 연결 구조(3일 차 122쪽, [그림 3-11] 참조)가 되므로 [그림 4-1]과 같이 부분 연결 구조로 설계하려면 조금 특별한 함수들이 필요합니다. 이 모델을 코드로 구현하는 방법은 7일 차에서 다룹니다.

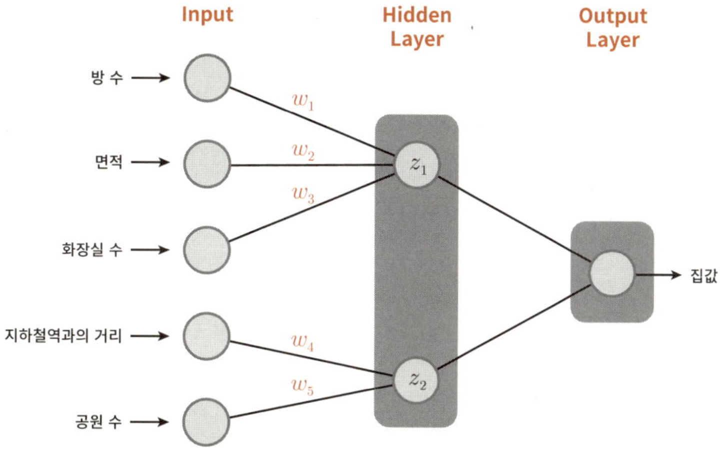

[그림 4-1] 집값 예측 모델(부분 연결 구조)

> **여기서 잠깐**
>
> **완전 연결, 부분 연결?**
>
> 완전 연결(Fully Connected) 구조란 입력 정보가 층(Layer)의 각 노드와 모두 연결된 구조를 말합니다. 보통 모델 구조를 설계하면 완전 연결 구조가 됩니다. 완전히 연결된 층을 완전 연결 층(FC Layer)이라고 하며 빽빽하다는 의미에서 밀집층(Dense Layer)이라고도 합니다.
>
> 부분 연결(Locally Connected)은 모델에서 어떤 목적을 갖고 일부만 연결하도록 설계한 구조입니다. 부분 연결층(Locally Connected Layer)이라고도 합니다.

[그림 4-1]의 모델을 보면 입력 데이터는 방 수, 면적, 화장실 수, 지하철역과의 거리, 공원 수로 모두 5개입니다. 5개의 입력 데이터를 이용해 집값을 예측하려는 모델입니다. 1개의 은닉층은 2개의 노드로 구성되어 있습니다. 은닉층 각각의 노드는 입력값과 부분적으로 연결되어 있는 부분 연결 구조입니다.

첫 번째 노드에 연결된 입력값은 방 수, 면적, 화장실 수이고 입력값의 가중치는 w_1, w_2, w_3입니다. 두 번째 노드에 연결된 입력값은 지하철역과의 거리, 공원 수이고 각각의 가중치는 w_4, w_5입니다. 은닉층의 두 노드에서 계산되는 값은 z_1, z_2라고 이름 붙였습니다. 집값은 최종 결과물이라고 하고 은닉층에서 계산된 값인 z_1, z_2는 중간 결과물이라고도 합니다.

이 구조의 모델을 학습시키면 예측된 집값과 실제 집값의 차이(오차)를 최소화하는 방향으로 가중치가 업데이트됩니다. 예를 들어 에포크를 100으로 지정했다면 학습 데이터 전체를 100번 반복 학습하며 오차를 최소화하기 위해 가중치를 조정합니다.

생성한 모델을 사용할 때 은닉층에서는 어떤 일이 일어날까요? 은닉층에서 입력값을 받아 각각의 가중치를 곱해 계산된 값(중간 결과물)은 집값(최종 결과물)을 예측할 때 뭔가 특별한 의미를 제공하지 않을까요?

노드의 중간 결과물을 수식으로 표현하면 다음과 같습니다(다음 수식에서 $w_{1,0}$과 $w_{2,0}$은 바이어스(Bias) 파라미터입니다).

$$z_1 = w_1 \cdot \text{방 수} + w_2 \cdot \text{면적} + w_3 \cdot \text{화장실 수} + w_{1,0}$$
$$z_2 = w_4 \cdot \text{지하철역과의 거리} + w_5 \cdot \text{공원 수} + w_{2,0}$$

책을 더 읽기 전에 먼저 생각을 한 번 해봅시다. 은닉층에서 계산된 중간 결과물인 z_1, z_2의 값은 구체적으로 어떤 의미를 지닐까요? 수식의 입력 정보를 살펴보면 금방 떠올릴 수 있습니다.

z_1의 식을 보면 방 수, 면적, 화장실 수라는 입력값에 각각의 가중치를 곱해서 모두 더한 값입니다. 입력값들은 집을 구성하는 요소 중 내부 요인을 가리키는 값으로 생각할 수 있습니다. 따라서 z_1을 집의 내부 요인 점수라고 표현하겠습니다. 이번엔 z_2의 식을 봅시다. z_2 역시 지하철역과의 거리, 공원 수라는 입력값에 각각의 가중치를 곱하고 모두 더한 값입니다. z_1과 비교할 때 z_2는 집의 외부 요인으로 계산된 값이므로 이 값을 외부 요인 점수라고 부를 수 있겠죠.

이 과정을 다시 정리하면 다음과 같습니다.

1. 입력 정보로 집값을 최종적으로 예측하려고 합니다.
2. 학습을 통해 예측된 집값과 실제 집값의 차이(오차)를 최소화하도록 가중치가 조정됩니다.
3. 학습이 끝나면 오차를 최소화하도록 조정된 가중치가 저장됩니다. 학습의 목적은 바로 이 가중치를 찾는 일입니다.
4. 가중치로 구성된 모델을 사용할 때 중간에 있는 은닉층의 각 노드에서는 입력값에 가중치 $w_1, \ldots, w_5$를 곱하고 더해 z_1, z_2를 계산합니다.
5. 중간 결과물인 z_1, z_2는 집값을 예측하는 데 필요한 뭔가 유익한 정보라고 추정할 수 있습니다.

여기서는 예제를 입력값의 부분 연결 구조가 눈에 띄도록 구성했으므로 z_1과 z_2가 집 내부 요인 점수와 집 외부 요인 점수라고 쉽게 이해할 수 있었습니다. 은닉층에서는 이처럼 입력 데이터를 조합해 더 의미 있는 표현을 만드는 과정이 일어납니다. 이를 특징 표현(Feature Representation)이라고 하며 은닉층을 포함하는 딥러닝이 머신러닝보다 더 강력한 이유입니다.

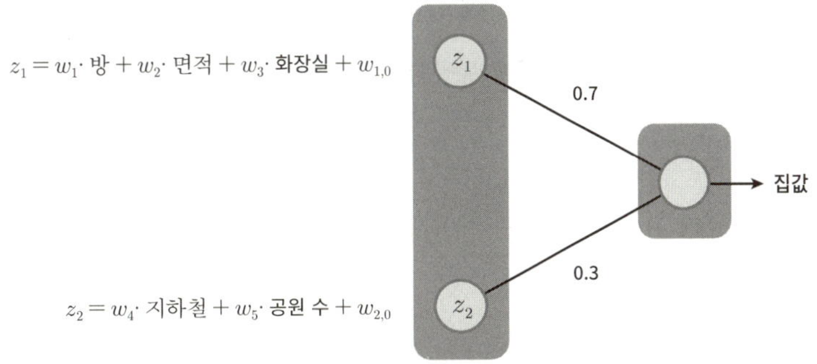

[그림 4-2] 집값 예측 모델: 은닉층과 출력층

은닉층에서 계산된 내부 요인 점수와 외부 요인 점수는 출력층으로 연결되는데, 그때 가중치가 각각 0.7, 0.3이라면 집값에 대한 예측값은 다음과 같이 계산할 수 있습니다.

$$\text{집값(예측값)} = 0.7 \times \text{내부 요인 점수} + 0.3 \times \text{외부 요인 점수}$$

이 식의 은닉층과 출력층의 관계로부터 집값을 해석할 수 있습니다. 이는 모델로 집값을 예측할 때 내부 요인은 0.7, 외부 요인은 0.3의 중요도로 계산된다는 뜻입니다.

학습이 완료된 모델에 입력값을 넣으면 출력값, 즉 예측값이 나옵니다. 그러나 수많은 가중치와 은닉층에서 어떤 일이 벌어지는지 우리가 세세히 알기는 어렵습니다. 그래서 속을 들여다보거나 이해하기 어렵다는 의미로 딥러닝 모델을 블랙박스(Blackbox) 모델이라고 합니다.

딥러닝의 핵심은 "자동으로 유용한 특징을 학습하는 것"이며 이런 일이 바로 은닉층에서 일어납니다. 은닉층에서 정확히 어떤 일이 벌어지는지 알기 어렵습니다. 그러나 학습이 충분이 이루어졌다면 은닉층에서 계산된 값은 최종 출력을 만들기 위한 유익한 중간 결과물로 추정할 수 있습니다. 딥러닝 모델은 사람이 직접 가공하지 않아도 스스로 특징(중간 결과물)을 추출해 내는 능력이 있고, 우리는 그 과정을 신뢰하며 그 결과물을 활용할 수 있습니다. 그래서 필자는 강의할 때 종종 "이 부분은 믿음이 필요하다"라고 농담 삼아 말합니다. 내부 구조를 완전히 해석하기는 어렵지만, 학습된 결과를 신뢰할 수 있으며 충분히 활용할 수 있다는 의미입니다.

은닉층의 특징을 간단히 정리하면 다음과 같습니다.

- 입력 데이터를 가중치와 활성화 함수로 조합해 새로운 특징을 만듭니다.
- 생성된 특징은 원래 데이터보다 더 의미 있고 문제 해결에 적합한 정보입니다.
- 학습 과정에서는 손실 함수를 기준으로 오차를 줄이도록 가중치가 계속 조정됩니다.

이진 분류 개념 이해

함수의 기본 개념

딥러닝 모델에서 활성화 함수(Activation Function)는 노드의 출력을 결정하는 중요한 역할을 수행합니다. 본격적으로 이진 분류 모델의 출력층에서 사용되는 활성화 함수인 시그모이드를 설명하기 전에 먼저 일반적인 함수는 어떤 기능을 수행하는지 알아 둘 필요가 있습니다.

수학에서 함수는 입력값을 변환해 출력값을 생성하는 규칙이라고 정의할 수 있습니다. 그리고 함수에는 다음과 같은 특징들이 있습니다.

- 입력값을 넣으면 특정 규칙에 따라 출력값이 결정됨
- 입력값을 x, 출력값을 y로 표현함
- 즉, x를 y로 변환(Transformation)하는 역할

함수는 수학뿐만 아니라 프로그래밍이나 머신러닝, 딥러닝에서도 매우 중요한 개념입니다. 예를 들어 집의 크기에 따라 집값을 예측하는 모델을 만든다면 이 모델은 집의 크기를 입력으로 받아 집값을 출력하는 함수의 역할을 합니다. 결국 모델은 하나의 함수라고 말할 수 있습니다.

[그림 4-3]에서는 함수를 간단한 다이어그램으로 표현했습니다.

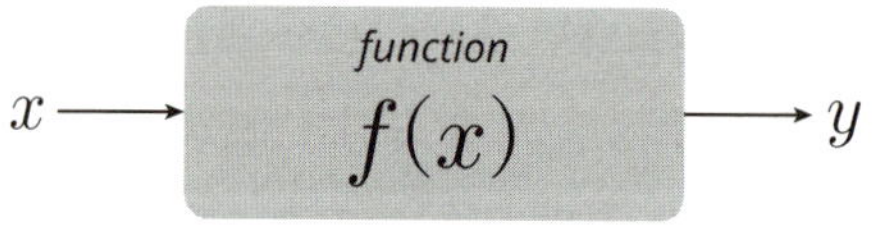

[그림 4-3] 함수 그림

함수는 수식으로 표현할 수 있으며 보통 다음과 같이 표기합니다.

$$y = f(x)$$

함수 $f(x)$는 입력 x를 받아 특정 연산을 수행한 다음, 출력 y를 반환합니다.

여러분에게 익숙한 함수를 예로 들겠습니다. 다음 함수는 포물선을 그리는 2차 함수입니다.

$$f(x) = x^2$$

예를 들어 $x = [1, 2, 3, 4, 5]$이면 2차 함수는 각각의 값을 제곱해 $y = [1, 4, 9, 16, 25]$라는 결괏값을 생성합니다. 그래프로는 [그림 4-4]와 같으며, 이를 보면 입력값에 따라 출력값이 어떻게 변하는지 직관적으로 이해할 수 있습니다.

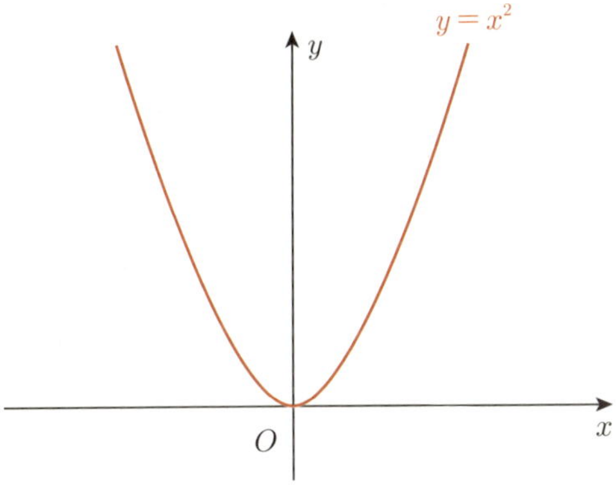

[그림 4-4] 2차 함수 그래프

이진 분류의 출력층

이진 분류 모델은 입력 데이터를 두 개의 범주 중 하나로 분류하는 작업을 수행합니다. 예를 들어 이번 차시에서 실습 예제로 다루게 될 타이타닉호 생존자 예측 모델에서 승객이 생존(`Survived=1`)했는지, 사망(`Survived=0`)했는지를 예측하는 작업이 대표적인 이진 분류 문제입니다. 타이타닉호 생존자 예측 모델에서 승객을 두 경우 중 하나로 분류하기 위해 출력층에서 사용하는 활성화 함수를 살펴보면서 이진 분류의 변환 과정을 설명하겠습니다.

[그림 4-5]에서는 타이타닉호 생존자 예측 모델을 간단한 다이어그램으로 표현했습니다.

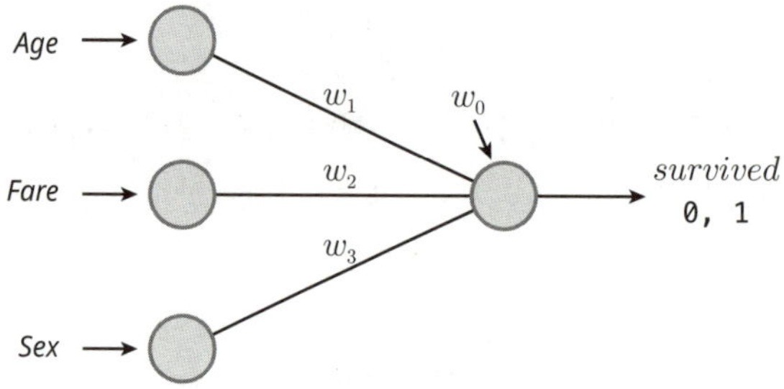

[그림 4-5] 타이타닉호 생존자 예측 모델의 기본 구조

[그림 4-5]를 보면 타이타닉호 탑승객들의 생존 여부를 예측하기 위해 3개의 입력변수로 나이(Age), 운임(Fare), 성별(Sex)이 주어졌습니다. 이 모델 구조를 식으로 적으면 다음과 같습니다.

$$f(x) = w_1 \cdot \text{Age} + w_2 \cdot \text{Fare} + w_3 \cdot \text{Sex} + w_0$$

입력변수는 단순한 선형 조합을 거쳐 하나의 숫자로 계산됩니다. 그런데 출력값이 나타내는 의미와 원하는 결괏값에는 차이가 있습니다. 모델이 예측하려는 것은 누가 사망했고(0) 누가 생존했는지(1)입니다. 즉, 결괏값은 0 또는 1이어야 합니다. 그러나 수식의 결과인 $f(x)$의 값은 0과 1이 아닌 매우 크거나 작은 값일 수 있습니다. 따라서 이 출력값을 0과 1 사이의 확률로 변환하는 과정이 필요합니다. 그리고 얻은 확률이 0.5보다 크면 '1(생존)', 0.5보다 작으면 '0(사망)'으로 판단하는 간단한 규칙을 적용할 필요가 있습니다.

출력을 확률로 변환하는 활성화 함수: 시그모이드

이진 분류 모델에서는 모델의 최종 출력값을 0과 1 사이의 확률값으로 만들기 위해 시그모이드(Sigmoid) 활성화 함수를 사용합니다. 시그모이드 함수는 다른 말로 로지스틱(Logistic) 함수라고도 합니다. $f(x)$를 시그모이드 함수에 넣으면 확률값($P(x)$)으로 변환할 수 있습니다.

$$P(x) = \frac{1}{1 + e^{-f(x)}}$$

이 식의 그래프는 [그림 4-6]과 같습니다. 그래프에서 x축은 입력축으로서 $f(x)$입니다. 또한 y축은 출력축으로 $P(x)$로 표현되어 있습니다. 시그모이드 함수는 $-\infty \sim \infty$ 사이의 어떤 값을 입력으로 받아 0~1 사이의 확률값으로 출력하는 함수이므로, 입력값이 클수록(∞에 가까울수록) 출력값은 1에 가까워지고 입력값이 작을수록(−∞에 가까울수록) 출력값은 0에 가까워집니다. 입력값이 0이면 출력값은 0.5입니다.

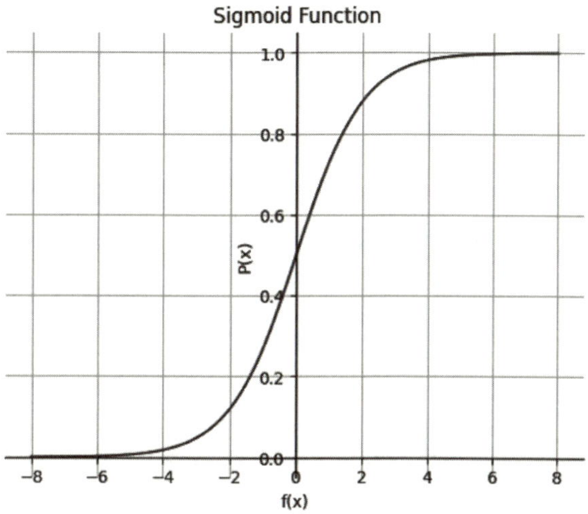

[그림 4-6] 시그모이드 그래프

임의의 탑승객 정보를 제공하고 이 수식으로 탑승객의 생존 여부를 실제로 예측해 봅시다. 탑승객의 정보는 Age = 25, Fare = 50, Sex = 1(남성)입니다(가중치 역시 임의로 정했습니다). 먼저 $f(x)$를 계산한 다음, 이를 시그모이드에 입력하면 다음과 같은 결과를 얻을 수 있습니다.

$$f(x) = 0.02 \cdot \text{Age} + 0.05 \cdot \text{Fare} + (-0.5) \cdot \text{Sex} + 0.1 = 0.02 \cdot 25 + 0.05 \cdot 50 - 0.5 \cdot 1 = 0.1$$

$$P(x) = \frac{1}{1+e^{-f(x)}} = \frac{1}{1+e^{-0.1}} \approx 0.525$$

결과로 얻은 확률은 0.525입니다. 1이 생존이므로 이 확률값을 생존 확률이라고 할 수 있습니다. 0.525는 생존율이 높은 것은 아닙니다만, 이 확률값을 0.5 기준으로 반올림하면 1이 되므로 '생존'이라고 예측할 수 있습니다.

이와 같이 시그모이드 함수로 출력층의 노드에서 계산된 값(Logit, 로짓)을 예측 확률값으로 변환할 수 있습니다.

여기서 잠깐

로짓(Logit)이란?

분류 모델은 출력층에 시그모이드 함수처럼 확률로 변환하는 함수가 붙습니다. 로짓은 시그모이드 함수에 들어가기 전, 즉 확률로 변환되기 전에 있던 원래의 입력값입니다. 예를 들어 모델이 어떤 입력을 받아 계산한 결과가 2.3이라면 이 값이 로짓이며 아직 확률값은 아닙니다. 시그모이드 함수는 이 로짓을 받아 0과 1 사이의 확률로 변환합니다. 로짓은 양수일수록 1에 가까운 확률을, 음수일수록 0에 가까운 확률을 만듭니다. 결국 모델은 로짓을 조정하면서 예측을 더 정확하게 하려고 학습을 진행합니다.

이진 분류 모델은 출력층의 결과를 확률값으로 변환하기 위해 시그모이드 함수를 사용합니다. 시그모이드 함수를 포함하는 딥러닝 모델을 표현할 때는 [그림 4-7]과 같이 그립니다. 즉, 출력층의 노드를 반으로 나누고 오른쪽에 시그모이드 그래프와 비슷한 'S'자 모양을 그려 넣습니다.

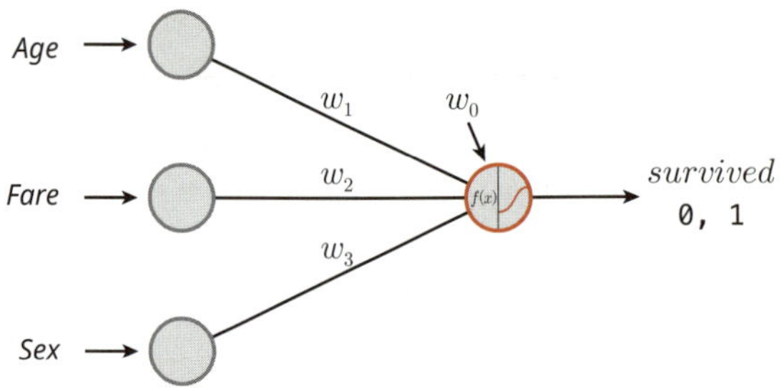

[그림 4-7] 시그모이드 함수가 포함된 이진 분류 모델의 기본 구조

이제 이진 분류 모델에서 출력층을 어떻게 구성하고 시그모이드 활성화 함수는 어떤 역할을 하는지 이해했습니다. 이어서 손실 함수(Loss Function)를 살펴보면서 모델을 어떻게 학습시키는지도 알아보겠습니다.

이진 분류 모델의 손실 함수

이진 분류 모델에서는 모델이 얼마나 잘 예측했는지 오차를 계산하기 위해 회귀 모델과는 다른 손실 함수(Loss Function)를 사용합니다. 회귀 모델에서는 평균 제곱 오차(Mean Squared Error, MSE)라는 손실 함수를 이용해 모델이 예측한 값과 목푯값 사이의 차이를 측정했습니다. 그리고 학습 과정에서는 이 손실값을 최소화하는 방향으로 모델의 파라미터를 업데이트했습니다. 이진 분류 모델에서는 어떻게 오차를 계산하는지 다음과 같은 예로 설명합니다.

[표 4-1] 이진 분류 모델의 목푯값과 예측값 데이터 예제

y	$\hat{y}$
1	0.9
0	0.3
0	0.4
1	0.7
0	0.5
0	0.7
1	0.5

[표 4-1]을 보면 목푯값(y)은 0과 1로 되어 있습니다. 예측값($\hat{y}$)은 0~1 사이의 확률값입니다. 이 두 값 간의 차이, 즉 오차는 어떻게 계산하면 좋을까요? 목푯값(y)이 1이라면 예측값($\hat{y}$)은 1에 가까울수록 오차가 작아지고 0에 가까울수록 오차가 커져야겠지요? 반대로 목푯값(y)이 0이라면 예측값($\hat{y}$)은 0에 가까울수록 오차가 작아지고 1에 가까울수록 오차가 커지도록 계산되어야 합니다. 이런 오차 계산이 가능하도록 해주는 함수가 바로 교차 엔트로피(Cross Entropy, CE)입니다. 교차 엔트로피는 조금 어려울 수 있지만, 중요한 개념이므로 여러분이 꼭 알아야 합니다.

y=1일 때의 오차 계산

이진 분류 모델의 오차를 계산하는 손실 함수를 이진 교차 엔트로피(Binary Cross Entropy)라고 합니다. 이름이 좀 길지요? 이 손실 함수는 교차 엔트로피 식을 이진 분류에 맞게 조금 수정한 식입니다. 이 손실 함수를 이용해 오차를 계산합니다.

[그림 4-8] 왼쪽 그림에는 목푯값과 예측값을 기록한 [표 4-1]을, 가운데 그림에는 목푯값이 $y = 1$일 때 계산한 오차를 보여 줍니다. 예측값이 1에 가까울수록 오차는 줄어들고(0에 가까워지고), 예측값이 0에 가까울수록 오차는 ∞에 가까워지도록 계산합니다. 이렇게 계산하는 이유는 모델이 예측값을 1에 맞추도록 학습하기 위함입니다. [그림 4-8]의 오른쪽 그래프는 어떤 함수를 나타냅니다. 여기서는 어떤 함수라고 표현했지만, 곧 이 함수의 정체를 밝히겠습니다. 이 함수로 x축(여기서는 $\hat{y}$)의 값을 y축(여기서는 오차 err_1)으로 변환합니다.

y	$\hat{y}$		err_1
1	0.9	❶ →	0.11
0	0.3		
0	0.4		
1	0.7	❷ →	0.36
0	0.5		
0	0.7		
1	0.5	❸ →	0.69

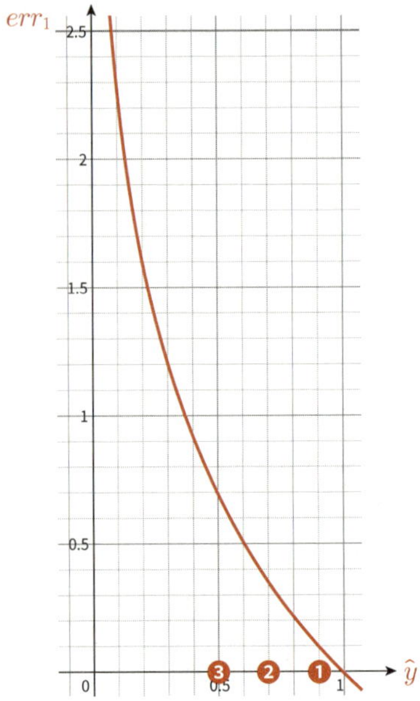

[그림 4-8] y가 1일 때 오차 계산 방식

[그림 4-8]에서 예측값($\hat{y}$)이 0.9(❶)면 오차는 0.11로 계산되고, 예측값이 0.5(❸)면 오차는 0.69로 계산됩니다. 또한 그래프를 보니 예측값이 0에 가까울수록 오차는 무한대에 가까워집니다. 이 어떤 함수를 이용하면 예측값이 1에 가까울수록 오차는 0에 가깝고, 예측값이 0에 가까울수록 오차는 굉장히 커지므로 원하는 오차 계산을 할 수 있습니다.

정리하면 $y = 1$인 경우에는

- $\hat{y}$이 1에 가까울수록 → 오차는 0에 가까워지도록
- $\hat{y}$이 0에 가까울수록 → 오차는 ∞에 가까워지도록

교차 엔트로피를 계산합니다.

y=0일 때의 오차 계산

목푯값이 0인 경우 오차는 예측값이 0에 가까울수록 오차는 줄어들어야 하고, 예측값이 1에 가까울수록 오차는 무한대에 가까워져야 합니다. 그런데 이렇게 계산할 때 $y = 1$인 경우와 동일한 함수를 사용하려면 어떻게 해야 할까요? 굉장히 쉬운 방법이 있습니다. 1에서 예측값을 빼면 됩니다. [그림 4-9]의 왼쪽 표처럼 (1 − 예측값)

을 계산한 결과는 1에 가까울수록 오차가 작아집니다. $y = 1$인 경우와 동일하게 계산됩니다.

y	$\hat{y}$	$1-\hat{y}$		err_0
1	0.9			
0	0.3	0.7 ❶	→	0.36
0	0.4	0.6 ❷	→	0.51
1	0.7			
0	0.5	0.5 ❸	→	0.69
0	0.7	0.3 ❹	→	1.2
1	0.5			

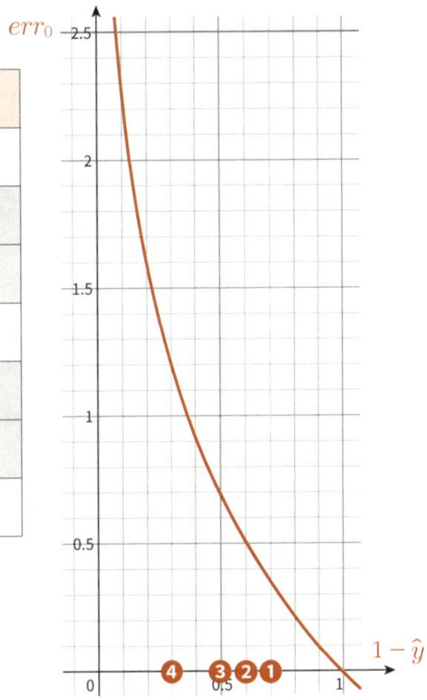

[그림 4-9] y가 0일 때 오차 계산 방식

목푯값 0을 맞추기 위해 예측한 값이 0.3(❶)이라면 $1 - 0.3$을 계산해 0.7을 만든 다음, 이 함수에 넣으면 오차가 바르게 계산됩니다.

정리하면 $y = 0$인 경우에는

- $\hat{y}$이 0에 가까울수록 → 오차는 0에 가까워지도록
- $\hat{y}$이 1에 가까울수록 → 오차는 ∞에 가까워지도록

교차 엔트로피를 계산합니다.

이진 분류에서 사용하는 손실 함수: 이진 교차 엔트로피

이 두 가지의 경우($y = 0$과 $y = 1$)를 하나의 식으로 묶어 계산하는 손실 함수가 바로 이진 교차 엔트로피(Binary Cross Entropy)입니다. y가 0인 경우의 오차와 1인 경우의 오차를 모두 계산한 다음, 평균을 내어 전체 오차를 계산합니다.

y	$\hat{y}$		err_1	err_0
1	0.9		0.11	
0	0.3	→		0.36
0	0.4	→		0.51
1	0.7		0.36	
0	0.5	→		0.69
0	0.7	→		1.2
1	0.5		0.69	

이 오차들의 평균 계산

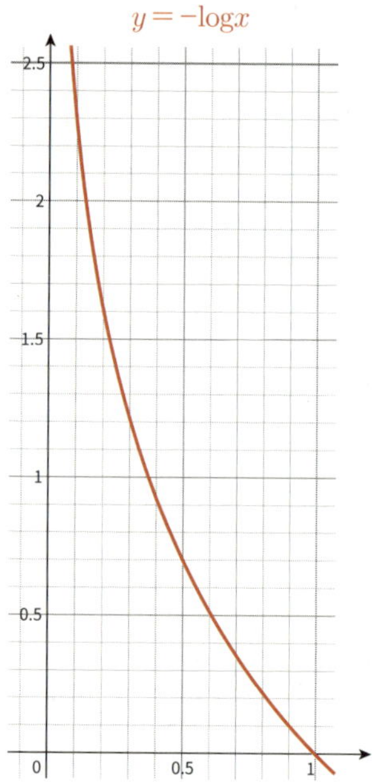

[그림 4-10] 이진 분류 모델의 오차 계산 방식

그리고 이를 계산하는 '어떤 함수'는 바로 −log입니다. [그림 4-10]의 오른쪽 그래프가 −log 그래프입니다.

이진 교차 엔트로피의 함수식은 다음과 같습니다.

$$\text{Binary Cross Entropy} = -\frac{1}{n}\sum\left(y \cdot \log \hat{y} + (1-y) \cdot \log(1-\hat{y})\right)$$

조금 복잡해 보이지만, 방금 설명한 두 경우의 오차를 각각 계산해서 평균을 내는 식입니다. $\sum(\ )$의 첫 번째 항인 $y \cdot \log y$는 $y = 1$일 때 계산되고, 두 번째 항인 $(1-y) \cdot \log(1-\hat{y})$은 $y = 0$일 때 계산됩니다. 그리고 $\frac{1}{n}\sum(\ )$로 모두 더하고 개수(n)로 나누어 평균을 구합니다. 식에 마이너스가 붙는 이유는 오차를 계산하는 식이 −log이므로 마이너스를 앞으로 뺀 것입니다. 참고로 수학식을 볼 때 $\frac{1}{n}\sum(\ )$가 있으면 "평균을 계산하는구나"라고 생각하면 됩니다.

지금까지의 내용을 다시 정리하면 다음과 같습니다.

- 이진 분류 모델에서는 예측값(확률값)과 목푯값(0 또는 1) 사이의 차이를 측정하는 손실 함수가 필요합니다.
- $y = 1$일 때, 예측값이 1에 가까울수록 오차가 작아지고 0에 가까울수록 오차가 커집니다.

- $y = 0$일 때, 예측값이 0에 가까울수록 오차가 작아지고 1에 가까울수록 오차가 커집니다.

복잡해 보였던 손실 함수를 하나씩 뜯어서 살펴보니 생각보다 어렵지 않지요? 이진 분류를 위한 중요 개념들을 익혔으니, 이제 본격적으로 이진 분류 모델링을 코드로 구현하겠습니다.

이진 분류 모델링 실습 1: 로지스틱 회귀

이제 새 코랩 파일을 생성하고 이진 분류(Binary Classification) 모델링 코드를 작성합니다. 3일 차에서 작성한 코드 파일을 이용해도 좋지만, 코드는 반복적으로 작성해야 손에 익습니다. 새 코랩 파일의 이름은 '4일차_이진분류모델실습.ipynb'로 합니다.

코드는 환경 준비, 데이터 전처리, 모델링 단계로 진행합니다.

환경 준비

환경 준비에서는 라이브러리 로딩, 디바이스 준비, 3일 차에서 설명했던 사용자 정의 함수들(make_DataSet, train, evaluate, dl_learning_curve)을 다시 생성한 다음, 데이터를 로딩합니다.

라이브러리 로딩과 디바이스 준비

3일 차 회귀 모델링에서 불러왔던 라이브러리와 동일합니다. 다음과 같이 라이브러리와 함수들을 불러옵니다.

CODE

```
# 기본 라이브러리
import pandas as pd
import numpy as np
import matplotlib.pyplot as plt
import seaborn as sns

# 전처리와 평가를 위한 sklearn 라이브러리
from sklearn.model_selection import train_test_split
from sklearn.metrics import *
from sklearn.preprocessing import MinMaxScaler

# 파이토치 라이브러리
import torch
```

```
from torch import nn
from torch.utils.data import DataLoader, TensorDataset
from torch.optim import Adam
```

코드에는 기본 라이브러리, 데이터 전처리와 평가를 위한 sklearn 라이브러리, 그리고 파이토치 라이브러리로 구분해 주석을 붙였습니다.

이어서 디바이스를 준비합니다.

CODE

```
device = "cuda" if torch.cuda.is_available() else "cpu"
```

새 코랩 파일에는 아직 GPU를 설정하지 않았으므로 변수 device에는 cpu가 저장됩니다. 다음으로 3일 차에서 만들었던 사용자 정의 함수들을 생성합니다.

사용자 정의 함수 생성

4가지 함수(make_DataSet, train, evaluate, dl_learning_curve)를 하나씩 생성합니다. 각각의 함수에는 딥러닝 학습에 꼭 필요한 절차들이 담겨 있습니다

먼저 make_DataSet 함수입니다.

CODE

```
def make_DataSet(x_train, x_val, y_train, y_val, batch_size = 32) :
    # 데이터 텐서로 변환
    x_train_tensor = torch.tensor(x_train, dtype=torch.float32)
    y_train_tensor = torch.tensor(y_train, dtype=torch.float32).view(-1, 1)
    x_val_tensor = torch.tensor(x_val, dtype=torch.float32)
    y_val_tensor = torch.tensor(y_val, dtype=torch.float32).view(-1, 1)

    # TensorDataset 생성: 텐서 데이터 세트로 합치기
    train_dataset = TensorDataset(x_train_tensor, y_train_tensor)

    # DataLoader 생성
    train_loader = DataLoader(train_dataset, batch_size=batch_size, shuffle = True)
    return train_loader, x_val_tensor, y_val_tensor
```

make_DataSet 함수는 데이터 세트(x_train, x_val, y_train, y_val)와 배치 크기(batch_size)를 입력으로 받아 학습 데이터 로더(train_loader)와 검증용 텐서 데이터 세트(x_val_tensor, y_val_tensor)를 만듭니다. 데이터를 처리하는 순서는 먼저 입력으로 받은 학습 및 검증 데이터 세트를 텐서로 변환합니다. 그런 다음 학습

데이터 텐서는 텐서 데이터 세트로 만들어 데이터 로더를 생성하는 데 사용합니다.

다음으로 모델을 학습시키는 train 함수입니다.

CODE
```
def train(dataloader, model, loss_fn, optimizer, device):
    size = len(dataloader.dataset)  # 전체 데이터 세트의 크기
    num_batches = len(dataloader)   # 배치 크기
    tr_loss = 0

    model.train()                               # 학습 모드로 설정
    for x, y in dataloader:                     # 배치 단위로 로딩
        x, y = x.to(device), y.to(device)   # 디바이스 지정

        # Feed Forward(오차 순전파)
        pred = model(x)
        loss = loss_fn(pred, y)
        tr_loss += loss

        # Backpropagation(오차 역전파)
        loss.backward()           # 역전파를 통해 각 파라미터에 대한 오차의 기울기 계산
        optimizer.step()          # 옵티마이저가 모델의 파라미터를 업데이트
        optimizer.zero_grad()     # 옵티마이저의 기울기값 초기화
    tr_loss /= num_batches        # 모든 배치의 오차 평균
    return tr_loss.item()
```

train 함수는 데이터 로더(dataloader), 모델(model), 손실 함수(loss_fn), 옵티마이저(optimizer), 디바이스(device)를 입력으로 받아 학습시킨 다음, 학습 오차를 반환합니다. 특히 train 함수는 모델 학습의 핵심 개념인 오차의 순전파와 역전파 과정을 코드로 구현하고 있습니다. 또한 데이터 세트에서 배치 단위로 로딩해 학습시키는 부분 역시 주의해서 살펴보길 바랍니다.

이번에는 모델을 검증, 평가하는 evaluate 함수를 생성합니다.

CODE
```
def evaluate(x_val_tensor, y_val_tensor, model, loss_fn, device):
    model.eval()             # 모델을 평가 모드로 설정
    with torch.no_grad():    # 평가 과정에서 기울기를 계산하지 않도록 설정
        x, y = x_val_tensor.to(device), y_val_tensor.to(device)
        pred = model(x)
        eval_loss = loss_fn(pred, y).item()   # 예측값 pred와 목푯값 y 사이의 오차 계산
    return eval_loss, pred
```

evaluate 함수는 학습이 완료된 모델을 검증 평가하기 위해 검증 데이터 세트(x_

val_tensor, y_val_tensor)와 학습된 모델(model), 손실 함수(loss_fn), 옵티마이저(optimizer), 디바이스(device)를 입력으로 받습니다. 함수는 검증 오차(eval_loss)와 검증 데이터 세트로 예측한 결과(pred)를 반환합니다. 검증은 학습 절차에 비해 간단합니다. 모델에 검증 데이터의 입력값(x_val_tensor)을 넣고 예측값(pred)을 출력한 다음, 목푯값(y_val_tensor)과 예측값 사이의 오차를 계산합니다.

마지막으로 학습 곡선을 그리는 dl_learning_curve 함수를 생성합니다.

CODE

```
def dl_learning_curve(tr_loss_list, val_loss_list):
    epochs = list(range(1, len(tr_loss_list)+1))                          # 에포크 수 계산
    plt.plot(epochs, tr_loss_list, label='train_err', marker = '.')  # 학습 오차 그래프
    plt.plot(epochs, val_loss_list, label='val_err', marker = '.')   # 검증 오차 그래프
    plt.ylabel('Loss')
    plt.xlabel('Epoch')
    plt.legend()
    plt.grid()
    plt.show()
```

dl_learning_curve 함수는 에포크 수만큼 학습을 반복할 때마다 학습과 검증 오차를 저장한 리스트를 이용해 그래프를 그리는 함수입니다.

이진 분류 모델에 필요한 4개의 함수를 모두 생성했습니다. 계속해서 데이터를 불러옵니다.

데이터 소개 및 로딩

이진 분류 모델링을 설명하기 위해 타이타닉호 탑승객 데이터를 사용합니다. 타이타닉호 탑승객 데이터 변수는 다음과 같습니다.

- PassengerId: 승객ID
- Survived: 탑승객의 생존 여부. 0: 사망, 1: 생존
- Pclass: 객실 등급. 1: 1등급, 2: 2등급, 3: 3등급
- Name: 승객 이름
- Sex: 성별. male, female
- Age: 나이. 0.42~80(개월 수를 년으로 환산한 값)
- Fare: 운임(단위: 달러)
- Embarked: 탑승지. S: Southampton, C: Cherbourg, Q: Queenstown

이제 데이터를 불러옵니다.

CODE

```
path = "https://bit.ly/titanic_simple_csv"
data = pd.read_csv(path)
data.head()
```

OUTPUT

	PassengerId	Survived	Pclass	Name	Sex	Age	Fare	Embarked
0	1	0	3	Braund, Mr. Owen Harris	male	22.0	7.2500	Southampton
1	2	1	1	Cumings, Mrs. John Bradley (Florence Briggs Th...	female	38.0	71.2833	Cherbourg
2	3	1	3	Heikkinen, Miss. Laina	female	26.0	7.9250	Southampton
3	4	1	1	Futrelle, Mrs. Jacques Heath (Lily May Peel)	female	35.0	53.1000	Southampton
4	5	0	3	Allen, Mr. William Henry	male	35.0	8.0500	Southampton

데이터를 로딩한 다음, 상위 5개의 행을 출력하면 5명의 승객 정보를 확인할 수 있습니다.

환경 준비가 모두 끝났습니다. 이어서 데이터 전처리 단계로 넘어갑니다.

데이터 전처리

앞서 살펴본 [그림 4-7]의 모델 구조에 맞게 변수 3개(Age, Sex, Fare)로 Survived(생존 여부)를 예측하는 이진 분류 모델을 생성하려고 합니다. 데이터 전처리 단계에서는 x, y 분할, 가변수화, train, val 분할, 스케일링 그리고 데이터 로더 및 텐서 데이터 세트 준비순으로 코드를 작성합니다.

x, y 분할

목푯값(target)과 입력값(feature)을 정하고 각각 x와 y에 저장합니다. 여기서 사용할 입력변수는 Sex, Age, Fare입니다.

CODE

```
target = 'Survived'
features = ['Sex', 'Age', 'Fare']  ①
x = data.loc[:, features]
y = data.loc[:, target]
```

① 입력으로 사용할 변수 3개를 리스트로 지정합니다.

가변수화

다음으로 가변수화를 수행합니다. 3개의 입력변수 중에서 성별(Sex)은 범주형이므로 가변수화가 필요합니다. 다음과 같이 코드를 작성합니다.

CODE
```
x = pd.get_dummies(x, columns = ['Sex'], drop_first = True)
x.head()
```

OUTPUT

	Age	Fare	Sex_male
0	22.0	7.2500	True
1	38.0	71.2833	False
2	26.0	7.9250	False
3	35.0	53.1000	False
4	35.0	8.0500	True

코드에서 한 가지 눈여겨볼 부분은 가변수화할 범주형 변수가 1개여도 pd.get_dummies 함수에서는 columns의 값을 리스트 형태(['Sex'])로 지정한다는 점입니다. pd.get_dummies는 범주형 변수가 1개 이상일 때 사용하는 함수이므로 항상 리스트 형식으로 작성해야 합니다.

pd.get_dummies 함수에서 drop_first 옵션을 True로 지정했으므로 가변수화의 결과를 보면 여자 승객 변수(Sex_female)는 없어지고 Sex_male만 남습니다. Sex_male이 True면 남자, False면 여자입니다. 가변수화할 때는 두 변수 중 하나를 제거하고 남은 하나의 변수로 두 정보(남자, 여자)를 표현할 수 있습니다. 참고로 값은 논리값인 True와 False지만, 모델링에서 True는 1, False는 0으로 처리됩니다.

학습과 검증 데이터 분할 및 스케일링

이번에는 학습 데이터와 검증 데이터로 분할하고 스케일링합니다.

CODE
```
# 데이터 분할
x_train, x_val, y_train, y_val = train_test_split(x, y, test_size=.3)

# 스케일링
scaler = MinMaxScaler()
x_train = scaler.fit_transform(x_train)
x_val = scaler.transform(x_val)
```

```
# make_DataSet 입력을 위해 y_train, y_val를 넘파이 배열로 변환
y_train = y_train.values
y_val = y_val.values
```

train_test_split 함수를 이용해 x, y를 학습 데이터(x_train, y_train)와 검증 데이터(x_val, y_val)로 분할합니다. 이때 학습 데이터와 검증 데이터의 비율은 7:3으로 지정했습니다(test_size=.3).

또한 입력 데이터(x_train, x_val)를 MinMax 방식으로 스케일링합니다. MinMax 방식으로 스케일링하면 모든 입력변수의 범위를 0~1로 맞춥니다. 스케일링에서 꼭 기억해야 할 것이 한 가지 더 있습니다. 스케일링의 기준은 학습 데이터라는 것입니다. 검증이나 테스트 데이터는 학습 데이터로 만들어진 스케일링 기준을 적용할 뿐입니다. 예를 들어 학습 데이터에서 탑승객의 나이가 10~80세의 범위에 있다고 가정할 때, 학습 데이터를 MinMax 방식으로 스케일링하면 10~80세의 범위가 0~1 사이의 범위로 압축 변환됩니다. 즉, 10세는 0, 80세는 1로 변환되는 것이죠. 그리고 10세에서 80세 사이의 나이는 0과 1 사이의 값이 됩니다. 검증과 테스트 데이터는 이 학습 데이터의 값을 기준값으로 해서 계산됩니다.

데이터 로더

기본적인 데이터 세트가 준비되었으므로 데이터 로더로 변환합니다. 학습 데이터는 데이터 로더를 이용해 배치 단위로 학습에 사용됩니다. 하지만 검증이나 테스트 데이터 세트는 배치 단위 처리가 꼭 필요하지 않습니다. 모델로 예측(추론)만 하면 되므로 텐서 데이터 세트를 그대로 이용해도 됩니다.

앞서 생성한 make_DataSet 함수를 사용해 학습용 데이터 로더와 검증용 텐서 데이터 세트를 만듭니다.

CODE

```
train_loader, x_val_ts, y_val_ts = make_DataSet(x_train, x_val, y_train, y_val, 32)

# 첫 번째 배치만 로딩해서 살펴보기
for x, y in train_loader:
    print(f"Shape of x [rows, columns]: {x.shape}")
    print(f"Shape of y: {y.shape} {y.dtype}")
    break
```

OUTPUT

```
Shape of x [rows, columns]: torch.Size([32, 3])
Shape of y: torch.Size([32, 1]) torch.float32
```

데이터 로더를 준비하고 첫 번째 배치의 구조(shape)를 출력했습니다. 배치 하나에 x는 [32, 3](32행 3열), y는 [32, 1](32행 1열)로 구성되어 있음을 알 수 있습니다.

이제 모델링을 위해 필요한 데이터 준비가 모두 끝났습니다. 다음 단계로 이진 분류 모델링을 직접 수행하겠습니다.

이진 분류 모델링

모델링 절차는 모델 선언(모델 구조 설계), 학습, 학습 곡선 확인, 모델 검증 및 평가 순서로 진행됩니다.

먼저 모델을 선언합니다. [그림 4-11]은 코드와 비교해서 볼 수 있게 앞서 소개한 다이어그램을 다시 가져온 것입니다.

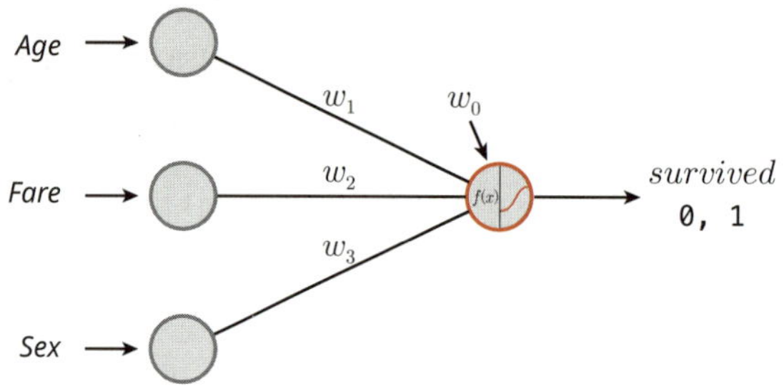

[그림 4-11] 세 입력변수로 생존 여부를 예측하는 모델 구조

모델 구조 설계

모델은 [그림 4-11]과 같이 노드가 하나 있는 층(Layer)에서 3개의 입력을 받아 출력값을 계산하는 구조입니다. 다음과 같이 코드를 작성합니다.

CODE

```
n_feature = x.shape[1]
# 모델 구조 설계
model = nn.Sequential( nn.Linear(n_feature, 1),  ①
                       nn.Sigmoid()              ②
        ).to(device)
```

① nn.Linear(n_feature, 1): 3개의 입력 데이터를 1개의 출력 노드와 연결합니다.

② nn.Sigmoid(): 시그모이드 활성화 함수를 이용해 출력 결과를 0~1 사이의 확률값으로 변환합니다. 회귀 모델에는 없는 부분입니다.

간단한 이진 분류 모델의 구조입니다. 회귀 모델과 차이가 있다면 출력층 다음에 시그모이드 함수를 추가하는 부분입니다. 시그모이드를 왜 추가했는지는 앞에서 설명했습니다.

모델을 선언했다면 손실 함수와 옵티마이저도 준비합니다.

CODE
```
loss_fn = nn.BCELoss()  ①
optimizer = Adam(model.parameters(), lr=0.01)
```

① 손실 함수로 BCELoss(이진 교차 엔트로피, Binary Cross Entropy Loss)를 사용합니다.

이진 분류 모델 구조는 회귀 모델을 설계할 때와 다른 점이 두 가지 있습니다. 이진 분류 모델은 출력층에 시그모이드 함수를 붙이고 손실 함수로 BCELoss를 사용한다는 점입니다(회귀 모델의 손실 함수는 MSELoss입니다). 그 외에는 모두 동일합니다.

학습

모델 구조를 선언하고 손실 함수와 옵티마이저를 준비했으니 이제 학습을 시킵니다. 학습 절차는 중요하므로 다시 한번 간략히 정리합니다.

1. 에포크 수만큼 학습 데이터를 반복 학습
2. 에포크마다 데이터 로더를 이용해 배치 단위로 데이터를 로딩
3. 배치마다 학습 과정(오차의 순전파와 역전파)을 진행하면서 가중치 업데이트

이 과정을 머릿속에서 그릴 수 있어야 합니다. 학습을 위한 코드를 작성합니다.

CODE
```
epochs = 50
tr_loss_list, val_loss_list = [], []
for t in range(epochs):
    tr_loss = train(train_loader, model, loss_fn, optimizer, device)  ①
    val_loss,_ = evaluate(x_val_ts, y_val_ts, model, loss_fn, device)  ②
    # 리스트에 loss 추가
    tr_loss_list.append(tr_loss)
    val_loss_list.append(val_loss)
    print(f"Epoch {t+1}, train loss : {tr_loss:4f}, val loss : {val_loss:4f}")
```

OUTPUT
```
Epoch 1, train loss : 0.720467, val loss : 0.678466
Epoch 2, train loss : 0.696399, val loss : 0.661170
Epoch 3, train loss : 0.673542, val loss : 0.647313
...
Epoch 48, train loss : 0.477550, val loss : 0.561683
```

```
Epoch 49, train loss : 0.485161, val loss : 0.562236
Epoch 50, train loss : 0.480898, val loss : 0.562290
```

① tr_loss = train(train_loader, model, loss_fn, optimizer, device): 에포크 단위로 학습을 수행하고 학습 오차를 반환합니다.

② val_loss, _ = evaluate(x_val_ts, y_val_ts, model, loss_fn, device): 생성된 모델로 예측을 수행하고 검증 오차를 반환합니다. evaluate 함수는 결괏값이 두 개인데, 첫 번째는 검증 오차이고 두 번째는 예측 결과를 담은 텐서입니다. 학습 단계에서는 검증 데이터의 예측 결과가 필요하지 않으므로 _로 처리합니다.

코드를 보면 에포크는 50으로 하고 학습 오차와 검증 오차의 값을 저장할 빈 리스트를 선언했습니다. 그리고 학습 데이터를 에포크 수만큼 반복 학습시키면서 학습 오차와 검증 오차 데이터를 리스트에 저장합니다.

학습 곡선

학습을 모두 마치면 학습이 적절히 진행되었는지 검토하기 위해 학습 곡선을 그려봅니다. 다음과 같이 코드를 작성합니다

CODE

```
dl_learning_curve(tr_loss_list, val_loss_list)
```

실행하면 [그림 4-12]와 같은 학습 곡선이 출력됩니다.

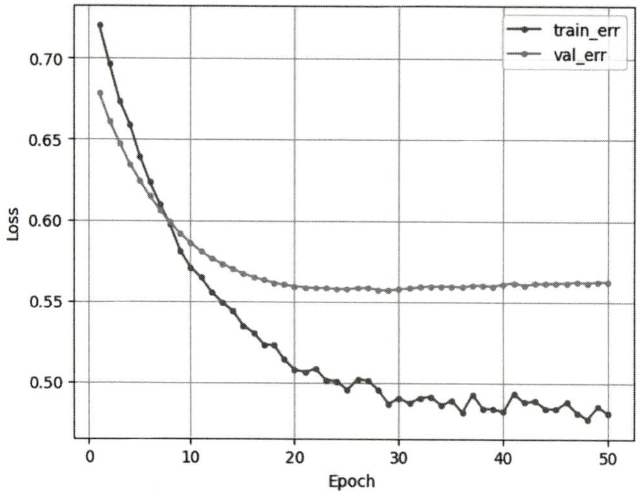

[그림 4-12] 학습 곡선

[그림 4-12]의 학습 곡선을 보면 에포크 초기에 오차가 급격히 줄고 대략 에포크 10~20 사이부터 오차의 감소 정도가 완만해집니다. 또한 에포크 20 이후로 학습 오차 곡선이 들쑥날쑥하는데, 학습률을 조금 줄일 필요가 있어 보이지만 여기서는 이진 분류 모델링의 수행 방법을 익히는 데 초점을 맞추므로 특별히 조정하지는 않겠습니다.

검증 평가

학습을 완료했으면 모델의 성능을 검증 평가합니다. 검증 평가는 evaluate 함수를 이용해 예측 결과(확률값)를 얻은 다음, 예측 결과를 0.5 기준으로 잘라 0과 1로 만들고 평가합니다.

예측

evaluate 함수로 검증 데이터의 예측값(pred)을 구합니다.

CODE

```
_, pred = evaluate(x_val_ts, y_val_ts, model, loss_fn, device)
print(pred.numpy()[:5])
```

OUTPUT

```
[[0.6970004 ]
 [0.15660214]
 [0.20633022]
 [0.17745827]
 [0.7065605 ]]
```

5건의 예측 결과(pred)를 출력하면 값은 각각 0.697, 0.157, 0.206, 0.177, 0.707입니다(소수점 넷째 자리에서 반올림). 이 값은 출력층의 값을 시그모이드로 변환한 확률값입니다. 생존이 1이고 사망이 0이므로 이 값을 '생존에 대한 예측 확률', 줄여서 '생존율'이라고 할 수 있습니다. 코드에서 evaluate 함수의 첫 번째 출력값인 오차(손실값, BCELoss 값)는 여기서 필요하지 않으므로 _ 처리합니다.

확률값을 잘라 0과 1로 변환

예측값으로 나온 확률값(0~1 사이의 값)을 목푯값인 0, 1과 비교하려면 확률값을 0 또는 1로 잘라 주어야 합니다. 보통은 0.5를 기준으로 소수점 첫째 자리에서 반올림하는데, np.where 함수를 이용하면 손쉽게 수행할 수 있습니다.

CODE

```
pred = np.where(pred.numpy() > .5, 1, 0)  ①
print(pred[:5])
```

OUTPUT

```
[[1]
 [0]
 [0]
 [0]
 [1]]
```

① np.where(pred.numpy() > .5, 1, 0)은 0.5보다 크면 1, 작으면 0을 반환합니다. np.where 함수는 텐서를 인식하지 못하므로 텐서인 pred에 numpy 메서드를 사용해 넘파이 배열로 변환해야 합니다.

여기서 잠깐

확률을 0과 1로 나누는 기준 0.5

딥러닝 이진 분류 모델에서는 시그모이드 함수의 결과로 0과 1 사이의 확률값이 출력됩니다. 이 확률은 "이 샘플이 클래스 1에 속할 가능성이 얼마나 되는가?"를 의미합니다. 하지만 모델은 확률값을 출력할 뿐 실제로 어떤 범주로 분류할지는 나누는 기준(cut-off value)에 따라 결정됩니다. 일반적으로 0.5보다 크면 분류 1, 작으면 분류 0으로 판단합니다. 즉, 확률이 절반 이상이면 '맞다', 미만이면 '아니다'로 예측하는 셈입니다.

이 기준은 직관적이고 대부분 무난하게 작동하지만, 언제나 최선의 기준은 아닙니다. 예를 들어 질병 진단과 같이 예민한 문제는 0.5보다 더 낮은 값으로 기준을 설정할 수 있습니다. 질병 진단에서는 약간의 가능성 있는 양성 사례도 놓치지 않고 잡는 일에 초점을 맞추기 때문입니다. 반대로 스팸 필터처럼 잘못된 분류가 사용자에게 큰 불편을 주는 경우에는 기준을 더 높이는 전략을 쓸 수도 있습니다. 확실한 스팸 메일만 걸러내겠다는 의미지요. 따라서 나누는 기준값(cut-off value)은 문제의 종류, 평가 지표에 따라 조정이 가능하다는 점도 함께 기억하면 좋습니다.

성능 평가

예측값을 0과 1로 만들었으니 목푯값 0, 1과 비교해 분류 모델을 평가합니다.

분류 모델은 sklearn에서 제공하는 혼동 행렬(Confusion Matrix) 함수로 집계하고 이를 바탕으로 함수 classification_report를 이용해 평가합니다.

CODE

```
print(confusion_matrix(y_val_ts.numpy(), pred))
```

OUTPUT

```
[[113  19]
 [ 37  45]]
```

CODE
```
print(classification_report(y_val_ts.numpy(), pred))
```

OUTPUT
```
              precision    recall  f1-score   support

         0.0       0.75      0.86      0.80       132
         1.0       0.70      0.55      0.62        82

    accuracy                           0.74       214
   macro avg       0.73      0.70      0.71       214
weighted avg       0.73      0.74      0.73       214
```

코드에서 텐서를 넘파이 배열로 각각 변환(y_val_ts.numpy)하는 이유는 sklearn 함수 역시 텐서를 인식하지 못하기 때문입니다.

평가 결과를 보면 정분류율(Accuracy)은 0.74(❶)입니다. 검증 데이터 전체에서 생존자와 사망자를 맞춘 비율이 0.74라는 의미입니다. 생존자(❷) 관점의 정밀도(Precision)는 0.7(❸)로 식 $\frac{45}{19+45}$로 계산된 값입니다. 생존자로 예측한 값(19 + 45) 가운데 맞춘 값(45)의 비율이 0.7이라는 뜻입니다. 또한 재현율(Recall)은 0.55(❹, $\frac{45}{37+45}$)로 실제 생존자를 맞춘 비율입니다. 이 두 값의 조화 평균인 F1 score는 0.62(❺, $\frac{2\times0.7\times0.68}{0.7+0.68}$)로서 정밀도와 재현율의 평균을 의미합니다. 각 지표에 대한 자세한 설명과 공식은 1일 차 46~51쪽을 참조하기 바랍니다.

그런데 여기서 얻은 성능 평가 결과가 좋은지 나쁜지는 상황에 따라 달라질 수 있습니다. 모델의 정확도나 정밀도, 재현율 등은 절대적인 기준이 아니라 상대적인 지표이기 때문에 어떤 상황에서는 0.74의 정확도가 훌륭하게 받아들여질 수 있지만, 다른 상황에서는 부족하다고 판단할 수도 있습니다. 따라서 모델의 성능을 판단하려면 비교 대상이 있어야 합니다. 비교 대상은 기존 모델이 될 수도 있고 단순하게 만든 모델을 기준으로 삼을 수도 있습니다. 보통 비교 대상이 되는 기준 모델을 베이스라인 모델(Baseline Model)이라고 합니다. 딥러닝에서는 베이스라인 모델과 비교했을 때 지금 학습한 모델이 충분히 의미 있는 성능을 내는지를 평가합니다.

이진 분류 모델링 실습 2: 은닉층 추가

이진 분류 모델링 1에서는 3개의 입력값으로 예측 모델을 만들었는데, 이번 절에서는 타이나닉호 탑승객 데이터에 있는 변수를 모두 이용하고 은닉층도 추가해 모델을 학습시키겠습니다.

이진 분류 모델링 실습 2에서는 파일을 따로 생성하지 않고 '4일차_이진분류모델 실습.ipynb' 파일을 그대로 이용해 데이터 전처리와 모델 구조 설계, 학습 및 검증 평가를 수행합니다. 코드는 마지막 빈 셀에서 이어 작성하면 됩니다.

데이터 전처리

라이브러리 불러오기→디바이스 설정→함수 생성→데이터 로딩순으로 진행되는 코드는 앞서 작성한 코드와 동일합니다. 데이터 전처리부터 조금씩 달라지는데, 차근차근 하나씩 코드를 작성하기 바랍니다.

CODE

```
# 모델링에서 불필요한 열 제거
data = data.drop(['PassengerId', 'Name'], axis = 1)  ①

# x, y 분할
target = 'Survived'
x = data.drop(target, axis =1)
y = data.loc[:, target]

# 가변수화
x = pd.get_dummies(x, columns = ['Pclass', 'Sex', 'Embarked'], drop_first = True) ②

# train, val 분할
x_train, x_val, y_train, y_val = train_test_split(x, y, test_size=.3)

# 스케일러 선언
scaler = MinMaxScaler()
x_train = scaler.fit_transform(x_train)
x_val = scaler.transform(x_val)

# make_DataSet 입력을 위해 y_train, y_val을 넘파이 배열로 변환
y_train = y_train.values
y_val = y_val.values

train_loader, x_val_ts, y_val_ts = make_DataSet(x_train, x_val, y_train, y_val, 32)
```

① 모델을 만들 때는 보통 일련번호와 이름 등은 제외합니다.

② 타이타닉호 탑승객 데이터에서 범주형 feature는 Pclass, Sex, Embarked 세 가지입니다. get_dummies 함수에 이 세 항목을 리스트로 추가하고 가변수화합니다.

모델링에서 예측과 직접적인 관련이 없거나 단순히 행 구분자 역할을 하는 변수는 제외합니다. 예를 들어 PassengerId는 단순한 일련번호일 뿐이며, Name 역시 이름이라는 문자열 정보가 생존 여부와 직접적으로 관련이 있다고 보기 어렵습니다. 특히 이름에는 중복이나 희귀 단어, 호칭(Mr, Mrs 등)이 섞여 있어 별도로 정제하지 않으면 오히려 모델의 학습을 방해할 수 있습니다. 따라서 이런 열들은 사전에 제거해 모델이 의미 있는 데이터에만 집중하도록 돕는 것이 좋습니다.

데이터 전처리 코드의 흐름을 다시 간단히 정리하면 다음과 같습니다.

x, y 분할 → 가변수화 → train, val 분할 → 스케일링 → 데이터 로더 준비

여러 번 반복했으니 이제 전처리 흐름이 눈에 익었으리라 생각합니다.

모델링

모델링 코드는 모델 구조 설계, 학습, 학습 곡선 확인, 모델 검증 및 평가 순서로 진행됩니다. 이진 분류 모델링 1의 코드와 비교할 때 모델 구조에 은닉층을 추가하는 부분만 차이가 납니다.

모델 설계: 전체 입력변수+은닉층 추가

이진 분류 모델 2에서 모델을 설계할 때는 전체 입력변수를 이용하고 은닉층을 추가합니다.

CODE

```
n_feature = x.shape[1]  ①
# 모델 구조 설계
model = nn.Sequential(nn.Linear(n_feature, 5),  ②
                      nn.ReLU(),                ③
                      nn.Linear(5, 1),          ④
                      nn.Sigmoid()              ⑤
        ).to(device)
loss_fn = nn.BCELoss()
optimizer = Adam(model.parameters(), lr=0.01)
```

① x에는 이미 전체 입력변수가 저장되어 있습니다. shape[1] 속성으로 전체 입력변수의 개수를 변수 n_feature에 저장합니다.

② 은닉층에서는 입력값의 개수(n_features)만큼 정보를 받아 5개의 노드와 완전 연결(Fully Connected)해 연산합니다.

③ 활성화 함수 ReLU는 ②의 은닉층에서 계산한 값 5개 중 값이 0보다 작으면 0, 크면 그대로 다음 층으로 전달합니다.

④ 출력층에서는 ③의 결과를 받아 1개의 출력값을 계산합니다. 이 값을 로짓이라고 하며 시그

모이드(Sigmoid) 함수를 통해 확률로 변환합니다.

⑤ 활성화 함수 Sigmoid는 ④의 로짓을 확률값으로 변환합니다.

코드에서는 은닉층을 추가하고 은닉층 다음에 활성화 함수 ReLU를 포함하고 있습니다. 이처럼 모델을 설계할 때 은닉층과 은닉층의 활성화 함수를 추가하는 일은 회귀나 분류 모두 똑같습니다.

학습

이어서 학습 코드를 작성합니다. 학습 코드는 이전과 동일하므로 이진 분류 모델링 1의 내용을 그대로 복사해서 사용해도 좋습니다.

CODE
```
epochs = 50
tr_loss_list, val_loss_list = [], []
for t in range(epochs):
    tr_loss = train(train_loader, model, loss_fn, optimizer, device)
    val_loss,_ = evaluate(x_val_ts, y_val_ts, model, loss_fn, device)
    # 리스트에 loss 추가
    tr_loss_list.append(tr_loss)
    val_loss_list.append(val_loss)
    print(f"Epoch {t+1}, train loss : {tr_loss:4f}, val loss : {val_loss:4f}")
```

OUTPUT
```
Epoch 1, train loss : 0.668021, val loss : 0.654244
Epoch 2, train loss : 0.645052, val loss : 0.633402
Epoch 3, train loss : 0.625608, val loss : 0.606892
...
Epoch 48, train loss : 0.445190, val loss : 0.390280
Epoch 49, train loss : 0.445122, val loss : 0.392608
Epoch 50, train loss : 0.436174, val loss : 0.391094
```

이전과 동일하게 50번을 반복 학습시킵니다. 에포크마다 학습 함수(train)와 평가 함수(evaluate)를 수행해 학습 오차와 검증 오차를 저장하고, 학습 곡선을 그릴 때 이 오차 데이터를 사용하기 위해 리스트에 추가합니다.

학습 곡선

학습이 적절히 수행되었는지 확인하기 위해 학습 곡선을 그립니다.

CODE

```
dl_learning_curve(tr_loss_list, val_loss_list)
```

OUTPUT

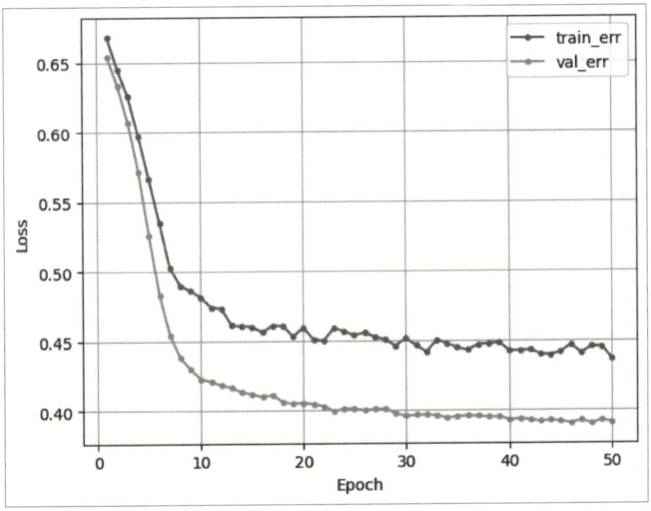

학습 곡선을 보면 오차가 급격히 줄다가 8~10 에포크 사이에서 꺾이면서 그래프의 기울기는 점차 완만해집니다.

검증 평가

은닉층을 포함한 모델을 학습했으므로 모델 성능을 평가하고 이전 모델과 비교하겠습니다.

학습된 모델과 검증 데이터 세트로 예측하고 성능을 평가하기 위해 다음과 같이 코드를 작성합니다.

CODE

```
# 예측
_, pred = evaluate(x_val_ts, y_val_ts, model, loss_fn, device)

# 예측 확률값을 0.5 기준으로 반올림
pred = np.where(pred.numpy() > .5, 1, 0)

# 분류 모델 평가 지표 계산
print(classification_report(y_val_ts.numpy(), pred))
```

OUTPUT

```
              precision    recall  f1-score   support

         0.0       0.81      0.94      0.87       127
         1.0       0.89      0.68      0.77        87

    accuracy                           0.84       214
   macro avg       0.85      0.81      0.82       214
weighted avg       0.84      0.84      0.83       214
```

입력변수 3개로 만든 이진 분류 모델링 1의 정분류율(Accuracy)은 0.74였는데, 이번에는 0.84로 성능이 약간 개선되었습니다. 변수를 추가하고 은닉층을 추가한 결과입니다. 데이터를 무작위로 나누고 학습할 때는 초기 가중치도 임의로 설정하기 때문에 이 책의 결과와 여러분이 얻는 결과는 다를 수 있습니다.

이진 분류 모델링 실습 3: 직원 이직 예측

이진 분류 모델링을 추가로 실습하겠습니다. 이번에는 비즈니스 상황을 이해하고 문제 해결을 위한 모델링 관점에서 실습할 수 있도록 설명합니다.

이번 실습의 주제는 '직원 이직 예측 모델링'입니다. 최근 기업들은 우수 인재 확보와 조직 안정성 유지를 위해 직원 이직을 예측하는 일에 큰 관심을 보이고 있습니다. 인재 한 명의 이직은 단순히 한 자리의 공백을 넘어 업무 연속성의 저하, 조직 분위기 악화, 신규 인력 채용 및 교육 비용 증가 등 여러 방면에 영향을 미칩니다. 특히 기술 중심 산업일수록 숙련 인력의 이탈은 회사의 경쟁력에 직접적인 타격이 됩니다.

이러한 배경에서 기업들은 사전에 이직 가능성이 높은 직원을 예측해 선제적으로 대응하려는 노력을 강화하고 있습니다. IBM에서 제공한 직원 이직 데이터 세트는 이러한 예측 모델을 개발하고 평가할 수 있는 좋은 실습 자료로, 다양한 인적 자원 관련 변수(예: 근무 기간, 직무 만족도, 부서 등)를 바탕으로 직원의 이직 여부를 분석할 수 있습니다.

이번 예제에서는 직원 이직 데이터를 기반으로 딥러닝 모델을 설계하고 학습해 인사 데이터에 숨겨진 패턴을 탐색하고 이직 가능성을 효과적으로 예측하는 방법을 익힙니다. 이는 단순한 기술적인 모델링을 넘어 데이터를 활용한 인사 의사결정의 좋은 실무 예시가 될 것입니다.

이번에 작성하는 코드 파일도 마찬가지로 별도의 파일을 생성하지 않고 '4일차_이진분류모델실습.ipynb' 파일에서 이어서 작성합니다. 기존 코드에서 데이터 전처리와 모델링 부분만을 변경하고 모델을 테스트할 예정입니다.

데이터 전처리

데이터 전처리에서는 먼저 데이터를 불러와 살펴본 다음, x, y 분할, 가변수화, 데이터 분할(train, val), 스케일링 그리고 데이터 로더를 준비합니다.

학습 데이터 소개

모델링에 사용할 데이터를 불러와 살펴보겠습니다.

CODE
```
path = "https://bit.ly/attri_csv"
data = pd.read_csv(path)
data.head()
```

OUTPUT

	Attrition	Age	Department	DistanceFromHome	Education	EmployeeNumber	Environmen
0	0	33	Research & Development	7	3	817	
1	0	35	Research & Development	18	2	1412	
2	0	42	Research & Development	6	3	1911	
3	0	46	Sales	2	3	1204	
4	1	22	Research & Development	4	1	593	

데이터는 1,175명의 직원 정보를 담고 있으며 총 19개의 변수를 포함합니다. 이 중 목푯값(target)은 'Attrition'으로 직원의 이직 여부를 나타냅니다. 값은 1(Yes)과 0(No)으로 이루어졌습니다. 입력값(feature)은 총 18개로서 이 중에는 모델링에서 사용하지 않을 정보도 있습니다. 예를 들어 사번(EmployeeNumber)은 단순히 직원을 구분하기 위한 식별번호일 뿐, 이직 여부를 설명하는 데 도움을 주지 않는 값입니다. 이런 값은 모델링에서 제외합니다. 비슷한 예로 주민번호, 사용자ID 등이 있습니다.

각 입력값(feature)의 내용과 설명은 [표 4-2]에서 보여 주고 있습니다.

[표 4-2] 직원 이직 여부 데이터 세트의 변수 설명

변수명	내용	부연 설명
Attrition	이직 여부	Yes=1 , No=0
Age	나이	숫자
Department	현 부서	범주
DistanceFromHome	집-직장 거리	숫자(단위: 마일)
Education	교육 수준	범주(1→5: 숫자가 높을수록 고학력)
EmployeeNumber	사번	
EnvironmentSatisfaction	근무 환경 만족도	범주(1: 매우 낮음, 4: 매우 높음)
Gender	성별	범주
JobSatisfaction	직무 만족도	범주(1: 매우 낮음, 4: 매우 높음)
MaritalStatus	결혼 상태	범주(Single, Married, Divorced)
MonthlyIncome	월급	숫자
NumCompaniesWorked	근무 회사 수	숫자
OverTime	야근 여부	범주
PercentSalaryHike	급여 인상률(%)	숫자
StockOptionLevel	스톡옵션 수준	범주(0~3)
TotalWorkingYears	총 근무 연수	숫자
TrainingTimesLastYear	전년도 교육 횟수	숫자
WorkLifeBalance	일-삶 균형도	범주(1: 매우 낮음, 4: 매우 높음)
YearsAtCompany	현 직장 근무 기간	숫자

모델링을 제대로 하려면 입력변수의 의미를 파악하고 데이터 시각화와 통계 분석을 통해 비즈니스와 데이터를 충실히 파악하는 일이 선행되어야 합니다. 하지만 여기서는 이진 분류 모델링을 연습하는 것이 목적이므로 모델링 연습에 좀 더 초점을 두겠습니다.

x, y 구성

이제 목푯값(target)을 기준으로 x와 y를 저장합니다.

CODE
```
target = 'Attrition'
x = data.drop([target, 'EmployeeNumber'], axis = 1)  ①
y = data.loc[:, target]
print(x.shape)
```

OUTPUT
```
(1175, 17)
```

① EmployeeNumber도 target 변수에 있는 Attrition과 함께 제외

x를 구성할 때는 target 변수뿐만 아니라 불필요한 변수도 확인하고 제외합니다. 코드 실행 결과 이 데이터는 1,175행 17열로 구성되어 있음을 알 수 있습니다.

가변수화

모든 범주형 변수를 리스트로 저장하고 가변수화를 수행합니다.

CODE
```
cat_cols = ['Department', 'Education', 'EnvironmentSatisfaction', 'Gender',
            'JobSatisfaction', 'MaritalStatus', 'OverTime', 'WorkLifeBalance']
x = pd.get_dummies(x, columns = cat_cols, drop_first=True)
x.shape
```

OUTPUT
```
(1175, 28)
```

범주형 변수가 많고 종류도 다양하기 때문에 모두 cat_cols라는 리스트에 담아 한꺼번에 가변수화를 수행합니다. 가변수화할 대상이 많으면 가변수화 이후 특징(feature) 수가 많이 증가합니다. 코드 실행 결과를 보면 열(feature) 수가 17에서 28로 증가했습니다.

데이터 분할 및 스케일링

데이터 분할과 스케일링을 수행합니다. 코드는 이전 예제들과 동일합니다.

CODE
```
# train, val 분할
x_train, x_val, y_train, y_val = train_test_split(x, y, test_size=.3)

# 스케일링
scaler = MinMaxScaler()
```

```
x_train = scaler.fit_transform(x_train)
x_val = scaler.transform(x_val)

# make_DataSet 입력을 위해 y_train, y_val을 넘파이 배열로 변환
y_train = y_train.values
y_val = y_val.values
```

데이터 로더 준비

전처리의 마지막으로 학습 데이터의 데이터 로더와 검증 데이터를 위한 텐서 데이터 세트를 준비합니다.

CODE
```
train_loader, x_val_ts, y_val_ts = make_DataSet(x_train, x_val, y_train, y_val, 32)
```

모델링을 수행할 데이터의 준비가 모두 끝났습니다. 모델링 단계로 넘어갑니다.

이진 분류 모델링

모델 구조 설계

모델은 [그림 4-13]과 같이 은닉층 2개와 출력층 1개, 총 3개의 층으로 구성합니다. 그림에서는 노드와 연결 일부만 표현하고 나머지는 생략했습니다.

데이터 전처리에서 생성한 28개의 입력 정보가 은닉층1에서는 16개의 노드와 연결되고, 은닉층2에서는 8개의 노드와 연결됩니다. 계속해서 은닉층2의 출력 정보가 1개의 출력층 노드와 연결되도록 모델 구조를 설계합니다.

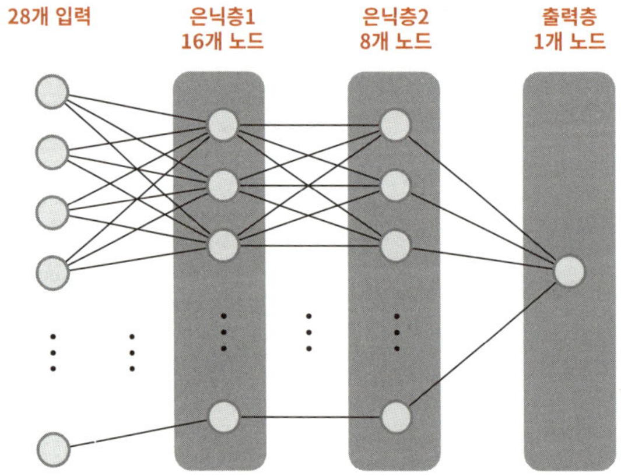

[그림 4-13] 모델 구조 예시

이 모델 구조를 코드로 옮기면 다음과 같습니다.

CODE

```
from torchsummary import summary  ①
n_feature = x.shape[1]
model = nn.Sequential(nn.Linear(n_feature, 16), nn.ReLU(),  ②
                      nn.Linear(16, 8), nn.ReLU(),          ③
                      nn.Linear(8, 1), nn.Sigmoid()         ④
        ).to(device)
summary(model, input_size=(n_feature,))  ⑤
```

OUTPUT

```
----------------------------------------------------------------
        Layer (type)               Output Shape         Param #
================================================================
            Linear-1                   [-1, 16]             464
              ReLU-2                   [-1, 16]               0
            Linear-3                    [-1, 8]             136
              ReLU-4                    [-1, 8]               0
            Linear-5                    [-1, 1]               9
           Sigmoid-6                    [-1, 1]               0
================================================================
Total params: 609
Trainable params: 609
Non-trainable params: 0
----------------------------------------------------------------
Input size (MB): 0.00
Forward/backward pass size (MB): 0.00
Params size (MB): 0.00
Estimated Total Size (MB): 0.00
----------------------------------------------------------------
```

① 지금까지 배우지 않았던 함수가 등장했습니다. 바로 모델 구조를 요약해 주는 summary 함수입니다. summary 함수는 torchsummary 라이브러리에 포함되어 있습니다.

② `nn.Linear(n_feature, 16), nn.ReLU()`: 첫 번째 은닉층에서는 입력으로 28개의 정보를 받아 16개의 노드와 연결되고 16개의 출력값을 계산합니다. 또한 은닉층이므로 활성화 함수 ReLU를 붙입니다.

③ `nn.Linear(16, 8), nn.ReLU()`: 두 번째 은닉층은 첫 번째 은닉층의 출력값(노드 수) 16개의 정보를 받아 8개의 노드로 출력값을 계산합니다. 역시 은닉층이므로 활성화 함수 ReLU를 붙입니다.

④ `nn.Linear(8, 1), nn.Sigmoid()`: 마지막으로 출력층은 두 번째 은닉층의 출력값 8개 정보와 연결되어 출력값 1개를 계산합니다. 이진 분류 모델이므로 최종 출력값을 시그모이드로 변환해 0~1 사이의 확률값으로 출력합니다.

⑤ summary 함수에는 두 가지 입력이 필요합니다. 첫 번째는 방금 만든 모델이고 두 번째는 `input_size`라는 값입니다. `input_size`는 모델에 들어가는 데이터가 어떤 구조(shape)인지 알려 주는 값입니다. 지금 사용하고 있는 데이터는 하나의 표본이 여러 개의 특징(feature)으로 이루어진 1차원 구조이므로 n_feature에 feature의 수를 담아 지정합니다. 즉, 하나의 예측 단위 데이터가 몇 개의 변수로 이루어졌는지를 알려 주는 셈입니다.

요약 함수(torchsummary.summary)의 결과는 크게 3구역으로 나누어져 있습니다. 첫 번째 구역에서는 모델 구조를 요약하면서 각 층의 파라미터 수를 표시합니다. 두 번째 구역에서는 총 파라미터 수를 나타내고, 세 번째 구역에서는 MB 단위의 메모리 사용 용량을 표시합니다. 이 중에서 가장 많이 참고하는 것은 두 번째 구역에 있는 총 파라미터 수(Total params: 2,209)입니다. 이 숫자는 모델의 크기를 뜻합니다. 보통 모델이 크다 함은 파라미터 수가 많다는 말과 동일합니다. 거대 언어 모델(Large Language Model, LLM)의 '거대'는 파라미터 수의 규모가 매우 크다는 뜻입니다.

모델을 선언했으니 손실 함수와 옵티마이저도 준비합니다.

CODE
```
loss_fn = nn.BCELoss()
optimizer = Adam(model.parameters(), lr=0.001)
```

이번 코드에서는 학습률을 0.001로 지정했습니다. 학습률은 딥러닝 모델이 얼마나 빠르게 학습할지 결정하는 핵심 하이퍼파라미터 중 하나입니다. 학습률이 너무 크면 최적의 가중치를 찾지 못해 (필자가 학습 곡선을 설명할 때 표현한 것처럼) 들쑥날쑥할 수 있고, 반대로 너무 작으면 학습 속도가 지나치게 느려져 수백 번을 반복해도 제대로 수렴되지 않을 수 있습니다. 따라서 학습률은 적절한 값을 찾는 것이 중요합니다. 실전에서는 0.001과 같이 작은 학습률로 시작해 성능 변화를 보며 다양한 값을 시도합니다. 그중 모델의 성능이 가장 안정적으로 향상되는 지점의 학습률을 선택하는 것이 좋은 전략입니다.

학습

이제 에포크 수를 50으로 지정해 학습을 시킵니다. 에포크 역시 하이퍼파라미터이므로 실험으로 적절한 값을 찾아야 합니다.

CODE
```
epochs = 50
tr_loss_list, val_loss_list = [], []
for t in range(epochs):
    tr_loss = train(train_loader, model, loss_fn, optimizer, device)
    val_loss,_ = evaluate(x_val_ts, y_val_ts, model, loss_fn, device)
    tr_loss_list.append(tr_loss)
    val_loss_list.append(val_loss)
    print(f"Epoch {t+1}, train loss : {tr_loss:4f}, val loss : {val_loss:4f}")
```

OUTPUT

```
Epoch 1, train loss : 0.772043, val loss : 0.738960
Epoch 2, train loss : 0.694561, val loss : 0.635819
Epoch 3, train loss : 0.563159, val loss : 0.501232
...
Epoch 48, train loss : 0.309250, val loss : 0.343050
Epoch 49, train loss : 0.312502, val loss : 0.342936
Epoch 50, train loss : 0.308917, val loss : 0.343068
```

모델이 50번 반복 학습하면 학습 오차와 검증 오차는 점차 줄어듭니다.

학습 곡선

이제 학습이 적절하게 진행되었는지 확인하기 위해 학습 곡선을 그립니다.

CODE

```
dl_learning_curve(tr_loss_list, val_loss_list)
```

OUTPUT

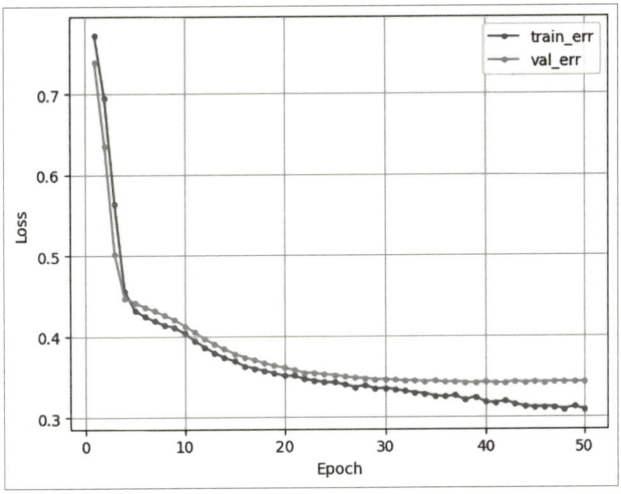

학습 곡선을 보면 학습 오차와 검증 오차는 4~5번째 에포크에서 꺾이고 이후부터는 점차 완만해집니다. 학습률과 에포크를 조절하는 방법은 6일차 '딥러닝 모델 성능 다루기' 절에서 설명하겠습니다. 여기서는 성능 최적화보다는 이진 분류 모델링을 어떻게 구현하는지에 초점을 두기 바랍니다.

검증 평가

학습이 모두 끝났다면 모델의 성능을 검증 평가합니다.

예측

먼저 evaluate 함수로 예측합니다. 그리고 예측 결과(pred)를 넘파이 배열로 바꾸고 0.5 기준으로 반올림한 값, 0과 1을 저장합니다.

CODE

```
_, pred = evaluate(x_val_ts, y_val_ts, model, loss_fn, device)
pred = np.where(pred.numpy() > .5, 1, 0)
```

성능 평가

마지막으로 분류 결과 보고서인 classification_report 함수로 예측 결과를 평가합니다.

CODE

```
print(classification_report(y_val_ts.numpy(), pred))
```

OUTPUT

```
              precision    recall  f1-score   support

         0.0       0.88      0.97      0.92       291
         1.0       0.69      0.35      0.47        62

    accuracy                           0.86       353
   macro avg       0.78      0.66      0.69       353
weighted avg       0.84      0.86      0.84       353
```

정분류율(Accuracy)이 0.86, 이직(1) 관점의 정밀도(Precision), 재현율(Recall), F1 Score가 각각 0.69, 0.35, 0.47로 나왔습니다.

모델에 검증 데이터를 입력해 예측한 결과, 전체적으로 이직 여부에 대한 예측 정확도는 0.86입니다. 이직이 예상된다고 예측한 직원 중 실제로 이직한 비율(정밀도, Precision)은 0.69이고, 실제로 이직한 직원 중 모델이 맞춘 비율(재현율, Recall)은 0.35입니다. 이 성능 평가의 결괏값 역시 상대적인 값이므로 은닉층이 없는 간단한 모델(베이스라인 모델)을 먼저 만들어 성능을 측정하고 지금처럼 은닉층을 추가한 모델의 성능과 비교해 성능 개선이 있었는지 판단해야 됩니다.

정리

이번 차시에서는 먼저 은닉층에서 무슨 일이 벌어지는지 비즈니스 관점에서 설명했습니다. 은닉층의 역할은 특징을 재표현하는 단계로서 딥러닝 모델의 꽃이라고 할 수 있습니다.

이어서 딥러닝을 활용한 이진 분류 모델링을 단계별로 살펴보았습니다. 입력 데이터를 받아 은닉층에서 특징을 추출하고 출력층에서는 시그모이드(Sigmoid) 활성화 함수로 예측 확률을 계산하는 구조로 모델을 설계했습니다. 특히 모델이 예측한 확률을 바탕으로 임곗값(보통 0.5)을 기준으로 0 또는 1을 판별하는 방식과 오차를 계산하기 위해 사용하는 손실 함수인 이진 교차 엔트로피(Binary Cross Entropy)의 원리도 함께 학습했습니다. 또한 파이토치에서는 목푯값(target)을 정수형(0 또는 1)으로 만들어야 한다는 점도 꼭 기억하길 바랍니다.

3~4일 차에 걸쳐 회귀와 이진 분류 모델링을 배웠는데, 두 모델링의 주요 요점을 하나의 표로 정리했습니다. [표 4-3]처럼 회귀와 이진 분류에서 차이가 있는 지점은 출력층의 활성화 함수와 손실 함수입니다. 또한 이진 분류 모델은 학습하고 예측할 때 확률값을 0과 1로 나눠서(`np.where`) 평가한다는 점도 잊지 말길 바랍니다.

[표 4-3] 회귀, 이진 분류 설계 비교

구분	은닉층	출력층		최적화	
	활성화 함수	활성화 함수	노드 수	옵티마이저	손실 함수
회귀	ReLU	없음	1	Adam	nn.MSELoss
이진 분류	ReLU	Sigmoid	1	Adam	nn.BCELoss

이진 분류는 가장 기본적인 분류 문제이지만, 모델링의 전 과정을 직접 구성하면서 딥러닝의 핵심 원리를 이해할 수 있는 좋은 출발점입니다. 이후에 다룰 다중 분류나 더 복잡한 구조의 모델도 이진 분류에서 배운 내용을 바탕으로 합니다. 그리고 출력층의 구조와 손실 함수의 선택, 예측값의 해석 방식은 문제 유형에 따라 다르게 적용된다는 점도 꼭 기억해 두길 바랍니다.

다음 차시에서는 범주를 두 개가 아닌 세 개 이상으로 분류하는 모델인 다중 분류 모델링으로 한 걸음 더 나아가겠습니다.

5일 차

다중 분류 모델링

이번 차시에서 주목할 키워드

- 다중 분류
- 소프트맥스 함수
- CrossEntropyLoss
- 정수 인코딩

5일 차 학습 목표

- 다중 분류의 개념을 이해하고 이진 분류와의 차이를 설명할 수 있습니다.
- 다중 분류 모델의 출력층 구조, 활성화 함수, 손실 함수의 역할을 이해합니다.
- 범주형 목푯값을 정수 인코딩하고 다중 분류 학습을 위한 데이터 전처리를 직접 구성할 수 있습니다.

4일 차에서는 두 가지 범주 중 하나를 예측하는 이진 분류 모델을 배웠습니다. 이번 차시에서는 한 단계 더 확장된 다중 분류(Multi-Class Classification) 문제를 다룹니다. 다중 분류는 세 개 이상의 범주 중 하나를 분류하는 문제입니다. 예를 들어 손글씨로 쓴 숫자 이미지를 보고 0부터 9 사이의 숫자 중 하나를 예측하는 MNIST 문제처럼 우리가 실생활에서 마주하는 다양한 분류 과제는 주로 다중 분류 문제가 많습니다. 다중 분류 모델의 출력층 구성과 활성화 함수, 손실 함수가 이진 분류와 어떻게 다른지 차근차근 살펴보고 실습으로 직접 구현하겠습니다.

다중 분류 모델 개념 이해

다중 분류(Multi-Class Classification)는 목푯값(target)의 범주가 3개 이상인 경우입니다. 이진 분류에서는 출력층에 시그모이드(Sigmoid) 활성화 함수를 적용해 0~1 사이의 확률값을 예측했습니다. 범주가 2개이므로 하나의 확률값을 이용해 0이나 1로 나누면 되었고 따라서 출력층 노드도 1개면 충분했습니다. 그러나 다중 분류 문제는 고려해야 할 범주가 여러 개이므로 출력 노드 하나로는 문제를 해결할 수 없습니다. 예컨대 특정 이미지를 보고 고양이, 강아지, 토끼 중 어떤 이미지인지 구분하는 문제라면 하나의 확률값으로 셋 중 하나를 분류할 수는 없습니다. 그렇다면 다중 분류 모델은 출력층을 어떻게 구성할까요? 지금부터 차근차근 설명합니다.

다중 분류 모델의 출력층

이진 분류 모델 vs. 다중 분류 모델

이진 분류와 다중 분류의 가장 큰 차이는 출력층의 구조와 활성화 함수입니다. 즉, 이진 분류는 하나의 노드에서 확률을 출력하는 반면, 다중 분류는 범주마다 하나의 출력 노드를 두고 각각의 확률을 계산합니다. 그리고 각각의 확률들의 합은 1입니다.

[표 5-1] 이진 분류, 다중 분류의 구조 비교

분류 유형	출력층 구조	활성화 함수	출력값의 의미
이진 분류	출력 노드 1개	시그모이드	0~1 사이의 확률
다중 분류	출력 노드는 범주의 개수만큼	소프트맥스	각 범주의 확률

다음 절에서 예제로 사용할 붓꽃 데이터(이하 iris 데이터)는 목푯값 범주가 setosa, versicolor, virginica 3개로 구성된 데이터 세트입니다. 이 데이터를 다중 분류 모델로 구성할 때는 출력 노드도 3개가 있어야 합니다. 각 노드의 예측 결과는 각 범주의 확률값입니다. 예를 들어 어떤 입력값으로 세 범주의 확률을 예측한다고 합시다. 예측 결과가 setosa일 확률은 0.6, versicolor는 0.3, virginica는 0.1과 같다면 세 범주 확률값(0.6 + 0.3 + 0.1)의 합은 1입니다.

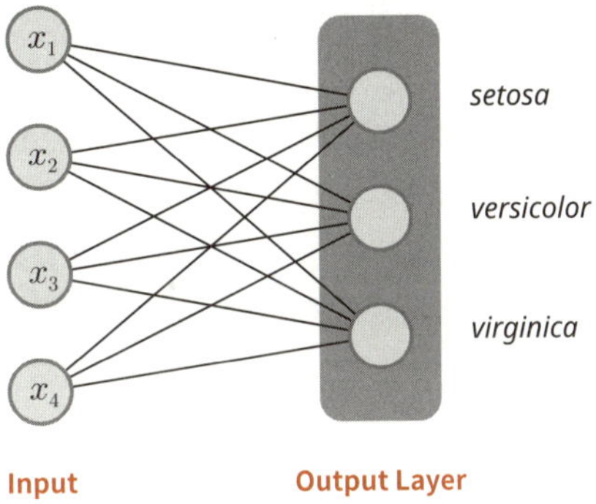

[그림 5-1] Iris 데이터 세트의 다중 분류 모델 구조

목푯값에 대한 전처리

딥러닝으로 다중 분류 모델을 만들려면 입력 데이터뿐만 아니라 목푯값(target) 데이터도 적절한 형태로 준비해야 합니다. 특히 분류 문제는 목푯값이 setosa, versicolor, virginica와 같은 문자열로 되어 있는 경우가 많으므로 모델이 이해할 수 있는 숫자 형태로 변환해야 합니다.

이진 분류 모델에서는 목푯값이 0과 1로 변환되어야 했지만, 다중 분류 모델에서는 정수형 인덱스(0, 1, 2, ...)를 제공해야 합니다. 이 정수는 출력층 소프트맥스 함수의 결과가 어떤 인덱스에 해당하는지를 의미합니다. iris 데이터처럼 범주가 총 3개(setosa, versicolor, virginica)라면 각각의 범주값을 [0, 1, 2]로 변경하면 됩니다. 한 가지 주의할 점은 반드시 0부터 시작해 1씩 증가하는 값으로 변환(정수 인코딩)해야 합니다.

다중 분류에서는 목푯값을 원-핫 인코딩(One-Hot Encoding)하는 것으로 알고 있는 분들이 많습니다. 하지만 파이토치에서는 그렇지 않습니다. 곧 배우게 될 다중 분류 모델의 손실 함수인 교차 엔트로피(`nn.CrossEntropyLoss`)는 내부적으로 소프트맥스 함수를 적용한 다음, 정수 인코딩된 목푯값(target)과 비교해 손실을 계산합니다. 따라서 목푯값은 정수 인코딩된 1차원 데이터를 그대로 사용합니다.

여기서 잠깐

원-핫 인코딩(One-Hot Encoding), 정수 인코딩(Integer Encoding)?

데이터 전처리 과정에서 자주 등장하는 단어가 인코딩(Encoding)입니다. 그리고 인코딩의 짝인 단어가 디코딩(Decoding)입니다. 인코딩은 기존 정보를 어떤 목적에 맞게 변형하는 작업이고 디코딩은 변형된 정보를 다시 원래대로 되돌리는 작업입니다. 그렇다면 원-핫 인코딩과 정수 인코딩은 어떤 목적을 가지고 정보를 변형하는 것일까요?

정수 인코딩은 각각의 범주에 고유한 정수를 부여하는 방식입니다. 예를 들어 세 개의 범주가 있을 때 `setosa`는 0, `versicolor`는 1, `virginica`는 2로 표현합니다. 간단하고 직관적인 방식이지만, 숫자 간의 크기 차이가 모델에서 의미 있는 순서나 거리로 잘못 해석될 수 있다는 단점도 있습니다.

원-핫 인코딩은 각각의 범주를 벡터로 표현하는데, 해당 범주에만 1을 주고 나머지는 모두 0으로 설정하는 인코딩 방식입니다. 예를 들어 `versicolor`는 정수 인코딩된 값이 1이므로 [0, 1, 0]으로 표현합니다. 이렇게 하면 범주 간의 거리나 순서에 대한 잘못된 정보를 제거할 수 있는 장점이 있습니다. 원-핫 인코딩을 하려면 반드시 정수 인코딩을 먼저 해야 하고 0부터 시작해야 합니다.

출력층의 동작 방식

[그림 5-2]에 표현되어 있는 출력층의 동작을 단계별로 설명하면 다음과 같습니다.

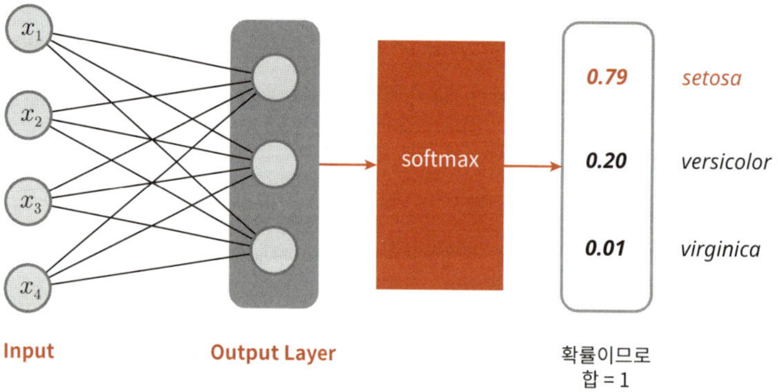

[그림 5-2] 출력층 결과에 소프트맥스 연산을 적용해 확률값으로 변환

1. 데이터($x1, x2, x3, x4$)를 모델에 입력합니다.
2. 가중치를 적용해 세 개의 출력 노드에서 점수를 생성(계산)합니다. 이때 생성되는 점수는 확률값이 아닌 수치값입니다. 4일 차 이진 분류 모델에서 확률로 변환되기 전 숫자를 로짓(Logit)이라고 했습니다.
3. 로짓값은 소프트맥스 함수에 입력되어 각 범주의 확률값으로 변환됩니다. 소프트맥스 함수는 여러 로짓값을 묶어 확률값으로 변환하는 함수입니다. 이진 분류 모델의 시그모이드처럼 다중 분류 모델 출력층의 활성화 함수라고 이해하면 됩니다.
4. 이 중에서 가장 높은 확률을 가진 범주가 최종 예측값이 됩니다.

[그림 5-2]에서는 setosa일 확률이 0.79, versicolor는 0.20, virginica는 0.01이므로 최종 예측 범주는 setosa입니다.

소프트맥스 함수

이진 분류에서 사용하는 시그모이드(Sigmoid) 함수는 출력층의 노드가 1개이고 이 노드에서 계산한 하나의 로짓값을 0~1 사이의 확률로 출력합니다. 하지만 다중 분류에서는 분류해야 할 범주의 수만큼 노드를 출력층으로 두고 각각의 노드에서 나오는 로짓값으로 각각의 확률값을 만듭니다. 이때 사용하는 함수가 바로 소프트맥스입니다. 이 함수의 식은 다음과 같습니다.

$$\text{softmax}(x)_i = \frac{e^{x_i}}{\sum e^{x_i}}$$

예를 들어 출력층의 3개 노드에서 계산된 점수(로짓값)가 2.5, 1.2, −0.5 라고 할 때 이를 수식에 대입해 계산하면 다음과 같습니다.

- 첫 번째 노드(setosa)의 확률값: $\frac{e^{2.5}}{e^{2.5}+e^{1.2}+e^{-0.5}} = 0.79$
- 두 번째 노드(versicolor)의 확률값: $\frac{e^{1.2}}{e^{2.5}+e^{1.2}+e^{-0.5}} = 0.20$
- 세 번째 노드(virginica)의 확률값: $\frac{e^{-0.5}}{e^{2.5}+e^{1.2}+e^{-0.5}} = 0.01$

세 확률값의 합($0.79 + 0.20 + 0.01$)은 1이고 여기서 확률이 가장 높은 setosa(0.79) 범주가 최종 예측 결과가 됩니다.

정리하면 이진 분류와 다중 분류의 가장 큰 차이는 출력층의 노드 개수와 활성화 함수입니다. 이진 분류는 시그모이드 함수로 단일 확률값을 출력하지만, 다중 분류는 소프트맥스 함수를 사용해 각 노드의 출력값을 확률값으로 변환합니다.

다중 분류 모델의 손실 함수 이해

분류 문제에서는 예측이 얼마나 목푯값과 일치하는지 평가하기 위해 교차 엔트로피(Cross Entropy)라는 손실 함수를 사용합니다. 이 함수는 예측한 확률값이 목푯값과 얼마나 가까운지 계산하며 값이 작을수록(가까울수록) 더 정확한 예측임을 의미합니다.

이진 분류에서는 두 가지 범주 중 하나를 예측하므로 모델의 출력은 하나의 숫자입니다. 여기에 시그모이드 함수를 적용해 0과 1 사이의 확률로 변환합니다. 이후 이 확률과 실제 목푯값(0 또는 1)을 비교해 이진 분류 교차 엔트로피(Binary Cross Entropy) 손실을 계산합니다.

반면 다중 분류는 예측해야 할 범주가 3개 이상으로 늘어나기 때문에 출력층도 범주의 수만큼 노드가 필요합니다. 출력값에 소프트맥스(Softmax) 함수를 적용하면 각각의 범주에 속할 확률이 계산됩니다. 그리고 소프트맥스 함수로 얻은 확률과 실제 목푯값을 비교해 다중 범주용 교차 엔트로피 손실을 계산합니다.

이제 다중 분류 상황에서 사용되는 교차 엔트로피 손실 함수의 정의와 계산 방식을 살펴보고 이진 분류와 어떤 차이가 있는지 설명하겠습니다.

교차 엔트로피 공식

다중 분류를 위한 교차 엔트로피(Cross Entropy) 식은 4일 차에서 설명한 이진 교차 엔트로피 식과 비슷합니다. 다음 수식에 대해 차근차근 설명하겠습니다.

$$\text{Cross Entropy} = -\frac{1}{N}\sum_{i=1}^{N}\sum_{c=1}^{C} y_{i,c} \log p_{i,c}$$

- N: 샘플 수(배치 크기)
- C: 범주 수
- i: 데이터의 인덱스
- $y_{i,c}$: 실제 목푯값(Label)
- $p_{i,c}$: 예측 확률(소프트맥스를 거친 모델의 출력값)

공식을 하나씩 뜯어 보면 다음과 같습니다.

① $\frac{1}{N}\sum_{i=1}^{N}$⬚: 이런 모양의 수식이 나오면 그냥 '평균'으로 읽으라고 했지요? i는 데이터 세트의 행 인덱스입니다. 데이터 세트에 데이터가 총 N개 있으며 각각의 데이터에서 어떤 값의 평균을 계산하라는 의미입니다.

② $-\log p_{i,c}$: 예측 확률($p_{i,c}$)에 로그를 취했습니다. 식 맨 앞에 −(마이너스)가 붙어 있는데, −log에서 −만 맨 앞으로 보낸 겁니다. −log는 핵심적인 수식으로 교차 엔트로피에서 오차를 계산합니다. 다음 쪽 [그림 5-3]의 오른쪽 그래프가 바로 −log입니다. 4일 차에서 설명했던 내용을 떠올리길 바랍니다. 여기서 $p_{i,c}$는 i행에서 목푯값 범주 c의 확률입니다. 앞의 예제에서는 setosa일 확률이 0.79, versicolor는 0.20, virginica는 0.01이었습니다.

③ $y_{i,c}\log p_{i,c}$: ②의 수식에 $y_{i,c}$를 곱합니다. 목푯값이 setosa라면 setosa만 1이고 versicolor와 virginica는 0입니다.

④ $\sum_{c=1}^{C} y_{i,c}\log p_{i,c}$: 목푯값 범주별로 ③을 계산해 모두 더하는 부분입니다. 앞의 예제로 이를 계산하면 다음과 같습니다.

$$1 \times 0.79 + 0 \times 0.20 + 0 \times 0.01 = 0.79$$

이해가 되시나요? 조금 어려울 것 같아 그림을 보며 다시 한번 설명하겠습니다.

교차 엔트로피 계산 예제

이해를 돕고자 [그림 5-3]의 예제로 다시 설명합니다. [그림 5-3]의 오른쪽 그래프는 식이 $y = -\log x$입니다. 4일 차에서 이진 교차 엔트로피를 설명하면서 이미 소개했습니다. [그림 5-3]에서 왼쪽 표를 보면 목푯값(y)은 0, 1, 2로 정수 인코딩되어 있고, 예측값($\hat{y}$)은 세 범주의 확률값입니다. 그렇다면 이 두 값 사이의 오차는 어떻게 계산할까요?

왼쪽 표에서 첫 번째 행을 보면 목푯값(y)은 1, 예측값($\hat{y}$)은 [0.1, 0.6, 0.3]입니다. 목푯값 1을 인덱스로 사용해 예측값의 확률들 중 인덱스 1의 확률값을 뽑습니다. 여기서는 0.6입니다. 이 값을 −log로 계산해 오차를 구하면 0.51입니다. 두 번째 행도 계산하면 목푯값(y)은 0, 예측값($\hat{y}$)은 [0.3, 0.2, 0.5]입니다. 목푯값 0을 인덱스로 사용한다고 했지요? 예측값에서 0번 인덱스 위치의 확률값은 0.3입니다. 이 확률값으로 −log 계산을 하면 1.20입니다. 첫 번째 행은 범주 1에 대한 확률을 0.6으로 예측했고, 두 번째 행은 범주 0에 대한 확률을 0.3으로 예측했습니다. 첫 번째 행은 목푯값 범주에 0.6이라는 꽤 높은 확률을 줬고, 두 번째 행은 목푯값 범주에

y	$\hat{y}$
1	[0.1, 0.6, 0.3]
0	[0.3, 0.2, 0.5]
2	[0.2, 0.4, 0.4]
1	[0.1, 0.9, 0.0]
0	[0.7, 0.1, 0.2]
0	[0.5, 0.3, 0.2]
2	[0.1, 0.1, 0.8]

err_1
$-\log(0.6) = 0.51$
$-\log(0.3) = 1.20$
$-\log(0.4) = 0.91$
$-\log(0.9) = 0.10$
$-\log(0.7) = 0.36$
$-\log(0.5) = 0.69$
$-\log(0.8) = 0.22$

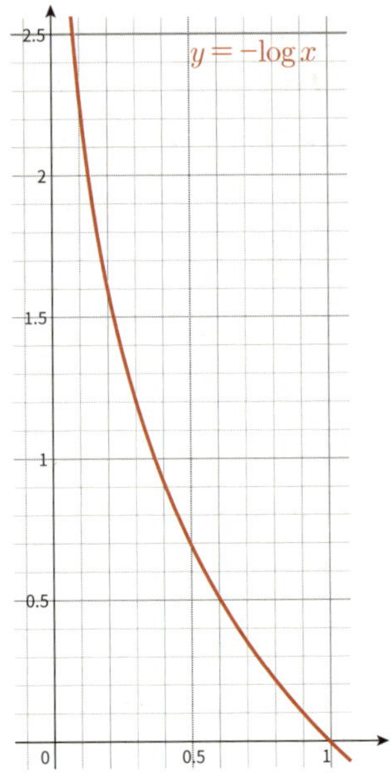

[그림 5-3] 예측 결과를 교차 엔트로피로 계산하는 과정

0.3이라는 낮은 확률을 줬습니다. 그래서 첫 번째 행의 예측이 더 잘 맞았다고 볼 수 있고 그만큼 오차도 더 적게 나옵니다(0.51 < 1.20).

이런 식으로 각 행의 손실값을 모두 계산한 뒤 평균을 구하면 그 값이 바로 다중 분류에서 사용하는 교차 엔트로피(`nn.CrossEntropyLoss`)입니다.

이 함수를 사용할 때 주의할 점이 있습니다. 바로 교차 엔트로피 함수 내부에 소프트맥스 연산이 포함되어 있다는 점입니다. 그러므로 모델을 설계할 때는 출력층에 소프트맥스 함수를 추가할 필요가 없습니다. 다만 학습을 마친 다음, 예측할 때는 예측 결과가 그냥 로짓값입니다. 이 값을 소프트맥스 함수로 변환해야 범주별로 확률값을 구할 수 있습니다. 이 변환에 대해서는 예제 코드를 작성하면서 다시 한 번 설명합니다.

다중 분류 모델링 실습 1 - iris

이번 절에서는 다중 분류 모델링(Multi-Class Classification)을 실습합니다. 다중 분류 모델링을 위해 붓꽃(iris) 품종 분류 데이터를 사용합니다. 이 데이터 세트는 머신러닝/딥러닝 입문자들이 분류 문제를 배울 때 가장 널리 사용하는 대표적인 예제 데이터입니다. 이 데이터는 유명한 통계학자 로널드 피셔(Ronald Fisher)가 처음 소개했는데, 세 종류의 붓꽃 품종을 꽃잎과 꽃받침의 길이와 너비를 이용해 분류하는 문제입니다.

데이터 세트의 변수는 다음과 같습니다.

- Sepal.Length: 꽃받침 길이
- Sepal.Width: 꽃받침 폭
- Petal.Length: 꽃잎 길이
- Petal.Width: 꽃잎 폭
- Species: 품종(setosa, versicolor, virginica)

이제 환경 준비부터 모델링 및 모델 평가까지 다중 분류 모델링 절차와 방법을 코드로 구현합니다. 전과 동일하게 코랩에서 새 파일을 생성하고 파일 이름은 '5일차_다중분류모델실습.ipynb'로 명명합니다. 나머지는 이전 차시와 거의 동일합니다.

환경 준비

라이브러리 로딩, 디바이스 준비 및 데이터 로딩

이전과 동일하게 기본 라이브러리, 데이터 전처리를 위한 `sklearn`, 모델링을 위한 `torch` 라이브러리를 불러오고 디바이스도 준비합니다.

CODE

```
# 라이브러리 로딩
import pandas as pd
import numpy as np
import matplotlib.pyplot as plt
from sklearn.model_selection import train_test_split
from sklearn.metrics import *
from sklearn.preprocessing import MinMaxScaler
import torch
from torch import nn
from torch.utils.data import DataLoader, TensorDataset
from torch.optim import Adam

# 디바이스 준비
device = "cuda" if torch.cuda.is_available() else "cpu"
```

라이브러리와 디바이스를 준비했습니다. 기본 설정 코드는 여러 프로젝트에서 반복적으로 사용되므로 별도로 잘 정리해 두었다가 필요할 때마다 불러와서 사용하는 것이 효과적입니다.

사용자 정의 함수 생성

데이터 전처리, 모델링의 주요 작업들을 자동화하기 위한 함수를 생성합니다. 이전 모델링 실습에서 모두 다루었던 함수들입니다. 학습(train), 검증(evaluate), 학습 곡선(dl_learning_curve) 함수는 이전 차시와 동일하게 사용합니다. 다만 데이터 로더를 만드는 make_DataSet 함수는 입력값과 목푯값을 처리하는 부분에서 약간 다릅니다.

CODE

```
## 학습 함수
def train(dataloader, model, loss_fn, optimizer, device):
    size = len(dataloader.dataset)  # 전체 데이터 세트의 크기
    num_batches = len(dataloader)   # 배치 크기
    tr_loss = 0

    model.train()                          # 학습 모드로 설정
    for x, y in dataloader:                # batch 단위 로딩
        x, y = x.to(device), y.to(device)  # 디바이스 지정

        # Feed Forward(오차 순전파)
        pred = model(x)
        loss = loss_fn(pred, y)
        tr_loss += loss

        # Backpropagation(오차 역전파)
        loss.backward()         # 역전파를 통해 각 파라미터의 손실 기울기 계산
        optimizer.step()        # 옵티마이저가 모델의 파라미터를 업데이트
        optimizer.zero_grad()   # 옵티마이저의 기울기값 초기화
    tr_loss /= num_batches      # 모든 배치에서의 오차 평균
    return tr_loss.item()

## 검증 평가 함수
def evaluate(x_val_tensor, y_val_tensor, model, loss_fn, device):
    model.eval()              # 모델을 평가 모드로 설정
    with torch.no_grad():     # 평가 과정에서 기울기를 계산하지 않도록 설정
        x, y = x_val_tensor.to(device), y_val_tensor.to(device)
        pred = model(x)
        eval_loss = loss_fn(pred, y).item()   # 예측값 pred와 목푯값 y 사이의 오차 계산
    return eval_loss, pred

## 학습 곡선 함수
def dl_learning_curve(tr_loss_list, val_loss_list):
    epochs = list(range(1, len(tr_loss_list)+1))
    plt.plot(epochs, tr_loss_list, label='train_err', marker = '.')
    plt.plot(epochs, val_loss_list, label='val_err', marker = '.')
    plt.ylabel('Loss')
```

```
    plt.xlabel('Epoch')
    plt.legend()
    plt.grid()
    plt.show()
```

세 함수를 먼저 생성했습니다. 이 함수들 중 train 함수의 내부 코드들은 딥러닝 모델링의 학습 절차를 이해하는 데 중요하므로 다시 한번 코드를 꼼꼼히 읽어 보기 바랍니다.

다중 분류 모델을 위한 데이터 로더 함수

데이터 로더를 생성하는 make_DataSet 함수는 3~4일 차에서 이미 설명했습니다. 그런데 이번 차시에서 이 함수의 내용이 조금 달라집니다. 먼저 코드를 작성합니다.

CODE

```
## 데이터 로더 선언 함수
def make_DataSet(x_train, x_val, y_train, y_val, batch_size = 32) :

    # 텐서로 변환
    x_train_tensor = torch.tensor(x_train, dtype=torch.float32)
    y_train_tensor = torch.tensor(y_train, dtype=torch.long)
    x_val_tensor = torch.tensor(x_val, dtype=torch.float32)
    y_val_tensor = torch.tensor(y_val, dtype=torch.long)

    # TensorDataset 생성: 텐서 데이터 세트로 합치기
    train_dataset = TensorDataset(x_train_tensor, y_train_tensor)

    # DataLoader 생성
    train_loader = DataLoader(train_dataset, batch_size=batch_size, shuffle = True)
    return train_loader, x_val_tensor, y_val_tensor
```

함수의 내부 절차는 동일합니다. make_DataSet 함수는 x_train, x_val, y_train, y_val, batch_size를 입력으로 받습니다. 그리고 입력 데이터는 모두 텐서로 변환합니다. 그중 학습 데이터는 텐서 데이터 세트로 먼저 변환하며 이 데이터 세트를 이용해 데이터 로더를 생성합니다. 결과로 make_DataSet 함수는 데이터 로더와 검증 텐서 데이터 세트를 반환합니다.

그런데 앞에서 만들었던 make_DataSet 함수와 비교하면 두 곳이 다릅니다. 바로 y_train_tensor와 y_val_tensor를 만드는 부분입니다.

이전 함수와 비교해 어떤 차이점이 있는지 회귀, 이진 분류, 다중 분류 코드를 비교하면 다음과 같습니다. 비교하는 내용이므로 코드를 작성할 필요는 없습니다.

CODE
```
# 회귀
y_train_tensor = torch.tensor(y_train, dtype=torch.float32).view(-1, 1)  ①

# 이진 분류
y_train_tensor = torch.tensor(y_train, dtype=torch.float32).view(-1, 1)

# 다중 분류
y_train_tensor = torch.tensor(y_train, dtype=torch.long)  ②
```

① y_train은 1차원 넘파이 배열입니다. 이 배열을 실수 타입(float32)의 텐서로 만들고 view 메서드를 이용해 2차원으로 변환합니다.

② 1차원 넘파이 배열(y_train.values)을 1차원 텐서로 만듭니다. 이때 데이터 타입은 정수(long)입니다.

왜 각각의 문제 유형에 따라 데이터의 형식과 구조 간에 차이가 생길까요?

모델에 여러 행의 데이터를 입력하면 예측 결과도 행(row)마다 하나씩 출력되어 일반적으로 2차원 텐서 형태가 됩니다. 이 예측값(2차원 텐서 구조)과 목푯값을 비교해 오차를 계산합니다. 이때 목푯값은 손실 함수가 기대하는 구조와 타입으로 준비되어야 합니다. 따라서 사용하는 손실 함수에 따라 목푯값의 데이터 형식도 달라져야 합니다.

- 회귀 모델: 손실 함수 MSELoss는 두 실수 간의 제곱 오차를 계산하고 평균을 구합니다. 회귀 모델은 연속된 숫자를 예측하므로 목푯값이나 예측값 모두 실수 타입입니다. 그리고 두 텐서의 비교 연산을 위해서는 구조가 같아야 하므로 목푯값은 2차원 실수 타입의 텐서로 준비해야 합니다.
- 이진 분류 모델: BCELoss는 목푯값과 −log(확률값)를 곱해 계산합니다. 두 텐서 간의 연산이므로 역시 2차원 구조의 실수 타입으로 지정해야 합니다.
- 다중 분류 모델: CrossEntropyLoss는 목푯값을 클래스 인덱스(정수)로 사용합니다. 모델은 각 범주에 대한 확률 벡터를 출력하며, 손실 함수는 이 벡터와 목푯값을 비교해 오차를 계산합니다. 그런데 인덱스는 정수 타입이므로 CrossEntropyLoss 내부에서는 목푯값을 1차원 텐서로 받아 오차를 계산해야 합니다. 따라서 다중 분류 모델에서는 목푯값을 1차원 정수 타입의 텐서로 만듭니다.

설명이 좀 길어졌습니다. 지금까지의 내용을 표로 정리하면 다음과 같습니다.

[표 5-2] 문제 유형별 y의 구조 비교

구분	목푯값(y) 텐서의 차원	목푯값(y) 데이터 타입	손실 함수
회귀	2	실수(float32)	MSELoss
이진 분류	2	실수(float32)	BCELoss
다중 분류	1	정수(long)	CrossEntropyLoss

문제 유형(회귀, 이진 분류, 다중 분류)에 따라 목푯값 데이터의 구조와 자료형이 달라지는 이유를 살펴보았습니다. 조금 어려운 내용입니다. 하지만 여기서 기억해야 할 중요한 점은 손실 함수의 입력 형식에 맞게 목푯값을 정확히 준비해야 오류 없이 학습이 진행된다는 것입니다.

데이터 전처리

데이터 전처리는 데이터 로딩, 데이터 세트 구성, y에 대한 전처리, 데이터 분할(train, val), 스케일링, 데이터 로더 준비로 진행합니다. 대부분 이전 차시에서 설명한 내용과 동일하지만, y를 정수로 인코딩하는 단계가 하나 더 추가되었습니다.

데이터 로딩 및 x, y 분할

앞에서 소개했던 iris 데이터 세트를 불러옵니다.

CODE

```
path = "https://bit.ly/irisdata_csv"
data = pd.read_csv(path)
data.head()
```

OUTPUT

	Sepal.Length	Sepal.Width	Petal.Length	Petal.Width	Species
0	5.1	3.5	1.4	0.2	setosa
1	4.9	3.0	1.4	0.2	setosa
2	4.7	3.2	1.3	0.2	setosa
3	4.6	3.1	1.5	0.2	setosa
4	5.0	3.6	1.4	0.2	setosa

코드 실행 결과를 보면 iris 데이터는 4개의 입력값(Sepal.Length, Sepal.Width, Petal.Length, Petal.Width)과 1개의 목푯값(Species)으로 구성되어 있습니다.

이 데이터 세트를 x와 y로 분할합니다.

CODE

```
target = 'Species'
x = data.drop(target, axis = 1)
y = data.loc[:, target]
```

목푯값(Species)을 중심으로 데이터를 x, y로 분할했습니다. 다음으로 y의 전처리를 설명합니다.

y의 전처리: 정수 인코딩

이번 다중 분류 모델의 y(target)는 setosa, versicolor, virginica로서 텍스트 형식의 범주값입니다. 앞에서 손실 함수 CrossEntropyLoss를 소개하면서 이 손실 함수에 입력할 목푯값(y)은 1차원 정수 타입의 텐서이어야 한다고 했습니다. 그래서 setosa, versicolor, virginica를 정수 타입으로 바꾸는 정수 인코딩(Integer Encoding)을 수행합니다.

정수 인코딩을 처리하는 다양한 방법이 있지만, 여기서는 sklearn의 LavelEncoder 함수를 이용하겠습니다.

CODE

```
from sklearn.preprocessing import LabelEncoder   ①
le = LabelEncoder()                               ②
y = le.fit_transform(y)                           ③
print(type(y))
```

OUTPUT

```
<class 'numpy.ndarray'>
```

① 정수로 인코딩하는 함수는 다양합니다. 여기서는 sklearn에서 제공하는 LabelEncoder 함수를 사용합니다.

② LabelEncoder 객체를 선언하고 변수 le에 저장합니다.

③ fit_transform 메서드에 y를 넣고 변환하면 정수 인코딩을 수행합니다.

코드 실행 결과를 보면 인코딩해 저장한 y는 넘파이 배열입니다. 따라서 make_DateSet 함수에 넣기 전에 y_train이나 y_val을 다시 넘파이 배열로 변환할 필요는 없습니다.

여기서 잠깐

범주형 정보를 정수로 인코딩한 다음 원래대로 되돌리는 방법

범주값을 정수 인코딩하면 범주의 순서대로 0에서 시작해 1, 2, 3, …순으로 증가하는 정숫값이 됩니다. 그런데 인코딩된 정숫값을 사용하다 보면 각 정수의 의미를 확인해야 할 경우가 생깁니다. 이때 다음 코드를 활용하면 됩니다.

CODE
```
print(le.classes_)                    ①
y_orig = le.inverse_transform(y)  ②
```

① classes_ 속성은 인코딩하기 전 범주의 목록을 보여 줍니다.

② inverse_transform 메서드를 사용하면 인코딩하기 전의 데이터로 변환할 수 있습니다.

train, val 분할, 스케일링, 데이터 로더 준비

데이터 전처리의 나머지 작업을 순차적으로 수행합니다. 이 부분 역시 이전과 동일합니다.

CODE
```
# train, val 분할
x_train, x_val, y_train, y_val = train_test_split(x, y, test_size=.3, random_state=20)

# 스케일링
scaler = MinMaxScaler()
x_train = scaler.fit_transform(x_train)
x_val = scaler.transform(x_val)

# 데이터 로더
train_loader, x_val_ts, y_val_ts = make_DataSet(x_train, x_val, y_train, y_val, 32)
```

환경 준비부터 데이터 준비까지 모두 마쳤습니다. 데이터 전처리 과정에서 회귀 및 이진 분류 모델링과 달라진 점을 다시 정리하면 다음과 같습니다.

- make_DataSet 함수에서 y 텐서의 구조는 1차원, 데이터 타입은 정수(long)로 지정
- y의 정수 인코딩이 필요

이 두 부분이 달라졌습니다. 다중 분류 모델링을 위한 손실 함수 CrossEntropyLoss

의 내부 계산 로직에 맞추기 위해 이 작업은 꼭 필요합니다. 이제 다중 분류 모델링으로 넘어갑니다.

모델링

모델 구조 선언

다중 분류 모델의 구조를 설계할 때도 회귀나 이진 분류 모델과 다른 점이 두 가지 있습니다.

- 출력층의 노드(Output Node) 수는 분류하려는 범주 수와 같다.
- 출력층 이후에 소프트맥스 함수가 필요하지만, 손실 함수(CrossEntropyLoss)에 소프트맥스 연산이 포함되므로 모델 구조를 설계하는 코드에는 소프트맥스를 포함하지 않는다.

이 두 가지를 기억하면서 층 하나로 이루어진 다중 분류 모델 구조를 다음과 같이 구현합니다.

CODE

```
n_feature = x.shape[1]        ①
n_class = len(le.classes_)   ②

# 모델 구조 설계
model = nn.Sequential(
            nn.Linear(n_feature, n_class),   ③
        ).to(device)
```

① 입력변수(x, 특징)의 수를 변수 n_feature에 저장합니다.

② le.classes_ 속성에는 정수 인코딩하기 전의 범주 목록이 있습니다. len 함수로 범주 목록의 개수를 셉니다. 즉, 다중 분류 모델에서 범주의 수를 셉니다.

③ nn.Linear 함수가 하나이므로 출력층만 있는 구조입니다. feature 수만큼 입력으로 받고 target의 범주 수(n_class)만큼 출력합니다.

다중 분류 모델에서는 출력층의 노드 수가 범주 수와 같습니다. 또한 다중 분류 모델의 출력층에는 소프트맥스 함수가 추가되어야 하지만, 손실 함수(CrossEntropy Loss)에 소프트맥스 연산이 포함되므로 모델 구조를 작성할 때는 이를 생략합니다.

손실 함수와 옵티마이저

다음으로 손실 함수와 옵티마이저를 선언합니다. 이진 분류나 회귀 모델뿐만 아니라 다중 분류 모델에서도 옵티마이저는 Adam을 사용합니다. 하지만 손실 함수는 다중 분류 모델에서 사용하는 교차 엔트로피(nn.CrossEntropyLoss)를 사용합니다.

CODE
```
loss_fn = nn.CrossEntropyLoss()
optimizer = Adam(model.parameters(), lr=0.1)
```

학습 및 학습 곡선

이제 모델을 학습시킵니다. 학습과 학습 곡선은 회귀, 이진 분류 모델과 동일합니다.

CODE
```
epochs = 50
tr_loss_list, val_loss_list = [], []
for t in range(epochs):
    tr_loss = train(train_loader, model, loss_fn, optimizer, device)
    val_loss,_ = evaluate(x_val_ts, y_val_ts, model, loss_fn, device)
    tr_loss_list.append(tr_loss)
    val_loss_list.append(val_loss)
    print(f"Epoch {t+1}, train loss : {tr_loss:4f}, val loss : {val_loss:4f}")
```

OUTPUT
```
Epoch 1, train loss : 1.110151, val loss : 0.968307
Epoch 2, train loss : 0.899381, val loss : 0.763941
Epoch 3, train loss : 0.743901, val loss : 0.643649
...
Epoch 98, train loss : 0.131630, val loss : 0.112698
Epoch 99, train loss : 0.126547, val loss : 0.112153
Epoch 100, train loss : 0.154866, val loss : 0.107857
```

학습 곡선으로 학습이 적절히 수행되었는지 살펴봅니다. 필자가 강의할 때 보면 학습 곡선 그래프를 어떻게 해석해야 할지 난감해 하는 분들이 많습니다. 학습 곡선은 학습이 적절히 진행되었는지 살펴볼 수 있는 매우 중요한 근거이므로 몇 번 더 반복해 설명합니다.

CODE
```
dl_learning_curve(tr_loss_list, val_loss_list)
```

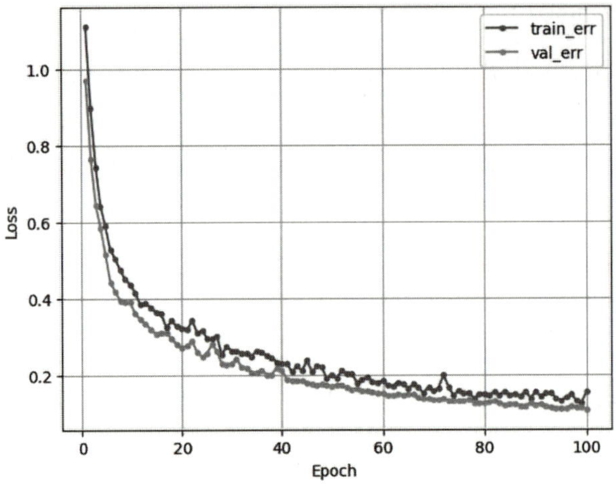

[그림 5-4] 다중 분류 모델의 학습 곡선

[그림 5-4]의 학습 곡선을 보면 에포크가 증가할수록 오차는 줄어듭니다. 학습 곡선을 세 부분으로 나누어 보면 다음과 같습니다.

- 첫 번째 부분(에포크 1~10): 학습 오차와 검증 오차가 급격히 줄어듭니다.
- 두 번째 부분(에포크 11~30): 오차의 감소세가 꺾입니다.
- 세 번째 부분(에포크 31~100): 오차가 완만하게 줄어듭니다.

세부적으로 살펴보면 학습 오차(train_err)는 약간 들쑥날쑥합니다. 그래서 학습률을 조금 작게 조정해 볼 수 있습니다. 하지만 전체적으로 오차는 감소하다 완만해지는 흐름이므로 학습률 조정은 큰 의미가 없을 것 같습니다.

모델 검증 평가

모델을 학습한 후에는 얼마나 정확하게 예측하는지 평가하는 과정이 필요합니다. 앞에서 살펴보았듯이 다중 분류 모델은 여러 개의 범주를 예측하므로 이진 분류와는 조금 다른 방식으로 평가해야 합니다.

다중 분류 모델로 예측하고 이후 처리되는 작업을 단계별로 설명하면 다음과 같습니다.

1. 모델로 예측하기
2. 소프트맥스 함수를 이용해 확률값으로 변환하기
3. 확률이 가장 큰 값의 인덱스를 추출해 해당 범주로 분류하기

절차대로 살펴보겠습니다. 모델로 예측하면 결과가 행렬(2차원 표) 형태로 나오는데, 이때 행은 데이터 개수를, 열은 분류해야 할 범주의 개수를 의미합니다. 예를 들어 데이터가 100건이고 분류해야 할 범주가 3개라면 예측 결과는 100행 3열짜리 표가 됩니다. 각각의 행은 데이터 하나의 예측 결과이고, 그 안의 3개 숫자는 각각 출력층의 로짓값을 나타냅니다.

다음 코드를 작성합니다.

CODE
```
_, pred = evaluate(x_val_ts, y_val_ts, model, loss_fn, device)
print(pred.numpy()[:3])
```

OUTPUT
```
[[ 6.7531557  1.6497982 -8.050492 ]
 [-4.696289   0.8361721 -1.4306617]
 [-4.7747574  0.6079354 -1.373682 ]]
```

코드 실행 결과를 보면 하나의 행마다 세 개의 결괏값이 나옵니다. 각각의 값은 세 품종에 대한 입력 데이터 한 건의 분류 예측값입니다. 붓꽃 데이터 하나의 행은 Sepal.Length(꽃잎 길이), Sepal.Width(꽃잎 폭), Petal.Length(꽃받침 길이), Petal.Width(꽃받침 폭) 정보로 구성됩니다. 이 4개의 데이터를 이용해 품종을 예측하며 코드의 결과는 세 품종(setosa, versicolor, virginica)에 대한 각 노드의 예측값입니다.

아직 이 값을 봐서는 무슨 의미인지 파악하기 어렵습니다. 그러나 이 값을 소프트맥스 함수에 통과시키면 범주별 확률값으로 변환됩니다.

CODE
```
pred = nn.functional.softmax(pred, dim=1)
print(pred[:3])
```

OUTPUT
```
tensor([[9.9396e-01, 6.0396e-03, 3.7002e-07],
        [3.5719e-03, 9.0286e-01, 9.3572e-02],
        [4.0225e-03, 8.7532e-01, 1.2066e-01]])
```

코드를 실행하면 행별로 setosa, versicolor, virginica 각 품종의 확률값을 출력합니다. 첫째 행에서는 인덱스 0의 확률값이 가장 크고, 둘째, 셋째 행에서는 모두 인덱스 1의 확률값이 가장 큽니다. 풀어서 설명하면 setosa, versicolor, virginica 각각의 인덱스가 0, 1, 2 이므로 예측값의 첫째 행([9.9396e - 01, 6.0396e - 03, 3.7002e - 07])에서는 셋 중 가장 확률이 높은 setosa를 예측하고, 둘째 행([3.5719e

- 03, 9.0286e - 01, 9.3572e - 02])은 versicolor를 예측한다는 뜻입니다.

이처럼 행마다 확률값이 가장 높은 인덱스를 뽑는 작업이 필요합니다. 이를 손쉽게 처리해 주는 함수가 바로 argmax입니다. 이 함수를 이용해 예측값(pred)에서 행별로 가장 큰 확률을 나타내는 범주가 무엇인지 찾습니다.

CODE

```
pred = np.argmax(pred.numpy(), axis = 1)  ①
pred[:3]
```

OUTPUT

```
array([0, 1, 1])
```

① 넘파이 배열로 변환하고(pred.numpy()), 열 방향(axis=1)으로 가장 큰 값의 인덱스를 추출합니다. 행별로 가장 큰 값의 인덱스만 pred에 저장됩니다.

다중 분류 모델의 예측 결과는 이와 같이 argmax 함수를 이용해 가장 큰 값의 인덱스를 저장하는 후속 처리가 필요합니다.

이어서 모델 평가를 수행합니다.

CODE

```
print(confusion_matrix(y_val_ts.numpy(), pred))
print(classification_report(y_val_ts.numpy(), pred, target_names=le.classes_))  ①
```

OUTPUT

```
[[13  0  0]
 [ 0 18  0]
 [ 0  4 10]]
              precision    recall  f1-score   support

      setosa       1.00      1.00      1.00        13
  versicolor       0.82      1.00      0.90        18
   virginica       1.00      0.71      0.83        14

    accuracy                           0.91        45
   macro avg       0.94      0.90      0.91        45
weighted avg       0.93      0.91      0.91        45
```

① target_names=le.classes_: target_names 옵션을 지정하지 않으면 현재 저장된 데이터로 결과가 나옵니다. 즉, setosa, versicolor, virginica가 아닌 인덱스 0, 1, 2로 표시됩니다. 그러나 0, 1, 2로 표시되면 각각의 정수가 어떤 범주를 의미하는지 이해하기 어려우므로 원 범주의 이름을 표시하기 위해 target_names 옵션을 사용합니다. le.classes_에는 정수를 인코딩하기 전 범주의 이름이 저장되어 있습니다.

classification_report 함수의 결과는 검증 데이터 세트의 예측값과 목푯값을 비교해서 평가한 내용입니다. 함수의 실행 결과 중 support라는 항목이 있는데, 이는 데이터의 건수입니다. 검증 데이터 세트는 총 45건이고 setosa, versicolor, virginica가 각각 13, 18, 14건입니다.

성능 평가 결과를 살펴보겠습니다. 먼저 정분류율(Accuracy)이 0.91입니다. 총 45건의 데이터 가운데 각각의 범주를 맞춘 비율이 0.91이라는 의미입니다. 다중 분류일 경우에는 특히 범주별 성능을 살펴보는 일이 중요합니다. 분류 보고서의 결과와 혼동 행렬(Confusion Matrix)을 함께 보며 설명하겠습니다.

setosa는 정밀도(Precision)와 재현율(Recall) 모두 1입니다. 1일 차에서 재현율은 목푯값을 기준으로, 정밀도는 예측값을 기준으로 얼마나 맞췄는지를 집계하는 평가 도구라고 설명했습니다. 정밀도가 1이라는 의미는 13번 예측해서 setosa 13개의 데이터를 모두 맞춘 것입니다. 또한 재현율이 1이라는 의미는 실제로 setosa 13개를 모두 맞췄다는 의미입니다.

[표 5-3] 혼동 행렬 결과로부터 setosa의 정밀도, 재현율 계산

구분		예측값			
		setosa	versicolor	virginica	
목푯값	setosa	13	0	0	재현율 = 13/(13+0+0)
	versicolor	0	18	0	
	virginica	0	4	10	

정밀도 = 13/(13+0+0)

versicolor는 정밀도가 0.82, 재현율은 1입니다. [표 5-4]를 보면 versicolor의 실제 데이터 18개(0+18+0) 중에서 versicolor로 예측한 값이 18개이므로 재현율이 1입니다. 정밀도는 versicolor로 예측한 값(0+18+4) 중에서 실제 versicolor가 18개이므로 18/22 = 0.82가 됩니다.

[표 5-4] 혼동 행렬 결과로부터 versicolor의 정밀도, 재현율 계산

구분		예측값			
		setosa	versicolor	virginica	
목푯값	setosa	13	0	0	
	versicolor	0	18	0	재현율 = 18/(0+18+0)
	virginica	0	4	10	

정밀도 = 18/(0+18+4)

마지막으로 virginica의 정밀도는 1, 재현율은 0.71입니다. 10번 예측해서 10번을 다 맞췄지만, virginica 14건 중 10건만 맞췄으므로 재현율은 0.71입니다.

[표 5-5] 혼동 행렬 결과에서 virginica의 정밀도, 재현율 계산

구분		예측값		
		setosa	versicolor	virginica
목푯값	setosa	13	0	0
	versicolor	0	18	0
	virginica	0	4	10

재현율 =10/(0+4+10)

정밀도 = 18/(0+0+10)

여러분의 혼동 행렬 결과가 책과 다를 수 있습니다. 이는 딥러닝을 학습할 때 가중치의 초깃값이 랜덤하게 지정되면서 학습이 진행되기 때문입니다.

지금까지 iris 데이터를 사용해 간단한 다중 분류 모델을 구성했습니다. 다음에는 데이터도 복잡하고 모델도 은닉층을 추가한 심화 모델을 만듭니다.

다중 분류 모델링 실습 2 - MNIST

이번에는 매우 유명한 데이터 세트인 MNIST를 이용해 다중 분류 모델을 학습시킵니다. 앞에서 사용한 '5일차_다중분류모델링.ipynb' 파일에서 이어 작성합니다. 이번 절에서는 반복 코드는 생략하고 새롭게 등장하는 코드 중심으로 작성하고 설명합니다.

학습 데이터

MNIST(Modified National Institute of Standards and Technology)는 손으로 쓴 숫자(0~9) 이미지 데이터 세트입니다. 딥러닝과 머신러닝을 처음 시작하는 사람들이 많이 사용하는 데이터 세트 중 하나로 다중 분류(Multi-Class Classification) 문제를 해결하는 대표적인 예제로 활용되고 있습니다. 데이터 세트는 28(세로)×28(가로) 픽셀 이미지 총 70,000개로 이루어져 있습니다(학습용: 60,000개, 테스트용: 10,000개).

기본적인 신경망 모델, CNN 모델, 오토인코더(Autoencoder) 모델을 학습시킬 때도 이 데이터를 많이 활용합니다. 이 데이터를 이용한 CNN 모델은 8일 차, 오토

인코더는 10일 차에서 살펴볼 예정입니다. 이번 차시에서는 MNIST 데이터로 `nn.Linear` 함수를 이용하는 기본 신경망 모델을 만듭니다.

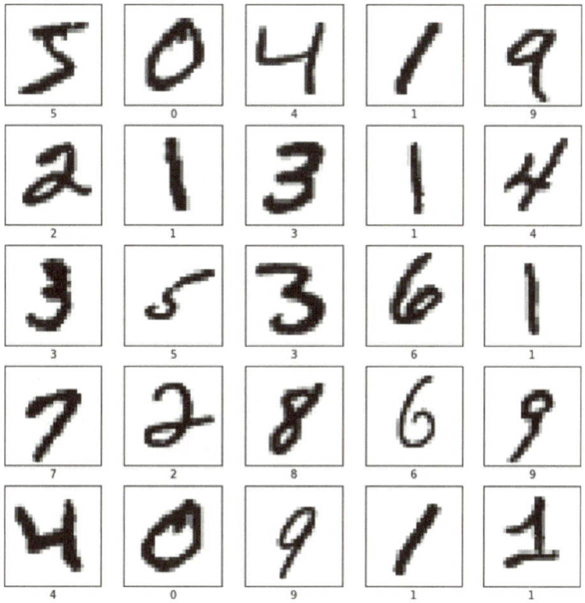

[그림 5-5] MNIST 데이터 세트

데이터 다운로드 및 정보 확인하기

다중 분류 실습 1에서 작성한 라이브러리 로딩, 디바이스 준비, 사용자 정의 함수는 그대로 사용합니다. 데이터 세트를 불러오는 내용이 조금 달라집니다.

데이터 세트 다운로드

지금까지 이 책에서는 필자가 업로드한 깃허브(Github) 경로(링크)를 입력해 데이터를 다운로드했습니다. 그러나 MNIST 데이터 세트는 `torchvision` 라이브러리의 `datasets` 모듈을 이용해 다운로드합니다(깃허브는 데이터 업로드의 제한이 있습니다).

CODE
```
from torchvision import datasets                  ①
from torchvision.transforms import ToTensor       ②
train_dataset = datasets.MNIST(                   ③
    root="data",                                  ④
```

```
    train=True,
    download=True,            ⑥
    transform=ToTensor() )   ⑦
                                  ⑤
test_dataset = datasets.MNIST(
    root="data",
    train=False,
    download=True,
    transform=ToTensor() )
```

① torchvision의 datasets 모듈을 불러옵니다. 이 모듈은 MNIST 외에도 다양한 데이터 세트를 제공합니다.
② 이미지 데이터를 0~1 사이의 텐서 값으로 바꿔 주는 ToTensor 함수를 가져옵니다.
③ datasets.MNIST: MNIST를 다운로드합니다.
④ 데이터를 저장할 디렉터리를 저장합니다. 현재 위치한 코랩 폴더 아래에 'data' 폴더를 생성합니다.
⑤ 학습(train) 데이터를 로드(True, 만약 False면 테스트(test) 데이터를 로드)합니다.
⑥ 데이터를 저장할 폴더 경로를 'data'로 지정합니다. 이 폴더에 MNIST 데이터를 저장합니다. 코랩 화면에서 data 폴더를 확장하면 MNIST 폴더를 확인할 수 있습니다.
⑦ transform=ToTensor(): 이미지 데이터를 파이토치 텐서로 변환(스케일링된 데이터)합니다.

③~⑦의 코드는 datasets.MNIST 함수에서 사용하는 다양한 옵션입니다. 각각의 옵션은 데이터를 어디에 저장할지, 학습용 데이터를 불러올지 테스트용 데이터를 불러올지, 데이터를 어떤 형식으로 변환할지 등을 지정하는 데 사용합니다.

코드를 실행하면 다음과 같이 진행률을 표시하면서 학습용 데이터 세트 이미지(x, y)와 검증용 데이터 세트 이미지(x, y)를 각각 다운로드합니다.

OUTPUT

```
100%|██████████| 9.91M/9.91M [00:00<00:00, 16.0MB/s]
100%|██████████| 28.9k/28.9k [00:00<00:00, 476kB/s]
100%|██████████| 1.65M/1.65M [00:00<00:00, 4.40MB/s]
100%|██████████| 4.54k/4.54k [00:00<00:00, 5.43MB/s]
```

다운로드한 데이터 파일을 확인하려면 먼저 코랩 화면 왼쪽의 '파일'을 클릭해 화면을 확장한 다음, data 폴더와 MNIST를 차례로 클릭하면 됩니다. 이곳에 다운로드한 이미지들이 저장되어 있습니다.

[그림 5-6] 코랩의 파일(가상 드라이브 공간)에 저장된 MNIST 데이터 세트

데이터 세트 정보 확인하기

앞에서 저장한 학습 데이터 세트(train_dataset)의 이름을 그대로 입력하고 실행하면 데이터 세트의 정보를 확인할 수 있습니다.

CODE
```
train_dataset
```

OUTPUT
```
Dataset MNIST
    Number of datapoints: 60000
    Root location: data
    Split: Train
    StandardTransform
Transform: ToTensor()
```

train_dataset은 텐서 데이터 세트로서 데이터 로더에 넣고 바로 사용할 수 있습니다. 이 텐서 데이터 세트는 입력 데이터(train_dataset.data)와 목푯값 데이터(train_dataset.target)로 구분됩니다. 각각의 구조(shape)를 살펴보겠습니다.

CODE
```
train_dataset.data.shape, train_dataset.targets.shape
```

OUTPUT
```
(torch.Size([60000, 28, 28]), torch.Size([60000]))
```

입력 데이터의 구조는 [60000, 28, 28]입니다. 28×28 이미지가 60,000개 있다는 뜻입니다. 목표 데이터 역시 이미지 수만큼이므로 60,000개입니다.

계속해서 classes 속성으로 각 범주의 의미를 확인할 수 있습니다.

CODE

```
train_dataset.classes
```

OUTPUT

```
['0 - zero', '1 - one', '2 - two', '3 - three', '4 - four', '5 - five', '6 - six',
'7 - seven', '8 - eight', '9 - nine']
```

0~9까지의 숫자 범주가 있음을 알 수 있습니다.

이제 데이터 세트에서 특정 이미지 데이터 하나를 추출해 확인하겠습니다.

CODE

```
n = 5000
image, label = train_dataset.data[n], train_dataset.targets[n]  ①

# 이미지 시각화
plt.imshow(image, cmap="gray")  ②
plt.title(f"Label: {label}")
plt.show()
```

OUTPUT

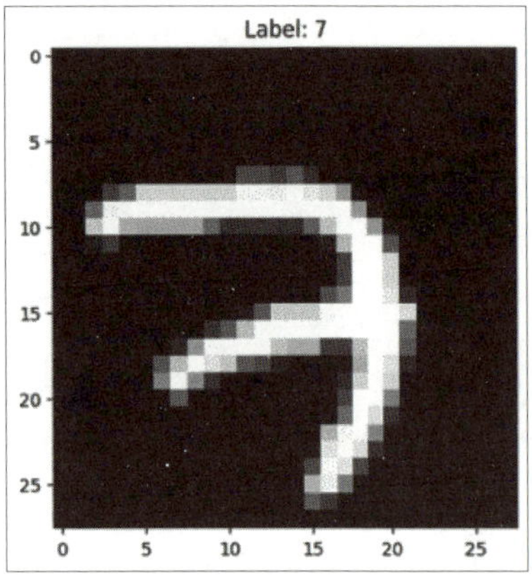

① 인덱스 5000의 이미지와 목푯값을 각각 변수 image, label에 저장합니다.

② imshow 메서드에 image를 넣고 흑백(cmap="gray")으로 시각화합니다.

이미지를 확인하면 손글씨로 쓴 7의 이미지가 나타납니다. 사실 출력 이미지가 7인지 한글의 'ㅋ'인지 구분하기 어렵습니다. MNIST 이미지에는 사람마다 숫자를 쓰는 방식이 조금씩 다른 다양한 숫자 이미지가 모여 있습니다. n의 값을 바꿔 가며 다른 손글씨 이미지도 확인해 보길 바랍니다.

데이터 전처리

다운받은 데이터 세트는 x, y 분리, train과 test 분리, 그리고 스케일링을 모두 적용한 텐서 데이터입니다. 따라서 데이터 전처리를 위해서는 다음 두 가지 작업만 수행하면 됩니다.

- 학습 데이터: 학습 데이터 세트로 데이터 로더를 구성합니다.
- 검증, 테스트 데이터 세트: dataset의 data 속성으로 데이터를 추출하면 원본 데이터(스케일링이 안 된 데이터 세트)로 나옵니다. 따라서 스케일링을 수행해야 합니다.

학습 데이터

train_dataset을 데이터 로더 함수(DataLoader)에 넣고 데이터 로더를 구성합니다.

CODE

```
batch_size = 64
train_loader = DataLoader(train_dataset, batch_size=batch_size)  ①
```

① DataLoader 함수에서 다운받은 train_dataset(텐서 데이터 세트)을 입력하고 배치 크기를 64로 지정합니다. 기본값은 32이지만, 데이터 건수가 많다면 32보다 크게 정할 수도 있습니다.

검증, 테스트 데이터 세트

데이터 세트의 역할을 다시 한번 복습합니다.

- train: 학습 데이터
- validation: 검증 데이터. 학습 과정에서 에포크마다 성능을 검증하거나 모델을 생성하고 검증 데이터 세트로 한꺼번에 모델을 평가
- test: 테스트 데이터. 모델의 학습이 끝나고 실제로 운영, 배포하기 전에 최종 평가 용도로 사용. 마치 운영 과정에서 발생한 데이터처럼 간주하는 데이터 세트

검증, 테스트 데이터 세트는 가중치를 업데이트(학습)하기 위한 용도가 아니라 학습된 모델로 예측하기 위한 데이터 세트이므로 배치 단위로 데이터를 로딩할 필요가 없습니다. 따라서 다운받은 test_dataset의 data 속성으로 데이터를 직접 추출해 사용합니다. 그런데 test_dataset.data로 데이터를 추출하면 몇 가지 전처리 작

업을 수행해야 합니다. 즉, test_dataset을 검증과 테스트 데이터로 분할하고 스케일링한 다음, 차원을 맞추는 전처리 작업이 필요합니다.

먼저 test_dataset.data를 val과 test로 5,000건씩 나눕니다. 코드는 다음과 같이 인덱스를 기준으로 자르면 됩니다.

CODE
```
x_val, x_test = test_dataset.data[:5000], test_dataset.data[5000:]
y_val, y_test = test_dataset.targets[:5000], test_dataset.targets[5000:]
x_val.shape, y_val.shape
```

OUTPUT
```
(torch.Size([5000, 28, 28]), torch.Size([5000]))
```

코드를 실행해 검증, 테스트 데이터를 각각 만들었습니다. 이어서 x_val과 x_test를 스케일링합니다. 일반적으로 이미지 데이터는 0~255 사이의 값이므로 255로 나누면 자연스럽게 0~1 사이의 값(정규화)으로 스케일링됩니다.

CODE
```
x_val = x_val / 255
x_test = x_test / 255
```

스케일링까지 수행했으면 마지막으로 데이터의 차원을 맞춥니다. 이 부분은 조금 어려울 수 있으니 여기서는 대략적인 내용만 이해하고 8일 차 이미지 모델링에서 좀 더 자세히 공부하겠습니다.

이미지 하나의 데이터 크기는 [채널, 세로 픽셀 수, 가로 픽셀 수]입니다. 이미지 하나가 3차원으로 표현된다는 의미입니다. 채널은 흑백일 때 1, 컬러일 때는 3(R, G, B)입니다. MNIST 이미지 크기는 28×28입니다. 흑백 이미지이므로 크기는 [1, 28, 28]입니다.

x_val의 데이터 크기를 보면 [5000, 28, 28]로 3차원 데이터 세트입니다. 28×28 크기의 이미지가 5,000개 있다는 뜻입니다. 채널은 흑백이므로 1인데, 길이가 1인 차원은 생략하기도 합니다. 여기서는 원래대로 3차원 데이터 세트(데이터 건수, 세로 픽셀 수, 가로 픽셀 수)에 채널 축을 추가해 4차원(데이터 건수, 채널 수, 세로 픽셀 수, 가로 픽셀 수)으로 변환합니다.

CODE
```
x_val = x_val.view(5000, 1, 28, 28)  ①
x_test = x_test.view(5000, 1, 28, 28)
```

```
print(x_val.shape, x_test.shape)
```

OUTPUT

```
torch.Size([5000, 1, 28, 28]) torch.Size([5000, 1, 28, 28])
```

① view 메서드는 넘파이의 reshape 속성과 동일합니다. [5000, 28, 28]의 3차원을 [5000, 1, 28, 28]의 4차원으로 변환합니다. 두 번째 축으로 흑백 채널 1개를 추가했습니다.

학습을 위한 데이터 로더와 검증 및 테스트 데이터 세트까지 모두 준비했습니다. 데이터 구조를 맞추는 게 조금 복잡해 보이나요? 지금은 이 부분을 너무 신경 쓰지 말고 그냥 넘어가도 괜찮습니다. 나중에 본격적으로 이미지 모델링을 배울 때 차근차근 익히면 됩니다.

모델링

모델링은 모델 선언→학습→학습 곡선 확인→예측과 검증 평가순으로 진행합니다. 학습에서 에포크마다 오차를 계산할 때는 검증 데이터를 사용하고, 모델을 생성하고 최종 평가를 할 때는 테스트 데이터를 사용하겠습니다.

모델 선언

먼저 한 개의 층으로 구성된 모델 구조를 선언합니다.

코드를 보면 한 가지 특별한 함수가 추가되어 있습니다. 바로 nn.Flatten 함수입니다.

CODE

```
n_feature = 28 * 28
n_class = 10
# 모델 구조 설계
model = nn.Sequential(nn.Flatten(),                         ①
                      nn.Linear(n_feature, n_class)   ②
        ).to(device)
loss_fn = nn.CrossEntropyLoss()
optimizer = Adam(model.parameters(), lr=0.001)
```

① nn.Flatten 함수는 하나의 크기가 [1, 28, 28]인 이미지를 옆으로 펼쳐 [1, 784]의 크기로 만듭니다.

② 다중 분류 모델의 출력층입니다. 은닉층 없이 하나의 층으로 이루어졌으며 입력 데이터를 10개의 범주로 분류해 내보냅니다.

여기서 이미지를 옆으로 펼친다(Flatten)는 말이 이해가 되나요? 조금 쉽게 설명하겠습니다. [그림 5-7]을 참고합니다.

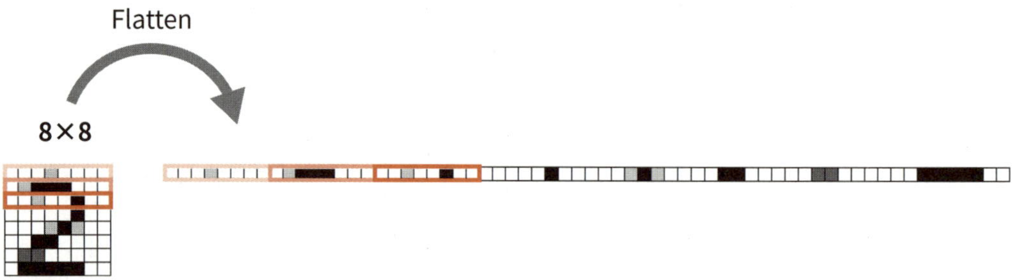

[그림 5-7] 이미지를 펼치기(Flatten)

이미지를 펼친다는 것은 [그림 5-7]처럼 8×8 이미지가 있다면 이를 옆으로 펼쳐 1×64 크기로 만든다는 의미입니다. MNIST 데이터 세트의 각 표본은 2차원(28×28 픽셀) 혹은 3차원(1×28×28픽셀) 형태의 이미지입니다. 하지만 딥러닝 신경망에서 일반적인 층(`nn.Linear`)은 1차원 벡터 형태의 입력을 기대합니다. 따라서 2차원(혹은 3차원) 이미지를 1차원 벡터로 변환하는 과정이 필요하며 이를 위해 Flatten 연산을 수행합니다. 코드처럼 `nn.Linear`를 수행하기 전에 `nn.Flatten` 함수를 추가하면 이를 손쉽게 구현할 수 있습니다.

학습

학습 코드는 회귀, 이진 분류, 다중 분류 모두 동일합니다. 다만 MNIST 데이터는 에포크를 10 정도만 지정해도 충분히 학습되므로 이 부분만 잘 조절하면 준수한 성능의 모델을 학습시킬 수 있습니다.

CODE

```
epochs = 10
tr_loss_list, val_loss_list = [], []
for t in range(epochs):
    tr_loss = train(train_loader, model, loss_fn, optimizer, device)
    val_loss,_ = evaluate(x_val, y_val, model, loss_fn, device)
    tr_loss_list.append(tr_loss)
    val_loss_list.append(val_loss)
    print(f"Epoch {t+1}, train loss : {tr_loss:4f}, val loss : {val_loss:4f}")
```

OUTPUT

```
Epoch 1, train loss : 0.548491, val loss : 0.427864
Epoch 2, train loss : 0.328663, val loss : 0.378509
Epoch 3, train loss : 0.299855, val loss : 0.360346
```

```
...
Epoch 8, train loss : 0.263588, val loss : 0.339318
Epoch 9, train loss : 0.260663, val loss : 0.338279
Epoch 10, train loss : 0.258198, val loss : 0.337550
```

이어서 학습 곡선을 그립니다.

CODE

```
dl_learning_curve(tr_loss_list, val_loss_list)
```

OUTPUT

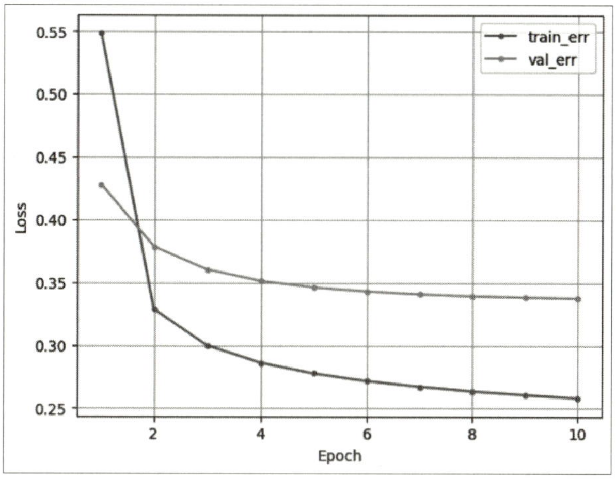

학습 오차와 검증 오차 모두 초반에 급격히 떨어지다가 꺾인 다음, 완만한 흐름이 이어집니다.

모델 검증: 예측

학습이 모두 끝났다면 테스트 데이터로 예측하고 모델을 평가합니다.

CODE

```
_, pred = evaluate(x_test, y_test, model, loss_fn, device)
pred = nn.functional.softmax(pred, dim=1)
print(pred[:5])
```

OUTPUT

```
[[1.3157e-03, 7.6645e-06, 8.5232e-04, 6.3587e-01, 4.4115e-04, 3.5711e-01, 3.0850e-06, 1.0473e-05, 3.7079e-03, 6.7840e-04],
 [2.8627e-04, 8.3443e-08, 3.4709e-03, 8.5633e-03, 2.6991e-01, 4.1475e-03, 3.6504e-04, 3.7643e-03, 2.3072e-01, 4.7877e-01],
 [8.2669e-07, 3.1268e-11, 1.3960e-07, 1.5778e-06, 5.0594e-03, 1.3580e-06, 1.2251e-07, 8.5813e-04, 2.6261e-03, 9.9145e-01],
 [2.2787e-07, 1.3771e-09, 1.0081e-06, 5.0442e-06, 3.1541e-07, 2.7021e-04, 9.5360e-09, 2.5089e-08, 9.9927e-01, 4.5274e-04],
 [7.4606e-05, 7.1420e-12, 3.6670e-06, 1.0914e-07, 9.9845e-01, 2.4571e-05, 5.7927e-05, 3.0884e-05, 1.4698e-04, 1.2089e-03]]
```

실행 결과를 보면 10개 범주의 확률값 5건이 출력됩니다. 이 데이터를 argmax 함수에 적용해 값이 가장 큰 인덱스를 추출합니다. 이 값이 바로 최종 분류한 예측값입니다.

CODE

```
pred = np.argmax(pred.cpu().numpy(), axis = 1)
print(pred[:5])
```

OUTPUT

```
[3 9 9 8 4]
```

첫 번째 이미지는 3이고 두 번째 이미지는 9라는 뜻입니다. 이제 모델이 목푯값을 잘 맞추었는지 확인합니다.

다음은 앞에서 이미지를 시각화할 때 사용했던 코드입니다.

CODE

```
n = 0
image, label = test_dataset.data[5000+n], test_dataset.targets[5000+n]  ①
plt.imshow(image, cmap="gray")
plt.title(f"Label: {label}")
plt.show()
```

OUTPUT

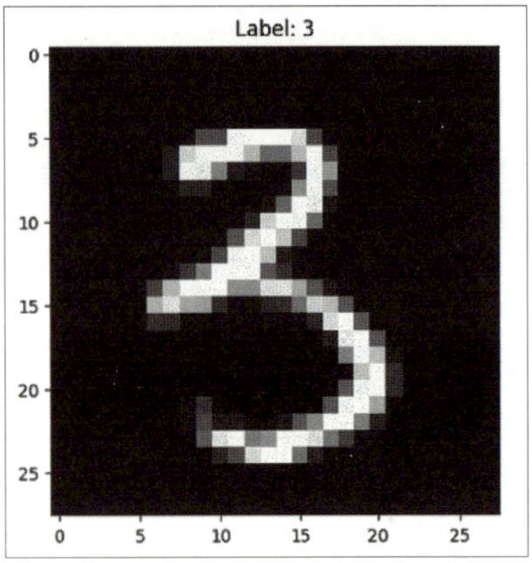

① 5000+n: 앞에서 test_dataset.data를 검증 데이터(인덱스 0~4999)와 테스트 데이터로 분할했습니다. 따라서 코드를 인덱스 5000+n으로 지정합니다.

이 책에서는 첫 번째 이미지만 시각화했지만, 여러분은 코드에서 n값(인덱스)을 0, 1, 2, 3, 4로 변경하면서 5개 모두 확인하기 바랍니다. 아마도 5개 모두 예측값과 목푯값이 일치할 겁니다.

모델 검증: 평가

테스트 데이터 5,000건으로 모델을 평가합니다. MNIST 모델은 10개의 범주를 모두 살펴봐야 하므로 혼동 행렬(Confusion Matrix)을 손쉽게 이해하도록 도와주는 시각화 함수 `ConfusionMatrixDisplay`를 사용하겠습니다.

CODE

```
cm = confusion_matrix(y_test.numpy(), pred)                                 ①
disp = ConfusionMatrixDisplay(cm, display_labels = train_dataset.classes)  ②
disp.plot()             ③
plt.xticks(rotation=90) ④
plt.show()
```

OUTPUT

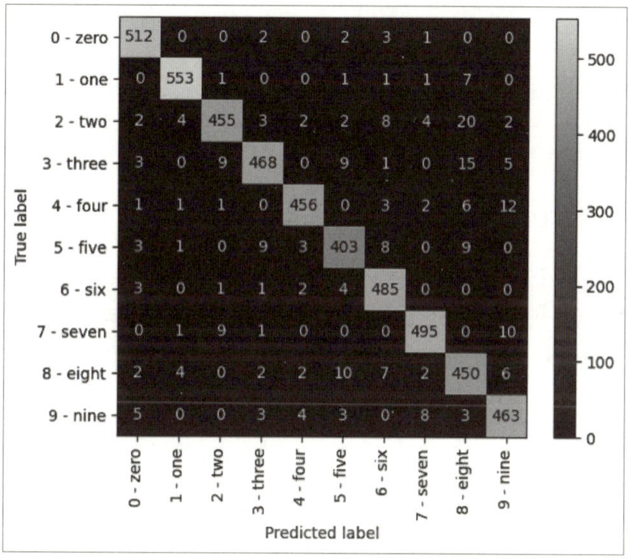

① 혼동 행렬의 결괏값을 변수 cm에 저장합니다.

② `ConfusionMatrixDisplay` 함수의 입력으로 혼동 행렬을 저장한 변수 cm과 각 범주의 이름을 지정하고 결과를 변수 `disp`에 저장합니다.

③ 변수 `disp`를 `plot` 메서드로 시각화합니다.

④ x축의 예측 범주값을 90도로 돌려 표시했습니다. `rotation` 구문을 넣지 않으면 x축의 값들(0-zero, 1-one, ...)이 겹쳐 표시되기 때문에 보기가 불편합니다.

혼동 행렬을 시각화하니 한눈에 알아보기 훨씬 좋지요? 범주가 많은 다중 분류 모델에서 혼동 행렬을 시각화하면 범주별로 어떤 부분이 잘못되었는지 쉽게 파악할 수 있습니다.

이제 분류 결과 보고서(classification_report)로 범주별 성능 지표를 확인합니다.

CODE

```
print(classification_report(y_test.numpy(), pred))
```

OUTPUT

```
              precision    recall  f1-score   support

           0       0.96      0.98      0.97       520
           1       0.98      0.98      0.98       564
           2       0.96      0.91      0.93       502
           3       0.96      0.92      0.94       510
           4       0.97      0.95      0.96       482
           5       0.93      0.92      0.93       436
           6       0.94      0.98      0.96       496
           7       0.96      0.96      0.96       516
           8       0.88      0.93      0.90       485
           9       0.93      0.95      0.94       489

    accuracy                           0.95      5000
   macro avg       0.95      0.95      0.95      5000
weighted avg       0.95      0.95      0.95      5000
```

범주별 성능 평가 결과를 살펴보겠습니다. 정밀도(Precision)를 보면 대부분이 0.9 이상인데, 범주 8은 0.88입니다. 8로 예측했지만 맞춘 비율(Precision, 정밀도)이 다른 정밀도에 비해 가장 낮습니다. 앞에서 혼동 행렬의 시각화 결과를 보면 8로 예측했지만, 실제로는 3인 경우가 15건, 2인 경우가 20건 등 잘못 예측한 횟수가 다른 숫자에 비해 많음을 알 수 있습니다.

은닉층 추가하기

이번에는 방금 만든 모델에 은닉층 1개를 추가합니다. 방금 작성한 코드에서 모델 구조 설계 부분만 수정하면 됩니다.

CODE

```
n_feature = 28 * 28
n_class = 10
# 모델 구조 설계
model = nn.Sequential(nn.Flatten(),
                      nn.Linear(n_feature, 20), nn.ReLU(),  ①
                      nn.Linear(20, n_class)                ②
        ).to(device)
loss_fn = nn.CrossEntropyLoss()
optimizer = Adam(model.parameters(), lr=0.001)
```

① 은닉층입니다. n_feature를 입력으로 받아 20개(노드 수)의 정보를 출력합니다. 또한 은닉층이므로 ReLU 활성화 함수를 추가합니다.

② 출력층입니다. 은닉층 20개의 노드에서 내보낸 정보를 입력으로 받아 목푯값 범주인 10개 노드로 예측값을 출력합니다.

모델을 설계했다면 모델 학습, 학습 곡선으로 확인, 테스트 세트로 예측하고 평가하는 순서로 코드를 작성합니다(206~209쪽 참조). 여러 번 반복했으므로 여러분이 직접 실행할 수 있을 겁니다.

여기서는 마지막 분류 모델 평가 보고서(classification_report)의 결과만 살펴보겠습니다.

CODE

```
print(classification_report(y_test.numpy(), pred))
```

OUTPUT

```
              precision    recall  f1-score   support

           0       0.98      0.98      0.98       520
           1       0.99      0.99      0.99       564
           2       0.98      0.96      0.97       502
           3       0.95      0.97      0.96       510
           4       0.99      0.97      0.98       482
           5       0.94      0.97      0.96       436
           6       0.96      0.99      0.98       496
           7       0.98      0.98      0.98       516
           8       0.97      0.96      0.96       485
           9       0.97      0.97      0.97       489

    accuracy                           0.97      5000
   macro avg       0.97      0.97      0.97      5000
weighted avg       0.97      0.97      0.97      5000
```

은닉층 없는 단순한 모델과 은닉층이 1개(20개 노드)인 모델의 성능을 비교하면 눈에 띄는 부분이 있습니다. 첫 번째 모델에서는 8의 정밀도(Precision)가 0.88이었는데, 두 번째 모델은 0.97로 꽤 많이 향상되었습니다. 정분류율 역시 0.95에서 0.97로 향상되어 모델의 전반적인 예측 성능이 개선되었습니다.

이번 차시에서는 손글씨 이미지를 옆으로 펼쳐서(Flatten) 완전 연결층으로 모델을 만들었지만, 8일 차에서는 이미지를 처리하는 알고리즘으로 모델링을 수행합니다. 이때 지금의 성능과는 또 어떻게 달라지는지 비교해 보겠습니다.

정리

이번 차시에서는 딥러닝을 활용한 다중 분류 모델링을 학습했습니다. 이제까지 배운 내용을 바탕으로 모델 구조와 사용법을 [표 5-6]으로 정리했습니다.

[표 5-6] 회귀, 이진 분류, 다중 분류 모델 구조 정리

구분	은닉층	출력층		최적화	
	활성화 함수	활성화 함수	노드 수	옵티마이저	손실 함수
회귀	ReLU	없음	1	Adam	nn.MSELoss
이진 분류	ReLU	Sigmoid	1	Adam	nn.BCELoss
다중 분류	ReLU	(소프트맥스)	범주 수	Adam	nn.CrossEntropyLoss

먼저 지금까지 다룬 모델들의 구조를 비교합니다. 회귀 모델, 이진 분류 모델, 다중 분류 모델은 모두 입력층(Input Layer), 은닉층(Hidden Layer), 출력층(Output Layer)으로 구성됩니다. 하지만 출력층의 활성화 함수(Activation Function)와 손실 함수(Loss Function)가 각각 다르다는 점이 중요한 차이입니다.

회귀 모델은 출력층에서 별도의 활성화 함수를 사용하지 않으며 예측값은 연속적인 숫자(실수, $-\infty \sim +\infty$)로 나옵니다. 손실 함수로는 주로 평균 제곱 오차(Mean Squared Error, MSE)를 사용해 모델이 예측한 값과 목푯값 사이의 오차를 최소화합니다.

반면 이진 분류 모델은 특정 입력이 두 범주(예: 0 또는 1) 중 어느 쪽에 속하는지 예측합니다. 예측할 때는 출력층에 시그모이드 활성화 함수를 사용해 예측값을 0과 1 사이의 확률값으로 변환합니다. 손실 함수로는 이진 교차 엔트로피(Binary Cross Entropy, BCELoss)를 사용하며 모델이 예측한 확률값과 목푯값 사이의 차이를 계산합니다.

마지막으로 다중 분류 모델은 여러 개의 범주 중에서 하나를 선택하는 문제입니다. 출력층에는 소프트맥스 활성화 함수를 사용해 모델이 각각의 범주에서 계산한 점수를 확률값으로 변환합니다. 예를 들어 MNIST 분류 문제에서는 입력 이미지가 0~9까지의 숫자 중 어떤 숫자인지를 확률로 계산하고 가장 확률이 높은 범주를 최종 예측값으로 선택합니다. 이때 손실 함수로 다중 분류 교차 엔트로피(Cross Entropy Loss)를 사용해 모델을 학습시킵니다. 다만 파이토치에서 제공하는 `Cross`

EntropyLoss 함수에는 소프트맥스 연산이 포함되어 있어 모델 구조의 출력층에 소프트맥스 활성화 함수를 넣지 않습니다. 출력층과 손실 함수가 모델의 목적에 따라 다르게 설정된다는 점을 기억하면 좋습니다.

다음 차시에서는 모델의 성능에 영향을 주는 요소를 살펴보고 이 요소가 모델의 복잡도와 과적합에 어떤 영향을 주는지, 과적합을 방지하기 위한 방법은 무엇이 있는지 살피도록 하겠습니다.

6일 차

딥러닝 모델 성능 다루기

이번 차시에서 주목할 키워드

- 모델 복잡도
- 과적합
- 과소적합
- 조기 종료
- 드롭아웃
- 가중치 규제
- 일반화 성능

6일 차 학습 목표

- 모델의 복잡도와 과적합을 이해하고 과적합이 발생하는 이유를 설명할 수 있습니다.
- 과적합을 방지하기 위한 대표 기법의 원리를 이해하고 비교할 수 있습니다.
- 조기 종료, 드롭아웃, 가중치 규제를 적용해 모델의 성능을 개선할 수 있습니다.

딥러닝 모델은 유연하고 표현력이 강하지만, 그만큼 학습 데이터에 지나치게 맞춰져 새로운 데이터에서는 성능이 떨어지는 과적합(Overfitting) 문제가 자주 발생합니다. 이번 차시에서는 과적합 문제를 해결하고 모델의 일반화 성능을 높이는 방법, 즉 모델의 복잡도를 적절히 조절해 과적합을 회피하는 기법들을 살펴봅니다.

모델의 복잡도와 과적합

모델링의 목적

실제 현장에서 발생하는 비즈니스 데이터에는 다양한 패턴이 숨어 있습니다. 머신러닝/딥러닝 모델을 만드는 궁극적인 목표는 데이터의 패턴을 학습해 새로운 데이터에서도 패턴을 정확히 예측하도록 만드는 일입니다. 쉽게 말해 모델링을 한다는 것은 과거 데이터에서 규칙을 찾아내고 그 규칙을 이용해 앞으로의 결과를 예측하는 과정입니다. 따라서 모델의 목적은 단순히 학습 데이터에서 높은 성능을 내는 데 그쳐서는 안 됩니다. 학습 과정에서 사용하지 않은 데이터(미래에 발생할 데이터, 운영 환경에서의 데이터)에서 안정적으로 좋은 결과를 내는 것이 보다 중요합니다. 새로운 데이터에서 작동하는 능력을 '일반화 성능', 다른 말로는 '객관적 성능'이라고 합니다.

모델의 일반화 성능을 측정하기 위해 학습에서 사용하지 않았던 검증 데이터나 테스트 데이터로 객관적인 평가를 수행합니다.

모델을 학습할 때 사용하는 데이터는 전체 모집단(Population)에서 일부를 추출한 표본(Sample) 집합입니다. 모델은 표본 데이터에서 학습한 패턴을 전체 모집단 데이터에서도 적용할 수 있어야 합니다. 그러나 모델이 너무 단순하거나 반대로 지나치게 복잡하면 일반화 성능을 내기가 어렵습니다.

이 문제를 해결하려면 모델의 복잡도를 적절히 조정해 학습 데이터뿐만 아니라 새로운 데이터에서도 좋은 성능을 내도록 해야 합니다. 그렇다면 모델의 복잡도는 무엇일까요?

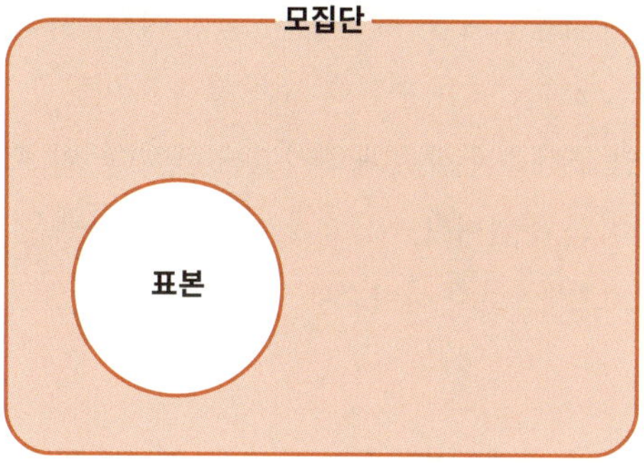

[그림 6-1] 모집단과 표본

모델의 복잡도와 일반화

모델이 좋은 성능을 내려면 복잡도를 알맞게 조정해야 합니다. 여기서 복잡도란 단순히 '복잡하다'는 뜻이 아니라, 학습 데이터의 패턴이 모델에 얼마나 반영되어 있는지를 의미합니다.

모델의 복잡도와 일반화 성능의 관계는 다음과 같이 정리할 수 있습니다.

- 너무 단순한 모델: 학습 데이터의 패턴을 제대로 학습하지 못한 상태입니다. 학습 데이터에서도 성능이 낮고 검증 데이터에서도 성능이 좋지 않습니다. 예를 들어 고객 이탈 예측 모델에서 "남성 고객은 이탈 가능성이 높다"는 단 하나의 패턴만을 반영해 남성 고객은 모두 이탈하고 여성 고객은 모두 유지된다고 예측한다면 이는 지나치게 단순화한 판단입니다. 실제로는 나이, 구매 이력, 최근 활동 등 다양한 요인이 작용할 수 있는데, 단순한 패턴만을 학습하고 예측하면 학습 데이터에서 부정확한 결과를 내는 것은 물론 새로운 데이터에서도 일반화 성능을 기대하기 어렵습니다.
- 적절히 복잡한 모델: 학습 데이터에서 좋은 성능을 내면서 검증 데이터에서도 유사한 수준의 성능을 유지합니다. 즉, 학습 데이터에 과도하게 맞춰지지 않고 다양한 패턴을 적절히 반영해 새로운 데이터에서도 잘 작동하는 모델입니다. 이러한 모델은 일반화 성능이 좋으므로 운영 과정에서 신뢰할 수 있는 예측 결과를 기대할 수 있습니다.
- 너무 복잡한 모델: 학습 데이터에서는 매우 높은 성능을 보이지만, 검증 데이터에서는 성능이 오히려 떨어집니다. 이는 모델이 학습 데이터에 있는 세부 패턴과 노이즈(Noise)까지 모두 학습한 나머지 새로운 상황에서는 잘 대응하지 못하

는 과적합 상태이기 때문입니다. 예를 들어 고객 이탈 예측 모델이 "나이는 26세로 지난달 A 제품을 2회 구매한 수원에 사는 고객은 이탈할 확률이 높다"와 같은 지나치게 구체적인 조건을 학습했다고 가정해 봅시다. 이 조건은 특정 데이터에서만 적용되는 규칙일 뿐입니다. 이 고객 이탈 예측 모델은 비록 학습 데이터에서는 정확할지 모르지만, 실제 서비스에 적용하면 예외 상황에 취약해 예측력이 떨어질 겁니다.

노이즈란 데이터 안에 존재하는 불규칙한 값이나 우연히 발생한 오류입니다. 예측에 유의미한 정보가 아닌데도 불구하고 모델이 이를 실제 패턴으로 착각해 학습하면 과적합의 원인이 될 수 있습니다. 특히 모델이 너무 복잡하거나 학습을 오래 지속하면 이런 노이즈까지도 학습하게 되어 새로운 데이터의 일반화 성능이 떨어집니다. 따라서 노이즈는 가능한 한 제거하거나 모델이 노이즈에 민감하게 반응하지 않도록 복잡도를 조절하는 작업이 필요합니다.

과소적합과 과적합

모델이 새로운 데이터를 잘 예측하려면 학습 과정에서 적절한 복잡도를 유지하는 일이 중요합니다. 모델이 너무 단순하면 데이터의 패턴을 제대로 학습하지 못해 성능이 낮아지고, 반대로 너무 복잡하면 학습 데이터에 지나치게 맞춰져 새로운 데이터에서는 오히려 성능이 떨어질 수 있습니다. 이러한 두 가지 문제를 각각 과소적합(Underfitting)과 과적합(Overfitting)이라고 합니다.

[그림 6-2]는 과소적합, 과적합이 무엇인지 보여 주는 그래프입니다.

과소적합

과소적합은 모델이 학습 데이터의 패턴을 충분히 학습하지 못한 상태입니다. 이 경우 모델은 학습 데이터에서 좋은 성능을 내지 못하며 당연히 새로운 데이터에서도 예측 성능이 떨어집니다. 과소적합은 주로 모델이 지나치게 단순할 때 발생합니다. 데이터의 다양한 패턴을 포착하는 능력이 부족한 경우라고 할 수 있습니다. 또한 중요한 특징(feature)을 잘 반영하지 못해 데이터에 숨겨진 구조를 놓치는 일도 하나의 원인입니다.

[그림 6-2]의 왼쪽 상단 그래프에서는 입력 데이터가 곡선 형태의 패턴을 가지고 있음에도 단순한 직선으로 학습하는 선형회귀 모델을 사용하고 있습니다. 이 경우

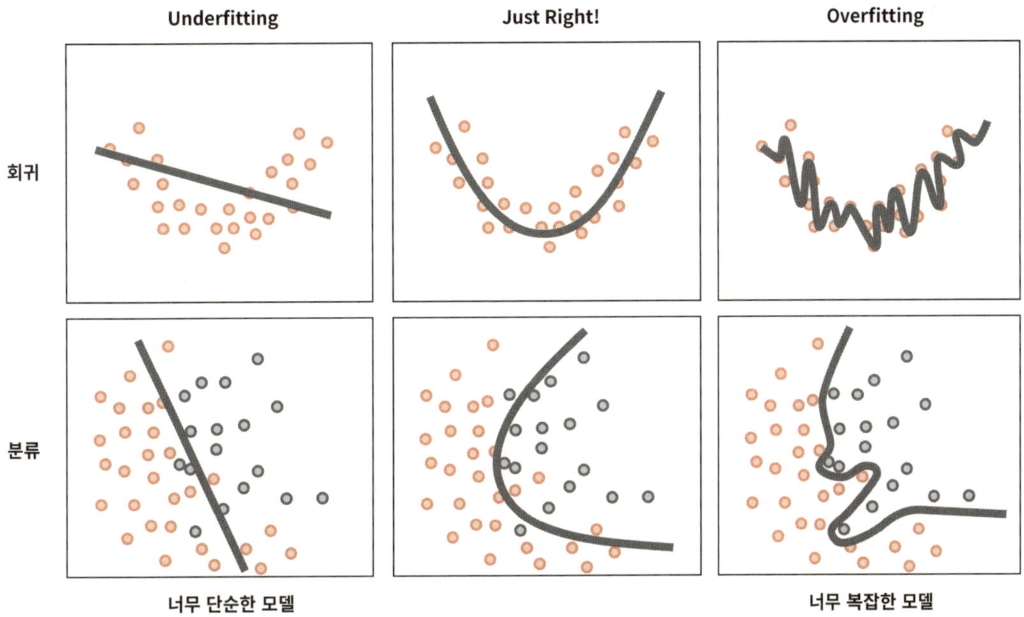

[그림 6-2] 과소적합과 과적합

데이터의 복잡한 구조를 제대로 반영하지 못해 예측 성능이 크게 떨어집니다. 그 하단의 분류 문제 그래프도 마찬가지입니다. 데이터의 분포상 곡선 형태의 경계가 필요함에도 불구하고 단순한 직선으로 두 범주를 나누려 할 경우, 많은 표본이 올바르게 분류되지 못해 오류가 발생할 수밖에 없습니다.

과소적합을 해결하려면 모델의 복잡도를 높이거나 더 많은 특징과 데이터를 학습에 활용해야 합니다. 예를 들면 은닉층(Hidden Layer) 또는 노드 수를 늘리거나 학습 시간을 충분히 확보하면 모델이 데이터의 패턴을 충분히 학습할 수 있습니다.

과적합

과적합은 학습 데이터에 지나치게(Over) 맞춰져(Fitting) 새로운 데이터에서 예측력이 떨어지는 현상입니다. 모델이 학습 데이터의 패턴뿐만 아니라 노이즈까지 학습하는 경우에 발생합니다. 한마디로 과적합 모델은 학습 데이터를 하나도 틀리지 않고 다 맞추겠다고 학습하는 모델입니다. 따라서 학습 데이터에서는 높은 성능을 보이지만, 검증 데이터에서는 성능이 급격히 떨어지는 것이 특징입니다.

[그림 6-2]의 오른쪽 상단에 있는 회귀 그래프에서는 너무 복잡한 모델(Overfitting)을 사용한 나머지 모델이 학습 데이터의 작은 변화까지 따라가며 지나치게 세

밀한 곡선을 그리는 현상을 봅니다. 이 모델은 학습 데이터에서는 매우 높은 정확도를 보이지만, 새로운 데이터에서는 일반화하지 못해 오히려 예측 성능을 떨어뜨립니다. 그 하단의 분류 문제 그래프에서도 비슷한 현상이 나타나는데, 학습 데이터의 특정한 패턴까지 학습하기 때문에 검증 데이터에서 불필요하게 복잡한 결정 경계를 형성하는 경향이 있습니다.

모델의 복잡도 이해

모델을 설계할 때 복잡도가 적절한 모델을 찾기 위해 노력해야 합니다. 그렇다면 적절한 복잡도의 모델을 어떻게 만들 수 있을까요? 어떤 부분이 모델 복잡도에 영향을 미칠까요?

[그림 6-3]은 모델의 복잡도에 따라 학습 오차(train loss)와 검증 오차(validation loss)가 어떻게 변화되는지 보여 주는 그래프입니다. 이 그래프를 이용하면 모델 복잡도의 적절한 지점을 찾을 수 있습니다.

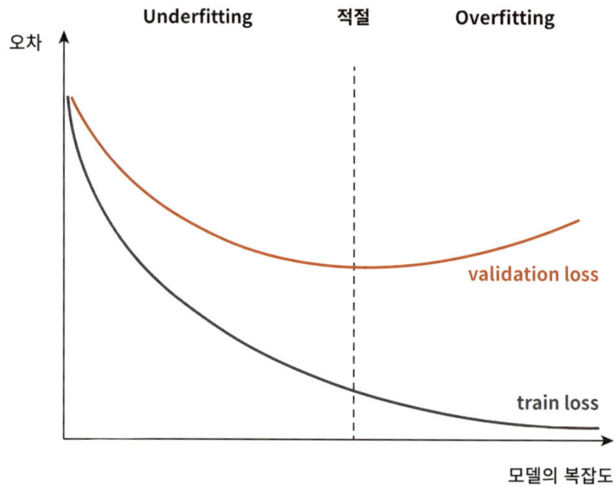

[그림 6-3] 모델 복잡도에 따른 오차 그래프

적절한 복잡도 지점 찾기

모델이 새로운 데이터에서 좋은 성능을 내려면 복잡도를 적절히 조절해야 한다고 했습니다. 하지만 어떤 복잡도가 가장 적절한지는 모델의 종류, 데이터의 특성에 따라 달라집니다. 이제 모델의 복잡도를 조절해 최적의 지점을 찾는 일반적인 방법들을 정리합니다.

- 모델별 복잡도 조정 요소: 각각의 머신러닝 또는 딥러닝 모델은 고유한 방식으로 복잡도를 조절할 수 있습니다. 예를 들어 의사결정나무(Decision Tree)는 트리의 최대 깊이(Max Depth)를 조절할 수 있습니다. 깊이가 깊을수록 더 많은 조건을 분기하기 때문에 복잡한 모델이 됩니다. 신경망(Neural Network)에서는 은닉층의 수나 각 층의 노드 수를 조절함으로써 모델의 복잡도를 바꿀 수 있습니다. 더 많은 층과 노드를 추가하면 모델은 복잡해지고 더 다양한 패턴을 학습할 수 있습니다.
- 하이퍼파라미터 튜닝: 모델의 복잡도를 조절하는 또 다른 일반적인 방법은 하이퍼파라미터(Hyperparameter)를 튜닝하는 것입니다. 하이퍼파라미터는 학습하기 전에 설정하는 값으로 모델의 학습 과정과 구조에 큰 영향을 미칩니다. 예를 들어 학습률(Learning Rate), 에포크(Epoch) 수, 배치 크기(Batch Size), 드롭아웃 비율(Dropout Rate), 규제 강도(λ) 등은 모두 모델의 학습과 복잡도에 영향을 미치는 하이퍼파라미터입니다. 이 값들을 적절히 조합하는 일을 하이퍼파라미터 튜닝이라고 하는데, 일반적으로 실험을 통해 검증 데이터를 반복적으로 비교하는 방식으로 최적의 조합을 찾습니다.
- 오차 비교를 통한 최적화: 그래프로 모델이 현재 과소적합인지 과적합인지 아니면 적절한 복잡도를 갖추고 있는지를 적절히 판단할 수 있습니다. [그림 6-3]에서 학습 오차와 검증 오차가 줄어들지 않고 값이 모두 높으면 모델이 너무 단순해서 데이터를 충분히 설명하지 못하는 상태입니다. 또한 학습 오차는 줄어드는데, 검증 오차는 다시 늘어난다면 모델이 학습 데이터에 과도하게 맞춰져 새로운 데이터에서 일반화되지 못하는 상태입니다. 끝으로 학습 오차와 검증 오차가 줄어들어 값이 모두 낮고 두 그래프의 흐름도 비슷하다면 모델이 학습 데이터의 핵심 패턴을 잘 학습했고 검증 데이터도 잘 일반화한 상태입니다.

모델의 복잡도는 너무 낮아도 또는 너무 높아도 문제가 됩니다. [그림 6-3]의 그래프로 오차의 흐름을 관찰하고 다양한 하이퍼파라미터를 조정하면서 적절한 복잡도 지점을 찾아가는 일이 모델 성능 최적화의 핵심입니다.

딥러닝 모델의 복잡도와 파라미터 수

딥러닝 모델의 복잡도를 대표하는 지표가 바로 파라미터(Parameter) 수입니다. 파라미터는 학습 과정에서 데이터에 담긴 패턴을 찾아내고 이를 수치화한 값입니다.

쉽게 말해 파라미터는 모델이 데이터를 이해하고 예측하기 위해 기억해 둔 '지식'이라고 할 수 있습니다.

하지만 파라미터가 지나치게 많으면 문제가 생길 수 있습니다. 파라미터가 많을수록 모델은 데이터의 세세한 부분까지 학습하는데, 이는 과적합으로 이어질 가능성이 높아집니다. 또한 파라미터가 늘어나면 연산량이 증가해 학습과 추론 속도가 느려지고 더 많은 메모리를 사용하므로 시스템 비용 역시 커집니다.

파라미터 수는 입력 데이터의 크기, 은닉층의 개수, 각 층의 노드(뉴런) 수에 따라 결정됩니다. 예를 들어 입력 특징(feature)이 많아지거나 은닉층을 여러 개 추가하거나 각 층에 노드를 많이 배치하면 파라미터 수는 급격히 증가합니다. 따라서 모델을 설계할 때는 단순히 큰 모델을 만드는 것보다 적절한 규모에서 높은 성능을 내는 최적의 구조를 찾는 일이 중요합니다.

실제로 딥러닝 프로젝트의 모델 설계에는 정답이 없습니다. 데이터 특성, 문제의 난이도, 사용할 수 있는 연산 자원에 따라 적절한 파라미터 규모가 달라집니다. 따라서 다양한 조합으로 실험을 반복하면서 성능과 효율성의 균형을 찾는 과정이 필요합니다.

[그림 6-4]는 복잡도에 영향을 주는 요소들을 그림으로 표현하고 있습니다. 일반적으로 모델 구조에서 층(Layer)과 노드 수가 많을수록 모델은 점점 복잡해집니다.

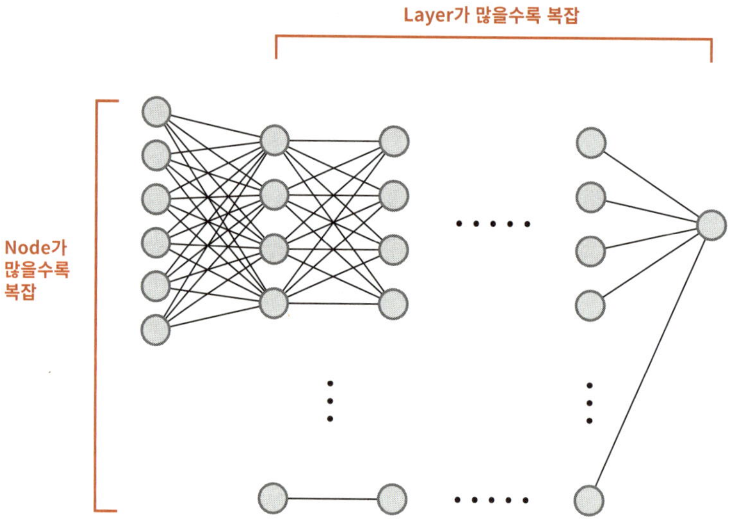

[그림 6-4] 딥러닝에서 모델 복잡도에 영향을 주는 요소

딥러닝의 모델 복잡도 조절하기

이번에는 모델 복잡도에 영향을 주는 대표적인 요소들을 하나씩 살펴보며 어떤 점을 고려해 설계해야 하는지 설명하겠습니다.

은닉층

은닉층은 입력층과 출력층 사이에 위치한 층으로 데이터를 단계적으로 변환하면서 의미 있는 특징(feature)을 자동으로 추출하는 역할을 합니다. 이 과정에서 모델은 원시 입력 데이터를 점차 정제해 문제 해결에 유용한 정보로 바꾸어 갑니다.

은닉층이 많아질수록 모델은 더 복잡하고 추상적인 패턴(Pattern)을 학습할 수 있는 표현력을 지닙니다. 예를 들어 하나의 은닉층이 있는 단순한 신경망은 직선이나 곡선 정도의 단순한 패턴을 학습할 수 있지만, 여러 개의 은닉층을 쌓은 심층 신경망(Deep Neural Network)은 이미지에 있는 사람의 얼굴을 인식하거나 자연어의 문맥을 이해하는 등 훨씬 복잡한 문제도 해결할 수 있습니다. 즉, 은닉층은 데이터를 단순히 처리하는 층이 아니라, 특징을 추출하고 이를 기반으로 유의미한 패턴을 학습하는 핵심 구조로서 층이 깊을수록 모델은 더욱 정교하고 풍부한 표현을 할 수 있습니다.

하지만 은닉층을 무작정 많이 추가한다고 능사는 아닙니다. 층이 늘어날수록 파라미터 수가 폭발적으로 증가해 과적합 위험이 커지고 학습 시간이 오래 걸리며 연산 자원이 많이 소모됩니다. 또한 층이 너무 깊으면 기울기 소실(Vanishing Gradient) 같은 학습 문제도 발생할 수 있습니다.

여기서 잠깐

기울기 소실 문제가 뭐예요?

기울기 소실(Vanishing Gradient) 문제란 딥러닝 모델을 학습할 때 층이 깊어질수록 역전파(Backpropagation) 과정에서 전달되는 기울기(Gradient) 값이 점점 작아져 결국 0에 가까워지는 현상을 말합니다. 딥러닝은 가중치(Weight)를 조금씩 조정하며 학습을 진행하는데, 기울기가 0에 가까워지면 가중치가 거의 업데이트되지 않습니다. 가중치가 업데이트되지 않으면 모델은 학습을 제대로 진행할 수 없고, 특히 앞쪽(입력층 가까이)에 있는 층들은 학습을 거의 멈춥니다.

최근에는 ReLU(Rectified Linear Unit)와 같이 기울기 소실을 완화하는 활성화 함수를 사용하거나 다른 기법을 사용해 문제를 해결합니다.

각 층의 노드 수

각각의 은닉층에 배치되는 노드(뉴런) 수는 해당 층이 학습할 수 있는 정보의 양을 결정합니다. 노드가 많으면 더 다양한 특징을 학습할 수 있고 복잡한 데이터를 잘 표현할 가능성이 커집니다. 예를 들어 노드가 적은 모델은 이미지에서 단순한 윤곽선만 인식할 수 있지만, 노드를 충분히 늘리면 색상, 질감, 세부 패턴까지 포착할 수 있습니다.

하지만 노드 수가 많아지면 파라미터 수도 함께 증가해 연산량이 커지고 메모리 사용량도 늘어납니다. 결국 모델의 복잡도는 급격히 상승하는데, 데이터가 충분하지 않다면 오히려 과적합이 발생할 수 있습니다. 따라서 노드 수는 단순히 크게 잡기보다는 데이터의 특성과 문제 난이도에 따라 실험을 거쳐 최적의 값을 찾아야 합니다.

에포크

에포크는 모델이 전체 학습 데이터를 몇 번 반복해서 학습할지를 정하는 값입니다. 에포크가 너무 적으면 모델이 데이터의 패턴을 충분히 배우지 못해 학습이 덜 된 상태로 끝나는 과소적합이 발생합니다. 반대로 에포크를 지나치게 크게 설정하면 모델이 학습 데이터의 세부적인 노이즈까지 학습해 과적합될 수 있습니다.

일반적으로 모델 학습 과정에서는 검증 데이터를 활용해 에포크가 어느 시점에서 가장 좋은 성능을 내는지 관찰하며, 적절한 시점에 학습을 멈추는 조기 종료(Early Stopping) 기법을 함께 사용합니다. 조기 종료 기법들을 사용하면 모델 복잡도를 효과적으로 조절할 수 있습니다.

조기 종료 기법은 이후 실습에서 배웁니다.

학습률

학습률(Learning Rate)은 모델이 오차를 얼마나 빠르게 줄여 나갈지를 결정합니다. 학습률이 너무 크면 발산할 수 있고, 너무 작으면 학습이 매우 느려지거나 지역 최솟값에 갇힐 수 있습니다. 적절한 학습률을 설정하는 일은 매우 중요한 하이퍼파라미터 튜닝 과정입니다.

모델의 은닉층 수, 노드 수, 에포크, 학습률 등 다양한 요소들이 모델의 복잡도를 결정합니다. 복잡도가 적절한 모델을 찾기 위해서는 다양한 설정을 실험해 보는 과정, 즉 하이퍼파라미터 튜닝이 필요합니다.

하지만 하이퍼파라미터 튜닝 과정은 생각보다 훨씬 복잡하고 시간이 오래 걸릴 수 있습니다. 예를 들어 은닉층의 수를 1부터 5까지 바꾸고 노드 수도 5, 10, 15, 20, 25로 조정한다고 가정해 봅시다. 이 경우 은닉층의 경우의 수 5와 노드 수의 경우의 수 5를 곱하면 총 25번의 실험이 필요합니다. 여기에 에포크 수를 25, 50, 100, 200으로 바꿔가며 학습하면 25번의 실험을 각각 4번 반복해야 하므로 총 100번의 실험을 해야 합니다. 만약 학습률까지 조정한다면 실험 횟수는 기하급수적으로 늘어나게 됩니다.

과적합 규제 기법들

다양한 하이퍼파라미터를 조정해 최적의 조합을 찾는 일은 매우 중요하지만, 동시에 매우 어렵고 복잡한 작업입니다. 그래서 딥러닝에서는 복잡도 조절 외에도 모델이 과적합되는 것을 사전에 방지하는 여러 규제 기법을 함께 사용합니다.

- 조기 종료(Early Stopping): 에포크가 거듭될수록 검증 데이터에서 성능이 더 이상 개선되지 않으면 학습을 조기에 종료함으로써 과적합을 방지합니다. 학습을 오래 진행할수록 학습 성능은 좋아지지만, 검증 성능이 떨어질 수 있으므로 이를 방지하는 데 효과적입니다.
- 드롭아웃(Dropout, 임의로 연결 끊기): 학습 과정에서 일부 노드를 무작위로 비활성화시켜 모델이 특정 노드나 경로에 과도하게 의존하지 않도록 합니다. 이렇게 함으로써 다양한 경로에서 들어오는 데이터 조합으로 학습할 수 있어 일반화 성능이 향상됩니다.
- 가중치 규제(Regularization): 손실 함수의 가중치에 페널티 항을 추가해 가중치가 너무 커지지 않도록 제한합니다. 대표적으로 L1 규제와 L2 규제가 있으며 이 규제로 모델의 복잡도를 간접적으로 조절합니다.

이 기법들은 복잡한 하이퍼파라미터 실험 없이도 모델이 적절한 수준의 복잡도를 유지하도록 도와줍니다. 다음 절에서는 이들 규제 기법을 하나씩 살펴보며 과적합을 방지하고 일반화 성능을 높이는 방법을 실습과 함께 살펴보겠습니다.

모델 성능 최적화 실습 1: 과적합 모델

이번 실습에서는 성능 최적화 실습을 위해 모델 구조와 하이퍼파라미터를 조정해 과적합이 발생한 모델을 먼저 생성합니다. 구현 절차는 환경 준비, 데이터 전처리, 모델링 및 학습 곡선 확인 순서로 진행합니다.

환경 준비

새 코랩 파일을 생성하고 파일 이름은 '6일차_모델성능최적화.ipynb'로 명명합니다.

런타임 유형 변경

이번 실습에서는 학습 시간이 많이 소요될 수 있으므로 GPU를 사용합니다. 코랩 파일 상단 메뉴에서 [런타임] - [런타임 유형 변경]을 누른 다음, 나온 [런타입 유형 변경] 대화상자에서 하드웨어 가속기 유형을 'T4 GPU'로 선택합니다.

이어진 환경 준비에서는 딥러닝에 필요한 라이브러리를 불러오고 사용자 정의 함수 4가지(데이터 로더 함수, 학습 함수, 평가 함수, 학습 곡선 함수)를 생성합니다. 또한 디바이스도 준비해야 합니다. 이미 여러 번 반복 작성한 코드이므로 여러분은 5일 차를 참조해 하나씩 순서대로 입력하고 실행합니다.

데이터 불러오기: Fashion-MNIST

이번 실습에서는 Fashion-MNIST가 어떤 구조로 이루어졌는지 데이터를 살피는 과정에서 시작합니다.

Fashion-MNIST 데이터 세트는 의류와 패션 아이템 이미지로 구성된 딥러닝용 공개 데이터 세트입니다. Fashion-MNIST 데이터 세트는 MNIST 데이터 세트처럼 28×28 픽셀 크기의 흑백 이미지 70,000개를 제공하지만, 숫자 이미지가 아닌 티셔츠, 바지, 스니커즈, 가방 등 10개 범주의 의류 이미지들로 구성되어 있습니다. 각각의 이미지는 하나의 아이템을 나타냅니다. 70,000개의 데이터 세트는 학습용 60,000개, 테스트용 10,000개로 구성되어 있습니다. MNIST보다 조금 더 복잡한 이미지 패턴을 포함하고 있어 딥러닝 분류 모델을 실습하기에 좋은 데이터입니다.

CODE

```
from torchvision import datasets
from torchvision.transforms import ToTensor
```

```
train_dataset = datasets.FashionMNIST(root='data', train=True, download=True,
                                      transform=ToTensor())
test_dataset = datasets.FashionMNIST(root='data', train=False, download=True,
                                     transform=ToTensor())
```

코드는 5일 차에서 사용했던 MNIST 데이터 불러오기와 거의 동일합니다. 다만 이번에는 숫자로 쓴 손글씨 이미지(MNIST)가 아니라, 의류 이미지 데이터(Fashion-MNIST)라는 차이가 있을 뿐입니다.

학습 데이터는 train=True, 테스트 데이터는 train=False 옵션으로 설정해 불러옵니다. transform=ToTensor로 이미지를 텐서 형식으로 변환합니다. Fashion-MNIST 데이터는 코드를 실행하면 자동으로 다운로드되며 이미지들은 root 옵션에서 지정한 경로(data 폴더)에 저장됩니다.

모두 불러왔다면 10개의 의류 범주를 리스트에 저장하고 내용을 확인합니다.

CODE

```
class_list = train_dataset.classes
class_list
```

OUTPUT

```
['T-shirt/top',
 'Trouser',
 'Pullover',
 'Dress',
 'Coat',
 'Sandal',
 'Shirt',
 'Sneaker',
 'Bag',
 'Ankle boot']
```

코드를 실행하면 10종의 의류 아이템 목록을 보여 줍니다.

계속해서 이번에는 이미지를 하나 출력하겠습니다.

CODE

```
n = 5000
image, label = train_dataset.data[n], train_dataset.targets[n]

# 이미지 시각화
plt.imshow(image, cmap="gray")
plt.title(f"Label: {class_list[label]}")
plt.show()
```

OUTPUT

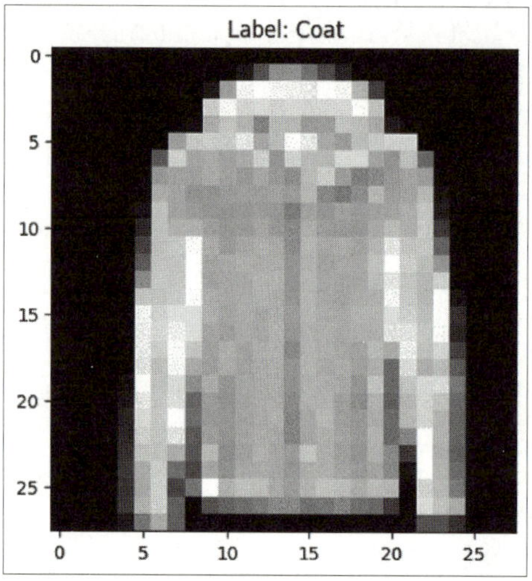

코드 이미지를 하나 불러왔습니다. 코드에서 변수 n의 숫자를 변경하면서 어떤 이미지들이 저장되어 있는지 확인하기 바랍니다.

[그림 6-5]는 Fashion-MNIST 데이터 세트에서 제공하는 10가지 의류 범주의 이미지들입니다.

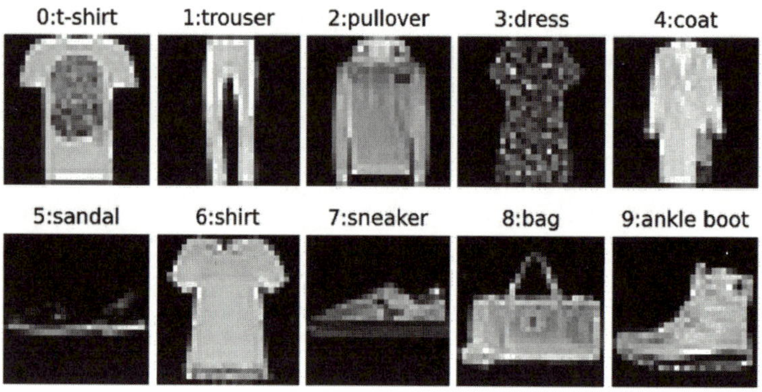

[그림 6-5] Fashion-MNIST 데이터 세트 이미지

이미지를 보고 각각의 범주로 분류해야 하는데, 이미지의 해상도(28×28)가 너무 떨어져 분류하기가 쉽지는 않습니다. 특히 t-shirt와 shirt는 사람이 봐도 헷갈릴 수준입니다.

데이터 전처리

학습 데이터 60,000건을 그대로 이용하면 학습 시간이 많이 걸립니다. 그래서 데이터를 20,000건으로 줄인 과적합 모델을 생성할 예정입니다.

데이터 전처리는 다음과 같은 단계로 진행합니다.

1. 다운로드한 데이터 세트의 원본 데이터 추출 및 스케일링
2. 학습 데이터의 크기 줄이기: 과적합과 규제 기법을 실험할 때 학습 시간을 줄이기 위해 데이터의 크기를 줄임
3. 테스트 데이터 세트를 검증(val), 테스트(test) 데이터로 분할
4. 이미지 데이터 세트의 차원 맞추기(3차원→4차원)
5. 학습 데이터를 이용해 데이터 로더 구성

전처리 절차가 꽤 복잡해 보이지만, 코드는 비교적 간단합니다. 하나씩 살펴보겠습니다.

데이터 세트의 원본 데이터 추출 및 스케일링

다운로드한 두 개의 데이터 세트(train_dataset, test_dataset)에서 입력 데이터와 목푯값 데이터를 추출하고 스케일링을 수행합니다.

CODE

```
x_train = train_dataset.data / 255  ①
y_train = train_dataset.targets     ②
x_test = test_dataset.data / 255
y_test = test_dataset.targets
```

① 다운로드한 train_dataset의 data(입력 데이터)를 255로 나누어 스케일링합니다.

② 다운로드한 train_dataset의 targets(목푯값 데이터)를 저장합니다.

이미지는 0~255 사이의 숫자 데이터로 구성되어 있습니다. 따라서 단순히 255로 나누는 것만으로도 MinMax 스케일링(0~1로 변환)이 적용됩니다.

학습 데이터의 크기 줄이기, 테스트 데이터 분할

학습 데이터가 크면(많으면) 학습 시간이 오래 걸리므로 다양한 실험을 하기가 어렵습니다. 그래서 데이터를 분할해 데이터의 크기를 줄입니다.

CODE

```
x_train = x_train[:20000]
y_train = y_train[:20000]
print(x_train.shape)
```

OUTPUT

```
torch.Size([20000, 28, 28])
```

학습 데이터 x_train과 y_train에서 20,000건만 뽑아 다시 x_train과 y_train에 저장합니다(덮어쓰기). 코드를 실행해 x_train의 구조를 보면 28×28 크기의 이미지가 20,000건으로 변경되었습니다.

다음으로 10,000건의 테스트 데이터 세트를 반으로 나누어 검증(val)과 테스트(test) 데이터로 각각 저장합니다.

CODE

```
x_val, x_test = x_test[:5000], x_test[5000:]
y_val, y_test = y_test[:5000], y_test[5000:]
print(x_val.shape, x_test.shape)
```

OUTPUT

```
torch.Size([5000, 28, 28]) torch.Size([5000, 28, 28])
```

x_val, x_test를 각각 [5000, 28, 28]로 구성했습니다. 이렇게 해서 학습, 테스트, 검증 데이터 세트에 대한 기본적인 준비를 모두 마쳤습니다.

이어서 이미지 데이터의 차원을 맞추고 데이터 로더를 구성합니다.

이미지 데이터의 차원 맞추기, 데이터 로더 구성

torchvision.datasets 모듈에서 제공하는 MNIST나 FashionMNIST 데이터 세트의 경우 내부의 원본 이미지 데이터(train_dataset.data)를 추출하면 각각의 이미지는 2차원(28×28) 흑백 이미지 상태로 저장되어 있습니다. 이미지의 채널(컬러) 차원이 생략되어 있기 때문에 딥러닝 모델에서 기대하는 표준적인 이미지 데이터 세트(4차원 텐서) 형태로 데이터를 변환해 주어야 합니다.

이미지 데이터 세트의 표준 구조(배치 크기, 채널, 세로 픽셀 수, 가로 픽셀 수)는 5일 차에서 설명한 내용을 참고하면 됩니다(5일 차 204~205쪽 참조). 다음과 같이 4차원 데이터 구조로 변경합니다.

CODE

```
x_train = x_train.view(20000, 1, 28, 28)
x_val = x_val.view(5000, 1, 28, 28)
x_test = x_test.view(5000, 1, 28, 28)
```

view 메서드를 이용해 [5000, 28, 28]의 3차원을 [5000, 1, 28, 28]의 4차원 데이터로 변환합니다. 두 번째 축 항목에 흑백 채널 1개를 추가했습니다.

이제 학습 데이터 세트(x_train, y_train)를 텐서 데이터 세트로 변환하고 데이터 로더를 구성합니다.

CODE

```
train_TensorDS = TensorDataset(x_train, y_train)
batch_size = 64
train_loader = DataLoader(train_TensorDS, batch_size=batch_size)
```

데이터 준비가 모두 끝났으므로 과적합 모델을 설계하고 학습 곡선으로 확인합니다.

과적합 모델 만들기

모델을 복잡하게 설계하고 에포크도 필요 이상으로 지정해 과적합 모델을 만듭니다.

복잡한 모델 구조

모델을 복잡하게 설계하려면 은닉층 수와 노드 수를 과도하게 늘리면 됩니다. 이번 예제에서는 은닉층은 4개, 층마다 노드 수는 512→256→256→64개순으로 지정하겠습니다. 이 구조보다 더 복잡하게 설계할 수 있지만, Fashion-MNIST 데이터 세트에서는 이 정도면 충분합니다.

다음과 같이 코드를 입력합니다.

CODE

```
n_feature = 28 * 28
n_class = 10

# 모델 구조 설계
model = nn.Sequential(nn.Flatten(),
                      nn.Linear(n_feature, 512), nn.ReLU(),
                      nn.Linear(512, 256), nn.ReLU(),
                      nn.Linear(256, 256), nn.ReLU(),
                      nn.Linear(256, 64), nn.ReLU(),
                      nn.Linear(64, n_class)
        ).to(device)
```

```
loss_fn = nn.CrossEntropyLoss()
optimizer = Adam(model.parameters(), lr=0.001)
```

모델 구조를 살펴보면 먼저 입력 이미지를 Flatten 함수를 사용해 1차원 벡터 형태로 펼친 다음, 첫 번째 은닉층(노드 수 512)으로 연결합니다. 계속해서 은닉층 3개가 순차적으로 연결되는데, 각 층의 노드 수는 각각 256, 256, 64개로 설정되어 있습니다. 마지막 출력층은 총 10개의 범주를 예측하므로 노드 수는 10으로 지정했습니다.

설계한 모델의 요약 정보를 살펴보겠습니다. torchsummary 라이브러리의 summary 함수를 사용합니다.

CODE

```
from torchsummary import summary
summary(model, input_size = (n_feature,))
```

OUTPUT

```
----------------------------------------------------------------
        Layer (type)               Output Shape         Param #
================================================================
           Flatten-1                  [-1, 784]               0
            Linear-2                  [-1, 512]         401,920
              ReLU-3                  [-1, 512]               0
            Linear-4                  [-1, 256]         131,328
              ReLU-5                  [-1, 256]               0
            Linear-6                  [-1, 256]          65,792
              ReLU-7                  [-1, 256]               0
            Linear-8                   [-1, 64]          16,448
              ReLU-9                   [-1, 64]               0
           Linear-10                   [-1, 10]             650
================================================================
Total params: 616,138
Trainable params: 616,138
Non-trainable params: 0
----------------------------------------------------------------
Input size (MB): 0.00
Forward/backward pass size (MB): 0.02
Params size (MB): 2.35
Estimated Total Size (MB): 2.38
----------------------------------------------------------------
```

summary 함수의 실행 결과는 총 세 부분으로 나누어져 있습니다. 요약 정보는 상단부터 모델 구조, 모델 크기(파라미터 관점), 모델 크기(용량 관점)순으로 보여 줍니다. 이 중 모델 크기에 있는 'Total params'가 이 모델의 전체 파라미터 수입니다. 방금 설계한 모델의 파라미터 수는 무려 616,138개입니다.

학습

이 모델을 epochs=40으로 학습시킵니다. MNIST나 Fashion-MNIST 데이터 세트는 보통 5~20에포크 정도면 충분하다고 알려져 있습니다. 하지만 여기서는 과적합 모델을 생성하기 위해 좀 더 과도한 에포크 수로 학습시킵니다.

빈 셀에서 다음과 같이 학습과 학습 곡선 코드를 입력합니다.

CODE

```
epochs = 40
tr_loss_list, val_loss_list = [], []
for t in range(epochs):
    tr_loss = train(train_loader, model, loss_fn, optimizer, device)
    val_loss, pred = evaluate(x_val, y_val, model, loss_fn, device)
    # 리스트에 추가
    tr_loss_list.append(tr_loss)      # train - CrossEntropy
    val_loss_list.append(val_loss)    # val - CrossEntropy
    print(f"Epoch {t+1}, train loss : {tr_loss:.4f}, val loss : {val_loss:.4f}")

# 학습 곡선
dl_learning_curve(tr_loss_list, val_loss_list)
```

OUTPUT

```
Epoch 1, train loss : 0.7568, val loss : 0.5555
Epoch 2, train loss : 0.4731, val loss : 0.4747
Epoch 3, train loss : 0.4181, val loss : 0.4463
...
Epoch 38, train loss : 0.1088, val loss : 0.6541
Epoch 39, train loss : 0.1034, val loss : 0.6445
Epoch 40, train loss : 0.1053, val loss : 0.7337
```

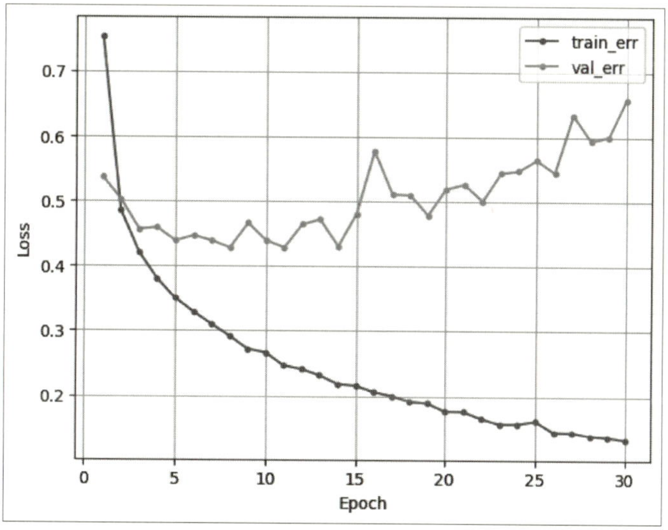

코드의 실행 결과를 보면 학습 초기에는 val_loss(검증 오차)가 점차 줄어들면서 모델이 데이터를 잘 학습하고 있는 모습을 보여 줍니다. 예를 들어 에포크 1~3구간에서는 검증 오차가 0.5555→0.4747→0.4463으로 꾸준히 낮아지고 있습니다. 이는 모델이 학습 데이터를 기반으로 점차 일반적인 패턴을 파악하고 있다는 뜻입니다.

그러나 마지막 에포크 40에서는 검증 오차가 0.7337로 오히려 처음 학습을 할 때보다 더 나빠진 상태입니다. 검증 오차는 에포크 4~9 근처에서 최저점을 찍은 다음, 다시 증가하는 U자 형태의 곡선을 보입니다. 최저점에 도달하고 나서 모델은 학습 데이터에 과도하게 맞춰지면서(과적합) 검증 데이터에는 잘 대응하지 못하는 상태로 진입한 것입니다. 이와 같이 학습 오차는 계속 개선되지만, 검증 오차는 오히려 악화되는 현상이 나타나면 과적합(Overfitting)이 발생했다고 판단합니다.

모델 예측 및 평가

과적합 모델을 생성했으니 모델의 성능도 살펴보겠습니다. 빈 셀에서 다음과 같이 작성합니다.

CODE

```
# 예측하고 소프트맥스 함수 적용
_, pred = evaluate(x_test, y_test, model, loss_fn, device)
pred = nn.functional.softmax(pred, dim=1)

# 가장 확률이 높은 인덱스 저장
pred = np.argmax(pred.cpu().numpy(), axis = 1)  ①

# 모델 평가
print(classification_report(y_test, pred, target_names=class_list, digits=4))  ②
```

OUTPUT

```
              precision    recall  f1-score   support

 T-shirt/top     0.7984    0.8357    0.8167       493
     Trouser     0.9920    0.9538    0.9725       519
    Pullover     0.8067    0.7495    0.7771       479
       Dress     0.8656    0.9020    0.8834       500
        Coat     0.7533    0.8288    0.7893       479
      Sandal     0.9956    0.8757    0.9318       515
       Shirt     0.7091    0.6351    0.6701       518
     Sneaker     0.8611    0.9920    0.9219       500
         Bag     0.9452    0.9831    0.9638       474
  Ankle boot     0.9605    0.9293    0.9446       523

    accuracy                         0.8684      5000
   macro avg     0.8688    0.8685    0.8671      5000
weighted avg     0.8699    0.8684    0.8676      5000
```

① GPU 디바이스에서 계산된 결과이므로 pred를 CPU로 옮긴 다음, 넘파이 배열로 변환해 np.argmax 함수에 입력합니다.

② classification_report 함수에 추가한 digits=4는 결과를 소수점 4자리까지 표시하라는 의미입니다. 좀 더 정밀하게 보기 위함입니다.

전체 성능에 해당하는 정분류율은 0.8684입니다. 정밀도와 재현율의 평균(조화평균)인 F1 score 관점에서 각 범주의 성능을 살펴보면 모델은 'Trouser'에서 성능이 가장 높고(0.9725), 'Shirt'에서 성능이 가장 낮습니다(0.6701).

이어지는 절에서 과적합을 방지하는 다양한 방법을 설명합니다.

모델 성능 최적화 실습 2: 조기 종료

과적합을 방지하기 위해 사용하는 가장 직관적인 방법 중 하나가 조기 종료(Early Stopping)입니다.

조기 종료의 개념과 동작 원리

조기 종료는 학습 과정에서 검증 오차가 더 이상 줄어들지 않는 시점에 학습을 미리 끝내는 방법입니다. 조기 종료하면 모델이 학습 데이터를 지나치게 따라가는 현상을 막아 일반화 성능을 높일 수 있습니다.

일반적으로 모델 학습 과정에서 에포크 수가 증가하면 학습 오차는 계속 감소합니다. 이는 모델이 점점 더 학습 데이터에 최적화되기 때문으로 꼭 좋은 현상은 아닙니다.

[그림 6-6]의 그래프를 보며 조기 종료의 필요성을 설명하겠습니다.

- 초기에는 학습 데이터와 검증 데이터의 성능이 모두 향상됩니다.
- 특정 에포크부터 학습 데이터의 성능은 계속 좋아지지만, 검증 데이터의 오차는 오히려 다시 증가합니다. 이 지점이 바로 과적합(Overfitting)이 발생하는 시점입니다.

이때 검증 데이터의 오차가 더 이상 줄어들지 않으면 학습을 멈추는 것이 좋습니다. 학습을 멈추면 모델이 학습 데이터에 과도하게 최적화되는 것을 막을 수 있습니다.

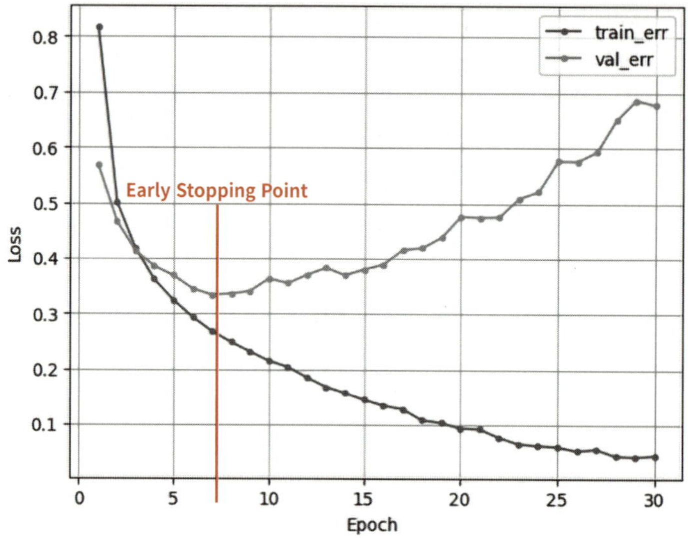

[그림 6-6] 에포크 수와 조기 종료 지점 확인

조기 종료의 기본 원리는 간단합니다. 학습 과정에서 일정 에포크 동안 검증 오차가 개선되지 않으면 학습을 종료합니다. 조기 종료의 절차는 다음과 같습니다.

1. 학습이 진행되는 동안 에포크마다 검증 오차(Validation Error)를 측정합니다. 여기서 초점은 학습 오차(Train Error)가 아니라 검증 오차에 있음에 주의합니다.
2. 에포크마다 검증 오차를 비교하고 현재의 오차가 기존의 오차보다 낮으면 최적 오차(`best_loss`)로 기록해 저장합니다.
3. 이후 에포크에서 측정한 검증 오차가 최적 오차(`best_loss`)와 비교해 개선되지 않으면 카운트합니다. 카운트는 검증 오차가 개선되지 않은 연속된 횟수(p)입니다.
4. 일정 횟수(p) 동안 오차가 개선되지 않으면 학습을 중지합니다(조기 종료).

이 과정으로 불필요한 추가 학습을 방지해 모델이 과적합되는 것을 막습니다.

조기 종료 모델

조기 종료 모델을 실습으로 구현합니다. 실습은 '6일차_모델성능최적화.ipynb' 파일에서 이어 진행합니다. 따라서 환경 준비나 데이터의 전처리 없이 모델 설계부터 시작하면 됩니다.

모델 설계

모델 선언을 다시 합니다. 모델 구조에는 변화가 없으므로 과적합 모델과 동일한 구조에 모델 이름만 model1로 변경합니다.

CODE

```
n_feature = 28 * 28
n_class = 10
model1= nn.Sequential(nn.Flatten(),
                      nn.Linear(n_feature, 512),
                      nn.ReLU(),
                      nn.Linear(512, 256),
                      nn.ReLU(),
                      nn.Linear(256, 256),
                      nn.ReLU(),
                      nn.Linear(256, 64),
                      nn.ReLU(),
                      nn.Linear(64, n_class)
        ).to(device)
loss_fn = nn.CrossEntropyLoss()
optimizer = Adam(model1.parameters(), lr=0.001)
```

모델을 설계했으니 이어서 조기 종료 코드를 구현합니다.

조기 종료 코드 구현

조기 종료를 위해서는 모델을 학습시키는 코드에서 몇 가지 조기 종료 장치를 추가해야 합니다. 모델을 학습시키는 코드를 다음과 같이 수정하면 됩니다.

CODE

```
# 1. 조기 종료를 위한 변수 설정 ----------------
patience = 5              ①
best_loss = float('inf')  ②
counter = 0               ③

tr_loss_list, val_loss_list = [], []
for t in range(40):
    tr_loss = train(train_loader, model1, loss_fn, optimizer, device)
    val_loss, pred = evaluate(x_val, y_val, model1, loss_fn, device)
    pred = nn.functional.softmax(pred, dim=1)
    pred = np.argmax(pred.cpu().numpy(), axis = 1)
    tr_loss_list.append(tr_loss)      # train - CrossEntropy
    val_loss_list.append(val_loss)   # val - CrossEntropy
    print(f"Epoch {t+1}, train loss : {tr_loss:.4f}, val loss : {val_loss:.4f}")
```

```
    # 2. 조기 종료 확인 --------------------
    if val_loss > best_loss:  ④
        counter += 1
        print(f'--> status, best_loss : {best_loss:4f}, counter : {counter}')
    else:
        best_loss = val_loss  ⑤
        counter = 0           ⑥

    # 3. 조기 종료 조건 확인 ---------------------
    if counter >= patience:  ⑦
        print("Early Stopping!")
        break  ⑧
```

OUTPUT

```
Epoch 1, train loss : 0.7711, val loss : 0.5400
Epoch 2, train loss : 0.4830, val loss : 0.4596
Epoch 3, train loss : 0.4130, val loss : 0.4239
Epoch 4, train loss : 0.3768, val loss : 0.4157
Epoch 5, train loss : 0.3459, val loss : 0.4156
Epoch 6, train loss : 0.3217, val loss : 0.4078
Epoch 7, train loss : 0.3042, val loss : 0.4221
--> status, best_loss : 0.407803, counter : 1
Epoch 8, train loss : 0.2875, val loss : 0.4261
--> status, best_loss : 0.407803, counter : 2
Epoch 9, train loss : 0.2761, val loss : 0.4256
--> status, best_loss : 0.407803, counter : 3
Epoch 10, train loss : 0.2590, val loss : 0.4575
--> status, best_loss : 0.407803, counter : 4
Epoch 11, train loss : 0.2479, val loss : 0.4698
--> status, best_loss : 0.407803, counter : 5
Early Stopping!
```

① 오차가 이전보다 커지면 다섯 번까지 기다리도록 임겟값을 지정합니다.
② 현재 에포크 시점에서 최적 오차(best_loss)를 저장합니다(초깃값은 무한대로 설정).
③ 현재까지 몇 번 기다렸는지 카운트 값을 저장합니다.
④ 현재 오차가 최적 오차보다 크다면 카운터를 증가시킵니다.
⑤ 현재 오차가 최적 오차보다 작다면 현재 오차를 베스트 오차로 저장합니다.
⑥ 카운터를 리셋합니다.
⑦ 조기 종료 조건(5번 이상 기다렸는지)을 확인합니다.
⑧ 조기 종료 조건을 만족했으므로 학습을 멈춥니다.

best_loss의 초깃값을 무한대로 설정한 까닭은 학습이 시작되었을 때 어떤 검증 오차가 나오더라도 처음에는 반드시 best_loss보다 작게 만들기 위함입니다. 즉, 첫 번째 에포크에서 계산된 val_loss가 어떤 값이든 무한대보다는 작기 때문에 자동으로 best_loss로 저장되며, 이 best_loss로 이후 에포크에서 검증 오차와 비교할 수 있습니다.

출력 결과를 보면 에포크 7에서 카운터가 1이 됩니다. 최적 오차(best_loss)가 0.4078인데, 0.4221로 증가했기 때문입니다. 다음 에포크에서도 카운터가 1만큼 증가합니다. 검증 오차가 0.4261로 더 커졌습니다. 이후 지속적으로 검증 오차가 증가하다가 에포크 11에서 임곗값 5에 도달했습니다. 종료 조건을 만족하므로 break 문을 만나 학습은 종료됩니다.

조기 종료된 모델의 학습 곡선을 그립니다.

CODE

```
dl_learning_curve(tr_loss_list, val_loss_list)
```

OUTPUT

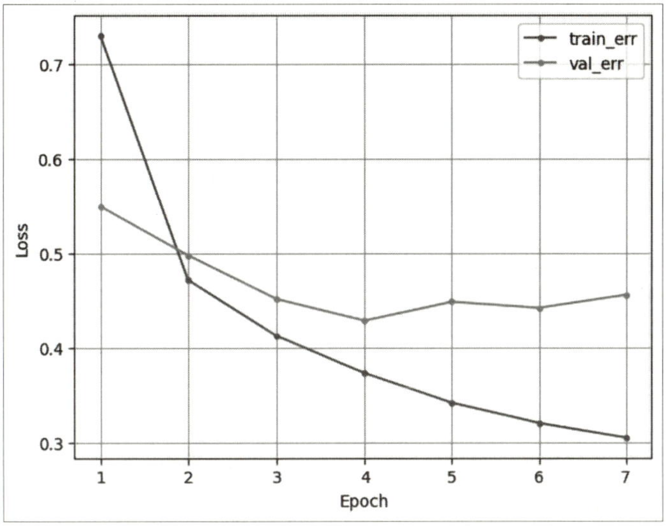

코드를 실행하면 조기 종료된 모델의 학습 곡선이 출력됩니다. 에포크 6에서 최적 오차를 기록하고 이후 에포크에서 검증 오차가 5번 증가해 조기 종료한 상태를 보여 줍니다.

예측 및 평가 결과

조기 종료 모델의 예측 및 평가도 살펴보겠습니다. 빈 셀에서 다음 코드를 작성합니다.

CODE

```
# 예측하고 소프트맥스 함수 적용
_, pred = evaluate(x_test, y_test, model1, loss_fn, device)
pred = nn.functional.softmax(pred, dim=1)

# 가장 확률이 높은 인덱스 저장
pred = np.argmax(pred.cpu().numpy(), axis = 1)

# 모델 평가
print(classification_report(y_test, pred, target_names=class_list, digits=4))
```

OUTPUT

```
              precision    recall  f1-score   support

 T-shirt/top     0.8679    0.7465    0.8026       493
     Trouser     0.9919    0.9461    0.9684       519
    Pullover     0.6709    0.8727    0.7586       479
       Dress     0.9420    0.8120    0.8722       500
        Coat     0.7528    0.6994    0.7251       479
      Sandal     0.9573    0.9573    0.9573       515
       Shirt     0.6528    0.6969    0.6741       518
     Sneaker     0.9258    0.9480    0.9368       500
         Bag     0.9492    0.9852    0.9669       474
  Ankle boot     0.9627    0.9388    0.9506       523

    accuracy                         0.8608      5000
   macro avg     0.8673    0.8603    0.8613      5000
weighted avg     0.8686    0.8608    0.8622      5000
```

실행 결과를 보면 조금 의아할 수도 있습니다. 검증 오차(val_loss)가 높은 상태인 과적합 모델과 검증 오차(val_loss)가 최저점 근방에서 멈춘, 즉 검증 오차 성능 관점에서는 더 나은 모델의 예측 평가 결과가 거의 비슷하거나 오히려 더 떨어진 것처럼 보이기 때문입니다. 정분류율을 보면 과적합 모델은 0.8684인데, 조기 종료 모델은 0.8608입니다. 이 현상은 어떻게 해석해야 할까요?

조기 종료를 적용할 때 고려할 사항

조기 종료는 일반적으로 과적합을 방지하고 모델의 일반화 성능을 높이기 위해 사용하는 매우 유용한 기법입니다. 하지만 모든 상황에서 성능이 개선되는 것은 아닙니다. 실제로 검증 오차 기준으로는 더 좋은 모델임에도 정분류율(Accuracy)에서는 과적합 모델과 큰 차이가 없거나 오히려 조금 낮게 나오는 경우도 있습니다.

이러한 현상은 보통 다음 두 가지 이유로 설명할 수 있습니다.

- 조기 종료 시점이 너무 이르면 학습이 충분히 진행되지 못한 상태일 수 있습니다.
- 검증 오차와 정분류율은 서로 다른 기준으로 평가하기 때문에 검증 오차의 최저점이 정분류율의 최고점과 꼭 일치하지는 않습니다.

두 가지 이유를 좀 더 자세히 설명하겠습니다. 먼저 조기 종료의 임곗값인 patience 값(얼마나 기다릴지)을 잘못 설정하면 학습을 너무 일찍 끝내거나 과적합이 이미 진행된 후에 종료하는 문제가 생길 수 있습니다. 검증 오차의 변동 폭이 크다면 종료 시점 판단이 더 어렵습니다. 또한 조기 종료는 검증 오차(val_loss)가 연속적으로 나빠지면 학습을 중단합니다. 그런데 이 현상은 모델 학습이 일시적으로 정체된 상황이어서 조금 더 기다린다면 성능이 나아질 수도 있습니다. 즉, 너무 이른 종료는 학습 부족(Underfitting) 상태로 이어질 수 있습니다.

두 번째로 조기 종료는 보통 손실 함수(CrossEntropyLoss, BCELoss 등)를 기준으로 판단하지만, 모델의 성능을 평가할 때는 정분류율(Accuracy)처럼 예측이 실제 목푯값과 일치했는지를 따지는 지표를 많이 사용합니다. 이 두 기준은 평가 방식이 다르기 때문에 손실값이 줄어든다고 해서 정확도도 반드시 함께 향상되는 것은 아닙니다.

예를 들어 이진 분류 문제에서 어떤 샘플의 예측 확률이 0.59에서 0.61로 바뀌었다고 가정해 봅시다. 손실 함수는 예측이 더 목푯값 '1'에 가까워졌다고 보고 0.61일 때 더 작은 오차로 계산합니다. 하지만 두 확률 모두 0.5 이상이기 때문에 예측 범주는 '1'을 맞춘 결과로서 모델 성능은 평가됩니다. 두 예측 확률에 따른 정분류율에는 아무런 변화도 없습니다. 손실 함수는 예측의 '정도'까지 평가하는 반면, 정분류율은 단지 '맞았는지, 틀렸는지'만 따지기 때문에 이 같은 차이가 발생합니다.

한 가지 비유를 들어 설명하면 우리가 수학 문제 두 개를 풀었는데, 둘 다 틀렸다고 가정합시다. 첫 번째 문제는 개념 자체를 전혀 이해하지 못해 틀렸고, 두 번째 문제는 대부분 풀이 과정은 맞았지만 계산 실수로 틀렸습니다. 학습 과정이라면 두 문제의 틀림 정도에는 차이가 있습니다. 첫 번째는 완전히 틀린 것이고 두 번째는 거의 맞았다고 볼 수 있습니다. 학습에는 오류의 정도를 평가하는 것이 중요한데, 이 역할을 손실 함수가 합니다. 반면 시험은 두 문제 모두 '틀림'으로 처리하는데, 정분류율이나 정밀도 같은 성능 평가 지표는 단순히 맞았는지 틀렸는지 그 결과만을 판단하기 때문입니다.

이처럼 손실 함수와 성능 지표는 평가의 관점이 다르기 때문에 조기 종료의 판단 기준과 실제 모델의 성능 사이에는 차이가 발생할 수 있다는 점을 이해하고 적용해야 합니다.

이어서 과적합 방지를 위한 두 번째 방법인 드롭아웃(Dropout)을 알아봅니다.

모델 성능 최적화 실습 3: 드롭아웃

과적합을 방지하기 위한 또 다른 대표 기법의 하나가 드롭아웃(Dropout, 임의 연결 끊기)입니다. 드롭아웃은 모델이 학습하는 동안 일부 노드를 임의로 비활성화해 모델이 특정 노드에 과도하게 의존하는 것을 방지하는 방법입니다.

드롭아웃의 개념 이해

드롭아웃이 적용되는 과정은 다음과 같습니다.

1. 노드 비활성화: 학습할 때 무작위로 선택된 일부 노드를 제외합니다. 노드를 제외시키면 특정 노드에 대한 과도한 의존성을 방지할 수 있습니다(노드를 비활성화하거나 제외한다 함은 실제 연산에서 노드의 출력을 0으로 만든다는 의미입니다).
2. 순전파 및 역전파: 비활성화 노드는 학습 배치에서 계산에 참여하지 않으므로 순전파 및 역전파에서 제외됩니다.
3. 하나의 에포크에서 배치 단위마다 새롭게 무작위로 비활성화: 배치 단위마다 노드들이 무작위로 비활성화되므로 다양한 조합의 노드로 구성된 네트워크가 학습에 참여합니다.

드롭아웃 적용 전에는 모든 노드가 활성화된 상태에서 학습이 진행되므로 특정 노드나 경로에 대한 의존성이 높아질 수 있습니다. 그 결과 모델이 과적합할 가능성도 커집니다. 그러나 드롭아웃 적용 후에는 임의로 일부 노드가 비활성화되면서 특정 노드의 의존도가 낮아집니다. 이는 학습의 다양성을 높이고 더 안정적인 일반화 성능을 보장합니다.

[그림 6-7]은 드롭아웃 적용 전후의 노드 구성을 보여 줍니다.

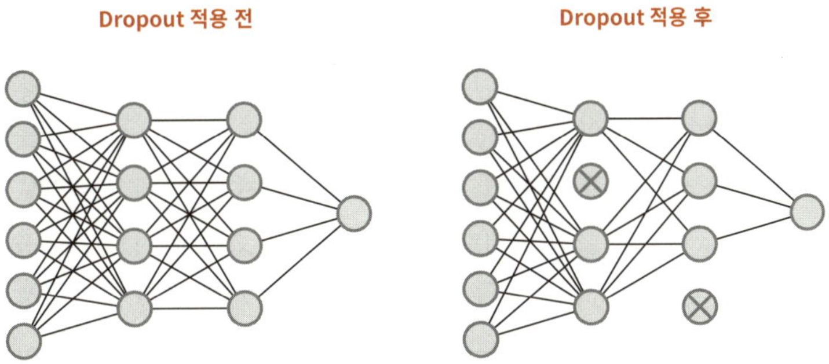

[그림 6-7] 드롭아웃 적용 전과 후 비교

드롭아웃 구현

드롭아웃의 주요 하이퍼파라미터는 드롭아웃 비율(Dropout Rate)입니다. 드롭아웃 비율은 학습할 때 노드를 비활성화하는 비율입니다. 예를 들어 드롭아웃 비율이 0.4라면 학습 과정에서 각 은닉층별로 무작위로 선택된 40%의 노드가 학습의 배치마다 비활성화됩니다. 보통 드롭아웃 비율은 0.2~0.5 범위로 설정합니다.

드롭아웃 비율 설정

드롭아웃은 과적합을 방지하는 데 매우 효과적인 기법이지만, 얼마나 많은 노드를 비활성화할지, 즉 드롭아웃 비율을 어떻게 설정할지는 모델의 구조에 따라 달라집니다. 너무 낮은 비율은 효과가 미미할 수 있고, 너무 높으면 오히려 학습이 제대로 되지 않아 성능이 떨어질 수 있습니다. 따라서 다음 가이드를 참조해 비율을 설정하는 것이 좋습니다.

- 특징(feature) 수가 적을 경우: 이 경우에는 드롭아웃 비율을 너무 높이면 모델이 핵심적인 정보조차 놓치게 되어 학습 성능이 저하될 수 있습니다. 특징이 적다는 것은 모델이 학습에서 사용할 수 있는 정보가 제한적이라는 뜻입니다. 따라서 이럴 때는 비율을 낮게 설정하는 것이 좋습니다(권장 범위: 0.2~0.3).
- 특징(feature) 수가 많은 경우: 이 경우에는 모델이 불필요하거나 중복된 정보를 학습할 가능성이 높아집니다. 이때 드롭아웃을 적절히 적용하면 불필요한 특징에 대한 의존을 줄이고 더 일반화된 패턴을 학습할 수 있습니다. 따라서 비율을 조금 높게 설정합니다(권장 범위: 0.4~0.5)
- 은닉층이 적은 경우(얕은 네트워크): 은닉층이 적은 모델은 파라미터 수가 적고

복잡도도 비교적 낮습니다. 이 경우에는 과적합의 위험이 크지 않기 때문에 드롭아웃을 과도하게 적용할 필요가 없습니다. 따라서 드롭아웃 비율을 낮추는 것이 적절합니다(권장 범위: 0.2~0.3).

- 은닉층이 많은 경우(깊은 네트워크): 은닉층이 많을수록 모델의 복잡도가 증가하고 과적합의 위험도 함께 커집니다. 특히 수많은 파라미터를 가진 심층 신경망(Deep Neural Network)은 학습 데이터에 지나치게 적합할 가능성이 높습니다. 이때는 드롭아웃을 보다 적극적으로 적용해 특정 경로나 노드의 의존을 줄이는 것이 필요합니다(권장 범위: 0.4~0.5)

제시한 권장 범위는 참조 사항일 뿐입니다.

[그림 6-8]은 드롭아웃 비율에 따른 학습 곡선의 차이를 보여 줍니다.

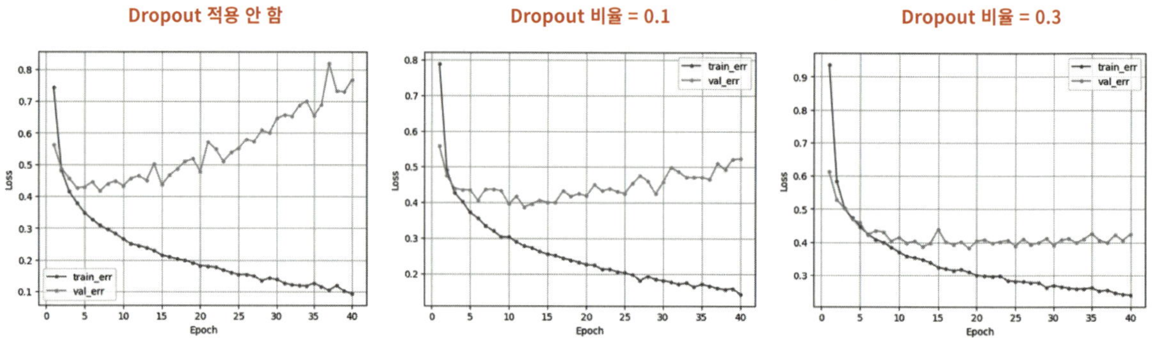

[그림 6-8] 드롭아웃 비율에 따른 학습 곡선 비교

[그림 6-8]의 가운데 그래프에서 드롭아웃 비율을 0.1로 지정하면 과적합 현상이 확연히 줄어듭니다. 비율을 0.3으로 더 올리면 에포크 수가 증가해도 더 이상 과적합이 발생하지 않습니다.

드롭아웃 비율은 모델 복잡도, 데이터의 양, 특징 수에 따라 달리 조정되어야 하므로 정해진 정답은 없습니다. 역시 실험으로 최적값을 찾아야 합니다.

드롭아웃 코드 구현

앞에서 사용했던 과적합 모델 구조에 드롭아웃(Dropout) 기법을 적용합니다. 빈 셀에서 모델의 은닉층에 드롭아웃을 삽입한 `model2`를 선언합니다.

CODE

```
n_feature = 28 * 28
n_class = 10
dropout_rate = 0.4  ①
model2 = nn.Sequential(nn.Flatten(),
                       nn.Linear(n_feature, 512), nn.ReLU(),
                       nn.Dropout(dropout_rate), ─┐
                       nn.Linear(512, 256), nn.ReLU(), │
                       nn.Dropout(dropout_rate), ─┤
                       nn.Linear(256, 256), nn.ReLU(), │ ②
                       nn.Dropout(dropout_rate), ─┤
                       nn.Linear(256, 64), nn.ReLU(), │
                       nn.Dropout(dropout_rate), ─┘
                       nn.Linear(64, n_class)
        ).to(device)
loss_fn = nn.CrossEntropyLoss()
optimizer = Adam(model2.parameters(), lr=0.001)
```

① 드롭아웃 비율을 0.4로 지정합니다.

② 각 은닉층의 nn.Linear와 nn.ReLU 함수를 적용한 다음, nn.Dropout 함수를 적용해 해당 층에서 무작위로 노드를 끊도록 구성합니다.

보통 드롭아웃은 은닉층과 활성화 함수 다음에 위치하는 것이 보통이며 출력층에는 적용하지 않습니다. 대부분 은닉층마다 동일한 드롭아웃 비율을 설정하지만, 네트워크의 구조나 실험 목적에 따라 층별로 서로 다른 비율을 지정할 수도 있습니다.

이어서 학습 및 예측 평가를 수행합니다.

학습

모델의 학습 코드는 동일합니다. 40번의 에포크 동안 학습을 진행합니다.

CODE

```
epochs = 40
tr_loss_list, val_loss_list = [], []
for t in range(epochs):
    tr_loss = train(train_loader, model2, loss_fn, optimizer, device)
    val_loss, pred = evaluate(x_val, y_val, model2, loss_fn, device)
    # 리스트에 추가
    tr_loss_list.append(tr_loss)     # train - CrossEntropy
    val_loss_list.append(val_loss)   # val - CrossEntropy
    print(f"Epoch {t+1}, train loss : {tr_loss:.4f}, val loss : {val_loss:.4f}")

dl_learning_curve(tr_loss_list, val_loss_list)
```

OUTPUT

```
Epoch 1, train loss : 1.0636, val loss : 0.6392
Epoch 2, train loss : 0.6428, val loss : 0.5399
Epoch 3, train loss : 0.5759, val loss : 0.5001
...
Epoch 38, train loss : 0.3012, val loss : 0.4250
Epoch 39, train loss : 0.3039, val loss : 0.3992
Epoch 40, train loss : 0.2971, val loss : 0.4160
```

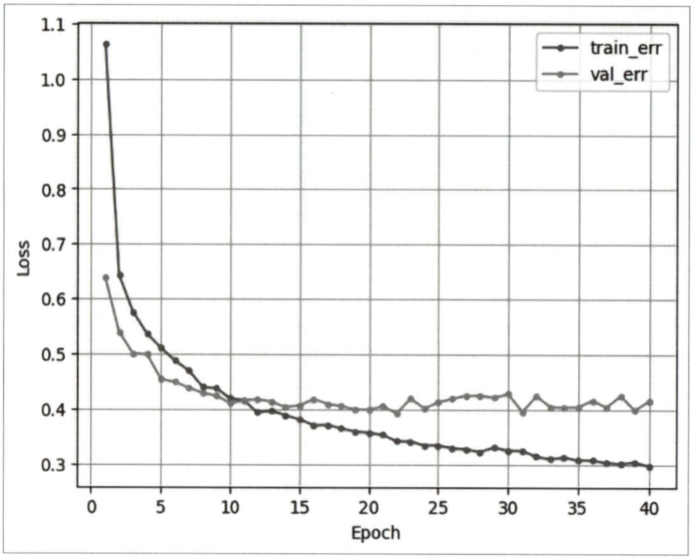

학습 곡선을 보면 에포크가 증가하더라도 검증 오차 그래프는 완만하게 유지되고 있습니다. 이 부분이 드롭아웃의 효과입니다.

예측 및 평가

이제 드롭아웃 모델의 성능을 확인합니다. 다음과 같이 코드를 작성합니다.

CODE

```
# 모델 예측
_, pred = evaluate(x_test, y_test, model2, loss_fn, device)
pred = nn.functional.softmax(pred, dim=1)
pred = np.argmax(pred.cpu().numpy(), axis = 1)

# 모델 평가
print(classification_report(y_test.numpy(), pred, target_names=class_list,
digits=4))
```

OUTPUT

```
              precision    recall  f1-score   support

 T-shirt/top     0.7882    0.8682    0.8263       493
     Trouser     0.9861    0.9557    0.9706       519
    Pullover     0.8062    0.7557    0.7802       479
       Dress     0.8836    0.8960    0.8898       500
        Coat     0.6974    0.8518    0.7669       479
      Sandal     0.9775    0.9282    0.9522       515
       Shirt     0.7343    0.5656    0.6390       518
     Sneaker     0.8815    0.9820    0.9290       500
         Bag     0.9685    0.9726    0.9705       474
  Ankle boot     0.9715    0.9140    0.9419       523

    accuracy                         0.8686      5000
   macro avg     0.8695    0.8690    0.8666      5000
weighted avg     0.8708    0.8686    0.8671      5000
```

정분류율 관점에서 보면 과적합 모델(0.8684)과 드롭아웃을 적용한 모델(0.8686)은 성능에서 차이가 거의 없습니다. 그러나 학습 과정에서 검증 오차(CrossEntropy Loss)를 비교하면 두 모델 사이에 분명한 차이가 나타납니다. 앞에서 만든 과적합 모델의 학습 결과에서 최종 에포크의 검증 오차(val_loss)는 0.7337이었습니다. 반면 드롭아웃을 적용한 모델에서 최종 에포크의 검증 오차는 0.4160으로 과적합 모델의 결과보다 훨씬 낮습니다.

마치 시험 점수는 비슷하지만, 한 문제를 풀 때마다 드롭아웃 모델이 더 정확히 풀었다는 의미입니다. 즉, 드롭아웃 모델은 문제를 더 안정적으로 풀 수 있는 능력을 갖추고 있으며, 새롭거나 응용된 문제 유형이 나왔을 때도 더 잘 대응할 가능성이 높음을 시사합니다. 반면 과적합 모델은 학습된 문제와 그와 유사한 문제에는 익숙하지만, 새로운 문제에서는 취약합니다.

모델 성능 최적화 실습 4: 가중치 규제

모델의 복잡도를 조절해 과적합을 방지하는 또 다른 중요한 방법은 가중치 규제(Weight Regularization)입니다. 가중치 규제는 손실 함수에 페널티 항(Regularization Term)을 더해 특정 가중치가 지나치게 커지지 않도록 제어하는 기법입니다. 가중치 규제는 모델이 일부 입력 특징에 과도하게 반응하는 것을 막고 보다 안정적으로 학습할 수 있도록 돕습니다.

또한 가중치 규제를 적용하면 불필요하게 작은 가중치들은 자연스럽게 0에 가까워져 모델이 중요 특징에 집중하도록 구조를 단순화하는 효과도 얻을 수 있습니다. 구조가 단순해지면 모델은 더 간결해지고 새 데이터에서의 일반화 능력이 더욱 향상됩니다.

가중치가 커지면 무엇이 문제가 되는가?

딥러닝이나 머신러닝 모델에서 가중치(Weight)는 입력이 출력에 얼마나 영향을 미치는지 결정하는 핵심 요소입니다. 하지만 가중치 값이 지나치게 커지면 다음과 같은 문제가 발생할 수 있습니다.

- 모델이 과적합(Overfitting)할 가능성 증가: 가중치가 크면 학습 데이터에 지나치게 민감해져 새로운 데이터에서 일반화 성능이 떨어집니다.
- 학습 불안정성: 가중치 값이 커지면 기울기(Gradient)도 커져 학습이 불안정해질 수 있습니다. 이는 기울기 폭주(Gradient Explosion) 문제로 이어질 수 있습니다.
- 모델 해석의 어려움: 가중치 값이 너무 크면 특정 입력에 의존도를 과도하게 높이는 결과를 초래하므로 모델 해석을 어렵게 만듭니다.

대표적인 가중치 규제 방법으로 L1 규제(L1 Regularization)와 L2 규제(L2 Regularization)가 있습니다. 두 방법 모두 손실 함수에서 가중치 크기에 따라 페널티 항을 추가해 모델의 가중치가 불필요하게 커지지 않도록 제어합니다. 다만 적용 방식과 효과에서 차이가 있습니다. L1 규제는 가중치 절댓값의 합을 페널티로 사용해 일부 가중치를 0으로 만들어 특징 선택(Feature Selection) 효과를 내는 데 유리합니다. 반면 L2 규제는 가중치의 제곱합을 페널티로 사용하며, 큰 가중치를 더 강하게 억제해 가중치를 부드럽게 분포하도록 만들기 때문에 과적합을 완화하는 데 효과적입니다.

실무에서는 딥러닝 모델의 안정적인 학습을 위해 L2 규제가 기본값처럼 널리 사용됩니다. 따라서 이번 절에서는 L1, L2 규제의 개념과 코드를 모두 설명하지만, 여러분은 L2 규제를 위주로 사용하면 됩니다.

여기서 잠깐

L1, L2의 의미

L은 Norm(노름)을 나타내는 수학적인 기호입니다. 노름은 벡터의 크기(길이)를 특정 방식으로 측정하는 수학 연산입니다.

- L1 노름: 1차 노름이라고 하며, 벡터 각 요소의 절댓값을 모두 더한 값으로 길이를 측정합니다.
- L2 노름: 2차 노름이라고 하며, 벡터 각각의 요소를 제곱한 다음 합하고 제곱근을 취해 길이를 측정합니다.

여기서 숫자 1, 2는 "몇 차수의 노름을 사용했는가"를 의미합니다. L은 'Length'에서 온 기호입니다.

L2 규제

L2 규제란?

L2 규제(Regularization)는 릿지(Ridge)라고도 하며 오차에 가중치의 제곱합을 더해 계산합니다. 가중치 값이 너무 커지지 않도록 제어합니다. L2 규제가 포함된 손실 함수는 다음과 같습니다.

$$\text{Loss}_{\text{total}} = \text{Loss}_{\text{original}} + \lambda \cdot \sum w^2$$

- λ: 규제 강도
- w: 각각의 가중치 값

기존의 손실 함수에 $\lambda \cdot \sum w^2$가 추가되어 있는데, 이 항이 바로 L2 규제입니다. L2 규제는 가중치가 0에 가깝게 축소되도록 유도하지만, 대다수 가중치는 0이 되지 않고 작게 유지됩니다. 모델이 과도하게 복잡해지는 것을 막아 과적합을 줄이는 용도로 사용됩니다.

람다(λ)는 규제를 얼마나 세게 가할지 강도를 조절하는 하이퍼파라미터입니다.

- λ가 작으면 규제 효과가 약해져 가중치가 거의 줄지 않습니다(과적합).
- λ가 너무 크면 많은 가중치가 0이 되어 모델의 성능이 떨어질 수 있습니다(과소적합).

L2 규제에서 람다의 일반적인 범위는 1e − 5 ~ 1e − 2 사이입니다. 하지만 가장 적절한 λ 값을 찾기 위해서는 하이퍼파라미터 튜닝이 반드시 필요합니다.

L2 규제 코드 적용하기

파이토치에서는 옵티마이저의 weight_decay 옵션으로 L2 규제를 쉽게 적용할 수 있습니다.

앞서 사용했던 과적합 모델 구조에 L2 규제 기법을 적용합니다. 모델의 옵티마이저를 수정한 model3을 선언합니다.

CODE

```
n_feature = 28 * 28
n_class = 10
model3 = nn.Sequential(nn.Flatten(),
                       nn.Linear(n_feature, 512),
                       nn.ReLU(),
                       nn.Linear(512, 256),
                       nn.ReLU(),
                       nn.Linear(256, 256),
                       nn.ReLU(),
                       nn.Linear(256, 64),
                       nn.ReLU(),
                       nn.Linear(64, n_class)
        ).to(device)
loss_fn = nn.CrossEntropyLoss()
optimizer = Adam(model3.parameters(), lr=0.001, weight_decay = 0.001)  ①
```

① weight_decay 옵션에서 지정한 값이 바로 L2 규제의 강도입니다.

모델을 변경했다면 에포크 수를 40으로 지정해 학습시킵니다.

CODE

```
epochs = 40
tr_loss_list, val_loss_list = [], []
for t in range(epochs):
    tr_loss = train(train_loader, model3, loss_fn, optimizer, device)
    val_loss, pred = evaluate(x_val, y_val, model3, loss_fn, device)
    tr_loss_list.append(tr_loss)     # train - CrossEntropy
    val_loss_list.append(val_loss)   # val - CrossEntropy
    print(f"Epoch {t+1}, train loss : {tr_loss:.4f}, val loss : {val_loss:.4f}")

dl_learning_curve(tr_loss_list, val_loss_list)
```

OUTPUT

```
Epoch 1, train loss : 0.7850, val loss : 0.5881
Epoch 2, train loss : 0.5112, val loss : 0.5269
Epoch 3, train loss : 0.4539, val loss : 0.4877
...
Epoch 38, train loss : 0.2085, val loss : 0.4748
Epoch 39, train loss : 0.2018, val loss : 0.5240
Epoch 40, train loss : 0.2101, val loss : 0.5192
```

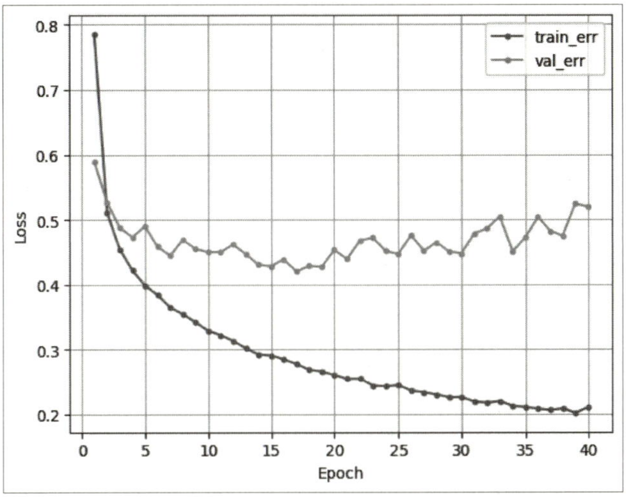

실행 결과를 살펴보면 검증 오차가 줄다가 조금 올라가긴 하지만, 과적합 모델처럼 급격히 상승하지는 않습니다. 가중치를 규제하기 때문입니다.

[그림 6-9]는 규제 강도에 따라 학습 곡선이 어떻게 달라지는지 비교한 그래프입니다. 규제 강도가 0.0001일 때는 과적합의 완화가 미세하지만, 0.001일 때는 큰 편입니다.

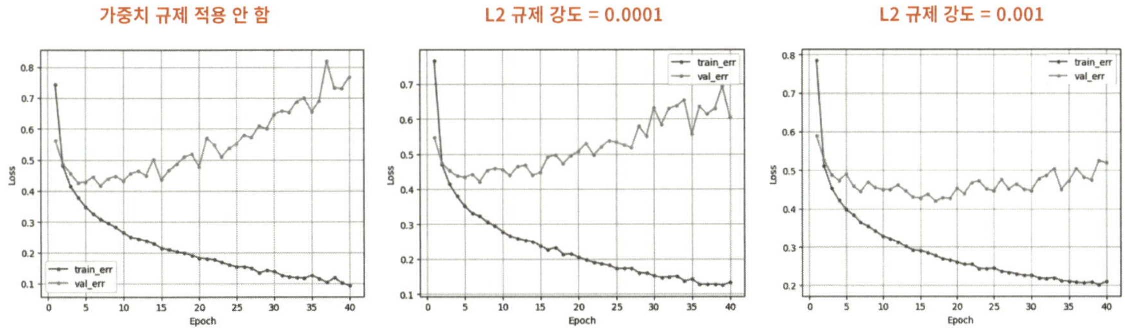

[그림 6-9] L2 규제 강도에 따른 학습 곡선 비교

학습을 완료한 가중치 규제 모델로 예측하고 평가합니다.

CODE

```
# 모델 예측
_, pred = evaluate(x_test, y_test, model3, loss_fn, device)
pred = nn.functional.softmax(pred, dim=1)
pred = np.argmax(pred.numpy(), axis = 1)
```

```
# 모델 평가
print(classification_report(y_test.numpy(), pred, target_names=class_list, digits=4))
```

OUTPUT

```
              precision    recall  f1-score   support

 T-shirt/top     0.8747    0.7221    0.7911       493
     Trouser     1.0000    0.9383    0.9682       519
    Pullover     0.7401    0.8205    0.7782       479
       Dress     0.9142    0.8100    0.8590       500
        Coat     0.6995    0.8309    0.7595       479
      Sandal     0.9328    0.9437    0.9382       515
       Shirt     0.6346    0.6873    0.6599       518
     Sneaker     0.8603    0.9480    0.9020       500
         Bag     0.9719    0.9494    0.9605       474
  Ankle boot     0.9636    0.8604    0.9091       523

    accuracy                         0.8510      5000
   macro avg     0.8592    0.8511    0.8526      5000
weighted avg     0.8602    0.8510    0.8531      5000
```

정분류율이 0.8510인데, 다른 모델에 비해 조금 떨어지는 것으로 나옵니다. 하지만 성능의 차이가 크다고 볼 수는 없습니다.

이어서 L1 규제도 살펴보겠습니다.

L1 규제

L1 규제란?

L1 규제는 라쏘(Lasso)라고도 하며 오차에 가중치 절댓값의 합을 더해 가중치 값이 너무 커지지 않도록 제어합니다. L1 규제가 포함된 손실 함수는 다음과 같습니다.

$$\text{Loss}_{\text{total}} = \text{Loss}_{\text{original}} + \lambda \cdot \sum |w|$$

- λ: 규제 강도
- w: 각각의 가중치 값

L1 규제는 손실 함수에 가중치 절댓값의 합을 페널티로 추가하는 방식입니다. 이 방식은 일부 가중치를 아예 0으로 만드는 성질이 있습니다. 즉, 모델이 학습 과정에서 덜 중요한 입력 특징(feature)이라고 판단하면 가중치를 0으로 만들어 해당 특징을 무시합니다. 따라서 불필요한 특징을 자동으로 제거하는 효과, 즉 특징 선택(Feature Selection)을 합니다.

L1 규제에서 람다의 일반적인 범위는 0~0.1 사이입니다. L2 규제와 마찬가지로 규제 강도에 따라 과적합의 완화 정도가 달라집니다.

코드 적용하기

L1 규제는 L2 규제와 달리 학습(train) 코드를 직접 수정해야 합니다. 일반적으로 L2 규제를 많이 사용하기 때문에 옵션으로 L1 규제를 쉽게 적용하는 코드를 지원하지 않습니다. 여기서는 예제 코드로 간략하게만 설명하니 참조하길 바랍니다.

L1 규제는 학습 코드에서 일부 수정이 필요한 반면, 모델 구조나 손실 함수, 옵티마이저 설정은 이전과 동일합니다. 사용자 정의 함수인 `train` 함수를 다음과 같이 수정합니다.

CODE

```
def train(dataloader, model, loss_fn, optimizer, device, lambda_l1=1e-5):
    size = len(dataloader.dataset)
    num_batches = len(dataloader)
    tr_loss = 0

    model.train()
    for batch, (X, y) in enumerate(dataloader):
        X, y = X.to(device), y.to(device)

        # Forward pass
        pred = model(X)
        loss = loss_fn(pred, y)

        # L1 규제 항 계산 및 추가 -------------------------
        l1_penalty = 0                                    ①
        for param in model.parameters():                  ②
            l1_penalty += torch.sum(torch.abs(param))     ③
        loss += lambda_l1 * l1_penalty                    ④
        # ---------------------------------------------
        # Backpropagation
        loss.backward()
        optimizer.step()
        optimizer.zero_grad()
        tr_loss += loss.item()
    tr_loss /= num_batches
    return tr_loss
```

① 초기화: 전체 모델의 L1 페널티(규제 항)를 저장할 변수를 0으로 초기화합니다. 이 변수에 각 파라미터의 절댓값 합을 누적할 예정입니다.

② 파라미터 순회: 모델에서 학습 가능한 모든 파라미터(가중치와 편향 등)를 하나씩 순회합니

다. parameters 메서드는 파이토치 모델의 모든 파라미터 객체(torch.nn.Parameter)를 반환합니다.

③ 절댓값 합산: torch.abs(param)은 텐서로 된 해당 파라미터의 모든 요소에서 절댓값을 계산합니다. torch.sum 메서드는 절댓값 텐서의 모든 요소를 합산해 하나의 스칼라 값을 반환합니다. 이 값을 l1_penalty에 더합니다. 즉, 모든 파라미터의 절댓값 총합을 계산합니다.

④ L1 페널티를 오차에 추가: 지금까지 계산한 l1_penalty에 규제 강도 계수 lambda_l1을 곱합니다. 이렇게 만든 규제 항을 기존 오차(loss)에 더합니다.

즉, 모든 파라미터의 절댓값을 계산해 그 합을 오차에 더하는 부분이 추가되었습니다. 이것이 바로 L1 규제(라쏘 규제)이며 과적합을 방지하는 데 도움을 줍니다. L1 규제를 적용한 모델을 선언하고 학습시키고 평가하는 작업은 여러분이 직접 해보기를 바랍니다.

정리

이번 차시에서는 딥러닝 모델의 복잡도와 일반화 성능 사이의 균형을 어떻게 조절할 수 있는지를 학습했습니다. 모델이 지나치게 단순하면 학습 데이터의 패턴을 제대로 학습하지 못해 과소적합(Underfitting)이 발생하고, 반대로 지나치게 복잡하면 학습 데이터에 과도하게 맞춰져 새로운 데이터에서 성능이 떨어지는 과적합(Overfitting) 문제가 발생할 수 있습니다. 따라서 모델의 복잡도를 적절히 조절하는 것이 매우 중요합니다.

복잡도를 조절하기 위한 대표적인 방법으로는 조기 종료(Early Stopping), 드롭아웃(Dropout), 가중치 규제(Regularization)가 있습니다. 조기 종료는 검증 오차가 더 이상 개선되지 않을 때 학습을 중단해 과적합을 방지하는 기법입니다. 드롭아웃은 학습 과정에서 일부 노드를 무작위로 비활성화합니다. 이를 통해 모델이 특정 노드에 과도하게 의존하는 현상을 줄여 주어 모델의 일반화 성능을 높입니다. 가중치 규제는 손실 함수에 페널티 항을 추가해 가중치가 지나치게 커지지 않도록 억제하고 모델을 간결하게 만들어 안정적인 학습을 유도합니다. 특히 L1 규제는 불필요한 가중치를 0으로 만들어 특징 선택 효과를 제공하는 반면, L2 규제는 전체 가중치를 적절히 줄여 모델의 일반화 성능을 높이는 데 뛰어납니다.

[표 6-1]은 이번 차시에서 실험한 4가지 모델의 성능을 상호 비교한 표입니다.

[표 6-1] 실험별 성능 평가 결과 비교

성능	과적합 모델	조기 종료	드롭아웃	가중치 규제
검증 오차(CrossEntropyLoss)	0.7337	0.4698	0.416	0.5192
정분류율(Accuracy)	0.8686	0.8608	0.8686	0.8510
최종 에포크 수	40	11	40	40

[표 6-1]로 확인할 수 있듯이 드롭아웃 모델이 검증 오차가 가장 낮고 정분류율도 높은 수준을 유지하면서 가장 안정적인 성능을 나타내고 있습니다. 조기 종료는 학습 횟수(에포크 수)를 줄이면서도 과적합 모델보다 낮은 검증 오차를 유지합니다. 가중치 규제 또한 검증 오차를 줄이는 데 효과적이지만, 정분류율 면에서는 다른 모델에 비해 상대적으로 낮은 성능을 보입니다.

이와 같이 복잡도 조절 기법들은 모델이 새로운 데이터에서 안정적인 예측 성능을 유지하도록 돕는 전략입니다. 실무에서는 조절 기법 하나만을 단독으로 사용하는 것이 아니라, 반복적인 실험 과정에서 여러 기법을 조합(예: 조기 멈춤+드롭아웃)해 사용하면서 최적의 성능을 탐색하는 일이 일반적입니다.

다음 차시에서는 모델 구조를 정의할 때 자주 사용하는 클래스 선언 방식을 알아보겠습니다.

7일 차

클래스 선언 방식

이번 차시에서 주목할 키워드

- 클래스
- __init__ 메서드
- forward 메서드

7일 차 학습 목표

- 클래스의 기본 개념을 이해하고 객체지향 방식의 딥러닝 모델을 구현할 수 있습니다.
- 기본형, 중첩형, 모듈화형 등 다양한 클래스 선언 방식을 살펴봅니다.
- __init__와 forward 메서드의 역할을 이해하고 모델 클래스를 직접 설계할 수 있습니다.

이번 차시에서는 클래스(Class)의 개념을 이해하고 지금까지 배운 회귀와 분류 모델을 클래스로 구현합니다. 또한 다중 입력 모델을 클래스로 구현합니다. 모델을 클래스로 만들면 코드의 재사용성과 확장성이 높아지고 유지보수가 한결 쉬워집니다.

클래스 이해하기

딥러닝 모델링을 위해 클래스(Class)의 기본 개념과 필요성을 쉽고 간결하게 살펴봅니다. 클래스의 복잡한 이론보다는 딥러닝 모델을 효율적으로 관리하고 확장하기 위해 꼭 필요한 내용 중심으로 소개합니다.

딥러닝 모델을 만들다 보면 코드가 점점 길어지고 복잡해지는 경우가 많습니다. 초기에는 `nn.Sequential` 방식이 모델을 정의하고 데이터를 학습시키는 데 간편하고 직관적으로 느껴질 수 있습니다. 하지만 모델에서 기능이 추가되고 학습에서 하이퍼파라미터를 조정하는 등의 작업이 진행되면 점차 코드의 복잡성이 빠르게 증가해 코드를 관리하기가 어려워집니다. 이때 클래스를 사용하면 코드의 재사용성이 높아져 유지보수를 훨씬 더 쉽게 수행할 수 있습니다.

이번 차시에서는 딥러닝 모델링에서 클래스를 왜 사용해야 하는지, 그리고 클래스로 코드의 효율성과 확장성을 어떻게 높이는지 알아봅니다.

클래스의 필요성

함수 기반 코드의 한계

딥러닝 모델을 처음 구현할 때는 보통 데이터를 불러오고 모델을 정의하고 학습과 평가를 수행하는 과정을 각각 함수로 작성합니다. 이 방식이 처음에는 직관적이고 간단해 보이지만, 모델을 개선하거나 기능을 확장하는 과정에서 다음과 같은 한계가 드러납니다.

- 코드의 중복 증가: 모델 구조를 조금만 바꿔도 함수 전체를 다시 작성해야 하는 경우가 많습니다. 예를 들어 은닉층을 하나 추가하거나 활성화 함수를 바꾸려면 모델 정의 함수 전체를 복사해 새로운 버전을 만들어야 합니다. 실험을 반복할수록 코드가 여러 버전으로 흩어져 관리하기가 어려워집니다.
- 유지보수의 어려움: 학습률, 드롭아웃 비율, 배치 크기 등 하이퍼파라미터를 바꾸려면 코드를 일일이 찾아 수정해야 합니다. 함수가 분리되어 있지만 서로 의존성이 있는 경우, 일부만 수정하고 빠뜨리는 실수를 하면 학습이 원하는 대로 진행되지 않을 수 있습니다.
- 확장과 재사용의 제약: 새로운 모델 구조를 추가하거나 일부 기능만 바꾸고 싶어도 기존 함수 코드를 대폭 수정해야 합니다. 예를 들어 같은 네트워크에서 층(Layer)만 다르게 적용하거나 특정 단계에서만 연산을 추가하고 싶어도 함수 기반 코드로는 유연하게 대응하기가 어렵습니다.

함수 기반 코드는 간단한 실험에서는 편리하지만, 실제 프로젝트처럼 모델을 계속 발전시키고 다양한 실험을 반복해야 하는 상황에서는 관리하기가 까다롭습니다. 따라서 함수 기반 코드의 한계를 보완하고 코드의 재사용성과 확장성을 높이기 위해 클래스를 많이 사용합니다.

클래스 사용의 장점

주로 모델 구조에 한정해 클래스를 사용하는 이유는 다음과 같습니다.

- 코드의 중복 감소: 모델 구조가 비슷하고 일부만 바뀌는 경우 클래스 내부에서 파라미터를 변경하는 방식으로 쉽게 새로운 모델을 정의할 수 있습니다. 클래스를 이용하면 불필요한 코드 복사를 줄일 수 있습니다.
- 유지보수의 용이성: 모델 구조나 하이퍼파라미터가 바뀌더라도 클래스 내부의 메서드만 수정하면 됩니다. 학습 루프나 평가 코드를 따로 건드리지 않으므로 실수를 줄이고 일관성을 유지할 수 있습니다.
- 확장성 확보: 기존 클래스를 상속받아 새로운 기능을 추가하거나 일부 메서드만 재정의(Override)할 수 있습니다. 예를 들어 기본 모델 클래스가 있다면 드롭아웃이 추가된 버전을 새로 만들 때 새로운 모델을 다시 만드는 게 아니라 기존 코드를 그대로 활용할 수 있습니다.

- 협업과 가독성 향상: 모델 구조와 동작을 하나의 클래스에 묶으면 코드의 흐름이 명확해집니다. 다른 팀원이 모델을 수정하거나 기능을 추가할 때도 필요한 부분을 한눈에 파악할 수 있어 협업이 훨씬 수월합니다.
- 실험 자동화에 유리: 파라미터만 바꿔 여러 모델을 순차적으로 학습시키는 스크립트를 작성할 때 클래스 기반의 모델 정의는 특히 강력합니다. 동일한 학습 코드로 다양한 모델을 손쉽게 불러와 실험할 수 있습니다.

결국 클래스는 딥러닝 프로젝트에서 필수적인 '틀' 역할을 합니다. 한 번 잘 만들어 두면 모델을 바꿀 때마다 코드를 다시 짜는 대신, 클래스 초기화 메서드(객체를 생성할 때 자동으로 실행되는 준비 작업)나 메서드의 인자(메서드가 받을 입력값)만 바꿔 다양한 실험을 수행할 수 있습니다. 이는 점점 복잡해지는 모델링 과정에서 시간을 절약하고 코드의 품질을 높이는 가장 효과적인 방법입니다.

클래스의 기본 개념

클래스는 객체 지향 프로그래밍의 핵심 개념으로서 데이터(속성)와 기능(메서드)을 하나로 묶어 코드를 효율적으로 관리하도록 도와주는 도구입니다. 딥러닝 모델을 클래스 기반으로 작성하기 전에 먼저 클래스의 기본 개념을 이해할 수 있는 쉬운 예제를 하나 소개합니다.

예제: 강아지 클래스

강아지(Dog)는 이름, 나이, 종(품종)과 같은 속성(특징)이 있고, 짖는다(bark), 먹는다(eat)와 같은 동작(기능)을 합니다. 강아지라는 존재의 속성과 동작을 코드로 표현하는 도구가 바로 클래스입니다.

코랩에서 새 코드 파일을 준비하고 이름은 '7일차_클래스실습.ipynb'로 합니다. 빈 셀에서 다음 코드를 입력합니다.

CODE
```
class Dog:                                  ①
    def __init__(self, name, age):          ②
        self.name = name
        self.age = age
    def bark(self):
        return f"{self.name}가 멍멍 짖습니다."      ③
    def get_age(self):
        return self.age
```

① 예제 클래스 Dog는 __init__라는 초기화 메서드와 bark, get_age 메서드로 구성되어 있습니다.

② __init__ 메서드: 클래스에서 객체(인스턴스)가 만들어질 때 자동으로 호출되는 메서드로 보통 이 메서드에서 속성(Attribute)을 정의하고 초깃값을 설정합니다. self는 클래스에서 자기 자신(인스턴스)을 가리키는 키워드입니다. 속성으로 name과 age를 저장합니다.

③ bark와 get_age 메서드: 메서드(Method)는 클래스에서 정의한 함수입니다. 이 메서드로 객체가 어떤 동작을 수행할지 정의합니다.

이제 정의한 클래스를 사용하겠습니다. 빈 셀에서 다음 코드를 작성합니다.

CODE

```
dog1 = Dog(name="초코", age=3)  ①
dog2 = Dog(name="바둑이", age=5)
print(dog1.bark())  ②
print(dog2.get_age())
```

OUTPUT

```
초코가 멍멍 짖습니다.
5
```

① 클래스 Dog를 이용해 dog1 인스턴스를 만듭니다. name 속성은 '초코', age 속성은 3입니다.

② 인스턴스 dog1의 메서드 bark를 실행해 결과를 출력합니다.

Dog 클래스에서 정의한 속성과 메서드가 객체(인스턴스)를 통해 어떻게 동작하는지 확인할 수 있습니다. 클래스는 구조를 정의하고 객체는 정의한 구조에 따라 동작하는 실제 주체임을 쉽게 이해할 수 있습니다.

클래스와 객체의 관계

클래스는 설계도이고 객체(인스턴스)는 그 설계도로 만든 실제 대상입니다. 건물을 짓기 위해 설계도가 필요하듯이 객체를 만들기 위해서는 클래스라는 설계가 필요합니다. 비유를 하자면 클래스는 빵틀이고 객체는 그 빵틀로 찍어낸 빵과 같다고 할 수 있습니다. 하나의 빵틀로 여러 개의 빵을 찍어낼 수 있듯이 하나의 클래스에서 여러 개의 객체를 만들 수 있습니다.

Dog 클래스는 '강아지'라는 객체의 공통 설계도입니다. 이 설계도에는 이름(name), 나이(age)와 같은 속성과 짖는다(bark), 나이를 알려 준다(get_age)와 같은 동작이 있습니다. 설계도를 바탕으로 각각 독립적인 속성과 메서드를 사용하는 별개의 서로 다른 객체(인스턴스), 즉 예제처럼 dog1(초코), dog2(바둑이)를 생성할 수 있습니다. 공통의 설계도를 바탕으로 만들었지만, dog1과 dog2는 서로 다른 이름과 나이를 가진 개별적인 존재입니다.

클래스는 개념적인 정의이고 객체는 구체적인 실체입니다. 이 개념을 이해하면 앞으로 딥러닝 모델의 클래스를 설계할 때 하나의 설계도만으로 다양한 모델 객체를 만들어 사용할 수 있습니다.

모델을 클래스로 선언하기

딥러닝은 모델도 하나의 객체처럼 다룹니다. 예를 들어 강아지 클래스는 이름, 나이 같은 속성과 짖기, 먹기와 같은 동작을 합니다. 마찬가지로 딥러닝 모델도 입력층, 은닉층, 출력층으로 구성되어 학습하고 예측하는 기능을 수행합니다.

이번 절에서는 지금까지 배운 모델을 클래스로 선언하는 방법을 알아봅니다. 딥러닝에서는 회귀와 분류 모델을 각각 나누어 설명하지만, 클래스로 모델을 선언하는 방식에서는 차이가 없습니다. 이 절 마지막에서는 클래스로 선언한 모델로 간단한 실습을 진행하겠습니다.

기본 모델 설계

먼저 기본 모델을 클래스로 선언합니다. 모델 구조를 간단하게 직접 선언하는 종전의 방식과 클래스로 선언하는 방식을 비교하며 설명합니다.

직접 선언 방식

nn.Sequential 함수로 모델을 선언하는 종전의 방식은 다음과 같습니다.

CODE
```
n_feature = 10
model = nn.Sequential(nn.Linear(n_feature, 3),
                      nn.ReLU(),
                      nn.Linear(3, 1)
        ).to(device)
```

지금까지 모델링했던 방식입니다. nn.Sequential 함수는 복잡하지 않고 간단한 형태의 모델을 빠르게 정의할 때 사용하는 방법으로 각각의 층을 순차적으로 연결해 데이터를 처리합니다(입력→은닉층→활성화 함수→출력층의 순서). 그러나

nn.Sequential 함수를 이용한 모델링에서는 복잡한 모델 구조(예: 병렬 연결, 조건문 처리 등)를 정의하기 어렵고 조건부 실행이나 반복문을 활용한 모델 설계에도 제한이 있습니다.

직접 모델을 선언하는 방식은 주로 구조가 단순한 모델(예: 선형회귀, 간단한 분류 문제)을 설계하거나 다양한 실험에서 모델을 빠르게 테스트할 필요성이 있을 때에 한정해 사용합니다.

클래스 선언 방식

종전의 모델 코드를 클래스 선언 방식으로 바꾸면 다음과 같습니다.

CODE

```
class NeuralNet(nn.Module):                  ①
    def __init__(self, n_feature):           ②
        super(NeuralNet, self).__init__()    ③
        self.fc1 = nn.Linear(n_feature, 3)   ④
        self.relu = nn.ReLU()
        self.fc2 = nn.Linear(3, 1)
    def forward(self, x):  ⑤
        x = self.fc1(x)    ⑥
        x = self.relu(x)
        x = self.fc2(x)
    return x

model = NeuralNet(n_feature).to(device)  ⑦
```

① NeuralNet이라는 이름으로 새 클래스를 정의합니다. 이 클래스는 파이토치에서 제공하는 nn.Module을 상속으로 받습니다. nn.Module은 파이토치에서 신경망을 만들기 위한 기본 틀로서 모든 모델은 이 클래스를 기반으로 만들어집니다. 파이토치에서는 모델 클래스를 정의할 때 사용하는 기본 메서드가 두 개 있습니다. 즉, __init__와 forward 메서드입니다.

② __init__ 메서드(초기화 메서드): 클래스가 처음 만들어질 때(객체를 생성할 때) 자동으로 실행되는 함수입니다. 이 함수는 모델에 필요한 층(Layer)들을 정의합니다. 여기서 입력값 self는 클래스 자기 자신(인스턴스)을 가리키는 변수이고, n_feature는 이 클래스로 모델을 만들 때 외부에서 받는 입력 특징(feature)의 개수입니다.

③ super(NeuralNet, self).__init__: 지금 만드는 NeuralNet은 nn.Module을 상속받아 만든 클래스입니다. 그런데 nn.Module에는 모델을 관리하고 학습할 때 꼭 필요한 기능들(예: 모델 파라미터 저장, GPU로 이동, 순전파(forward) 실행 등)이 이미 구현되어 있습니다. 따라서 super(NeuralNet, self).__init__를 실행해야 nn.Module에 있는 기본 기능을 NeuralNet 모델 클래스에 포함할 수 있습니다.

④ 첫 번째 층을 완전 연결(Fully Connected) 방식으로 정의합니다. 입력 데이터의 특징 개수는 n_feature이고 출력 노드(뉴런) 수는 3으로 지정합니다. 예를 들어 입력 데이터가 [x1, x2, x3, x4]로 4개의 특징이 있다면 이번 층에서 3개의 출력값으로 변환됩니다.

⑤ forward 메서드(순전파 메서드): 입력 데이터를 받아 각각의 층을 통과하는 과정(순전파)을 정의합니다. __init__ 메서드에서 설정한 층과 활성화 함수 등 모델의 구성 요소를 준비하는 곳입니다. forward 메서드에서 준비된 요소를 이용해 모델 구조를 설계합니다. 모델 구조대로 입력 데이터는 단계별로 층을 통과하고 출력층에서 최종 출력값을 반환합니다. 당연한 이야기지만, 이 메서드는 데이터 처리의 단계를 지정하므로 순서가 중요합니다.

⑥ 입력 데이터를 첫 번째 완전 연결층에 통과시킵니다.

⑦ NeuralNet(n_feature) 클래스를 사용해 모델을 선언합니다. 이때 n_feature를 입력값으로 넣습니다. n_feature는 ②에서 정의했습니다.

좀 복잡해 보이지요? 하지만 클래스를 사용하는 것이 장점이 많기 때문에 실무에서는 모델을 개발할 때 대부분 이 방식을 사용합니다.

딥러닝 모델에서 클래스를 사용할 때는 주로 복잡한 모델을 설계하는 경우, 코드의 재사용과 확장이 필요한 경우, 그리고 조건문이나 반복문이 필요한 경우입니다. 참고로 실제 딥러닝 프로젝트에서는 모델 구조는 클래스로 정의하고 학습, 평가, 데이터 세트는 함수로 구성하는 경우가 많습니다. 클래스를 사용하면 코드의 구조가 명확해지고 유지보수 및 확장성이 뛰어나며 다양한 실험을 진행하기에 유리하기 때문입니다. 모델 구조만 클래스로 정의하면 나머지 코드(학습, 평가, 데이터 로딩)는 얼마든지 유연하게 작성할 수 있습니다.

여기서 잠깐

self란?

self는 클래스에서 자기 자신(인스턴스)을 가리키는 변수입니다. 클래스에서는 정의된 변수와 메서드를 사용할 때 반드시 self를 붙여 접근합니다. 쉽게 말해 self는 클래스에서 만든 자기 자신을 의미합니다.

예를 들어 다음과 같이 층을 선언할 때 self.fc1은 NeuralNet 객체에 속하는 변수(fc1)라는 의미입니다.

CODE
```
self.fc1 = nn.Linear(n_feature, 3)
```

self를 붙이지 않으면 함수 실행 후에 사라지지만, self를 붙이면 객체가 존재하는 한 계속 유지됩니다. 클래스에서 변수를 정의할 때 self는 객체 자신을 가리키는 '예약어'로서 이를 붙여야 속성이 객체에 저장됩니다.

여러 가지 모델 클래스 설계 방법

이번에는 좀 더 복잡한 구조의 모델을 클래스로 선언하는 몇 가지 방법을 살펴봅니다.

직접 선언 방식

복잡한 구조의 모델은 어떻게 다른지 직접 선언 방식과 클래스 선언 방식을 서로 비교하며 설명합니다. 다음 코드는 은닉층과 드롭아웃이 여러 개 포함된 직접 선언 방식의 모델입니다.

CODE
```
n_feature = 28 * 28
n_class = 10
model = nn.Sequential(nn.Flatten(),
                      nn.Linear(n_feature, 256),
                      nn.ReLU(),
                      nn.Dropout(p=.3),
                      nn.Linear(256, 64),
                      nn.ReLU(),
                      nn.Dropout(p=.3),
                      nn.Linear(64, n_class)
        ).to(device)
```

이 코드는 MNIST 데이터를 펼치고(Flatten) 두 개의 은닉층에 드롭아웃을 추가하는 종전의 모델링 방식입니다. 드롭아웃 비율은 모두 0.3으로 지정했습니다.

다음 과정에서는 이와 같은 직접 선언 방식의 복잡한 모델을 클래스로 어떻게 선언하는지 그 방법을 몇 가지로 나누어 소개합니다.

클래스 선언 방식 1: 기본

앞에서 직접 선언하는 방식의 모델 구조를 그대로 모델 클래스로 선언하면 다음과 같습니다.

CODE
```
class NeuralNet(nn.Module):
    def __init__(self, n_feature, n_class):  ①
        super(NeuralNet, self).__init__()
        self.flatten = nn.Flatten()
        self.fc1 = nn.Linear(n_feature, 256)
        self.fc2 = nn.Linear(256, 64)
```

```
        self.fc3 = nn.Linear(64, n_class)
        self.relu = nn.ReLU()              ┐
        self.dropout = nn.Dropout(p=0.3)  ┘ ②

    def forward(self, x): ③
        x = self.flatten(x)
        x = self.fc1(x)
        x = self.relu(x)
        x = self.dropout(x)
        x = self.fc2(x)
        x = self.relu(x)
        x = self.dropout(x)
        x = self.fc3(x)
        return x

model = NeuralNet(n_feature=28*28, n_class=10).to(device)
```

① n_feature(입력 데이터의 특징 개수), n_class(최종 분류할 범주의 개수, 즉 출력 노드 수)를 입력으로 받습니다.
② nn.ReLU와 nn.Dropout(p=0.3)은 반복적으로 사용하므로 한 번만 정의합니다.
③ x(입력 데이터)를 입력으로 받아 순차적으로 처리하면서 최종 결과를 반환합니다.

NeuralNet 클래스의 __init__ 메서드는 모델에서 사용할 함수를 준비하고 외부에서 입력값을 받는다는 점, forward 메서드는 모델의 구조를 구성한다는 점을 꼭 기억하기 바랍니다. 특히 forward 메서드는 모델 구조에 따라 입력 데이터가 각각의 층과 활성화 함수, 드롭아웃 함수를 거치는 순차적인 과정을 정의합니다. 입력에서 출력까지 순차적으로 흘러가는 흐름을 순전파(Feed Forward)라고 합니다.

여기서 잠깐

드롭아웃 비율을 다르게 정의할 수 있나요?

드롭아웃 비율을 은닉층마다 다르게 지정하고 싶다면 해당 은닉층 드롭아웃 정의에서 개별적으로 정의하면 됩니다. 다음은 드롭아웃 비율을 개별적으로 선언하는 코드입니다.

CODE

```
self.dropout1 = nn.Dropout(p=0.2)
self.dropout2 = nn.Dropout(p=0.3)
```

은닉층마다 드롭아웃 비율을 얼마든지 다르게 지정할 수 있지만, 실무에서는 드롭아웃 비율은 동일하게 지정하는 것이 일반적입니다.

클래스 선언 방식 2: 중첩

이번에는 forward 메서드에서 함수를 중첩해 선언하는 방식입니다. 클래스 선언 방식 1의 forward 메서드를 다음과 같이 수정하면 됩니다.

CODE
```
def forward(self, x):
        # 입력 데이터의 순전파 흐름 정의
        x = self.flatten(x)
        x = self.dropout(self.relu(self.fc1(x)))  ①
        x = self.dropout(self.relu(self.fc2(x)))
        x = self.fc3(x)
        return x
```

① self.dropout(self.relu(self.fc1(x))): self.fc1(x)의 처리 결과를 ReLU 함수를 거치게 한 다음, 드롭아웃 비율(self.dropout)을 적용합니다. 세 줄에 걸쳐 작성했던 코드를 단 한 줄로 간결하게 표현했습니다.

앞의 코드와 동작 결과는 동일하지만, 이 방식에는 몇 가지 장점이 있습니다.

우선 불필요한 중간 변수의 생성을 줄입니다. x1, x2 같은 중간 변수를 여러 개 만들지 않아도 되므로 메모리 사용을 조금이라도 줄일 수 있고 코드 흐름도 한눈에 보입니다. 또한 연산 흐름을 직관적으로 파악할 수 있습니다. 데이터가 'Linear→ReLU→Dropout' 순서로 흐른다는 것을 바로 확인할 수 있습니다. 특히 신경망 구조가 반복되는 경우에는 층의 조합 패턴을 훨씬 더 쉽게 확인할 수 있습니다.

클래스 선언 방식 3: 모듈화(Sequential로 묶기)

클래스 선언에서 nn.Linear+nn.ReLU+nn.Dropout을 하나의 세트로 묶어 선언하는 방식입니다. 다음과 같이 코드를 작성하면 됩니다.

CODE
```
class NeuralNet(nn.Module):
    def __init__(self, n_feature, n_class):  # 모델에 사용할 층 정의
        super(NeuralNet, self).__init__()
        self.flatten = nn.Flatten()
        self.fc1 = nn.Sequential(nn.Linear(n_feature, 256), nn.ReLU(),
                                 nn.Dropout(p=.3))  ①
        self.fc2 = nn.Sequential(nn.Linear(256, 64), nn.ReLU(), nn.Dropout(p=.3))
        self.fc3 = nn.Linear(64, n_class)

    def forward(self, x):   # 입력 데이터의 순전파 과정 정의
        x = self.flatten(x)
```

```
        x = self.fc1(x)  ②
        x = self.fc2(x)
        x = self.fc3(x)
        return x
```

① nn.Sequential 함수에서 층을 하나의 단위(Linear→ReLU→Dropout)로 묶어 선언합니다.
② forward 메서드에서 fc1(x)을 한 번 호출하면 내부에서는 Linear→ReLU→Dropout순으로 실행하므로 추가로 코드를 작성하지 않아도 연산이 이루어집니다.

클래스 선언 방식 2가 forward 메서드에서 여러 과정을 중첩해 표현했다면 방식 3에서는 층을 선언할 때 Sequential 함수로 묶어 줍니다. Sequential 함수로 묶으면 forward 메서드를 만들 때 구조가 좀 더 간결해지므로 개발자들이 이 방법을 많이 선호합니다.

지금까지 직접 설계하는 방식과 클래스를 활용한 세 가지 선언 방식을 비교해 살펴보았습니다. 클래스로 선언하는 까닭은 모델의 코드를 효율적으로 설계하기 위함입니다. 서로 간의 모델 성능에는 큰 차이가 없습니다.

다음 소절에서는 모델을 클래스로 선언하는 몇 가지 방식 중 하나를 선택해 모델을 선언하고 학습하고 예측하고 평가하겠습니다.

클래스로 모델링하기 실습

지금까지 실습했듯이 환경 준비부터 데이터 전처리, 모델링 순서로 코드를 작성하면서 모델은 클래스로 설계해 보겠습니다. 실습은 '7일차_클래스실습.ipynb' 파일에서 이어 작성합니다.

환경 준비~데이터 전처리

딥러닝 모델링 절차를 다시 한번 짚어 보면 환경 준비에서는 라이브러리 로딩→디바이스 준비→사용자 정의 함수 생성순으로 코드를 작성하고 실행합니다. 데이터 전처리에서는 MNIST 데이터 로딩→데이터 로더 준비→검증 및 테스트 데이터의 준비로 진행합니다.

환경 준비는 그동안 여러 번 반복해 작성했기 때문에 별도의 코드를 제시하지 않습니다. 5일 차 185~187쪽을 참조해 작성하거나 '5일차_다중분류모델실습.ipynb' 파일에서 해당 코드를 복사해 사용해도 좋습니다. 여기서는 데이터 전처리 과정에서 시작합니다.

다음과 같이 데이터 전처리 코드를 입력합니다.

CODE
```
# MNIST 데이터 다운로드
from torchvision import datasets
from torchvision.transforms import ToTensor
train_dataset = datasets.MNIST(root="data", train=True, download=True,
                               transform=ToTensor())
test_dataset = datasets.MNIST(root="data", train=False, download=True,
                              transform=ToTensor())

# 학습 데이터로 데이터 로더 구성
batch_size = 64
train_loader = DataLoader(train_dataset, batch_size=batch_size)

# 검증 및 테스트 데이터 준비
## 검증, 테스트 데이터 분할
x_val, x_test = test_dataset.data[:5000], test_dataset.data[5000:]
y_val, y_test = test_dataset.targets[:5000], test_dataset.targets[5000:]

## 스케일링
x_val = x_val / 255
x_test = x_test/ 255

## 차원 맞추기
x_val = x_val.view(5000, 1, 28, 28)
x_test = x_test.view(5000, 1, 28, 28)
```

코드로 MNIST 데이터 불러오기, 데이터 로더 구성하기, 검증과 테스트 데이터 나누기, 스케일링과 차원 맞추기와 같은 전처리 작업을 통해 딥러닝 모델링에 필요한 데이터를 모두 준비했습니다.

클래스로 모델링하기

다음은 모델링을 진행합니다. 모델링은 모델 선언, 학습 및 학습 곡선, 예측 및 평가순으로 진행합니다.

먼저 모델 클래스를 준비합니다. 앞에서 설명한 모델 클래스 중 '클래스 선언 방식 1: 기본' 코드를 작성합니다.

CODE
```
class NeuralNet(nn.Module):
    def __init__(self, n_feature, n_class):
        super(NeuralNet, self).__init__()
```

```
        self.flatten = nn.Flatten()
        self.fc1 = nn.Linear(n_feature, 256)
        self.fc2 = nn.Linear(256, 64)
        self.fc3 = nn.Linear(64, n_class)
        self.relu = nn.ReLU()
        self.dropout = nn.Dropout(p=0.3)

    def forward(self, x):
        x = self.flatten(x)
        x = self.fc1(x)
        x = self.relu(x)
        x = self.dropout(x)
        x = self.fc2(x)
        x = self.relu(x)
        x = self.dropout(x)
        x = self.fc3(x)
        return x
```

여전히 길고 복잡하게 느껴질 수 있습니다. 하지만 몇 번 반복해서 작성하다 보면 익숙해집니다. 이어서 모델 선언→손실 함수와 옵티마이저 준비→학습→학습 곡선→예측→평가순으로 코드를 작성합니다.

CODE

```
# 모델 선언
model = NeuralNet(n_feature=28*28, n_class=10).to(device)
loss_fn = nn.CrossEntropyLoss()
optimizer = Adam(model.parameters(), lr=0.001)

# 학습
epochs = 10
tr_loss_list, val_loss_list = [], []
for t in range(epochs):
    tr_loss = train(train_loader, model, loss_fn, optimizer, device)
    val_loss,_ = evaluate(x_val, y_val, model, loss_fn, device)
    tr_loss_list.append(tr_loss)
    val_loss_list.append(val_loss)
    print(f"Epoch {t+1}, train loss : {tr_loss:4f}, val loss : {val_loss:4f}")

# 학습 곡선
dl_learning_curve(tr_loss_list, val_loss_list)

# 예측 및 평가
_, pred = evaluate(x_test, y_test, model, loss_fn, device)
pred = nn.functional.softmax(pred, dim=1)
pred = np.argmax(pred.numpy(), axis = 1)
print(classification_report(y_test, pred))
```

이번 예제는 모델을 클래스로 선언하는 것에 초점을 두고 있기 때문에 모델링 과정의 학습 및 학습 곡선, 그리고 예측 결과 등은 따로 설명하지 않겠습니다. 하지만 여러분은 직접 실행하고 그 결과도 확인하길 바랍니다.

다중 입력 구조의 모델 클래스 만들기

이번에는 보스턴 집값 데이터를 이용해 [그림 7-1]과 같이 특징(feature)을 두 개의 그룹에서 입력받는 모델을 구성합니다. 이 예시는 4일 차의 첫 번째 절 '은닉층에 대한 비즈니스 관점 이해'를 설명할 때 나온 모델 구조입니다. 은닉층에서 일어나는 일이 무엇인지 설명할 때 살펴본 내용인데, 기억이 나지 않는다면 4일 차 137쪽 [그림 4-1]을 참고하기 바랍니다.

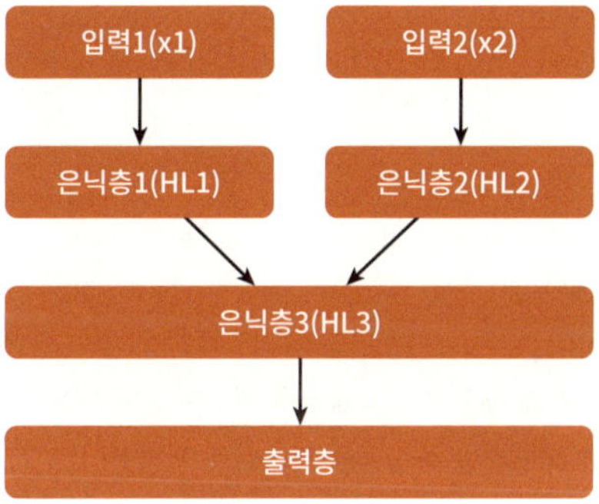

[그림 7-1] 다중 입력 모델 구조

[그림 7-1]의 모델 구조를 보면 특징을 그룹화한 데이터 세트(x1, x2)를 구성하고 이 데이터 세트를 입력으로 받는 은닉층도 구성합니다(HL1, HL2). 계속해서 두 은닉층을 하나로 합쳐(Concatenate) 하나의 은닉층(HL3)으로 연결하고 마지막으로 출력층을 쌓습니다.

이제 [그림 7-1]의 구조로 모델을 구성하고 학습시키겠습니다. 환경 준비, 데이터 전처리, 모델 클래스 구성, 학습 및 평가 과정순으로 살펴봅니다. 실습은 '7일차_클래스실습.ipynb' 파일에서 이어 작성합니다. 환경 준비(라이브러리 로딩, 디바이스 준비, 함수 생성)는 이전과 동일하므로 여기서는 데이터 전처리부터 작성합니다.

데이터 전처리

보스턴 집값 데이터 세트를 불러와 집값에 영향을 주는 요인을 직접 요인과 간접 요인으로 나누고 각각의 데이터 세트를 구성합니다. 계속해서 모델 학습에 필요한 데이터 전처리 작업을 진행합니다.

데이터를 불러와 x1, x2로 나누기

보스턴 집값 데이터 세트를 불러옵니다. 그리고 목푯값(target)을 기준으로 데이터를 x와 y로 분할한 다음, x를 직접 요인과 간접 요인 특징으로 각각 분할합니다.

CODE
```
# 1. 데이터 로딩
path = 'https://bit.ly/ds_boston_csv'
data = pd.read_csv(path)

# 2. 데이터 세트 분할: x, y
target = 'medv'
x = data.drop(target, axis = 1)
y = data[target]

# 3. x1, x2 나누기
x1_cols = ['rm', 'age', 'zn', 'tax', 'indus']                    ①
x2_cols = ['crim', 'lstat', 'nox', 'dis', 'ptratio', 'rad']  ②
x1 = data.loc[:, x1_cols]                                        ③
x2 = data.loc[:, x2_cols]                                        ④
```

① 집값의 직접적인 요인에 해당하는 특징들을 리스트로 저장합니다.
② 집값의 간접 요인에 해당하는 특징들을 리스트로 저장합니다.
③ 직접 요인 특징은 x1에 저장합니다.
④ 간접 요인 특징은 x2에 저장합니다.

두 개의 입력 데이터(x1, x2)와 목푯값 데이터(y)를 준비했습니다. 이어서 각각의 데이터를 스케일링합니다.

스케일링

x1과 x2는 각각 다른 특징들로 구성한 데이터 세트이므로 스케일러도 따로따로 만들어 적용해야 합니다. 다음 코드를 작성합니다.

CODE
```
from sklearn.preprocessing import StandardScaler
scaler1 = StandardScaler()①
scaler2 = StandardScaler()
x1 = scaler1.fit_transform(x1)
```

```
x2 = scaler2.fit_transform(x2)
y = y.values
```

① 지금까지는 주로 MinMaxScaler를 사용했는데, 이번에는 StandardScaler를 이용합니다. 두 스케일러 중 어떤 게 더 낫다고 단정지을 수는 없습니다. 둘 다 테스트해 보고 성능이 더 나은 방법을 선택하면 됩니다. 다만 이미지 데이터는 0~255 사이의 픽셀 값이므로 주로 MinMaxScaler를 사용하고, 다른 종류의 데이터들은 MinMaxScaler나 StandardScaler 둘 다 많이 사용합니다.

입력 데이터 x1과 x2를 각각 스케일링했습니다. 사용자 정의 함수인 make_DataSet 함수는 넘파이 배열을 입력으로 받는데, fit_transform 메서드를 적용하면 넘파이 배열로 저장하므로 추가적인 변환이 필요 없습니다. 따라서 목푯값 데이터(y)를 별도의 넘파이 배열로 변환하는 코드(y.values)만 추가로 작성했습니다.

train, test 분할

지금까지는 train_test_split 함수에 x, y만을 넣고 분할했습니다. 이번에는 x1, x2, y를 넣고 분할합니다.

CODE

```
x1_train, x1_test, x2_train, x2_test, y_train, y_test = train_test_split(x1, x2, y,
                                                         test_size=0.2)
```

train_test_split 함수의 수행 결과는 총 6개(x1_train, x1_test, x2_train, x2_test, y_train, y_test)로 입력 순서(x1, x2, y)에 따라 데이터 세트가 train과 test로 나누어집니다. 즉, x1을 x1_train과 x1_test로, x2를 x2_train과 x2_test로, 마지막으로 y를 y_train과 y_test로 나눕니다.

데이터 로더 생성

x1, x2, y를 하나의 텐서 데이터 세트로 묶어 데이터 로더를 생성하려면 make_DataSet 함수를 조금 수정해야 합니다. 다음과 같이 make_DataSet 함수를 수정합니다.

CODE

```
def make_DataSet(x1_train, x1_test, x2_train, x2_test, y_train, y_test, batch_size = 32):

    # 데이터 텐서로 변환
    x1_train = torch.tensor(x1_train, dtype=torch.float32)  ①
    x2_train = torch.tensor(x2_train, dtype=torch.float32)  ②
```

```
    y_train = torch.tensor(y_train, dtype=torch.float32).view(-1, 1)
    x1_test = torch.tensor(x1_test, dtype=torch.float32)
    x2_test = torch.tensor(x2_test, dtype=torch.float32)
    y_test = torch.tensor(y_test, dtype=torch.float32).view(-1, 1)

    # TensorDataset 생성: 텐서 데이터 세트로 합치기
    train_dataset = TensorDataset(x1_train, x2_train, y_train)  ③

    # DataLoader 생성
    train_loader = DataLoader(train_dataset, batch_size=batch_size, shuffle = True)
    return train_loader, x1_test, x2_test, y_test  ④

# 학습 데이터의 데이터 로더, 테스트 텐서 데이터 준비
train_loader, x1_test, x2_test, y_test = make_DataSet(x1_train, x1_test, x2_train,
    x2_test, y_train, y_test, batch_size = 32)  ⑤
```

①② x1_train과 x2_train을 각각 텐서로 변환합니다.
③ x1_train, x2_train, y_train을 한꺼번에 텐서 데이터 세트로 묶어 줍니다.
④ train_loader와 x1_test, x2_test, y_test 텐서를 반환합니다.
⑤ 수정한 make_DataSet 함수를 사용해 train_loader와 테스트 텐서 데이터 세트(x1_test, x2_test, y_test)를 준비합니다.

다중 입력에 맞게 데이터를 준비하는 함수 make_DataSet를 수정하고 이 함수를 사용해 데이터 로더와 테스트 데이터를 만들었습니다. 이어서 모델 클래스를 사용해 모델링을 수행합니다.

모델링

모델 클래스 생성

이제 다중 입력 모델을 설계하겠습니다. 모델 구조는 [그림 7-2]와 같습니다. x1과 x2는 각각 은닉층1, 2로 입력됩니다. 은닉층1, 2의 16개 노드(합쳐서 32개 노드)의 결과는 은닉층3(16개 노드)을 통과하고 출력층에서 최종 결과를 만듭니다.

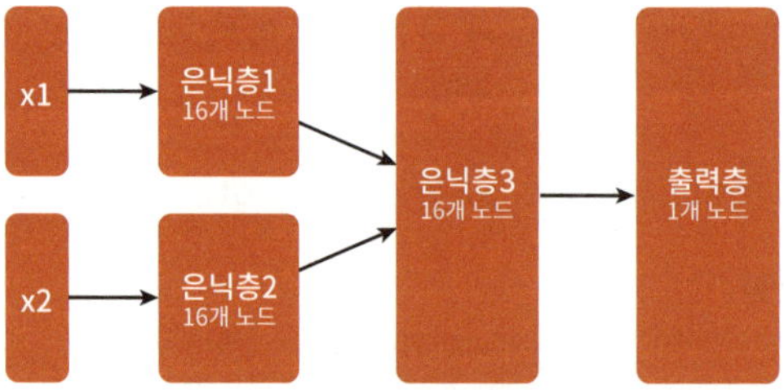

[그림 7-2] 다중 입력 모델 구조 예시

[그림 7-2]의 다중 입력 모델 구조를 `MultiInputNet`이라는 이름의 클래스로 생성합니다

CODE

```
class MultiInputNet(nn.Module):
    def __init__(self, input1_dim, input2_dim):  ①
        super(MultiInputNet, self).__init__()
        self.fc1_branch = nn.Sequential(nn.Linear(input1_dim, 16), nn.ReLU())             ②
        self.fc2_branch = nn.Sequential(nn.Linear(input2_dim, 16), nn.ReLU())             ③
        self.fc_combined = nn.Sequential(nn.Linear(32, 16), nn.ReLU(), nn.Linear(16, 1))  ④
    def forward(self, x1, x2):                  ⑤
        out1 = self.fc1_branch(x1)              ⑥
        out2 = self.fc2_branch(x2)              ⑦
        combined = torch.cat((out1, out2), dim=1)  ⑧
        output = self.fc_combined(combined)     ⑨
        return output
```

① `__init__` 메서드는 첫 번째 입력 데이터의 특징 개수(input1_dim)와 두 번째 입력 데이터의 특징 개수(input2_dim)를 입력으로 받습니다.

②③ 두 입력 데이터를 처리하는 완전 연결층(Linear)과 ReLU 활성화 함수입니다. 두 입력 데이터의 특징 수(입력 차원 input1_dim과 input2_dim)를 받아 각각 16개의 노드와 연결하도록 설계합니다. 여기서 노드 수는 조절할 수 있습니다.

④ 두 은닉층의 결과(16+16)를 합치면 총 32개의 노드가 됩니다. 이 32개 노드를 결합 은닉층에서 다시 16개 노드로 줄이고 마지막 출력층에서는 1개의 값만을 예측 결과로 반환합니다. [그림 7-2]를 참고합니다.

⑤ 모델이 두 개의 입력(x1, x2)을 동시에 받도록 합니다.

⑥⑦ 두 입력(x1, x2)은 첫 번째와 두 번째 은닉층(`self.fc1_branch`, `self.fc2_branch`)을 각각 통과하면서 연산을 수행합니다.

⑧ 각각의 은닉층에서 나온 결과(out1, out2)를 열별로(dim=1) 합칩니다(Concatenate).

⑨ 합쳐진 은닉층의 연산 결과를 출력층(④)에 통과시켜 최종 예측값(출력)을 생성합니다.

정리하면 다중 입력 모델 클래스에서는 입력1과 입력2를 각각 은닉층과 ReLU 함수로 처리한 다음, 이 두 결과를 합쳐 하나의 입력으로 만듭니다. 이렇게 합쳐진 32개의 노드를 다시 은닉층을 거쳐 출력층으로 연결해 최종 예측값을 만듭니다. 입력을 나누어 처리하고 그 결과를 합쳐 하나의 흐름으로 이어주는 과정에 주의하기 바랍니다.

train 함수

다중 입력 모델 구조를 설계했으니 이어서 모델을 학습시킬 차례입니다. 준비된 데이터 로더와 모델 클래스를 이용해 학습시키려면 먼저 train과 evaluate 함수도 다중 입력을 받도록 수정해야 합니다.

CODE

```
def train(dataloader, model, loss_fn, optimizer, device):
    size = len(dataloader.dataset)    # 전체 데이터 세트의 크기
    num_batches = len(dataloader)     # 배치 크기
    tr_loss = 0

    model.train()
    for batch, (x1, x2, y) in enumerate(dataloader):                ①
        x1, x2, y = x1.to(device), x2.to(device), y.to(device)     ②
        pred = model(x1, x2)                                        ③
        loss = loss_fn(pred, y)
        tr_loss += loss
        loss.backward()
        optimizer.step()
        optimizer.zero_grad()
    tr_loss /= num_batches
    return tr_loss.item()
```

① 다중 입력 모델이므로 데이터 로더에서 x1, x2, y 3개의 텐서를 하나의 배치 단위로 받습니다. 참고로 enumerate 함수를 이용하면 인덱스(배치 번호)도 함께 반환하므로 디버깅할 때 유용합니다.

② 세 개의 텐서(x1, x2, y)를 device에 할당합니다.

③ x1, x2를 모델에 입력하고 예측합니다. 이때 순전파(forward)가 실행되면서 예측값(pred)을 반환합니다.

입력 두 개를 처리하는 부분 외에 나머지는 기존의 train 함수와 동일합니다.

evaluate 함수

평가 함수 evaluate 역시 x1, x2, y를 입력으로 받도록 수정합니다.

CODE

```
def evaluate(x1, x2, y, model, loss_fn, device):  ①
    model.eval()
    with torch.no_grad():
        x1, x2, y = x1.to(device), x2.to(device), y.to(device)  ②
        pred = model(x1, x2)                                     ③
```

```
        eval_loss = loss_fn(pred, y).item()
    return eval_loss, pred
```

① evaluate 함수의 입력으로 x1, x2, y를 받습니다.

② 세 개의 텐서(x1, x2, y)를 CPU로 지정합니다.

③ x1, x2를 입력으로 받고 예측값을 반환합니다

학습부터 예측 평가까지

함수를 모두 수정했다면 이제 모델 클래스로 모델 인스턴스를 선언하고 손실 함수와 옵티마이저를 지정해 학습합니다.

CODE

```
# 모델 선언
input1_dim, input2_dim = len(x1_cols), len(x2_cols)          ①
model = MultiInputNet(input1_dim, input2_dim).to(device)  ②

# 오차 함수, 옵티마이저 지정
loss_fn = nn.MSELoss()
optimizer = Adam(model.parameters(), lr=0.01)

# 학습
epochs = 50
tr_loss_list, val_loss_list = [], []
for t in range(epochs):
    tr_loss = train(train_loader, model, loss_fn, optimizer, device)
    val_loss, _ = evaluate(x1_test, x2_test, y_test, model, loss_fn, device)  ③
    tr_loss_list.append(tr_loss)
    val_loss_list.append(val_loss)
    print(f"Epoch {t+1}, train loss : {tr_loss:4f}, val loss : {val_loss:4f}")
```

① 다중 입력 모델은 입력이 2개(x1, x2)이므로 각각의 특징(feature) 개수를 확인해 변수에 저장합니다. 여기서 x1_cols와 x2_cols는 데이터 세트를 준비할 때 만든 특징 목록입니다.

② 정의한 MultiInputNet 클래스의 모델 인스턴스를 생성합니다. 입력 데이터의 특징 수를 각각 지정해 모델이 올바른 크기의 데이터를 입력으로 받도록 합니다.

③ evaluate 함수에서 검증용 데이터 x1_test 등을 입력하고 오차를 계산합니다.

다중 입력 모델의 학습 코드를 보면 train, evaluate 함수의 입력 부분만 다르고 나머지는 기존 모델과 동일하다는 것을 알 수 있습니다.

모델 학습이 끝나면 테스트 세트로 예측하고 평가를 진행합니다. 이 부분은 코드만 제시하고 따로 설명을 하지는 않겠습니다.

CODE

```
from sklearn.metrics import *
_, pred = evaluate(x1_test, x2_test, y_test, model, loss_fn, device)
mae = mean_absolute_error(y_test.numpy(), pred.numpy())
mape = mean_absolute_percentage_error(y_test.numpy(), pred.numpy())
print(f'MAE : {mae}')
print(f'MAPE : {mape}')
```

지금까지 여러 개의 입력 데이터를 사용하는 모델 구조를 살펴보았습니다. 데이터 전처리에서 모델 설계, 학습과 검증으로 이어지는 과정이 처음에는 다소 복잡하게 느껴질 수 있습니다. 그러나 딥러닝은 다양한 형태의 데이터를 동시에 다루는 방식이 점점 더 일반화되고 있기 때문에 다중 입력 모델을 스스로 설계할 수 있는 능력을 키우는 일은 꼭 필요합니다.

정리

이번 차시에서는 딥러닝 모델링에서 모델 구조를 클래스로 구현하는 이유와 그 필요성을 살펴보았습니다. 클래스를 사용하면 복잡한 모델 구조를 깔끔하게 정의하고 반복되는 코드를 줄이고 유지보수를 훨씬 간편하게 할 수 있습니다. 한편 하이퍼파라미터나 층 구성 등을 한곳에서 관리할 수 있어 코드의 일관성과 가독성을 높이는 데도 매우 유용합니다.

딥러닝 프로젝트에서 모델 구조는 클래스로 정의하고 학습과 평가는 별도의 함수나 코드 블록으로 분리하는 일이 일반적입니다. 이렇게 나누어 구성하면 코드가 더 명확해지고 재사용성과 확장성도 자연스럽게 보장됩니다.

지금까지 7개의 차시로 구성된 딥러닝 기초 파트를 모두 공부했습니다. 여기까지 잘 따라온 분 모두 수고 많았습니다. 지금까지 배운 내용 가운데 조금 어려운 부분이 있었다면 반드시 복습하고 다음 파트로 넘어가기를 권합니다.

이어지는 3개의 차시에서는 지금까지 배운 딥러닝 모델링의 기초 위에서 이미지 모델링, 자연어 모델링 그리고 비지도학습의 기본기를 설명합니다. 이 3개의 과정에서 다양한 형식의 데이터를 다루고 실제 문제 해결에 적용할 수 있는 딥러닝 모델의 설계 방법 등을 배울 수 있습니다. 점점 확장되는 딥러닝 세계를 차근차근 탐험하며 자신만의 모델을 만드는 재미를 느껴 보길 바랍니다.

2부

딥러닝 활용 with 파이토치

2부에서 다루는 내용

- 이미지 모델링 CNN
- 자연어 처리 RNN
- 비지도학습 오토인코더

8~10일 차는 1~7일 차 학습의 기초 위에서

한 단계 더 나아가는 차시들입니다.

현재 딥러닝에서 가장 활발한 세 가지 분야,

즉 시각 지능(CNN), 언어 지능(RNN),

비지도학습(Autoencoder)을 골고루 경험할 수

있도록 구성했습니다. 단순한 개념 소개를 넘어

실습 중심으로 구성해 직접 손으로 모델을 만들며

원리를 이해할 수 있도록 했습니다.

이번 차시들 또한 꾸준히 따라가며 학습한다면

딥러닝을 이해하는 데 필요한 기본 틀을

확실히 쌓을 수 있을 것입니다

8일 차

이미지 모델링 기초 CNN

이번 차시에서 주목할 키워드

- 합성곱층
- 커널(필터)
- 특징 맵
- 맥스 풀링
- 펼치기
- 패딩

8일 차 학습 목표

- CNN의 기본 개념을 이해하고 이미지에서 특징 추출 원리를 설명할 수 있습니다.
- 합성곱층, 맥스 풀링층, 펼치기, 완전 연결층 등 CNN의 주요 요소를 살펴봅니다.
- MNIST와 CIFAR-10 데이터로 여러 CNN 모델을 구현하고 성능의 차이를 확인합니다.

이미지 모델링은 컴퓨터가 이미지를 인식하고 구별할 수 있도록 만드는 기술입니다. 예를 들어 손글씨 숫자를 구분하거나 사람의 얼굴을 식별하는 작업이 대표적인 사례입니다. 딥러닝에서는 이 과정을 자동화하기 위해 주로 합성곱 신경망(Convolutional Neural Network, 이하 CNN)을 사용합니다. CNN은 이미지의 중요한 특징(모서리, 패턴, 색상 등)을 스스로 학습하므로 사람이 직접 규칙을 만들지 않아도 높은 정확도로 이미지를 인식하고 분류할 수 있습니다.

CNN 개념 이해

모델이 이미지를 이해하는 법

사람은 고양이 사진을 보면 특별히 노력하지 않아도 고양이라는 것을 직관적으로 알 수 있습니다. 왜 그럴까요? 사람이 영상 혹은 이미지를 인식하는 방법과 모델이 인식하는 방법을 비교하며 설명하겠습니다.

영역에서 특징 찾기

사람은 스스로 인지하지 못하지만, 뇌는 이미 수많은 경험을 통해 고양이의 특징을 구별할 수 있도록 학습되었습니다. 예를 들어 뾰족한 귀, 동그란 눈, 삼각형 모양의 코, 부드러운 털 같은 특징을 보면 사람은 이 동물이 고양이임을 인식합니다. 사람은 무언가를 볼 때 단번에 전체를 인식하는 것처럼 느껴지지만, 사실은 눈으로 들어온 다양한 부분 정보를 뇌가 종합하면서 이미지를 이해합니다.

CNN(Convolutional Neural Network)은 사람의 시각적인 인지 과정을 모방한 딥러닝 모델입니다. CNN도 사람의 인지 과정과 유사하게 이미지를 한 번에 파악하는 것이 아니라, 작은 영역 단위로 나누고 각각의 영역에서 중요한 특징들을 찾아냅니다. 그리고 이 특징들을 층층이 쌓아가며 전체 이미지를 점진적으로 이해합니다.

각각의 영역에서 추출된 특징들은 숫자로 표현되는데, 숫자는 해당 영역이 그 특

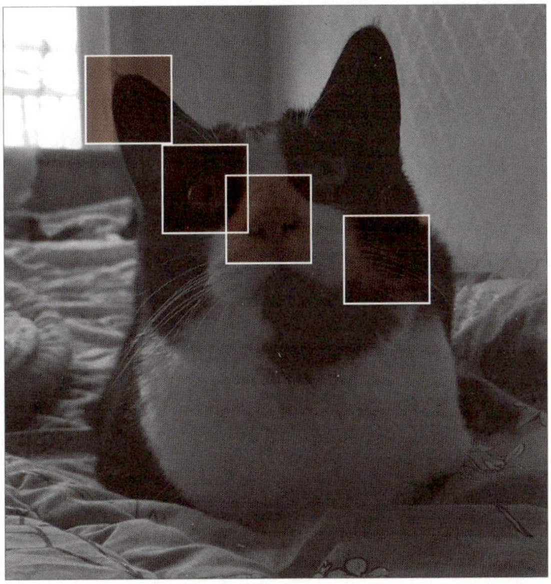

[그림 8-1] 고양이의 부분 특징

징을 얼마나 잘 나타내고 있는지를 의미합니다. 수치화된 정보를 바탕으로 모델은 "이 부분에 귀가 있다" 또는 "이 영역에는 눈의 특징이 없다" 같은 판단을 내리면서 이미지를 이해합니다.

특징을 찾는 도구: 필터

그렇다면 CNN은 특징들을 어떻게 찾을까요? 여기서 말하는 특징이란 이미지 속에서 특정 대상을 구분하는 데 도움이 되는 시각적인 단서입니다. 예를 들어 고양이의 뾰족한 귀, 사람의 눈동자, 숫자 '8'의 동그란 형태 등이 모두 특징에 해당합니다.

그렇다면 CNN은 이런 특징들을 어떻게 찾아낼까요? 특징을 찾을 때 중요한 역할을 하는 것이 바로 필터(Filter)입니다. 필터는 이미지 위를 일정한 간격으로 이동하면서 각각의 영역에 특정 패턴이 얼마나 존재하는지를 수치로 표현합니다. 한 가지 예로 고양이의 귀 모양을 인식하는 필터가 있다고 가정해 봅시다. [그림 8-2]처럼 필터는 이미지의 각 영역을 스캔하면서 귀 모양이 있는지 확인합니다. 그리고 해당 특징이 잘 드러나는 부분에는 높은 값을, 그렇지 않은 부분에는 0에 가까운 값을 출력합니다.

[그림 8-2] 부분 특징을 찾기 위한 필터의 이동

[그림 8-2]를 보면 필터는 고양이 이미지 왼쪽 위 모서리에서 시작해 오른쪽으로 조금씩 이동하면서 특징을 찾습니다. 오른쪽 끝에 도달하면 다시 아래로 이동해 처음부터 같은 과정을 반복합니다. 이와 같이 필터는 이미지를 전체적으로 스캔하면서 패턴을 찾습니다.

CNN 학습: 필터를 만드는 과정

CNN은 이미지를 분석하기 위해 필터(커널이라고도 함)를 사용합니다. 하지만 처음부터 어떤 필터가 어떤 특징을 찾아야 하는지는 알지 못합니다. 학습 초기의 필터 값은 무작위로 설정되어 있어 그 자체로는 아무런 의미가 없는 숫자에 불과합니다.

그러나 모델은 수많은 이미지를 반복적으로 학습하면서 어떤 패턴이 중요한지 점차 배웁니다. 예를 들어 고양이의 이미지를 학습할 때 처음에는 귀, 눈, 코 같은 부위를 구별하지 못하지만, 학습이 진행될수록 '이런 모양이 귀를 나타내는구나', '이런 곡선은 눈의 형태구나'와 같은 특징을 스스로 찾아냅니다. 이처럼 학습이 진행되면 숫자로 표현된 이미지 데이터가 점차 의미를 갖게 되고 모델은 이미지의 내용을 인식할 수 있게 됩니다.

학습이 반복될수록 필터 값은 조정되며 모델은 특정 부위의 특징을 더욱 정확하게 감지할 수 있습니다. 초기 단계에서는 직선, 모서리, 색의 대비처럼 단순한 형태를 인식하지만, 층이 깊어질수록 이러한 기본 특징들이 결합되어 귀, 눈, 얼굴 윤곽과 같은 복잡하고 추상적인 패턴을 포착합니다. 이 과정을 통해 CNN은 점차 특징 추출(Feature Extraction) 능력을 발전시키며, 결국 이미지를 보다 높은 수준에서 이해하고 정확하게 분류할 수 있는 모델로 성장합니다.

CNN의 최종 목표: 예측

CNN이 만든 필터들은 단지 대상의 학습에만 쓰이는 것이 아니라, 새로운 이미지를 분석할 때도 그대로 활용됩니다. 예를 들어 한 번도 본 적 없는 고양이 사진이 주어지면 CNN은 이미 학습한 필터로 이미지 곳곳에서 귀, 눈, 얼굴 윤곽과 같은 특징을 찾습니다. 이 특징들이 과거 학습한 고양이의 패턴과 유사하다면 모델은 주어진 이미지를 고양이로 예측하고, 반대로 해당 특징이 잘 나타나지 않으면 고양이가 아니라고 판단합니다.

결국 CNN의 핵심 목표는 이미지를 영역별로 세세하게 나눈 다음, 각각의 영역에서 의미 있는 정보를 뽑아내고 이 정보를 기반으로 전체 이미지를 예측하는 일입니다. 특징 기반으로 접근하는 CNN은 사람이 사물을 인식하는 과정과 유사하기 때문에 이미지 분류뿐만 아니라 객체 탐지, 얼굴 인식, 자율주행 자동차의 시각 시스템 등 여러 응용 분야에서 매우 뛰어난 성능을 발휘하고 있습니다. CNN은 이미지를 단순히 보는 것을 넘어 본질적인 패턴까지 이해하는 매우 강력한 도구입니다.

이미지 모델링 절차

[그림 8-3]은 CNN(합성곱 신경망) 모델의 일반적인 구조입니다. 처음 이 구조를 볼 때는 복잡하게 느낄 수 있지만, 실제로는 네 가지 핵심 요소만 이해하면 됩니다. 다시 말해 이 네 요소만 이해하면 이미지를 모델 구조에 통과시키면서 처리하는 각각의 단계와 특징 추출 과정이 한눈에 보입니다.

이제 [그림 8-3]의 처리 절차와 구조를 참조하면서 각각의 단계가 어떻게 구성되어 있는지 살펴보겠습니다.

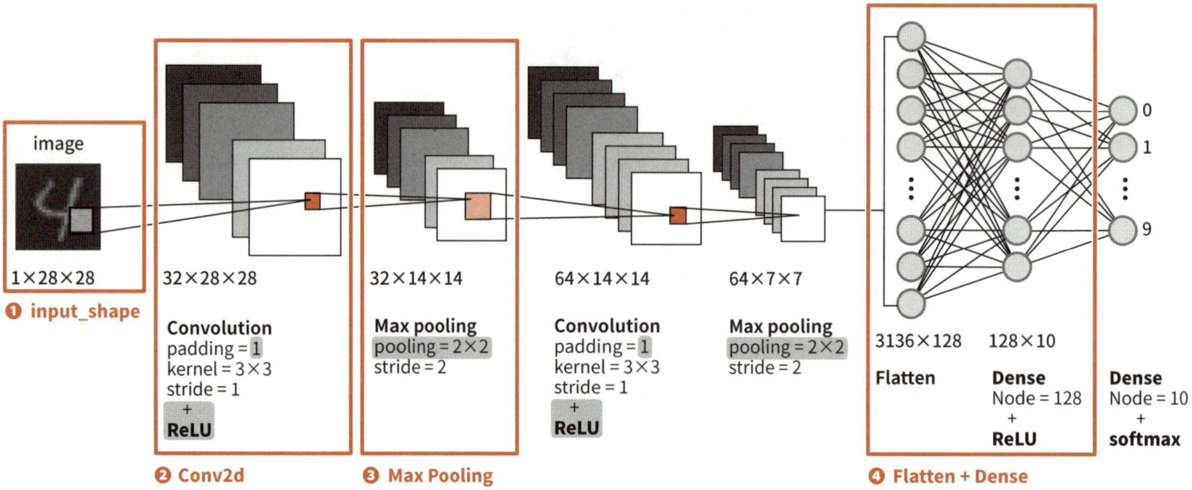

[그림 8-3] CNN 모델 구조 예시

❶ 입력(Input) 단계: 이미지의 형태 정의하기

CNN이 이미지를 이해하려면 먼저 '이 이미지가 어떤 크기와 형태를 가진 데이터'인지 명확히 정의해야 합니다. 마치 사람이 어떤 책을 읽기 전에 글자가 어떤 언어로 쓰여 있는지, 책의 크기와 페이지 수는 얼마인지 확인하는 과정과 비슷합니다. 모델은 색상 채널(Channel)과 높이(Height), 너비(Width)를 알아야 이미지 정보를 바르게 처리할 수 있습니다.

- 흑백 이미지는 색상 정보가 단일 채널이므로 [1, 높이, 너비] 형태로 표현됩니다. 예를 들어 [그림 8-3]에서 숫자 '4'가 적힌 28×28 픽셀 크기의 손글씨 이미지는 [1, 28, 28] 형태입니다. 여기서 '1'은 색상이 흑백이라는 뜻이고, 28×28은 이미지가 세로와 가로 각각 28픽셀로 이루어졌다는 뜻입니다.
- 컬러 이미지라면 조금 다릅니다. 흔히 보는 사진은 빨강(R), 초록(G), 파랑(B) 세 가지 색상 정보가 합쳐져 표현되는데, CNN에서는 이를 각각 하나의 채널로 다룹니다. 따라서 컬러 이미지는 [3, 높이, 너비] 형태입니다. 예를 들어 64×64 픽셀의 컬러 사진은 [3, 64, 64]로 표현됩니다.

이 단계는 단순히 데이터의 모양만을 알려주는 것 같지만, 실제로는 모델로 하여금 이미지를 제대로 이해하도록 도와주는 중요한 과정입니다. CNN은 이 정보가 있어야 올바른 크기의 필터를 적용해 한 칸씩 이동하며 이미지를 분석할 수 있습니다.

입력 단계는 모델이 '받아들일 이미지가 어떤 형태인지' 미리 인식하고 준비하는 과정이라고 볼 수 있습니다.

이미지의 크기와 채널 수는 모델의 성능과 연산 속도에 영향을 줍니다. 크기가 큰 이미지는 더 많은 정보를 담을 수 있지만, 처리 시간이 오래 걸립니다. 반대로 너무 작은 이미지는 중요한 정보를 잃을 수 있습니다. 따라서 CNN 모델을 설계할 때는 입력 크기를 적절히 조정하는 전처리 작업이 중요하며, 이는 모델 성능을 좌우하는 중요한 요소입니다.

❷ 합성곱 단계: 특징 추출하기

이미지가 CNN에 들어오면 가장 먼저 거치는 단계가 합성곱층(Convolutional Layer)입니다. 이 단계는 마치 탐정이 돋보기를 들고 사진을 구석구석 살펴보며 "여기에 중요한 단서가 있나?"라고 하며 특징을 찾는 과정과 비슷합니다. CNN은 이 일을 필터(Filter)라는 작은 도구를 사용해 수행합니다.

필터는 마치 작은 창을 통해 이미지를 보는 것처럼 이미지의 일부 영역(예: 3×3 픽셀)을 살피는 도구입니다. 모델은 관찰하려는 이미지에서 필터를 조금씩 이동시키면서(이를 스트라이드(Stride)라고 함) 각각의 영역에서 패턴을 찾습니다.

필터 과정에서 만들어지는 것이 바로 특징 맵(Feature Map)입니다. 특징 맵은 "이미지의 이 영역에서는 이런 패턴이 강하게 보인다"와 같은 정보를 숫자로 표현한 지도입니다. CNN은 처음에는 직선, 모서리 같은 단순한 특징을 찾는데, 합성곱층을 여러 겹 쌓을수록 점차 복잡한 패턴을 인식합니다. 결국 여러 층을 거친 CNN은 "이건 귀 모양 같다", "이건 숫자 4의 윗부분 같다"라고 말하는 것처럼 더욱 구체적이고 추상적인 특징을 추출하기 시작합니다.

또한 합성곱 연산 후에는 ReLU(활성화 함수)를 사용해 불필요한 음수값을 제거하고 중요한 특징만 남깁니다. 이 과정을 거치면 모델은 복잡한 패턴을 더 잘 학습할 수 있어 단순한 숫자 계산이 아니라 이미지의 의미까지 파악할 수 있습니다.

즉, 합성곱 단계는 CNN이 이미지를 한 조각씩 잘라 살펴보면서 그 속에서 의미 있는 패턴을 찾는 단계입니다. 이 단계가 잘 작동해야 이후 과정에서 "이 이미지는 무엇이다"라고 정확히 예측할 수 있습니다.

❸ 맥스 풀링(Max Pooling) 단계: 중요한 정보만 골라내기

합성곱 단계를 거치면 이미지는 여러 개의 특징 맵(Feature Map)으로 변환됩니다. 그런데 특징 맵을 그대로 사용하면 데이터가 너무 크고 복잡해 계산량이 많아집니다. 그럼 모델이 불필요한 세부 정보까지 신경 쓰게 됩니다. 이럴 때 풀링(Pooling)이라는 과정을 거치면 꼭 필요한 정보만 골라내고 나머지는 과감히 줄입니다. 마치 사진을 멀리서 볼 때는 큰 형태만 기억하고 세세한 점이나 잡음 등은 무시하는 것과 비슷합니다.

풀링에는 여러 방식이 있지만, 가장 많이 사용하는 방법이 맥스 풀링(Max Pooling)입니다. 이름에서 알 수 있듯이 작은 영역(보통 2×2 크기)의 값 중에서 가장 큰 값 하나만 남기고 나머지는 버리는 과정입니다. 풀링 단계를 거치면 이미지는 조금 더 작아지는 대신 가장 강하게 나타나는 특징(패턴)은 그대로 유지됩니다. 예를 들어 숫자 '4'의 이미지라면 교차하는 선과 같이 가장 강하게 보이는 지점은 남기고 주변의 희미한 흔적은 사라집니다.

풀링 단계를 거치면 이미지 데이터의 크기가 줄어들어 계산 속도가 빨라지는 것은 물론, 모델이 중요한 특징에 집중하는 장점이 있습니다. 또한 풀링은 이미지가 약간 회전했거나 위치가 바뀌어도 비슷한 특징으로 인식하도록 해주는 효과도 있습니다. 따라서 모델이 좀 더 안정적이고 유연하게 학습할 수 있도록 도와줍니다.

합성곱 연산을 수행하는 층이 합성곱층이고, 맥스 풀링 연산을 수행하는 층이 바로 맥스 풀링층입니다. 두 층은 마치 한 팀을 이루듯이 이미지를 분석합니다. 합성곱층이 돋보기로 세세한 단서를 찾는다면 맥스 풀링층은 이 단서에서 정말 중요한 부분만 메모하는 비서 같은 역할을 합니다. 이 두 과정을 반복하면 모델은 점점 더 효율적으로 이미지를 이해할 수 있습니다.

❹ 완전 연결층과 분류 단계: 최종 결정 내리기

CNN 모델의 전반부에서는 이미지를 작은 영역으로 나누어 합성곱과 풀링으로 각각의 영역에서 중요한 특징을 찾습니다. 이제 남은 단계는 이 모든 특징을 하나로 모아 최종 결정을 내리는 일입니다. 이 역할을 하는 층이 바로 완전 연결층(Dense Layer)입니다.

완전 연결층은 말 그대로 모든 노드가 앞 단계의 특징과 모두 연결되는 층입니다. 앞 단계에서 여러 층을 거치며 추출한 특징들은 아직 조각난 이미지의 단서일 뿐입니다. 완전 연결층은 이 단서들을 모아 "이 이미지는 고양이다" 혹은 "이 이미지는 자동차다"와 같은 최종 결론을 내립니다. 마치 탐정이 사건의 여러 증거를 모아 전체 사건을 재구성하듯이 모델도 조각난 특징들을 하나로 묶어 결론을 내립니다.

이 과정을 위해 먼저 평탄화(Flatten) 작업을 거쳐 데이터를 1차원으로 변환합니다. 합성곱과 풀링 연산을 거친 후의 데이터는 2차원 혹은 3차원 형태로 되어 있으므로 이를 1차원 벡터로 펼쳐 완전 연결층에 넣어야 합니다. 완전 연결층에 넣으면 특징들은 쭉 일렬로 나열되면서 완전 연결층의 각 노드와 연결됩니다.

마지막으로 모델은 출력층(Output Layer)에서 예측을 수행합니다. 예를 들어 숫자 이미지를 0~9까지 분류하는 문제라면 출력층에는 10개의 노드로부터 10개의 로짓 값이 만들어집니다. 그리고 소프트맥스(Softmax) 함수를 사용해 0~9로 분류될 확률을 계산합니다. 그중 가장 높은 확률을 가진 숫자가 모델의 최종 예측 결과입니다.

완전 연결층 단계는 지금까지 학습한 수많은 특징을 한곳에 모아 종합 판단을 내리는 단계입니다. 합성곱이 '세부 단서 찾기 전문가'라면 완전 연결층은 '최종 결론을 내려주는 판사'와 같습니다. 이 두 단계가 함께 작동하면서 CNN은 이미지를 효과적으로 분류합니다.

CNN 구조의 핵심 4단계를 다시 정리하면 다음과 같습니다.

- 입력(Input Shape) 단계: 이미지의 크기와 채널 수를 정의합니다(예: 28×28 픽셀, 1채널)
- 합성곱층(Convolutional Layer) 단계: 필터로 이미지의 지역적인 특징을 추출합니다.
- 맥스 풀링층(Max Pooling) 단계: 추출된 특징을 요약해 계산량을 줄입니다.
- 완전 연결층(Dense Layer) 단계: 추출된 특징을 종합해 최종적으로 이미지를 분류합니다.

이 4단계만 기억하면 CNN 모델의 전체 구조를 이해할 수 있습니다. CNN의 구조가 복잡해 보여도 각각의 단계가 어떤 역할을 수행하는지 알면 전체 흐름이 훨씬 명확해집니다.

실습 1: MNIST 데이터로 CNN 모델 만들기

이번 절에서는 5일 차 다중 분류 모델링에서 다뤘던 MNIST 데이터를 이용해 간단한 형태의 CNN(합성곱 신경망) 모델링을 구현하면서 주요 연산 과정을 설명합니다.

CNN으로 어떻게 이미지를 처리하고 학습하는지 파악한다면 모델의 작동 원리를 좀 더 구체적으로 이해할 수 있습니다. 실습에서는 파이토치의 `nn.Conv2d` 모듈을 중심으로 합성곱(Convolution), 스트라이드(Stride), 패딩(Padding) 등 CNN의 핵심 개념을 코드로 구현합니다.

CNN 모델링 빠르게 구현하기

간단한 형태의 CNN 모델링을 구현하면서 CNN의 주요 개념들을 이해합니다. 먼저 새 코랩 파일을 생성하고 파일 이름은 '8일차_이미지모델링실습1.ipynb'로 합니다.

환경 준비에서 데이터 전처리까지

코랩 파일의 상단 메뉴에서 [런타임] - [런타임 유형 변경] 메뉴를 선택한 다음, 나오는 [런타임 유형 변경] 대화상자에서 하드웨어 가속기로 'T4 GPU'를 선택합니다.

빈 셀에서 환경 준비를 위한 라이브러리 불러오기→디바이스 할당→사용자 정의 함수의 순서로 코드를 작성하고 실행합니다. 이 코드들은 5일 차 185~187쪽을 참고해 여러분이 직접 작성합니다.

이어서 MNIST 데이터를 불러온 다음, 학습 데이터의 데이터 로더와 검증 및 테스트 데이터를 각각 준비합니다. 빈 셀에서 다음과 같이 작성합니다.

CODE
```
from torchvision import datasets
from torchvision.transforms import ToTensor

# 데이터 다운로드
train_set = datasets.MNIST(root="data", train=True, download=True,
transform=ToTensor())
test_set = datasets.MNIST(root="data", train=False, download=True,
transform=ToTensor())

# 학습 데이터의 데이터 로더 구성
batch_size = 64
train_loader = DataLoader(train_set, batch_size = batch_size)

# 검증, 테스트 데이터 준비
```

```
## 데이터 분할
x_val, x_test = test_set.data[:5000], test_set.data[5000:]
y_val, y_test = test_set.targets[:5000], test_set.targets[5000:]

## 스케일링
x_val = x_val / 255
x_test = x_test/ 255

## 이미지 처리를 위한 차원 맞추기
x_val = x_val.view(5000, 1, 28, 28)
x_test = x_test.view(5000, 1, 28, 28)
```

데이터 전처리 코드는 지금까지 여러 번 구현했기 때문에 주석으로도 충분히 이해할 수 있어 따로 언급하지는 않겠습니다. 잘 모르겠다면 5일 차를 다시 한번 참조하기 바랍니다.

CNN 모델 설계

이어서 간단한 모델을 설계합니다. CNN 모델링에서는 네 가지 구성 요소(합성곱층, 맥스 풀링층, 펼치기, 완전 연결층)를 정확히 이해하는 것이 중요합니다.

빈 셀에서 다음과 같이 코드를 작성합니다.

CODE

```
n_class = 10
model = nn.Sequential(
          nn.Conv2d(in_channels=1, out_channels=32,, kernel_size=3, stride=1,
                    padding=1),  ①
          nn.ReLU(),
          nn.MaxPool2d(kernel_size=2, stride=2),  ②
          nn.Flatten(),                           ③
          nn.Linear(32*14*14, 64),
          nn.ReLU(),
          nn.Linear(64, n_class)  ④
        ).to(device)

loss_fn = nn.CrossEntropyLoss()
optimizer = Adam(model.parameters(), lr=0.001)
```

① 합성곱층: 이 층에서 필터는 입력된 이미지를 훑어 가며 특징을 찾습니다.

② 맥스 풀링층: 합성곱층의 결과를 요약/압축합니다.

③ 펼치기: 맥스 풀링층의 결과를 1차원으로 펼칩니다. nn.Linear로 연결하기 위함입니다.

④ 출력층: 0~9까지의 숫자를 분류합니다.

이 4가지 요소는 잠시 후 CNN 모델링의 주요 개념들을 소개하면서 보다 상세히 설명합니다. 지금은 CNN 모델의 구조와 흐름에 초점을 맞춰 코드를 작성하면 됩니다. 계속해서 학습 및 예측, 평가를 구현하겠습니다.

학습 및 예측 평가

학습 및 예측 평가 과정 역시 종전의 코드와 동일합니다. 다음과 같이 코드를 작성합니다.

CODE

```
# 학습
epochs = 10
tr_loss_list, val_loss_list = [], []
for t in range(epochs):
    tr_loss = train(train_loader, model, loss_fn, optimizer, device)
    val_loss,_ = evaluate(x_val, y_val, model, loss_fn, device)
    tr_loss_list.append(tr_loss)
    val_loss_list.append(val_loss)
    print(f"Epoch {t+1}, train loss : {tr_loss:.4f}, val loss : {val_loss:.4f}")

# 예측
_, pred = evaluate(x_test, y_test, model, loss_fn, device)
pred = nn.functional.softmax(pred, dim=1)
pred = np.argmax(pred.cpu().numpy(), axis = 1)

# 평가
print(classification_report(y_test.numpy(), pred, digits = 4))
```

OUTPUT

```
              precision    recall  f1-score   support

           0     0.9866    0.9923    0.9895       520
           1     0.9965    0.9965    0.9965       564
           2     0.9842    0.9900    0.9871       502
           3     0.9807    0.9941    0.9873       510
           4     0.9938    0.9938    0.9938       482
           5     0.9817    0.9862    0.9840       436
           6     0.9861    0.9980    0.9920       496
           7     0.9864    0.9826    0.9845       516
           8     0.9937    0.9794    0.9865       485
           9     0.9937    0.9693    0.9814       489

    accuracy                         0.9884      5000
   macro avg     0.9883    0.9882    0.9882      5000
weighted avg     0.9884    0.9884    0.9884      5000
```

10번의 에포크로 모델을 학습시키고 테스트 데이터로 예측하고 평가했습니다.

classification_report 함수에서 사용한 digits=4 옵션은 예측 결과의 수치를 소수점 넷째 자리까지 표시합니다.

5일 차에서 단순히 nn.Linear만을 사용해 만든 모델의 정분류율(Accuracy)은 약 0.95 정도였습니다. 이번에 구성한 CNN 모델은 별도의 하이퍼파라미터 튜닝을 하지 않았음에도 약 0.98~0.99 수준의 정확도를 보여 줍니다. 아직 세부적인 조정을 거치지 않은 상태라 성능을 직접 비교하기는 조금 이르지만, MNIST 이미지를 단순 선형 모델로 처리했던 것보다 CNN을 활용한 모델이 훨씬 더 뛰어난 성능을 발휘한다는 점은 확인할 수 있습니다.

다음 소절부터는 지금까지 구현한 모델의 코드를 하나하나 상세히 설명합니다. 코드 구현 과정을 머릿속에 떠올리면서 CNN 모델의 중요 개념들을 한 단계 더 깊이 이해합니다.

합성곱 연산 이해

nn.Conv2d 함수

nn.Conv2d는 CNN에서 이미지를 처리할 때 사용하는 핵심 연산 함수입니다. 이 함수는 이미지의 작은 영역을 살펴보면서 중요한 특징(Local Feature)을 찾는 역할을 합니다. 사람이 사진을 볼 때 특정 부분(귀, 눈, 코 등)에 집중해 하나하나 살피듯이 Conv2d는 필터(커널)를 이용해 이미지에서 의미 있는 패턴을 하나씩 찾습니다.

CODE
```
nn.Conv2d(in_channels=1, out_channels=32, kernel_size=3, stride=1, padding=1),
nn.ReLU(),
```

코드에서 사용한 옵션은 다음과 같습니다.

- in_channels=1: 입력 이미지의 채널 수입니다. 흑백 이미지는 색상이 하나(채널 1)뿐이므로 1로 설정합니다. 컬러 이미지라면 R, G, B 3개의 채널이므로 in_channels=3이 됩니다.
- out_channels=32: 출력되는 채널 수로서 필터의 개수입니다. 32개의 서로 다른 필터를 사용해 이미지를 분석하므로 32개의 서로 다른 '특징 맵(Feature Map)'이 생성됩니다. 각각의 필터는 직선, 곡선, 모서리 등 서로 다른 패턴을 학습합니다.

- `kernel_size=3`: 필터(커널)의 크기를 지정합니다. 여기서는 3×3 크기의 작은 창입니다. 이 창으로 이미지를 훑으며 패턴을 찾습니다. 크기가 크면 더 넓은 영역을, 작으면 더 세밀한 패턴을 찾을 수 있습니다.
- `stride=1`: 필터가 한 번에 이동하는 간격입니다. 1이면 한 칸씩 차례대로 이동하면서 이미지를 훑습니다.
- `padding=1`: 이미지의 가장자리를 처리할 때 0으로 채워 계산 범위를 확장하는 옵션입니다. 0으로 채우면 합성곱 연산 후에도 이미지의 가로×세로의 크기를 유지할 수 있습니다.

필터의 사용 과정을 비유하자면 돋보기를 들고 이미지를 한 부분씩 살펴보는 일과 같습니다. 돋보기의 크기가 `kernel_size`, 한 번에 움직이는 간격이 `stride`, 가장자리까지 보기 위해 빈 공간을 채우는 작업이 `padding`이라 생각하면 이해하기 쉽습니다.

합성곱 연산

합성곱은 작은 창(필터, 또는 커널)으로 이미지를 일정한 규칙에 따라 훑으면서 같은 위치의 숫자를 곱한 다음 모두 더하는 연산입니다. 이 필터 연산으로 이미지의 지역적인 패턴을 감지할 수 있습니다. 좀 더 쉽게 설명하면 필터(Filter)는 작은 도장처럼 이미지 위를 일정 간격으로 이동하며 특정 패턴을 찾습니다. 패턴을 찾는다 함은 합성곱 연산을 수행한다는 뜻입니다. 합성곱 연산은 이미지의 특정 부분과 필터를 겹치게 한 다음, 같은 위치의 값끼리 곱하고(element-wise multiply) 모두 더하는 계산입니다.

합성곱 연산을 어떻게 수행하는지 실제로 계산해 보겠습니다.

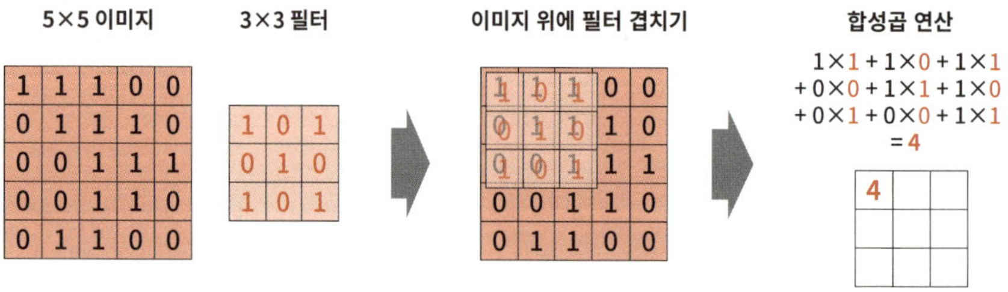

[그림 8-4] 합성곱 연산 예제(5×5 이미지에 3×3 필터 적용하기)

[그림 8-4]처럼 5×5 입력 이미지와 3×3 필터가 있다고 할 때(왼쪽 그림), 5×5 이미지 왼쪽 윗부분에 3×3 필터를 겹쳐 놓습니다(가운데 그림). 그리고 겹쳐진 부분에서 같은 위치(이미지와 필터)의 값끼리 곱하고 모두 더합니다(오른쪽 그림).

연산식은 다음과 같습니다.

$$1 \times 1 + 1 \times 0 + 1 \times 1 + 0 \times 0 + 1 \times 1 + 1 \times 0 + 0 \times 1 + 0 \times 0 + 1 \times 1 = 4$$

수식의 결괏값 4는 필터가 특정 위치에서 합성곱 연산을 수행한 결과입니다. 그런 다음 스트라이드(stride)로 지정한 값만큼 옆으로 이동해 합성곱 연산을 수행하면서 나머지 결괏값도 계산합니다. 스트라이드로 이동하면서 연산하면 이미지에서 패턴을 추출한(합성곱 연산을 수행한) 결과가 2차원 지도(Map)처럼 만들어집니다. 이 결과를 다른 표현으로 특징이 추출된 맵, 간단히 특징 맵(Feature Map)이라고 합니다. 합성곱층을 거쳐 생성된 특징 맵은 이미지의 각 영역에서 특정 패턴이 얼마나 잘 드러나는지를 수치로 표현한 것입니다. 이때 특정 영역이 필터가 찾으려는 패턴과 잘 맞을수록 합성곱 연산의 결과는 높게 나타납니다. 특징 맵은 활성화 함수(보통 ReLU)를 거쳐 다음 층으로 이동합니다.

스트라이드: 필터가 움직이는 속도

스트라이드(Stride, 보폭)는 필터가 이미지를 얼마나 빨리 이동할지 결정하는 옵션입니다. 스트라이드는 기본값이 1입니다. 1로 지정하면 오른쪽으로 1칸 이동하고 오른쪽 끝까지 이동하면 아래로 1칸 이동한 다음, 다시 왼쪽 처음부터 오른쪽으로 이동합니다. 스트라이드를 2로 지정하면 오른쪽으로 2칸, 아래로 2칸씩 이동합니다. 스트라이드가 크면 합성곱 연산의 출력(특징 맵) 크기는 작아지는 반면, 연산 속도는 빨라집니다. 스트라이드가 작으면 더 많은 정보를 추출하므로 출력 크기는 커지지만, 연산 속도는 느려집니다.

패딩: 이미지 크기 유지하기

날씨가 추우면 패딩(Padding) 점퍼를 자주 입습니다. '패딩'이라는 말은 '덧댄다'는 뜻입니다. 합성곱 연산을 거치면 필터의 크기와 스트라이드 값에 따라 특징 맵의 크기가 줄어듭니다. 이를 막기 위해 패딩을 사용해 입력 이미지의 가장자리를 0으로 덧댑니다.

padding=1로 지정하면 이미지 주변에 1픽셀 두께로 0을 추가하는데, 0을 덧대고 합성곱 연산을 수행하면 입력 이미지의 크기를 연산 수행 후에도 그대로 유지할 수 있습니다. 패딩은 실제 업무에서 자주 사용하는데, 패딩을 적용하면 입력 이미지의 모서리 특징을 좀 더 잘 추출합니다.

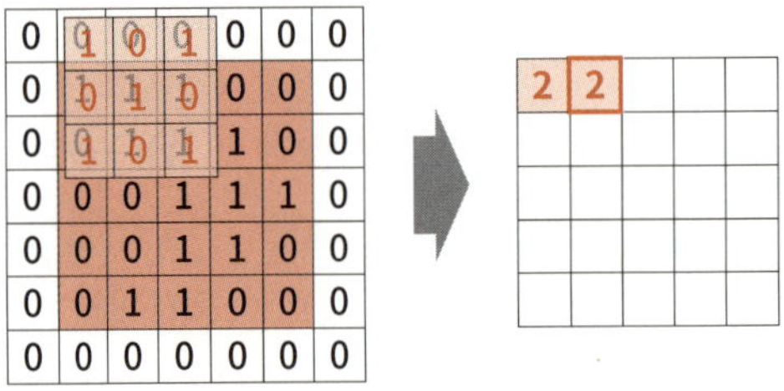

[그림 8-5] 패딩을 적용한 합성곱 연산

ReLU 함수

nn.Conv2d 함수 다음에는 ReLU 함수가 옵니다. 합성곱 연산 결과는 활성화 함수 ReLU를 통과합니다. ReLU 함수는 모델로 하여금 더 복잡한 비선형 패턴을 학습하도록 합니다. 또한 ReLU 함수는 학습 연산 속도를 빠르게 할 뿐만 아니라, 기울기 소실 문제(Vanishing Gradient)를 완화합니다.

지금까지 살펴본 nn.Conv2d 함수의 핵심 요소들을 다시 정리하면 다음과 같습니다.

- 합성곱(Convolution) 연산: nn.Conv2d에서 필터로 이미지를 스캔해 지역적인 특징을 추출합니다.
- 스트라이드(Stride): 필터가 이동하는 간격을 조정합니다. 빠르게 이동할수록 연산량과 특징 맵의 크기는 줄어듭니다.
- 패딩(Padding): 이미지 가장자리에 0을 추가해 입력 이미지의 크기를 유지하고 정보 손실을 줄입니다.
- ReLU 활성화 함수: 비선형성을 추가해 모델의 표현력을 강화합니다.

맥스 풀링 이해

맥스 풀링(Max Pooling)은 CNN에서 자주 사용하는 연산으로 입력된 특징 맵(Feature Map)을 더 작고 요약된 형태로 만드는 과정입니다. 일반적으로 '2×2 크기'의 작은 구역(창)을 설정한 다음, 이 창을 겹치지 않게 이동시키면서 각각의 구역에서 가장 큰 값을 하나씩 선택합니다. 맥스 풀링을 하면 이미지의 크기를 줄이면서도 해당 영역에서 가장 두드러진 특징을 유지할 수 있습니다.

맥스 풀링의 효과는 다음과 같습니다.

- 이미지의 중요한 특징(feature)은 유지하면서도 전체 크기를 줄일 수 있습니다.
- 이미지가 조금 이동하거나 왜곡되더라도 결과가 크게 달라지지 않기 때문에 더 견고하고 일반화된 모델을 만들 수 있습니다.
- 데이터의 크기가 작아지면 계산량은 줄고 학습 속도는 빨라집니다.

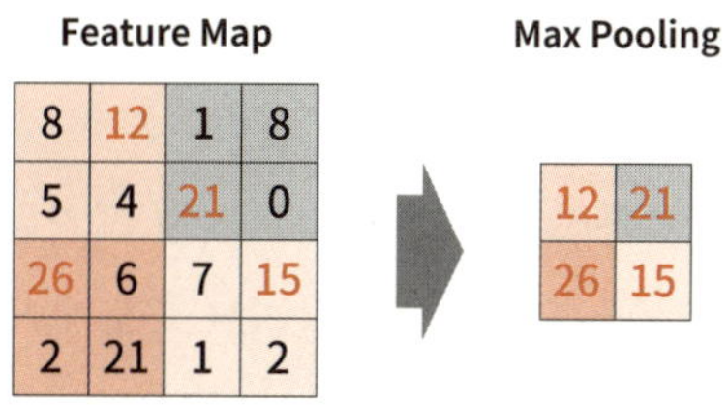

[그림 8-6] 맥스 풀링의 개념

[그림 8-6]을 보면 큰 입력 이미지를 2×2 구역으로 각각 나눈 다음, 각각의 구역에서 가장 큰 값만 선택해 새로운 출력 이미지를 만듭니다. 이런 식으로 맥스 풀링은 입력 이미지를 보다 간단한 형태로 압축하면서도 핵심 정보는 유지합니다.

다음은 맥스 풀링층의 코드입니다.

CODE
```
nn.MaxPool2d(kernel_size=2, stride=2, ...)
```

nn.MaxPool2d는 파이토치에서 맥스 풀링을 수행하는 함수입니다. kernel_size=2는 2×2 크기의 창(구역)을 의미합니다. stride=2로 창이 한 번에 2칸씩 이동하도록 설정합니다.

보통은 kernel_size와 stride를 동일한 크기로 지정합니다. 이렇게 하면 필터가 이미지를 훑을 때 한 칸씩 이동하면서 바로 옆 구역과 겹치지 않게 영역을 나눌 수 있습니다. 즉, 이미지 전체를 격자처럼 일정한 크기로 구분해 풀링하기 때문에 계산 결과가 명확하고 해석하기도 쉽습니다. 예를 들어 28×28 크기의 이미지에 kernel_size=2, stride=2 설정으로 맥스 풀링을 적용하면 출력은 절반 크기인 14×14가 됩니다. 출력 크기는 다음과 같은 공식으로 계산합니다.

$$28 \,//\, 2 = 14$$

// 연산자는 나눗셈에서 나머지는 버리고 몫만 취할 때 사용합니다. [그림 8-6]에 있는 특징 맵의 경우 세로와 가로 픽셀 수가 4개이고 필터의 크기는 2이므로 맥스 풀링 연산을 하면 4 // 2 = 2입니다. 4×4 크기의 특징 맵이 맥스 풀링층을 거치면 2×2 크기가 됩니다.

맥스 풀링이 필요한 이유를 좀 더 구체적으로 설명하면 다음과 같습니다. 합성곱 연산은 이미지 위를 필터가 이동하면서 각 영역에 얼마나 특정 패턴이 잘 나타나는지를 숫자로 표현합니다. 예를 들어 특정 필터가 '수직선' 모양을 감지하도록 학습되었다면 입력 이미지의 수직선에서는 큰 값이 나오고 그렇지 않은 영역에서는 작은 값이 나옵니다. 이렇게 생성된 특징 맵은 각각의 위치에 어떤 특징이 얼마나 강하게 나타나는지를 수치로 표현합니다. 맥스 풀링층은 특징 맵을 압축하면서도 각각의 구역에서 가장 뚜렷한 특징은 남기고 나머지는 제거합니다. 즉, 각각의 구역에서 가장 강한 패턴만 남겨 다음 단계로 전달하므로 모델이 불필요한 세부 정보에 신경 쓰지 않아 더 안정적으로 학습할 수 있습니다.

실습 2: MNIST 데이터로 CNN 모델 만들기 2(다중 합성곱층)

실습 1에서는 1개의 합성곱층과 1개의 맥스 풀링층으로 간단한 형태의 CNN 모델을 생성했습니다. 이번에는 여러 개의 합성곱층(Conv2D)과 맥스 풀링층(MaxPool2D)으로 더 깊은 구조의 CNN 모델을 만듭니다. 이번 실습은 앞에서 만들었던 '8일차_이미지모델링실습1.ipynb' 파일에서 이어 진행하면 됩니다.

모델링

모델 클래스 생성하기

[그림 8-7]은 이번 차시 초반에 소개한 모델 구조입니다. 이번에는 [그림 8-7]의 구조대로 모델을 설계하고 학습하고 검증합니다.

[그림 8-7]의 모델 구조대로 다음과 같이 설계합니다.

- 입력: 1×28×28 크기의 이미지
- 합성곱층 1: 3×3 크기(kernel = 3×3)의 필터(커널) 32개로 특징 추출, 이때 입력 크기와 출력 크기가 같도록 패딩 설정(padding = 1)
- 맥스 풀링층 1: pool size = 2×2

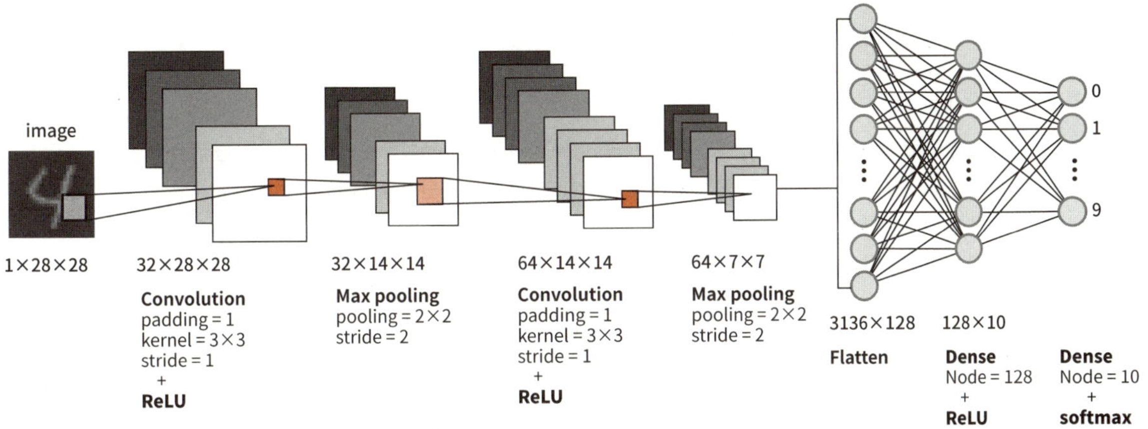

[그림 8-7] MNIST의 CNN 모델 구조 예시

- 합성곱층 2: 64개 필터(커널)로 특징 추출(kernel = 3×3, padding = 1)
- 맥스 풀링층 2: pool size = 2×2
- Flatten
- 완전 연결층 1: node 128개
- 완전 연결층 2: node 10개(출력층)

CNN_model이라는 이름으로 모델 클래스를 생성합니다.

CODE

```
class CNN_model(nn.Module):
    def __init__(self):
        super(CNN_model, self).__init__()
        self.conv1 = nn.Sequential(nn.Conv2d(in_channels=1, out_channels=32,  ①
                                             kernel_size=3, stride=1, padding=1),
                                   nn.ReLU(),
                                   nn.MaxPool2d(kernel_size=2, stride=2))
        self.conv2 = nn.Sequential(nn.Conv2d(in_channels=32, out_channels=64,  ②
                                             kernel_size=3, stride=1, padding=1),
                                   nn.ReLU(),
                                   nn.MaxPool2d(kernel_size=2, stride=2))
        self.relu = nn.ReLU()
        self.flatten = nn.Flatten()
        self.fc1 = nn.Linear(64 * 7 * 7, 128)  ③
        self.fc2 = nn.Linear(128, 10)

    def forward(self, x):
        x = self.conv1(x)
        x = self.conv2(x)
```

```
        x = self.flatten(x)
        x = self.relu(self.fc1(x))
        x = self.fc2(x)
        return x
```

① 합성곱층, ReLU 활성화 함수, 맥스 풀링층을 하나로 묶어 합성곱 블록을 선언합니다. 합성곱층, ReLU 활성화 함수, 맥스 풀링층이 CNN 모델을 구성하는 기본 단위이기 때문에 보통 가독성을 높이기 위해 이렇게 묶어서 선언합니다. 흑백 이미지 채널 1을 받아 32개 필터로 특징을 추출합니다.

② 두 번째 합성곱 블록입니다. 32개 특징 맵을 입력으로 받아 64개 필터로 특징을 추출합니다.

③ 합성곱 블록을 모두 거치고 펼친(Flatten) 다음, 완전 연결층으로 전달되는 특징 수는 64 * 7 * 7개입니다.

모델은 크게 두 그룹으로 이루어져 있습니다. 합성곱층 그룹과 완전 연결층 그룹입니다. 합성곱층 그룹에서 출력한 특징 맵을 펼쳐 1차원 형태로 만든 특징들은 완전 연결층으로 연결됩니다. 이때 완전 연결층으로 입력되는 특징 수를 계산할 수 있어야 합니다. 모델에서는 이 수가 64×7×7 = 3,136개입니다. 이 계산을 이해하는 것이 중요하기 때문에 이후에 나올 '층별 출력 크기 계산하기' 소절에서 좀 더 자세히 알아보겠습니다. 지금은 설계된 모델을 선언하고 학습하고 예측/평가를 구현하는 데 초점을 맞춥니다.

모델 학습 및 평가

모델을 선언하면서 디바이스를 할당하고 손실 함수와 옵티마이저를 준비합니다.

CODE

```
model2 = CNN_model().to(device)
loss_fn = nn.CrossEntropyLoss()
optimizer = Adam(model2.parameters(), lr=0.001)
```

모델을 학습하고 예측하고 평가하는 과정은 앞서 실습 1의 코드와 동일합니다. 실습 1의 코드에서 `train`, `evaluate` 함수의 매개변수를 `model`에서 `model2`로 변경하기만 하면 됩니다. 여기서는 모델 성능만 확인하겠습니다.

[그림 8-8]은 `classification_report` 함수를 사용해 모델을 평가한 결과입니다. 5일 차 다중 분류 모델의 정분류율은 0.95정도였고 앞서 구현한 단순 합성곱 모델은 0.9884였습니다. 이 수치도 상당히 높은 성능을 보여 주는 결과이지만, 합성곱층을 두 겹 쌓은 실습 2 모델은 거의 1에 가까운 정분류율(0.996)을 보여 줍니다.

```
              precision    recall  f1-score   support

           0     1.0000    0.9981    0.9990       520
           1     0.9982    1.0000    0.9991       564
           2     0.9862    0.9960    0.9911       502
           3     1.0000    0.9980    0.9990       510
           4     1.0000    0.9938    0.9969       482
           5     0.9977    0.9977    0.9977       436
           6     0.9980    0.9980    0.9980       496
           7     0.9922    0.9884    0.9903       516
           8     0.9959    0.9959    0.9959       485
           9     0.9918    0.9939    0.9928       489

    accuracy                         0.9960      5000
   macro avg     0.9960    0.9960    0.9960      5000
weighted avg     0.9960    0.9960    0.9960      5000
```

[그림 8-8] 분류 모델 평가 요약 보고서 결과

모델의 성능이 기존 모델보다 훨씬 높아진 것을 확인할 수 있습니다.

한 가지 주의할 점이 있습니다. MNIST 데이터 세트는 딥러닝 입문용으로 많이 사용하지만, 조금은 '이상에 가까운' 데이터 세트라는 점입니다. MNIST 데이터 세트는 다음과 같은 이유로 높은 정확도가 비교적 쉽게 나옵니다.

- 이미지가 깨끗하고 정중앙에 위치해 있습니다. MNIST 손글씨 이미지들은 흰 배경에 또렷한 검정색으로 숫자가 쓰여 있고 한가운데에 잘 정렬되어 있습니다. 노이즈가 거의 없고 배경도 단순해 모델을 학습시키기 좋은 데이터입니다.
- 범주 간의 경계가 명확합니다. '0'과 '1', '7'과 '9'처럼 비슷한 숫자도 형태의 차이가 꽤 뚜렷한 편입니다. 따라서 모델이 혼동할 가능성이 낮아 분류가 쉬운 편입니다.
- 데이터 분포가 균형 잡혀 있습니다. 각 숫자(범주)의 개수가 비슷하게 분포되어 있어 학습할 때 특정 숫자에 편향되지 않습니다.

현실에서 만나는 데이터는 MNIST처럼 그렇게 '이상적'이지 않습니다. 예를 들어 손글씨 이미지는 흐리거나 비뚤어져 있을 수 있고 배경에는 다른 무늬나 그림자가 섞일 수도 있으며 숫자가 구석에 작게 쓰여 있거나 이미지 중심에서 벗어날 수도 있습니다. 또한 일부 범주(예: '3'이나 '5')는 많이 나오는 반면, 다른 범주는 상대적으로 매우 적을 수도 있습니다. 이런 상황에서는 모델의 정분류율이 많이 떨어집니다. 실무에서는 이와 같은 현실 세계의 다양한 특징들이 반영된 데이터를 모아 모델을 학습시킨다는 점에 주의해야 합니다.

층별 출력 크기 계산하기

CNN을 구성할 때는 각각의 층을 거치며 이미지가 어떻게 변형되는지 이해하는 일이 중요합니다. 특히 합성곱층과 맥스 풀링층을 반복적으로 통과하고 완전 연결층(Dense Layer)으로 입력을 전달할 때는 정확한 출력 크기를 알고 있어야 합니다.

출력 크기를 확인하는 방법은 다음 두 가지입니다.

- 직접 계산해 보는 방법
- 코드를 실행하면서 print 문으로 구조(shape)를 확인하는 방법

출력 크기 직접 계산하기

[그림 8-9]는 CNN 모델에서 입력 이미지가 여러 층을 통과하며 크기가 어떻게 변하는지를 시각적으로 보여 줍니다.

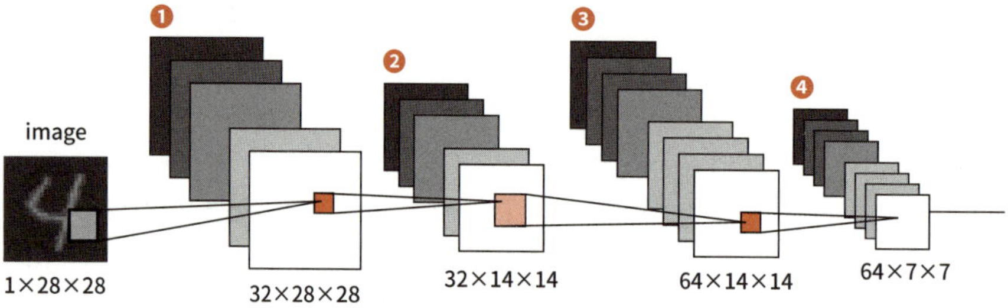

[그림 8-9] 각각의 층별 출력 크기 변화

다음은 이 모델의 주요 구조를 구성하는 코드입니다.

CODE

```
nn.Conv2d(in_channels=1, out_channels=32, kernel_size=3, stride=1, padding=1), nn.ReLU(),   ①
nn.MaxPool2d(kernel_size=2, stride=2),                                                      ②
nn.Conv2d(in_channels=32, out_channels=64, kernel_size=3, stride=1, padding=1), nn.ReLU(),  ③
nn.MaxPool2d(kernel_size=2, stride=2),                                                      ④
```

① 첫 번째 합성곱층: 입력 이미지의 크기는 1×28×28입니다. nn.Conv2d 함수를 적용하면 출력은 32×28×28이 됩니다. 코드에서 padding=1이므로 너비와 높이는 그대로 유지됩니다. 출력이 32이므로 입력 채널 하나의 이미지에서 32개의 필터가 각각 연산을 수행한 결과, 총 32개의 특징 맵이 만들어집니다.

② 첫 번째 맥스 풀링층: 풀링은 이미지의 높이와 너비를 절반으로 줄이는 연산입니다. 입력 크기 32×28×28은 풀링 연산을 하면 32×14×14 크기가 됩니다. 채널 수(32)는 유지되는 대신 픽셀 수는 절반으로 줄어듭니다(28 // 2 = 14).

③ 두 번째 합성곱층: 다시 합성곱층을 통과하면 패딩 설정으로 인해 높이×너비 크기는 동일하지만, 채널 수는 64개로 증가합니다. 이제 출력 크기는 64×14×14입니다.

④ 두 번째 맥스 풀링층: 마지막으로 풀링 연산을 하면 64×7×7이 됩니다(14//2=7).

이해를 돕고자 이 과정을 표로 정리했습니다. [표 8-1]을 보면 합성곱층을 통과할 때는 채널 수가 변하고, 맥스 풀링층을 통과할 때는 세로와 가로의 픽셀 수가 변합니다.

[표 8-1] 합성곱층과 맥스 풀링층을 통과할 때의 데이터 크기 변화

	층	입력 크기	출력 크기
①	합성곱층 1	[1, 28, 28]	[32, 28, 28]
②	맥스 풀링층 2	[32, 28, 28]	[32, 14, 14]
③	합성곱층 2	[32, 14, 14]	[64, 14, 14]
①	맥스 풀링층 2	[64, 14, 14]	[64, 7, 7]

[표 8-1]에서 정리했듯이 층과 연산을 거치면서 데이터의 크기가 어떻게 변하는지 이해했다면 다음 문제를 한 번 풀어 봅시다. 만약 `kernel size`, `padding`, `stride` 옵션이 동일할 때, 합성곱과 맥스 풀링 연산을 한 번 더 추가한다면 크기는 어떻게 변할까요? 이때 합성곱층의 채널 수는 128로 증가하도록 구성합니다. 다음 [표 8-2]의 물음표(?)에 들어갈 숫자를 계산해 보세요.

[표 8-2] 합성곱층과 맥스 풀링층 추가

합성곱층 3	[64, 7, 7]	[128, ?, ?]
맥스 풀링층 3	[?, ?, ?]	[?, ?, ?]

풀이를 보기 전에 먼저 손으로 직접 계산해 보기 바랍니다.

[표 8-2]를 보면 합성곱층은 64개의 입력 채널이 128개의 입력 채널로 늘어났습니다. 이때 높이×너비의 크기는 어떻게 될까요? 높이×너비의 크기는 동일합니다. 그러므로 합성곱층의 출력 크기는 128×7×7입니다.

다음으로 맥스 풀링층의 입력 크기는 합성곱층의 출력 크기(128×7×7)와 동일합니다. 맥스 풀링층의 출력 크기는 입력 크기에서 높이×너비의 절반이 됩니다. 7 // 2 = 3이므로 128×3×3이 됩니다. 퀴즈를 맞췄다면 여러분은 이 계산법을 잘 이해한 겁니다.

print 문으로 크기 출력하기

지금까지 층마다 출력되는 데이터의 크기를 직접 계산했습니다. 하지만 모델 구조가 복잡해지면 모든 층의 출력 크기를 일일이 계산하는 일은 어렵고 실수가 생길 수도 있습니다.

순전파(forward) 메서드에 print 문을 추가하면 각각의 층에서 출력되는 텐서의 구조(shape)를 직접 확인할 수 있어 효과적입니다.

이번에는 CNN_model2라는 이름으로 간단한 CNN 모델을 구성하고 각각의 층마다 출력 크기를 출력하도록 만듭니다. '8일차_이미지모델링실습1.ipynb' 파일에서 이어 작성하면 됩니다.

CODE

```
class CNN_model2(nn.Module):
    def __init__(self):
        super(CNN_model2, self).__init__()
        self.conv1 = nn.Conv2d(in_channels=1, out_channels=32, kernel_size=3,
                               stride=1, padding=1)
        self.pool1 = nn.MaxPool2d(kernel_size=2, stride=2)
        self.conv2 = nn.Conv2d(in_channels=32, out_channels=64, kernel_size=3,
                               stride=1, padding=1)
        self.pool2 = nn.MaxPool2d(kernel_size=2, stride=2)
        self.relu = nn.ReLU()
    def forward(self, x):
        print(f"입력 크기: {x.shape}")            ①
        x = self.relu(self.conv1(x))
        print(f"Conv1 출력 크기: {x.shape}")      ②
        x = self.pool1(x)
        print(f"MaxPool1 출력 크기: {x.shape}")   ③
        x = self.relu(self.conv2(x))
        print(f"Conv2 출력 크기: {x.shape}")      ④
        x = self.pool2(x)
        print(f"MaxPool2 출력 크기: {x.shape}")   ⑤
        return x
```

① 입력 데이터를 받았을 때의 초기 출력 크기를 확인합니다.

② 첫 번째 합성곱층의 출력 크기를 확인합니다.

③ 첫 번째 맥스 풀링층에서 연산을 수행하고 출력 크기를 확인합니다.

④ 두 번째 합성곱층의 출력 크기를 확인합니다.

⑤ 두 번째 맥스 풀링층에서 연산을 수행하고 최종 출력 크기를 확인합니다.

이 모델에 실제 데이터를 보내면서 출력 크기를 확인하겠습니다.

다음은 모델을 선언하고 테스트 데이터의 일부를 넣어 출력을 확인하는 코드입니다.

CODE

```
model2 = CNN_model2()    ①
input = x_test[0:10]     ②
output = model2(input)   ③
```

OUTPUT

```
입력 크기: torch.Size([10, 1, 28, 28])
Conv1 출력 크기: torch.Size([10, 32, 28, 28])
MaxPool1 출력 크기: torch.Size([10, 32, 14, 14])
Conv2 출력 크기: torch.Size([10, 64, 14, 14])
MaxPool2 출력 크기: torch.Size([10, 64, 7, 7])
```

① CNN_model2 클래스를 이용해 모델을 생성합니다.

② 테스트 데이터 이미지에서 앞쪽 10개의 이미지를 선택해 입력 데이터로 사용합니다.

③ forward 메서드를 호출하면 각각의 층에 설정한 print 문이 실행됩니다.

실행 결과를 보면 입력 데이터는 10개의 이미지로 구성된 배치(Batch)이며 각 이미지의 크기는 1×28×28입니다. 모델을 통과하면서 출력 크기가 점점 변하고 있음을 확인할 수 있습니다.

- 채널 수 변화: 합성곱층을 지나면서 채널 수는 1→32→64로 증가합니다. 이는 각각의 층에서 더 다양한 특징을 추출하기 위해 필터 수를 늘리기 때문입니다.
- 가로×세로 크기 변화: 맥스 풀링 연산을 거치면서 28×28→14×14→7×7로 점점 줄어듭니다. 풀링 연산은 공간의 크기와 계산량을 줄이는 효과가 있습니다.

실무에서도 print 문을 사용해 각 층의 출력을 직접 확인하는 일이 매우 중요합니다. 특히 마지막 맥스 풀링 연산 이후, 데이터를 펼쳐(Flatten) 완전 연결층(nn.Linear)으로 데이터를 넘기기 전에는 텐서의 크기를 반드시 확인해야 합니다. 그래야 올바른 차원으로 연결할 수 있습니다. 예를 들어 마지막 맥스 풀링층의 출력 크기가 [n, 64, 7, 7]이라면 nn.Linear 층의 입력 차원은 64×7×7 = 3,136이 되어야 합니다. 여기서 n은 배치 크기(Batch Size)이므로 층의 노드 수와는 관계가 없습니다. 즉, 완전 연결층으로 전달되는 한 개의 데이터는 64채널의 7×7 크기를 가진다는 뜻입니다.

펼치고(Flatten) 완전 연결층으로 연결하기

이제 CNN이 추출한 특징을 완전 연결층(Dense Layer)으로 전달해야 하는데, 완전 연결층은 1차원 데이터를 입력으로 받습니다. 그러나 CNN이 추출한 특징 맵(Feature Map)은 2차원 또는 3차원 형태의 데이터입니다. 따라서 2차원(또는 3차원) 형태의 특징 맵을 1차원으로 펼쳐 주는(Flatten) 과정이 필요합니다.

[그림 8-10]은 특징 맵을 펼치고 완전 연결층(Dense Layer)으로 연결하는 과정을 다이어그램과 코드 구현으로 보여 주고 있습니다.

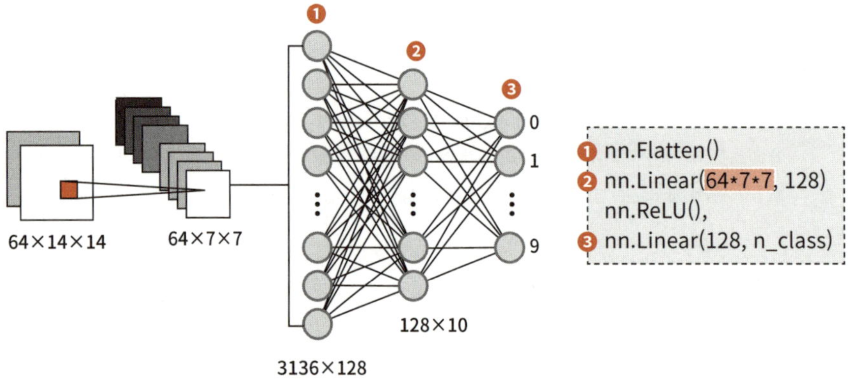

[그림 8-10] Flatten + 완전 연결층

[그림 8-10]의 과정을 단계별로 설명하면 다음과 같습니다.

❶ 값 펼치기(Flatten): `Flatten` 함수는 여러 차원의 데이터를 옆으로(한 줄로) 펼쳐 줍니다. CNN을 통과한 최종 출력 데이터는 [채널, 높이, 너비] 형태입니다. 예컨대 이전 합성곱층의 최종 출력이 [64, 7, 7]이라면 이를 1차원 벡터로 변환(Flatten)해야 합니다. `Flatten` 함수를 사용하면 결과의 크기는 64×7×7＝3,136입니다.

❷ `nn.Linear`로 연결: 입력 데이터의 크기는 이전 층(CNN + MaxPool)의 출력을 펼친(Flatten) 크기입니다. 앞서 계산한 3,136입니다.

❸ 출력층: 완전 연결층(`nn.Linear`)으로 연결되며 분류 모델의 출력층 역할을 합니다.

값을 펼친(Flatten) 이후에는 기존의 회귀나 분류 모델과 똑같이 은닉층과 출력층을 연결해 모델 구조를 설계하면 됩니다.

MNIST 모델에 대한 수동 입력 테스트

지금까지는 모델을 만들고 검증 평가만 해봤는데, 이번에는 방금 만든 모델을 사용해 보겠습니다. 여러분이 직접 쓴 손글씨를 모델에 입력해서 0~9까지의 숫자를 잘 맞추는지 확인하겠습니다. 실습은 전과 동일하게 '8일차_이미지모델링실습1.ipynb' 파일에서 이어 진행합니다.

이번 실습은 Windows의 '그림판' 프로그램을 기반으로 설명하지만, 그림을 그릴 수 있는 다른 프로그램을 이용해도 무방합니다. 다음과 같은 순서로 진행합니다.

1. 그림판에서 마우스로 직접 쓴 손글씨를 이미지 파일로 저장합니다.
2. 학습할 때의 데이터 구조에 맞게 이미지 데이터를 전처리합니다.
3. 모델에 입력하고 예측 결과를 얻습니다.

손글씨로 그리기

여러분이 사용하는 PC의 운영체제는 다양하겠지만, 여기서는 Windows의 '그림판' 프로그램을 기준으로 설명합니다.

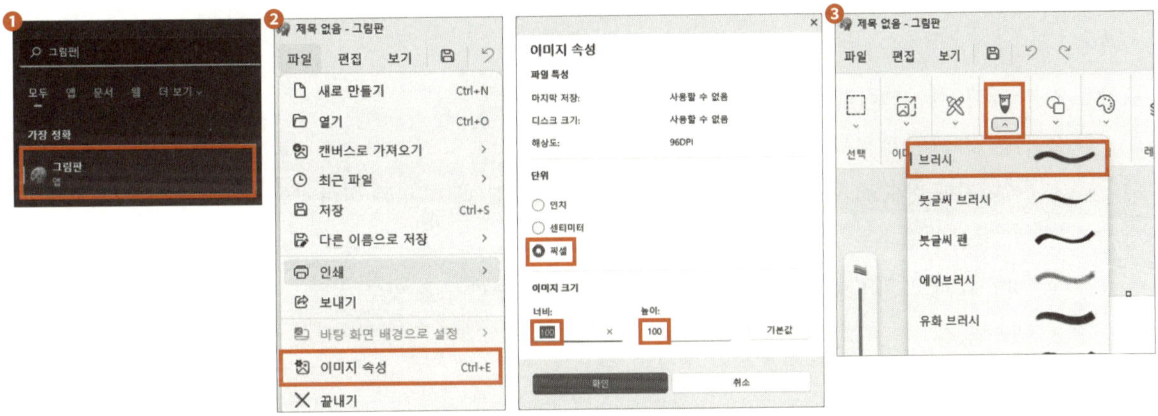

[그림 8-11] 그림판 준비

❶ 그림판을 실행합니다. 키보드 왼쪽 아래에 있는 윈도우 버튼을 누른 다음, 하단 검색 폼에서 그림판이라고 입력하면 '그림판' 프로그램이 검색됩니다. 그림판을 클릭합니다.

❷ 빈 그림판이 하나 열립니다. [파일] - [속성] 메뉴를 클릭하면 [이미지 속성] 대화 상자가 나옵니다. 이미지의 크기를 100×100 정도로 조정하고 〈확인〉 버튼을 클릭합니다.

❸ 그림판 상단의 아이콘 패널에서 펜 타입을 브러시로 선택합니다.

그림판에서 펜 브러시의 두께를 10px 정도로 키운 다음, 0~9 사이의 숫자 중 하나를 마우스로 그립니다. 필자는 숫자 2를 그려 보았습니다.

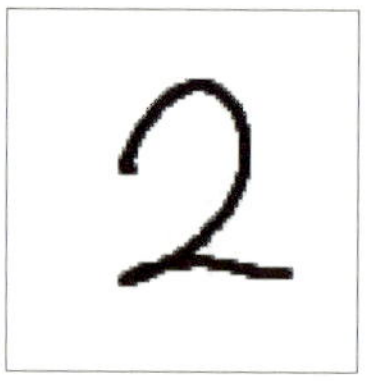

[그림 8-12] 손글씨 숫자 2

이 그림 파일을 저장합니다. 저장할 때 확장자는 jpg나 png 등을 선택합니다.

이미지 전처리

방금 손으로 쓴 숫자 이미지를 모델에 입력하려면 몇 가지 전처리 절차를 거쳐야 합니다.

1. 필요한 라이브러리 로딩
2. 이미지 파일 업로드
3. 이미지를 변수로 저장하고 이미지 크기 조정: 학습할 때 사용한 이미지의 크기와 컬러에 맞추는 작업
4. 학습할 때 배치 단위로 데이터를 입력하므로 배치 단위 구조 맞추기
5. 스케일링
6. 텐서 변환

전처리 단계를 하나씩 적어보니 해야 할 일이 꽤 많아 보입니다. 하지만 코드는 간단합니다.

먼저 필요한 라이브러리를 로딩합니다.

CODE

```
import cv2                                     ①
from google.colab.patches import cv2_imshow    ②
```

① OpenCV 라이브러리: 영상 및 이미지를 처리하는 라이브러리입니다.

②구글 코랩에서 cv2를 기반으로 이미지를 화면에 보여 주기 위한 함수를 불러옵니다.

이미지 파일을 업로드합니다. `files.upload` 코드는 코랩에서 파일을 업로드하는 함수입니다.

```
from google.colab import files
uploaded = files.upload()
```

코드를 실행하면 〈파일 선택〉 버튼이 나옵니다. 버튼을 클릭해 저장할 이미지를 선택합니다.

이미지를 업로드하면 다음과 같이 코랩 창의 '파일' 탭에서 이미지 파일이 보입니다. 필자가 업로드한 파일은 '02.png'입니다.

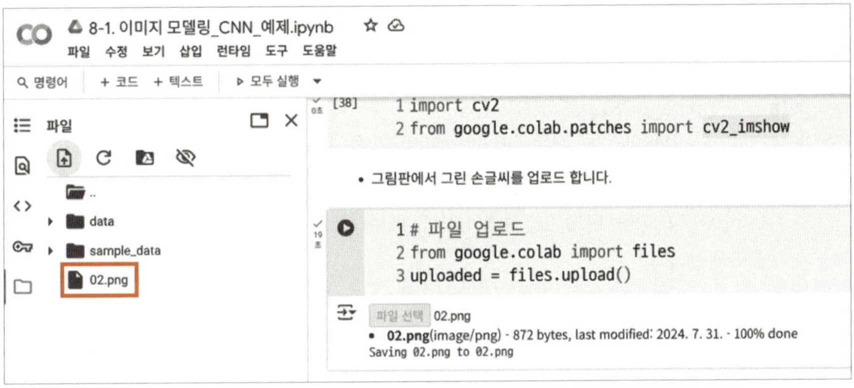

[그림 8-13] 코랩에 이미지 업로드하기

다음으로 이미지를 변수로 저장하고 크기도 조절합니다.

```
img = cv2.imread('02.png', cv2.IMREAD_GRAYSCALE)  ①
img = cv2.resize(255-img, (28, 28))               ②
print(img.shape)  ③
cv2_imshow(img)   ④
```

OUTPUT

```
(28, 28)
```

① 업로드한 이미지('02.png')를 변수 img에 저장합니다. 이때 cv2.IMREAD_GRAYSCALE 옵션을 사용해 흑백으로 변환합니다. MNIST 데이터를 학습할 때 이미지 채널이 1(흑백)이므로 이 데이터 형식에 맞춥니다. 원본 이미지가 이미 흑백이므로 꼭 필요한 작업은 아니지만, 데이터를 학습시킬 때 데이터의 구조와 동일하게 맞추어야 한다는 점을 기억하면 됩니다.

② 손글씨 이미지는 흰 배경에 검은 글씨로 되어 있지만, MNIST 데이터 세트는 검은 배경에 흰 글씨입니다. 따라서 255-img 연산으로 색상을 반전시킵니다(255는 픽셀의 최댓값으로 흑백 이미지에서 밝기를 0~255로 표현합니다). 그리고 (28, 28) 크기로 조정해 MNIST 모델이 학습한 입력 크기와 동일하게 맞춥니다.

③ 이미지 데이터가 모델에 들어가기 전에 원하는 크기로 잘 변환되었는지 확인하는 단계입니다. 출력 결과는 (28, 28)인데, 높이 28, 너비 28 크기의 2차원 배열임을 의미합니다.

④ 전처리가 잘 되었는지 눈으로 직접 확인하기 위해 이미지를 화면에 출력합니다.

나머지 전처리 과정은 배치로 변환, 스케일링, 텐서 변환 작업입니다.

CODE

```
new_data = img.reshape(1,1,28,28)                        ①
new_data = new_data / 255                                ②
new_data = torch.tensor(new_data, dtype=torch.float32)   ③
```

① CNN 모델은 이미지를 4차원 텐서 형태로 받습니다. 차원 구성은 [배치 크기, 채널 수, 높이, 너비]입니다. 따라서 (28, 28) 형태의 2차원 데이터를 (1, 1, 28, 28)로 바꿔 모델이 처리할 수 있도록 합니다.

② 스케일링을 수행합니다.

③ 텐서로 변환합니다.

다음으로 텐서 데이터 세트 형태의 입력 데이터를 모델에 넣으면 예측 결과를 얻을 수 있습니다.

CODE

```
model.eval()                # 모델을 평가 모드로 전환
with torch.no_grad():       # 그래디언트 계산 비활성화(메모리 사용을 줄이고 속도 향상)
    new_data = new_data.to(device)    # 입력 데이터를 모델과 동일한 디바이스로 이동
    pred = model(new_data)            # 모델에 입력 데이터를 넣어 예측 수행
    pred = nn.functional.softmax(pred, dim=1)        # 범주별 확률로 변환(소프트맥스 적용)
    pred = np.argmax(pred.cpu().numpy(), axis = 1)   # 가장 확률 높은 범주의 인덱스 추출

print(pred)
```

OUTPUT

```
[2]
```

코드는 이미 다룬 내용이므로 코드 옆의 주석으로 간략히 설명했습니다. 실행 결과를 보면 2라고 적은 이미지를 [2]로 잘 예측하고 있습니다. 여러분이 쓴 손글씨 숫자 이미지도 잘 예측했나요?

다음은 컬러 이미지를 분류하는 모델링 실습도 해보겠습니다.

실습 3: 컬러 이미지 분류 모델링

지금까지 다룬 MNIST 데이터는 흑백 이미지입니다. 이번 실습은 컬러 이미지 데이터 세트로 유명한 CIFAR-10를 이용해 분류 모델링을 수행하는 실습입니다. 새로운 데이터로 수행하는 실습이므로 새 코드 파일을 열어서 코드를 작성하겠습니다. 새 코드 파일의 이름은 '8일차_이미지모델링실습2.ipynb'로 합니다. 이번 파일도 GPU를 사용하도록 런타임을 설정하고 시작합니다.

환경 준비부터 데이터 전처리까지

라이브러리 로딩, 디바이스 준비, 사용자 정의 함수 생성은 앞에서 생성한 '8일차_이미지모델링실습1.ipynb' 파일 코드에서 그대로 가져오면 됩니다. 이어서 CIFAR-10 데이터를 불러와 소개하는 과정부터 다시 시작하겠습니다.

CIFAR-10 데이터 불러오기

이미지 분류 실습에서 널리 사용되는 데이터 세트 중 하나가 CIFAR-10입니다. 이 데이터 세트는 컴퓨터 비전 분야의 '기본 교과서'로 불릴 만큼 많이 활용되는 데이터이기 때문에 딥러닝 모델을 실험하고 비교하는 표준 데이터 세트로 자리 잡았습니다.

우선 다음 코드로 데이터를 불러옵니다.

CODE

```
from torchvision import datasets
from torchvision.transforms import ToTensor

train_dataset = datasets.CIFAR10(root="data", train=True, download=True,
                                 transform=ToTensor())  ①
test_dataset = datasets.CIFAR10(root="data", train=False, download=True,
                                transform=ToTensor())
```

OUTPUT

```
100%|██████████| 170M/170M [00:16<00:00, 10.5MB/s]
```

① torchvision의 datasets 모듈에 있는 CIFAR10 함수로 데이터를 다운로드합니다. 문법은 MNIST 다운로드 문법과 동일합니다.

CIFAR-10은 총 60,000장의 컬러 이미지로 구성되어 있고 10개의 서로 다른 범주(종류)를 포함합니다. 10개의 범주에는 비행기(Airplane), 자동차(Automobile), 새(Bird), 고양이(Cat), 사슴(Deer), 개(Dog), 개구리(Frog), 말(Horse), 배(Ship), 트럭

(Truck)이 포함됩니다. 즉, 사람과 동물, 탈것 등 다양한 사물이 포함되어 있어 모델이 여러 유형의 패턴을 학습하기에 적합합니다.

[그림 8-14] CIFAR-10(10가지 사물에 대한 컬러 이미지 데이터 세트)

CIFAR-10은 50,000장의 학습용 이미지와 10,000장의 테스트용 이미지로 구성되어 있습니다. 이미지는 각각 32×32 픽셀 크기이고 3개의 채널(RGB)로 구성된 컬러 이미지입니다.

다음 코드를 실행합니다.

CODE
```
train_dataset.data.shape
```

OUTPUT
```
(50000, 32, 32, 3)
```

학습 데이터 세트에서 입력 이미지의 구조(shape)를 확인하면 세로 32픽셀, 가로 32픽셀의 컬러 이미지(32×32×3)가 50,000개임을 알 수 있습니다.

범주의 종류도 확인합니다.

CODE
```
classes = train_dataset.classes
classes
```

OUTPUT

```
['airplane',
 'automobile',
 'bird',
 'cat',
 'deer',
 'dog',
 'frog',
 'horse',
 'ship',
 'truck']
```

train_set의 classes 속성을 이용해 10개의 목푯값이 어떤 범주인지 확인할 수 있습니다.

이번에는 이미지 한 개를 출력합니다.

CODE

```
n = 100
image, label = train_dataset.data[n], train_dataset.targets[n]
plt.imshow(image)
plt.title(f"Label: {train_dataset.classes[label]}")
plt.show()
```

OUTPUT

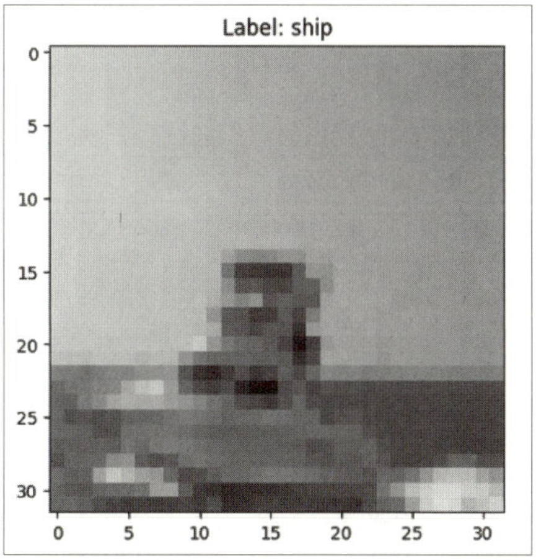

학습 데이터 세트에 있는 인덱스 100의 그림입니다. 목푯값은 'ship'입니다. 해상도가 낮아 배(ship)가 선명하게 보이지는 않습니다. 이런 형태의 컬러 이미지들로 CNN 모델을 학습시킵니다.

데이터 전처리

데이터 전처리 단계에서는 학습 데이터를 위한 데이터 로더와 검증 및 테스트를 위한 텐서 데이터 세트를 준비합니다. MNIST 데이터와는 조금 다른 부분이 있으니 주의하면서 다음과 같이 코드를 작성합니다.

CODE

```
# 학습 데이터의 데이터 로더
train_loader = DataLoader(train_dataset, batch_size = 64)

# 검증, 테스트 데이터를 위한 텐서 데이터 세트 준비
## val, test 분할
x_val, x_test = test_dataset.data[:5000], test_dataset.data[5000:]
y_val, y_test = test_dataset.targets[:5000], test_dataset.targets[5000:]

## 스케일링
x_val = x_val / 255
x_test = x_test/ 255

## 차원 맞추기 - 기존 차원: [데이터 건수, 세로 픽셀, 가로 픽셀, 채널(컬러)]
print('기존: ', x_val.shape, x_test.shape)

## 차원 위치 조정: [데이터 건수, 채널(컬러), 세로 픽셀, 가로 픽셀]
x_val = x_val.transpose((0, 3, 1, 2))  ①
x_test = x_test.transpose((0, 3, 1, 2))
print('조정: ', x_val.shape, x_test.shape)

## 텐서로 변환
x_val = torch.tensor(x_val, dtype=torch.float32)  ②
x_test = torch.tensor(x_test, dtype=torch.float32)
y_val = torch.tensor(y_val, dtype=torch.long)
y_test = torch.tensor(y_test, dtype=torch.long)
```

OUTPUT

```
기존:  (5000, 32, 32, 3) (5000, 32, 32, 3)
조정:  (5000, 3, 32, 32) (5000, 3, 32, 32)
```

① 텐서 데이터에서 사용된 transpose 메서드는 차원의 순서를 변경합니다. CIFAR10 데이터 세트는 [데이터 건수(0), 세로 픽셀(1), 가로 픽셀(2), 채널(3)]으로 저장되어 있습니다. 하지만 이미지 모델링을 위해서는 [데이터 건수(0), 채널(3), 세로 픽셀(1), 가로 픽셀(2)] 형식, 즉 채널이 두 번째에 오도록 순서를 변경해야 합니다. transpose((0, 3, 1, 2))를 이용해 기존 순서 (0, 1, 2, 3)을 (0, 3, 1, 2)로 바꿉니다.

② CIFAR10의 원본 데이터는 넘파이 배열과 리스트로 되어 있습니다. 따라서 텐서로 변환합니다.

데이터의 준비를 완료했습니다. 이제 모델링 단계로 넘어갑니다.

모델링

모델 설계

모델을 선언하고 학습 및 검증 평가를 수행합니다. 모델 구조를 다음과 같이 작성합니다.

CODE

```
class CNN_model3(nn.Module):
    def __init__(self):
        super(CNN_model3, self).__init__()
        self.conv1 = nn.Sequential(nn.Conv2d(in_channels=3, out_channels=32,  ①
                                             kernel_size=3, stride=1, padding=1),
                                   nn.ReLU(),
                                   nn.MaxPool2d(kernel_size=2, stride=2))
        self.conv2 = nn.Sequential(nn.Conv2d(in_channels=32, out_channels=64,
                                             kernel_size=3, stride=1, padding=1),
                                   nn.ReLU(),
                                   nn.MaxPool2d(kernel_size=2, stride=2))
        self.relu = nn.ReLU()
        self.flatten = nn.Flatten()
        self.fc1 = nn.Linear(64 * 8 * 8, 128)  ②
        self.fc2 = nn.Linear(128, 10)

    def forward(self, x):
        x = self.conv1(x)
        x = self.conv2(x)
        x = self.flatten(x)
        x = self.relu(self.fc1(x))
        x = self.fc2(x)
        return x
```

① `nn.Conv2d(in_channels=3, out_channels=32,...)`: 바로 이 부분이 MNIST 모델과 차이가 나는 지점입니다. MNIST 데이터는 흑백(채널=1) 이미지입니다. 따라서 `in_channels=1`이었는데, CIFAR10 데이터는 컬러 이미지이므로 `in_channels=3`입니다.

② 두 번째 합성곱층+맥스 풀링층을 통과한 다음, 펼쳐서 완전 연결층에 연결할 때 전달할 입력값의 차원 수를 계산해서 수정해야 합니다. 직전 합성곱층의 출력 채널이 64였고 입력된 이미지의 가로와 세로 픽셀 수가 32이므로 64*8*8입니다(32//2//2=8).

이 과정을 정리하면 [표 8-3]과 같습니다. 합성곱층을 통과할 때는 채널의 크기만 변하고 맥스 풀링층을 통과하면 세로와 가로 픽셀 수가 줄어듭니다.

[표 8-3] 컬러 이미지를 입력받아 합성곱층+맥스 풀링층 블록을 통과할 때의 크기 변화

층	입력 크기	출력 크기
합성곱층 1	[3, 32, 32]	[32, 32, 32]
맥스 풀링층 2	[32, 32, 32]	[32, 16, 16]
합성곱층 2	[32, 16, 16]	[64, 16, 16]
맥스 풀링층 2	[64, 16, 16]	[64, 8, 8]

CIFAR-10처럼 컬러 이미지를 다룰 때는 입력 채널 수를 3으로 설정해야 합니다. 첫 번째 합성곱층의 `in_channels` 값만 조정하고 나머지 모델 구조는 MNIST 모델과 동일하게 설계하면 됩니다.

모델 선언, 학습 및 모델 평가

모델을 선언하고 학습하고 예측 및 평가하는 부분은 MNIST 모델의 코드와 동일하므로 여기서도 성능 평가 결과만 확인합니다. 앞의 실습 과정을 참고해 여러분들이 직접 구현하고 확인하기 바랍니다. 참고로 완성된 코드는 깃허브 링크 *https://github.com/DA4BAM/pytorch_deeplearning_basic*에서 확인할 수 있습니다.

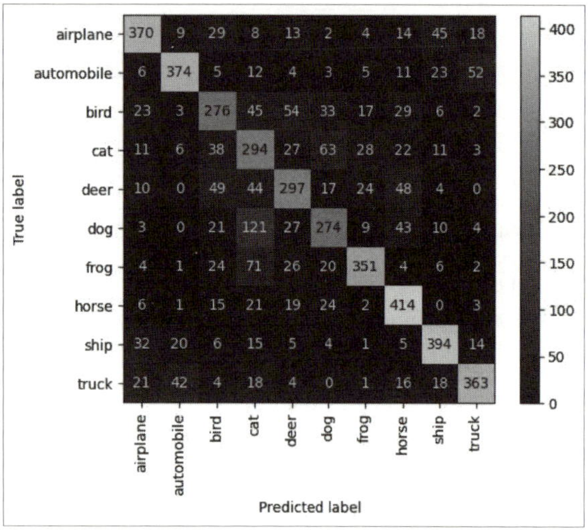


```
              precision    recall  f1-score   support

    airplane     0.7613    0.7227    0.7415       512
  automobile     0.8202    0.7556    0.7865       495
        bird     0.5910    0.5656    0.5780       488
         cat     0.4530    0.5845    0.5104       503
        deer     0.6239    0.6024    0.6130       493
         dog     0.6227    0.5352    0.5756       512
        frog     0.7941    0.6896    0.7382       509
       horse     0.6832    0.8198    0.7453       505
        ship     0.7621    0.7944    0.7779       496
       truck     0.7874    0.7454    0.7658       487

    accuracy                         0.6814      5000
   macro avg     0.6899    0.6815    0.6832      5000
weighted avg     0.6898    0.6814    0.6831      5000
```

[그림 8-15] CIFAR10 모델 성능 평가 결과

전체 성능을 나타내는 정분류율은 0.6814로 그렇게 좋은 성능은 아닙니다. 범주별 성능을 비교해 보면 F1 score가 가장 높은 범주는 자동차(automobile)로서 0.7855

이고, 가장 낮은 범주는 고양이(cat)로서 0.5104입니다.

컬러 이미지의 합성곱 연산

마지막으로 컬러 이미지의 합성곱 연산에 대한 간단한 설명을 덧붙이면서 이번 차시를 마무리하겠습니다.

1채널 vs. 3채널 비교

MNIST의 흑백 이미지는 채널 수가 1이므로 합성곱 연산을 설명할 때는 주로 2차원 이미지(높이×너비)에 2차원 필터(예: 3×3)를 적용하는 방식으로 설명했습니다. 하지만 실제로는 이 필터에도 '채널'이라는 세 번째 축이 존재합니다. 흑백 이미지는 채널이 1이므로 필터도 실제로는 1×3×3 형태입니다. 여기서 1은 채널 축이고 3×3은 공간 영역입니다.

그런데 CIFAR-10과 같은 컬러 이미지는 RGB 3채널로 구성되어 있습니다. 즉, 이미지의 크기가 3×32×32(채널×높이×너비)인 셈입니다. 이때 사용하는 필터는 단순한 2차원 형태가 아니기 때문에 3개의 채널을 동시에 처리할 수 있도록 필터 역시 3차원으로 구성합니다. 예를 들어 필터의 공간 크기가 3×3이라면 컬러 이미지에 적용되는 필터는 3×3×3 형태가 되어야 합니다. 여기서 3은 채널 수, 그리고 3×3은 공간 크기입니다.

정리하면 입력 이미지가 가지고 있는 채널 수와 같은 수의 채널을 필터도 가져야 합성곱 연산을 할 수 있습니다. 따라서 컬러 이미지는 필터가 자동으로 3개의 채널을 갖도록 확장되고 이미지의 모든 채널(R, G, B)을 동시에 고려하면서 하나의 출력값을 계산합니다.

[표 8-4] 1채널 vs 3채널 비교

구분	흑백 이미지	컬러 이미지
채널 수	1	3(R, G, B)
이미지 크기	(H, W)	(C, H, W) = (3, H, W)
필터 크기	(1, k, k)	(3, k, k)

입력 이미지가 컬러(채널 3)이고 첫 번째 층의 필터 크기를 3(kernel_size = 3)으로 지정한다면 필터의 크기는 [3(채널 수)×필터 크기]가 됩니다. 즉 (3×3×3)이 됩니

다. 제일 앞에 있는 숫자인 3이 입력 이미지의 채널 수입니다. 코드를 작성할 때는 필터의 높이와 너비 크기만 지정하지만, 여기에 입력 채널의 수를 곱합니다. 많은 분들이 이 부분을 어려워합니다.

컬러 이미지 합성곱 연산

그렇다면 컬러 이미지를 입력할 때 합성곱층의 연산은 어떻게 수행할까요? [그림 8-16]으로 자세히 설명합니다.

```
nn.Conv2d(in_channels=3, out_channels=8, kernel_size=3, stride=1, padding=1)
```

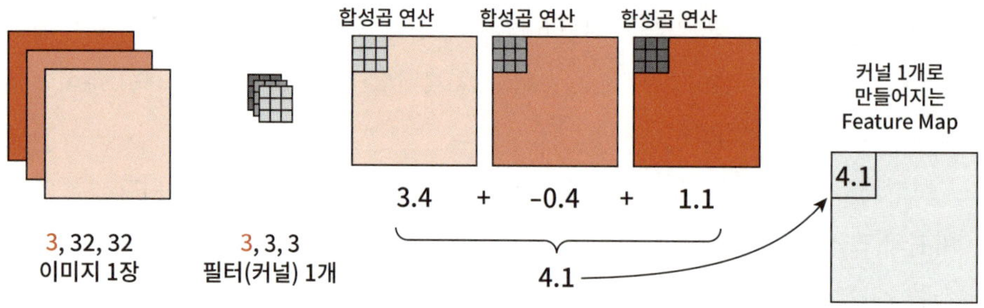

[그림 8-16] 컬러 이미지를 입력할 때 합성곱 연산 예제

[그림 8-16]의 맨 왼쪽 그림은 컬러 이미지 한 개입니다. 크기는 3×32×32로 맨 앞의 3은 채널 수(Red, Green, Blue)입니다. 즉, 이 이미지는 32×32 픽셀 이미지가 R, G, B 3개의 채널로 나뉘어 저장됩니다. 이와 같은 3차원 구조의 이미지를 CNN에 입력합니다.

[그림 8-16]의 왼쪽에서 두 번째 작은 정육면체 이미지는 필터(kernel)입니다. 이 필터는 3개의 3×3 매트릭스로 구성되어 있습니다. 그리고 각각의 3×3 필터는 R, G, B 채널에 각각 하나씩 적용됩니다. 즉, 3×3×3 필터는 R, G, B 세 개의 채널에서 같은 위치에 있는 3×3 영역에 각각 적용되어 합성곱 연산을 수행한 다음, 그 결괏값들을 모두 더해 최종 하나의 출력값을 만듭니다.

이제 필터는 채널마다 같은 위치에 있는 3×3 영역에서 합성곱 연산을 수행합니다.

- Red 채널에서 3×3 필터 적용 → 예: 값 = 3.4
- Green 채널에서 3×3 필터 적용 → 예: 값 = −0.4
- Blue 채널에서 3×3 필터 적용 → 예: 값 = 1.1

각각의 채널에서 계산된 결괏값을 모두 더합니다.

$$3.4 - 0.4 + 1.1 = 4.1$$

각각의 채널에서 추출한 계산 결과를 모두 더하면 하나의 위치에 대한 출력값 4.1이 생성됩니다. 이렇듯 동일한 위치에 있는 3개의 채널 필터로 합성곱한 결과를 합쳐 하나의 숫자(특징)를 만듭니다. 이 과정을 이미지 전체에서 반복하면 원래 3×32×32 크기의 입력 이미지는 1개의 2차원 특징 맵(Feature Map)으로 변환됩니다.

컬러 이미지는 세 개의 채널(R, G, B)을 포함하므로 CNN은 이들을 동시에 고려해 색상 정보를 반영한 특징을 추출합니다. 따라서 흑백 이미지와 마찬가지로 2차원으로 필터가 이동하지만, 필터 자체는 이미지의 채널 수만큼 깊어져 3차원 형태로 작동합니다. 이런 구조 덕분에 CNN은 컬러 이미지의 풍부한 색상 정보를 반영한 고유의 특징 맵을 만들 수 있습니다.

정리

이번 차시에서는 이미지 데이터를 효과적으로 다루는 대표적인 딥러닝 모델인 합성곱 신경망(CNN)의 기본 개념과 구조, 그리고 실제 이미지 처리 과정을 학습했습니다. 먼저 CNN은 사람이 이미지를 볼 때처럼 전체를 한꺼번에 인식하지 않고 일부 영역(지역적 특징)을 바탕으로 중요한 정보를 추출하는 식으로 동작합니다. 예를 들어 고양이를 인식할 때 귀, 눈, 코와 같은 부위를 보고 판단하듯이 CNN도 필터로 이미지의 작은 영역을 순차적으로 분석합니다. 필터 과정을 거쳐 이미지는 수치로 표현 가능한 특징 맵(Feature Map)으로 변환되는데, 학습이 진행될수록 더 복잡한 패턴까지 인식할 수 있습니다.

이어진 내용에서는 CNN의 구성 요소인 합성곱층(`Conv2D`), `ReLU` 활성화 함수, 풀링(`MaxPooling2D`) 연산의 구조와 역할을 자세히 설명했습니다. 특히 합성곱 연산에서는 작은 필터(예: 3×3)가 이미지의 일부분을 스캔하면서 각각의 영역에서 곱셈 및 덧셈을 수행해 새로운 출력값을 생성합니다. 이때 흑백 이미지의 경우 필터는 2차원(1채널)이지만, 컬러 이미지(RGB)는 3채널로 구성되어 있어 필터도 3×3×3의 3차원 형태로 확장됩니다. 각각의 채널(R, G, B)에서 필터를 별도로 적용한 다음, 그 결과를 합산하여 하나의 출력값을 생성합니다. 이 과정을 이미지 전체에 반복하면 입력 이미지가 CNN을 통과하면서 여러 개의 특징 맵으로 변환됩니다. 이때 이미지는 모델이 학습에 활용할 수 있는 유용한 표현으로 바뀝니다.

마지막으로 CNN의 출력은 3차원 텐서 형태이므로 완전 연결층(Dense Layer)에 전달하기 전에 Flatten 연산을 통해 1차원 벡터로 변환해야 합니다. 변환된 벡터는 `nn.Linear`를 통해 기존 딥러닝 모델 구조와 동일한 회귀나 분류 모델로 연결됩니다.

지금까지 배운 내용은 이미지 모델링의 기본입니다. 많은 이미지 모델이 CNN을 기반으로 발전했습니다. 추가로 더 공부하기 원하는 분들은 Object Detection 모델인 YOLO(You Only Look Once)를 공부하길 권장합니다.

9일 차

자연어 처리 기초 RNN

이번 차시에서 주목할 키워드

- NLP
- 토큰화
- 임베딩
- RNN
- 은닉 상태

9일 차 학습 목표

- 자연어 처리의 기본 개념과 토큰화, 임베딩 등의 전처리 흐름을 설명할 수 있습니다.
- RNN의 구조와 동작 원리를 이해하고 문장 순서와 문맥 정보 처리를 설명할 수 있습니다.
- 트위터 감정 분류 예제로 자연어 처리 프로젝트의 절차를 직접 설계하고 구현합니다.

사람은 문장을 읽고 쉽게 의미를 이해하지만, 컴퓨터는 텍스트를 단순한 문자로만 인식합니다. 예컨대 컴퓨터는 "오늘 기분이 좋아요"라는 문장에서 긍정적인 감정을 파악하려면 복잡한 처리가 필요합니다. 이런 처리 과정을 자연어 처리(Natural Language Processing, 이하 NLP)라고 합니다. 딥러닝에서는 기본적으로 순환 신경망(Recurrent Neural Network, 이하 RNN)을 활용해 문장의 순서를 기억하고 단어 간의 관계를 파악해 감정 분석, 번역, 챗봇 등에 적용합니다.

이번 차시에서는 자연어 처리의 기본 개념을 이해하고 RNN을 활용한 언어 모델링 과정을 실습하면서 NLP 프로젝트의 전체 흐름을 경험합니다. 다만 하나의 차시에서 다루기에 자연어 처리는 너무 방대하므로 개념 중심으로 설명하되 실습은 마지막 절에서 다룹니다. 이번 차시를 마치면 RNN의 기본 원리와 구조, 동작 방식을 이해하고 자연어의 전처리부터 모델링까지의 전체 흐름을 스스로 따라갈 수 있게 됩니다.

자연어 처리 개요

자연어 처리란?

사람은 말하거나 글을 쓸 때 자연스럽게 언어를 사용합니다. 하지만 컴퓨터는 사람의 언어를 바로 이해하지 못합니다. 텍스트는 컴퓨터에게 그저 기호와 문자의 나열일 뿐입니다. 컴퓨터가 인간의 언어를 이해하고 생성하고 대화할 수 있도록 도와주는 기술이 바로 자연어 처리(Natural Language Processing)입니다.

자연어 처리는 좁은 의미로는 텍스트를 컴퓨터가 이해할 수 있는 숫자 형태로 변환하는 과정입니다. 넓은 의미에서는 인간의 언어를 이해하고 처리하는 인공지능의 한 분야로 볼 수 있습니다. 예를 들어 "나는 오늘 기분이 좋아요"라는 문장을 숫자 배열로 바꾸고 이 숫자들을 가지고 감정을 분석하거나 번역하거나 요약하는 일이 바로 자연어 처리입니다.

자연어 처리의 활용과 도전 과제

자연어 처리는 다양한 분야에서 활발히 활용되고 있습니다. 우리가 자주 사용하는 기계 번역 서비스(Google 번역기, Papago), 음성 비서와 챗봇(ChatGPT, Siri), SNS의 감정 분석, 검색 엔진과 추천 시스템, 그리고 AI 뉴스 요약 생성 등이 모두 자연어 처리의 한 분야입니다.

하지만 자연어 처리는 생각보다 쉽지 않은 도전 과제입니다. 같은 단어도 문맥에 따라 전혀 다른 뜻을 가지는 모호성(Ambiguity), 복잡한 문법 규칙과 예외가 많은 언어의 특성, 특정 언어의 데이터 부족 또는 편향성, 그리고 문맥 이해를 위해서는 긴 문장을 파악하며 기억해야 하는 어려움들이 자연어 처리에는 존재합니다.

예를 들어 '배'라는 단어는 "배가 아프다"라고 할 때는 신체를 의미하고, "배를 타고 떠나다"라고 할 때는 교통수단을 의미합니다. 또 "그녀는 매우 기뻤다"라는 문장에서 '그녀'가 누구를 지칭하는지 컴퓨터는 혼자서 알아내기 어렵습니다. 이 문제들을 해결하기 위해 자연어 처리 기술은 꾸준히 발전해 왔습니다. 초기에는 문법 규칙이나 확률 통계를 기반으로 한 전통적인 방법이 사용되었지만, 최근에는 딥러닝 기반의 NLP, 특히 RNN, LSTM, Transformer 같은 신경망 모델을 사용해 더욱 정교하고 똑똑하게 발전하고 있습니다. 또한 BERT, GPT처럼 사전 학습된 대규모 언어 모델(Large Language Model, LLM)의 등장으로 컴퓨터는 점점 사람처럼 문장을 읽고 이해하는 능력을 갖추게 되었습니다.

자연어 처리는 사람의 언어를 컴퓨터가 '이해'하도록 만드는 흥미로운 기술 영역입니다. 지금부터 자연어 처리의 기초 개념에서 시작해 텍스트를 숫자로 바꾸는 방법(인코딩과 임베딩), 그리고 텍스트를 이해하고 처리하는 RNN 모델까지 차근차근 알아보겠습니다.

용어 정리

자연어 처리를 시작할 때 가장 먼저 해야 할 일은 텍스트를 컴퓨터가 이해할 수 있도록 변환하는 작업입니다. 문장을 이해하는 일은 사람에겐 자연스럽지만, 컴퓨터는 그 문장을 '숫자'로 바꿔야 이해할 수 있습니다. 그래서 먼저 문장을 작은 단위로 쪼개고(토큰화), 그 다음에는 숫자 벡터로 바꾸는 작업(임베딩)을 합니다. 이 과정에서 사용되는 기본 용어들을 하나씩 살펴보겠습니다.

- 토큰(Token): 자연어에서 처리의 최소 단위입니다. 보통은 단어 한 개, 또는 어

절 하나를 말합니다. 예를 들어 "나는 밥을 먹었다"라는 문장은 ["나는", "밥을", "먹었다"]로 쪼갤 수 있는데, 이때 각각의 텍스트 조각을 토큰이라고 합니다. 자연어 처리에서는 문장을 토큰 단위로 잘게 나누어 처리합니다.

- 문장(Sentence): 여러 개의 토큰이 모여 하나의 문장을 구성합니다. 예: ["나는", "밥을", "먹었다"]→하나의 문장.
- 문서(Document): 여러 문장이 모이면 하나의 문서가 됩니다. 예: 블로그 글, 기사, 이메일 등
- 말뭉치(Corpus): 여러 문서가 모인 대량의 텍스트 데이터 세트입니다. 자연어 처리 모델을 학습시키기 위해서는 다양한 주제와 스타일 문서들을 대량으로 모은 말뭉치가 필요합니다.
- 어휘 집합(Vocabulary): 말뭉치에 등장한 중복되지 않은 토큰들의 모음입니다. 예를 들어 말뭉치에 '사랑', '행복', '기쁨', '사랑', '행복'이 있다면 어휘 집합은 ['사랑', '행복', '기쁨']으로 구성됩니다. 어휘 집합은 단어를 숫자로 바꿀 때 기준이 되는데, 보통 어휘 집합을 'Vocab'이라고 합니다.

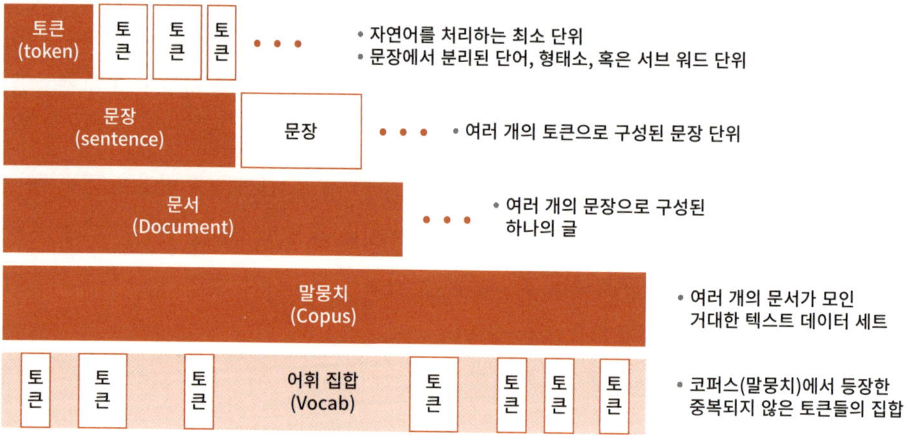

[그림 9-1] 토큰, 문자, 문서, 말뭉치, 어휘 집합의 의미와 관계

토큰화와 임베딩

자연어 처리에서 모델을 만들기 전에 먼저 해야 할 작업이 바로 토큰화와 임베딩입니다.

- 토큰화(Tokenization): 문장을 작은 단위로 쪼개고 인덱스를 붙이는 과정입니다. 예를 들어 "This is input text"라는 문장을 단어 단위로 쪼개고, 쪼갠 단어를

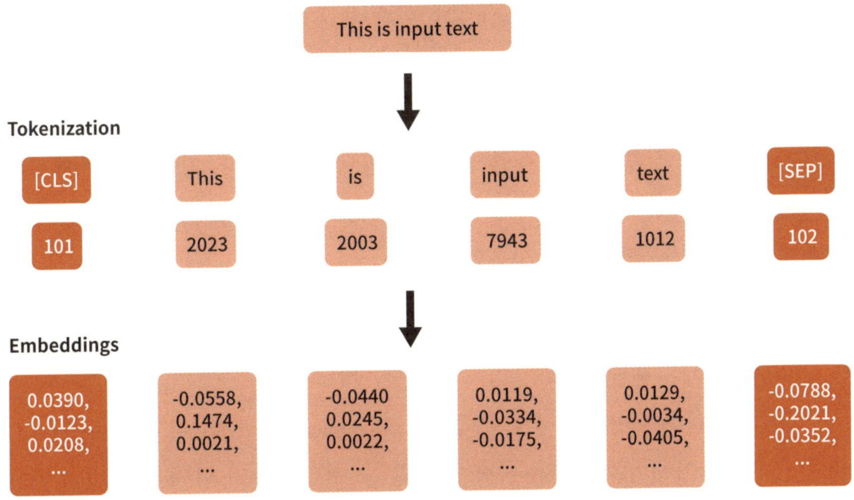

[그림 9-2] 토큰화와 임베딩 과정 예시

각각 고유한 숫자로 바꿉니다. 예: This→2023, input→7943

- 임베딩(Embedding): 숫자로 바꾼 단어에 의미를 담은 벡터를 입히는 과정입니다. 컴퓨터는 단순 숫자보다 의미가 있는 숫자 덩어리(벡터)를 더 잘 이해합니다. 예: 2023→[0.0390, −0.0123, …]

토큰화는 단어별로 나누고 단어가 '어떤 단어인지' 알려 주는 번호표이고, 임베딩은 '그 단어가 어떤 뜻인지' 알려 주는 숫자 벡터라고 생각하면 이해하기 쉽습니다.

토큰화

토큰화는 문장을 의미 단위로 쪼개는 작업이라고 설명했습니다. 예를 들어 "나는 밥을 먹었다"라는 문장을 ["나는", "밥을", "먹었다"]처럼 낱말 단위로 나눕니다. 이렇게 문장을 분리하면 컴퓨터가 텍스트를 더 잘 다룰 수 있습니다. 하지만 언어마다 그 방식이 조금씩 다릅니다.

영어는 띄어쓰기(공백) 기준으로 나누어도 대부분 토큰화가 가능합니다(예: "I am happy."→["I", "am", "happy", "."]). 영어는 단어가 명확히 구분되어 있어 `split` 함수만 사용해도 토큰화를 간단하게 수행할 수 있습니다. 마침표나 쉼표 같은 구두점(Punctuation)은 추가로 따로 처리하면 됩니다.

영어에 대한 대표적인 토큰화 도구는 다음과 같습니다.

- NLTK(Natural Language Toolkit): 파이썬에서 가장 오래된 대표적인 자연어 처리 라이브러리로 영어 텍스트를 처리하는 데 필요한 다양한 기능을 제공합니다. 그중에서 `word_tokenize` 함수는 기본적인 단어 단위 토큰화 도구입니다.
- spaCy: 빠르고 정확한 최신 자연어 처리 라이브러리입니다. 속도가 매우 빠르며 토큰화뿐 아니라 품사 태깅(POS Tagging), 개체명 인식(NER) 등도 한꺼번에 수행할 수 있어 실무에서 많이 사용합니다.

두 라이브러리 모두 훌륭한 도구지만, 학습용으로는 NLTK, 프로젝트나 실무에서는 spaCy를 많이 사용합니다.

한국어는 토큰화와 함께 형태소 분석(Morphological Analysis)이 꼭 필요합니다. 한국어는 한 단어에 주어, 조사, 시제, 높임말 등 여러 요소가 함께 붙어 있기 때문입니다(예: "먹었습니다"→["먹다", "었", "습니다"]).

한국어의 자연어 처리를 위해서는 형태소 분석기(예: KoNLPy, Mecab, Okt 등)를 사용해 단어를 쪼개고 품사 태깅까지 함께 수행해야 합니다. 한국어는 영어보다 토큰화가 복잡하기 때문에 형태소 분석기의 성능에 따라 결과가 많이 달라집니다.

한국어의 토큰화 도구로는 KoNLPy와 Kiwi 등이 있습니다.

- KoNLPy: 파이썬에서 한국어 형태소 분석기를 손쉽게 쓸 수 있게 해주는 라이브러리입니다. 여러 형태소 분석기(Okt, Mecab, Komoran, Hannanum 등)를 파이썬 코드로 쉽게 다룰 수 있게 도와줍니다.
- Kiwi(Korean Intelligent Word Identifier): 딥러닝 기반의 한국어 형태소 분석기입니다. 기존의 규칙 기반 분석기보다 더 유연하고 정확한 분석 결과를 제공하기 위해 만들어졌습니다. 특히 신조어, 띄어쓰기 오류, 오탈자에 강합니다.

임베딩

단어는 맥락 속에서 의미를 갖습니다. 언어학자 젤리그 해리스(Zellig Harris)는 1954년에 다음과 같은 말을 남겼습니다.

> "비슷한 맥락(Context)에서 사용되는 단어들은 비슷한 의미(Meaning)를 가진다."

예를 들어 '강아지'라는 단어가 자주 등장하는 문장에는 '귀엽다', '산책', '주인' 같은 단어도 함께 등장합니다. 이런 식으로 같은 문맥에서 자주 나타나는 단어들은 의미적으로 유사하다는 관점을 분포 가설(Distributional Hypothesis)이라고 합니다. 이 가설은 오늘날 단어 임베딩의 핵심 철학이 되었습니다.

일반적으로 컴퓨터는 자연어 텍스트를 이해하지 못합니다. 사람은 문장을 읽으면 단어의 의미를 바로 파악하지만, 컴퓨터에게는 '강아지'나 '슬픔' 같은 단어는 단순한 문자열에 불과합니다. 그래서 컴퓨터가 이 단어들을 이해할 수 있도록 숫자 벡터로 바꿔주는 과정, 즉 임베딩(Embedding)이 꼭 필요합니다.

여기서 잠깐

벡터(Vector)?

벡터는 여러 개의 숫자가 모여 하나의 의미를 표현하는 단위입니다. 예를 들어 어떤 사람의 정보를 [175cm, 70kg, 25세]처럼 하나의 숫자 묶음, 즉 하나의 단위로 나타낼 수 있습니다. 이것이 바로 벡터입니다. 자연어 처리에서도 단어(토큰)에 담긴 숫자를 하나로 묶어 하나의 벡터로 나타냅니다. 이 과정을 단어 임베딩이라고 합니다. 단어를 벡터로 바꾸면 컴퓨터가 단어의 위치, 유사도, 관계를 수학적으로 계산할 수 있습니다.

토큰에 의미를 부여하는 임베딩 방식은 세 단계에 걸쳐 발전해 왔습니다.

- 등장 빈도 기반(BOW, TF-IDF): 토큰에 의미를 부여하는 가장 단순한 방법은 단어가 문서에 몇 번 등장했는지 세는 것입니다. 예를 들어 '사랑'이라는 단어가 문서 A에 5번, 문서 B에 1번 등장했다면 숫자 5, 1로 표현하는 방식입니다. 가장 초기에 시도된 방법이고 쉽게 적용할 수 있지만, 의미의 유사성, 단어의 순서나 문맥 등은 반영하지 못한다는 단점이 있습니다.
- 비슷한 문맥의 단어는 비슷한 의미(Word2Vec, GloVe): 주변 단어들(문맥)과 공통으로 등장하는 패턴을 학습해 벡터를 만듭니다. 예를 들어 '강아지'와 '고양이'는 모두 '귀엽다', '집에서 키운다'와 함께 자주 등장하므로 의미적으로 가까운 벡터로 표현됩니다. 단점으로 문맥에 따라 의미가 달라지는 단어는 구분이 어렵습니다.
- 모델 학습 단계에 임베딩 포함: RNN 혹은 Transformer 모델에서 사용하는 방식입니다. 학습 과정에서 문장을 처음부터 끝까지 읽으며 단어의 문맥적 의미를 반영합니다. 최근에는 이 방식을 주로 사용합니다.

임베딩은 단어에 의미를 입히는 과정입니다. 단순한 등장 횟수부터 문맥을 반영하는 고급 임베딩에 이르기까지 꾸준히 발전해 왔습니다. 우리는 RNN을 이용한 모델링 과정에서 임베딩층이 포함된 언어 모델을 구성해 학습시킬 예정입니다.

순환 신경망

순환 신경망이란?

순환 신경망(RNN)은 이름 그대로 신경망 구조가 순환하는 딥러닝 모델입니다. 일반적인 신경망에서는 각각의 층이 입력을 한 번 받아 계산한 다음, 그 결과를 다음 층으로 넘기고 끝납니다. 하지만 RNN은 시간적 순서(시점)가 있는 데이터를 처리하도록 설계되어 있습니다. 특정 시점에 입력된 정보를 잠시 기억했다가 다음 시점으로 넘어갈 때 그 정보를 함께 사용합니다. 즉, 과거의 정보를 현재에 다시 반영하는 순환 구조를 가지고 있습니다.

책 읽는 상황을 떠올려 봅시다. 사람은 "하늘에 먹구름이 끼기 시작했다. 곧 비가 내리기 시작했다."라는 두 문장을 읽을 때, 첫 번째 문장의 내용을 기억하고 있기 때문에 두 번째 문장이 자연스럽게 이해됩니다. '비가 내리기 시작했다'라는 말은 앞서 '먹구름이 끼었다'는 정보가 있기 때문에 의미가 이어집니다. 이처럼 사람은 문장을 읽을 때 앞의 내용을 기억한 채 다음 내용을 해석합니다. RNN도 마찬가지로 입력을 받을 때마다 이전 상태(State)를 기억하고 그 정보를 다음 시점의 입력 처리에 활용합니다. 즉, 과거의 정보를 현재 계산에 반영하는 순환 구조를 통해 문맥을 이해합니다.

자연어를 처리함에 있어 단어 하나만 보고 문장에서 그 의미를 정확히 파악하기는 어렵습니다. 문장을 파악하고 이해하는 데 문맥(Context)과 순서(Sequence)가 매우 중요하기 때문입니다. 예를 들어 다음 문장을 살펴볼까요?

"나는 오늘 아침 따뜻한 국을 먹었다."

이 문장에서 '국'이라는 단어만 따로 보면 무슨 말인지 애매합니다. 그런데 '따뜻한', '아침', '먹었다'와 같은 단어와 함께 있다면 비로소 국이 음식이라는 사실을 이해합니다. 즉, 단어의 의미는 주변 단어와의 관계에서 결정됩니다. 또한 문장은 시간의 흐름을 따라 하나씩 입력되기 때문에 컴퓨터는 이 단어들을 순서대로 이해할 수 있어야 합니다.

그런데 기존 신경망(CNN, MLP)으로는 왜 부족할까요? 기존 신경망 구조는 입력을 한꺼번에 받아 한꺼번에 처리하는 방식입니다. 이 구조는 이미지나 숫자처럼 고정된 크기의 데이터를 처리할 때는 적합하지만, 단어의 순서나 문맥의 흐름을 고려해야 하는 자연어에서는 한계가 있습니다. 예를 들어 "The dog chased the cat"과 "The cat chased the dog"는 똑같은 단어로 구성되어 있지만, 순서가 다르므로 의미도 다릅니다. 기존 신경망은 이런 순서의 차이를 인식하지 못하고 단어를 모두 동시에 처리하기 때문에 문맥을 이해하기 어렵습니다.

그래서 RNN이 필요합니다. RNN은 입력 문장에서 모든 단어를 한꺼번에 처리하지 않습니다. 순서대로 한 단어씩 읽고 이전 단어 정보를 저장하고 그 정보를 반영해 다음 단어를 처리하는 구조입니다. 즉, "The→dog→chased…"처럼 단어를 순서대로 입력받고 이전 내용을 기억하면서 문장을 점점 이해합니다.

이제 RNN의 기본 구조를 설명하겠습니다.

RNN의 기본 구조와 작동 원리

자연어는 단어의 순서에 따라 의미가 달라지기 때문에 이를 잘 처리하려면 순차적인 구조를 이해하는 일이 중요합니다.

[그림 9-3]을 보면 "나는 밥을 많이 먹었다"라는 문장의 단어들이 RNN에 순차적으로 입력되고 있습니다. 각각의 단어는 먼저 벡터로 변환(임베딩)되고 이 벡터들은 RNN에 순서대로 하나씩 입력됩니다. RNN에서는 입력된 단어 벡터를 기반으로 문맥을 파악합니다. 여기서 [나는, 밥을, 많이, 먹었다]가 순차적으로 입력된다는 의미에서 각각을 스텝(Step) 혹은 타임 스텝(Timestep)이라고 합니다.

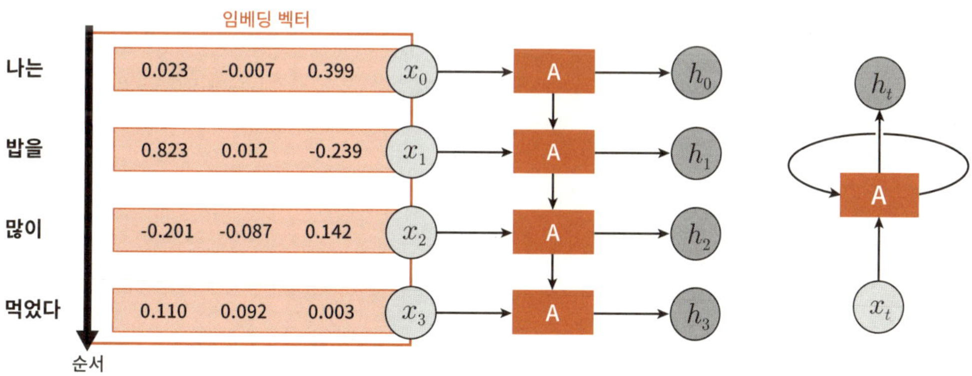

[그림 9-3] 단어가 RNN에 입력되는 과정

[그림 9-3]을 보면서 각각의 단계에서 어떤 일이 일어나는지 자세히 설명하겠습니다.

단어를 벡터로 바꾸고 RNN에 순서대로 넣는 과정

문장에서 단어는 먼저 임베딩 과정을 거쳐 벡터로 변환됩니다. 이 벡터는 단어의 의미를 수치로 표현한 것으로 딥러닝 모델이 텍스트를 이해할 수 있도록 돕는 중요한 과정입니다.

"나는" → [0.023, -0.007, 0.399]
"밥을" → [0.823, 0.012, -0.239]

각각의 단어는 고정된 길이의 숫자 벡터로 표현할 수 있습니다. 숫자 벡터로 만들어진 임베딩 벡터들은 문장에서 순서를 유지한 채 하나씩 RNN에 입력됩니다.

예를 들어 첫 번째 단어 벡터 x_0은 첫 번째 RNN 셀(A)에 입력되는데, 그 결과로 은닉 상태 h_0이 계산됩니다. 다음으로 두 번째 단어 벡터 x_1이 두 번째 셀에 들어가는데, 이때는 이전 단계의 은닉 상태 h_0도 함께 입력으로 사용됩니다.

이 과정을 수식으로 표현하면 다음과 같습니다

$$h_t = \mathrm{RNN}(x_t, h_{t-1})$$

즉, 각 시점 t에서 현재의 단어 벡터 x_t와 바로 이전 시점의 은닉 상태 h_{t-1}을 입력으로 받아 새로운 은닉 상태 h_t를 만듭니다. 이 h_t는 문장의 의미를 점점 쌓아 가는 '중간 결과'라고 이해하면 됩니다.

RNN은 문장의 맥락을 앞에서부터 차례대로 학습하면서 나중에는 전체 문장의 의미를 요약한 은닉 상태를 얻습니다.

"나는" → h_0
"밥을(x_1)" → h_1($x_1 + h_0$을 기반으로 계산된 중간 결과물)
"많이(x_2)" → h_2($x_2 + h_1$을 기반으로 계산된 중간 결과물)
"먹었다(x_3)" → h_3($x_3 + h_2$를 기반으로 계산된 중간 결과물)

RNN은 이전 단계(t−1 시점)에서 계산된 은닉 상태 h_{t-1}을 기억하고, 현재 단계(t 시점)의 입력인 x_t와 함께 새로운 은닉 상태 h_t를 만듭니다. 이전 정보를 다음 계산에 계속 전달하는 구조라는 의미에서 바로 '순환(Recurrent)'이라는 이름이 등장합니다.

겉보기에는 여러 셀들이 순차적으로 이어져 있는 것처럼 보이지만, 실제로는 하나의 RNN 셀(또는 유닛)이 반복해서 호출되는 구조입니다. 즉, 같은 구조의 셀이 매 시점마다 다른 입력을 받아 내부 상태를 갱신하는 방식입니다. 이 과정에서 단어의 순서를 반영한 문맥 정보를 점차 쌓아 갈 수 있습니다.

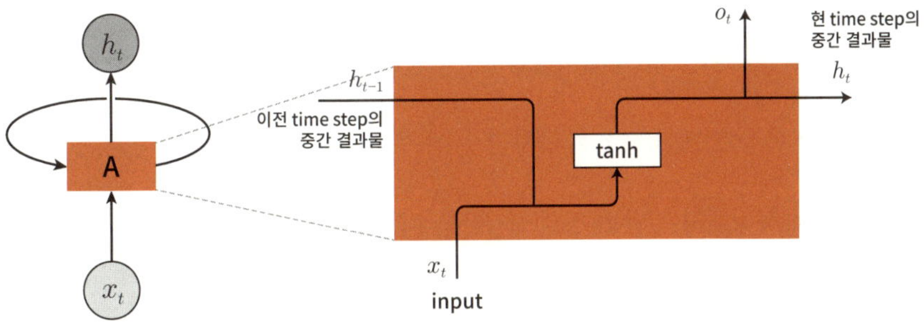

[그림 9-4] RNN 구조

[그림 9-4]의 오른쪽 구조는 RNN 셀 하나가 어떻게 작동하는지 잘 보여 줍니다. 현재 단어의 임베딩 벡터인 x_t는 이번에 새로 들어온 입력이고, h_{t-1}은 바로 직전 단어까지 계산해 얻은 중간 결과입니다. 이 두 정보를 RNN 셀에서 함께 처리해 새로운 결과인 h_t를 계산합니다. 중요한 것은 이전 정보를 계속 기억하고 있다는 점입니다. 새로운 결과인 h_t는 다음 셀로 넘어가면서 다음 단어와 함께 다시 계산에 사용됩니다. 즉, 이전 단어의 정보가 현재 단어에 반영되고 이 흐름이 문장 끝까지 이어지는 것이 바로 RNN의 핵심 구조입니다.

정리하면 RNN은 단어 하나하나를 순서대로 처리하면서 이전 상태 h_{t-1}을 현재 입력 x_t와 함께 입력해 새로운 상태 h_t를 계산합니다. 이 과정을 통해 문장의 순서와 문맥을 자연스럽게 반영할 수 있습니다.

RNN 셀의 구조

앞에서 순환 신경망(RNN)이 순서가 있는 데이터를 처리하며 이전 상태 정보를 현재에 반영하는 구조라고 배웠습니다. 이번에는 RNN이 실제로 내부에서 어떻게 작동하는지, 그리고 수식이 어떤 의미를 가지는지 하나씩 살펴보겠습니다.

[그림 9-4]의 왼쪽 그림에 있는 RNN 셀 하나(A)는 다음 세 가지 요소로 입력과 출력을 처리합니다.

- 현재 들어온 단어의 벡터 x_t
- 이전까지의 상태를 담고 있는 h_{t-1}(이전 은닉 상태)
- 계산으로 얻은 새로운 h_t(현재 은닉 상태)

RNN 셀은 매 순간 현재 입력(x_t)과 과거의 기억(h_{t-1})을 함께 받아 새로운 기억(h_t)을 만드는 구조입니다. 이 구조가 바로 순환 구조의 핵심입니다.

은닉 상태값(Hidden State)을 계산하는 수식은 다음과 같습니다.

$$h_t = \tanh(W_h h_{t-1} + W_x x_t + b)$$

수식이 조금 복잡해 보이지만, 차근차근 풀어 보면 다음과 같습니다.

- h_{t-1}: 이전 시점에서 전달된 은닉 상태(과거의 정보)
- x_t: 현재 입력되는 단어의 임베딩 벡터($m \times 1$)
- h_t: 은닉층의 은닉 상태값($n \times 1$)
- o_t: 출력값($n \times 1$). 이후 설명
- W_h: 이전 은닉층에 곱한 가중치 행렬
- W_x: 입력에 곱한 가중치 행렬
- tanh: 하이퍼볼릭 탄젠트(Hyperbolic Tangent) 함수는 입력값을 −1~1 사이로 변환함. 모델에 비선형성을 부여하는 역할(활성화 함수 역할)

이 식으로 현재 입력된 단어와 이전까지의 흐름에 적절한 가중치를 곱해(학습된 비율을 반영해서) 새로운 정보(h_t)를 계산합니다.

RNN은 문장의 단어를 순서대로 하나씩 처리합니다. 이때 매 순간 새로운 h_t를 만들고 그 h_t는 다음 단어를 처리할 때 h_{t-1}로 재사용됩니다. 이렇게 RNN은 이전 은닉 상태를 기억했다가 현재 은닉 상태에 반영하는 구조를 점점 누적하면서 문맥을 파악합니다.

수식에서 설명하지 않았던 o_t는 h_t와 같은 값입니다. 기호를 달리하는 이유는 다음 순서로 전달하는 의미(h_t)와 현 시점의 출력(o_t)을 구분하기 위함입니다. RNN은 시점(순서)마다 출력 o_t를 생성할 수도 있고 마지막 시점의 은닉 상태 h_t만으로 최종 예측을 할 수도 있습니다. 사용 목적에 따라 다르지만, 감정 분석이나 문장 분류처럼 하나의 결과만 필요한 경우에는 보통 마지막 h_t만 사용해 예측합니다.

tanh는 −1과 1 사이의 값을 출력하는 비선형 함수입니다. RNN에서 tanh를 사용하는 이유는 계산 결과가 너무 커지지 않도록 막고 모델이 복잡한 패턴(비선형 패턴)을 학습하도록 도와주기 위함입니다. 또한 은닉 상태는 누적되기 때문에 너무 큰 값은 폭주(Exploding) 또는 소실(Vanishing) 위험이 있습니다. 따라서 tanh는 이를 완화하는 역할도 합니다.

RNN 셀은 현재 단어와 이전 기억을 받아 새로운 기억(h_t)을 만듭니다. 이 구조는 단어의 순서를 반영하고 과거의 문맥을 현재에 반영하도록 설계한 것입니다. 수식은 단지 이 과정을 수학적으로 표현한 것이며 핵심은 이전 상태(h_{t-1})와 현재 입력(x_t)을 함께 활용한다는 점입니다.

RNN의 한계와 발전

RNN은 분명 순서가 있는 데이터를 처리하는 데 유용하지만, 실제로 학습을 시키면 몇 가지 어려움에 직면합니다.

- 기울기 소실(Vanishing Gradient) 문제: RNN은 단어를 순서대로 처리하면서 정보를 전달하지만, 너무 오래된 정보는 점점 희미해지고 사라지는 문제가 생깁니다. 예를 들어 "나는 어제 아침에 친구와 밥을 먹고 저녁에는 혼자 영화를 봤다"라는 문장이 있다고 합시다. 여기서 '어제 아침'이라는 정보는 맨 앞에 있는데, 문장이 길어지면 RNN은 이 정보를 끝까지 기억하지 못합니다. 기술적으로 역전파(Backpropagation) 과정에서 초기 시점으로 갈수록 기울기(Gradient)가 점점 작아져 0에 수렴하면 결국 앞쪽 단어의 영향이 사라지는 현상이 발생합니다. tanh 함수로 이 문제를 조금 완화할 수는 있지만, 완벽한 해결책이 되지는 못합니다.
- 장기 의존성 문제(Long-Term Dependency): 기울기 소실 문제로 인해 입력 문장이 길어질수록 앞쪽 정보가 뒤쪽 결과에 반영되지 못하는 현상이 생깁니다. 이걸 장기 의존성 문제라고 합니다. 예를 들어 "민수는 [중략] 그래서 그는 매우 슬펐다"라는 문장이 있다고 합시다. 여기서 '그는'이 누구를 가리키는지 정확히 파악하려면 앞 문장에 있는 '민수'를 기억해야 합니다. 그런데 RNN은 이걸 잘 기억하지 못하고 엉뚱한 결과를 낼 수 있습니다.
- 병렬 처리의 어려움: RNN은 단어를 순서대로 하나씩 처리하기 때문에 학습 속도가 느리고 병렬 처리도 어렵습니다. 기존 신경망(CNN 등)은 입력 여러 개를 한꺼번에 처리할 수 있지만, RNN은 '한 단어씩 순차적으로' 처리해야 하므로 GPU의 연산 효율이 떨어집니다.

RNN은 순차적인 데이터를 잘 처리할 수 있는 구조지만, 기울기 소실과 장기 의존성 문제로 긴 문장을 기억하는 데 어려움이 있었습니다. 이로 인해 중요한 과거 정보를 끝까지 유지하기 어렵습니다. 이 문제를 해결하기 위해 등장한 구조가 바로

LSTM(Long Short-Term Memory)과 GRU(Gated Recurrent Unit)입니다.

LSTM은 말 그대로 장기적인 기억(Long-Term Memory)을 유지하도록 설계된 구조입니다. LSTM의 핵심 아이디어는 '기억할지 말지, 잊을지 말지'를 결정하는 관문(Gate)을 두고 기억을 최대한 유지하는 일입니다. 이를 위한 장치(관문)는 다음 3가지입니다.

- 입력 게이트(Input Gate): 새로운 정보를 얼마나 기억할지 결정
- 망각 게이트(Forget Gate): 이전 정보를 얼마나 잊을지 결정
- 출력 게이트(Output Gate): 다음 단계에 어떤 정보를 전달할지 결정

단순히 h_t만 전달하던 RNN과 달리, LSTM은 셀 상태(Cell State, C_t)라는 별도의 기억 공간으로 게이트를 정교하게 조절하면서 h_t를 다음 단계로 넘깁니다.

GRU는 LSTM보다 구조가 조금 더 단순한 모델입니다. 게이트를 2개로 줄이고 셀 상태와 은닉 상태를 하나로 통합한 것이 특징입니다.

- 업데이트 게이트(Update Gate): 얼마나 기억할지 결정
- 리셋 게이트(Reset Gate): 이전 정보를 얼마나 반영할지 조절

LSTM은 복잡한 구조로 인해 연산하는 데 시간이 오래 걸립니다. GRU는 LSTM보다 가중치 수가 적으므로 계산은 빠른 반면, 성능은 LSTM과 비슷하다는 평가가 있어 실무에서는 빠르게 학습시킬 때 GRU를 많이 사용합니다.

기울기 소실 및 장기 의존성 문제를 해결하기 위해서 LSTM과 GRU라는 개선된 순환 신경망 구조가 나왔다고 설명했습니다. 하지만 이들 역시 장기 의존성 문제를 완벽히 해결하지는 못합니다. 또한 RNN 계열의 알고리즘(RNN, LSTM, GRU)은 병렬 처리가 안 되는 문제가 있습니다. 이 문제점들은 2017년에 세상에 등장한 트랜스포머(Transformer)로 해결되었는데, 트랜스포머는 현재 chatGPT 같은 거대 언어 모델(Large Language Model, LLM)의 근간이 되었습니다.

언어 모델링 실습: 트위터 데이터 감정 분석

이번 절에서는 실제 데이터를 활용해 감정 분석 모델을 만듭니다. 먼저 언어 모델링의 전체 절차를 이해한 다음, 트위터 데이터를 대상으로 전처리부터 모델 구성까지 단계별로 살펴보겠습니다.

언어 모델링 절차

RNN을 활용한 언어 모델(RNN LM)을 만들려면 크게 두 단계가 필요합니다. 데이터 전처리, 모델 학습(임베딩 및 RNN 모델링)이 그것입니다. [그림 9-5]에서는 RNN 언어 모델의 절차를 다이어그램으로 나타냈습니다.

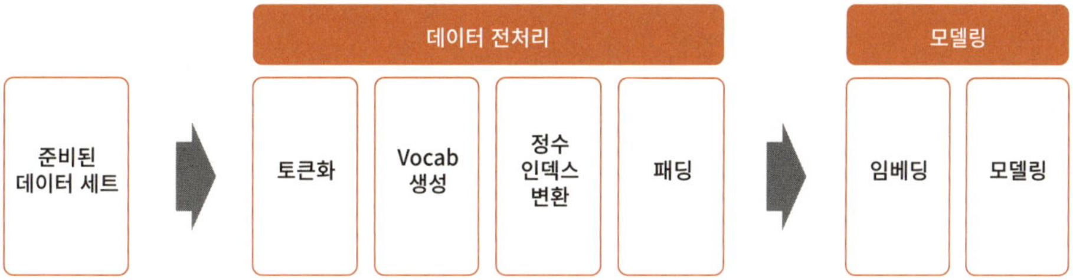

[그림 9-5] 언어 모델링 절차

각각의 단계에서 어떤 작업이 이루어지는지 구체적으로 알아보겠습니다.

데이터 전처리

텍스트 데이터로 모델을 학습시키려면 먼저 텍스트를 컴퓨터가 이해할 수 있는 형태로 바꿔야 합니다. 텍스트 데이터의 전처리 과정은 다음 순서로 진행됩니다.

- 토큰화(Tokenization): 먼저 텍스트 문장을 단어 단위 또는 서브 워드 단위로 나눕니다. 이 작업으로 모델이 문장을 이해하기 쉽게 만듭니다.

  > 예시: ["I love NLP", "Deep learning is fun", "AI is awesome"]
  > → [["I", "love", "NLP"], ["Deep", "learning", "is", "fun"], ["AI", "is", "awesome"]]

- 어휘 집합 생성(Vocab 생성): 토큰화된 전체 데이터를 살펴보고 중복되지 않는 단어(토큰)를 모아 하나의 사전을 만듭니다. 이 어휘 집합에서는 단어마다 고유 번호(ID)를 부여합니다.

  > 예시: Vocab = {"I": 1, "love": 2, "NLP": 3, ..., "awesome": 9}

- 정수 인덱스 변환(Integer Encoding): Vocab을 이용해 문장의 각 단어를 숫자 시퀀스로 변환합니다. 이렇게 하면 단어가 아닌 숫자 리스트를 모델에 입력할 수 있습니다.

```
예시: ["I", "love", "NLP"] → [1, 2, 3]
      ["Deep", "learning", "is", "fun"] → [4, 5, 6, 7]
```

- 시퀀스 길이 맞추기(Padding): 문장의 길이가 모두 같지 않기 때문에 짧은 문장에는 0이나 PAD 토큰을 덧붙여 길이를 맞춥니다. 문장의 길이를 맞춰야 미니배치 단위로 학습할 때 행렬 연산이 가능합니다.

```
예시: [1, 2, 3] → [1, 2, 3, 0]
      [4, 5, 6, 7] → [4, 5, 6, 7]
```

모델링

모델링 단계에서는 다음 두 가지 작업이 이루어집니다.

- 임베딩(Embedding): 각각의 단어를 숫자로 바꾸었다고 해도 그 자체로는 의미를 알 수 없습니다. 그래서 각각의 정수 인덱스를 의미가 있는 벡터(임베딩 벡터)로 변환하는 작업을 합니다. 벡터로 변환하면 컴퓨터는 단어 간의 의미 관계를 더 잘 이해할 수 있습니다.
- 모델 학습(RNN 모델 구성): 마지막으로 임베딩된 시퀀스를 RNN에 입력해 학습을 진행합니다. 앞에서 살펴보았듯이 RNN은 단어의 순서를 기억하면서 다음 단어를 예측하거나 문장의 감정 같은 특징들을 분류하는 작업을 수행합니다.

이와 같이 모델링 단계에서는 텍스트 데이터를 딥러닝 모델이 이해할 수 있는 형태로 바꾸고 RNN으로 언어 모델을 생성합니다.

다음 과정에서는 언어 모델링 과정을 실습과 함께 살펴봅니다.

환경 준비 및 데이터 불러오기

코랩에서 새 코랩 파일을 생성하고 파일 이름은 "9일차_언어모델링실습.ipynb'로 합니다. 라이브러리 불러오기 → 디바이스 준비 → 사용자 정의 함수 생성 → 데이터 로딩순으로 진행합니다. 그리고 이번 실습에서는 런타임을 GPU로 설정하고 진행하겠습니다.

코랩 상단 메뉴에 있는 [런타임] - [런타임 유형 변경]을 클릭하고 나온 [런타임 유형 변경] 대화상자에서 'T4(GPU)'를 선택합니다.

라이브러리 불러오기

먼저 라이브러리를 불러옵니다. 자연어 처리를 위해 새롭게 추가한 라이브러리와 함수들이 있는데, 하나씩 살펴보겠습니다

CODE

```
# 기본 라이브러리
import pandas as pd
import numpy as np
import matplotlib.pyplot as plt
import seaborn as sns

from sklearn.model_selection import train_test_split
from sklearn.metrics import *

import torch
import torch.nn as nn
import torch.optim as optim
from torch.utils.data import DataLoader, TensorDataset

# 자연어 처리를 위해 추가된 부분
import nltk                                  ①
from nltk.tokenize import word_tokenize      ②
from nltk.corpus import stopwords            ③
from tqdm.auto import tqdm                   ④
from collections import Counter              ⑤
import string                             ⑥
nltk.download("punkt")                    ⑦
nltk.download("punkt_tab")                ⑧
nltk.download("stopwords")                ⑨
np.set_printoptions(linewidth=200)        ⑩
```

OUTPUT

```
[nltk_data] Downloading package punkt to /root/nltk_data...
[nltk_data]   Unzipping tokenizers/punkt.zip.
[nltk_data] Downloading package punkt_tab to /root/nltk_data...
[nltk_data]   Unzipping tokenizers/punkt_tab.zip.
[nltk_data] Downloading package stopwords to /root/nltk_data...
[nltk_data]   Unzipping corpora/stopwords.zip.
```

① nltk: Natural Language Toolkit으로 파이썬에서 자연어 처리를 쉽게 해주는 라이브러리입니다.

② word_tokenize: 문장을 단어 단위로 잘라 주는 함수입니다. 예: "I love AI" → ["I", "love", "AI"]

③ stopwords: 'the', 'is', 'and'처럼 의미가 적고 분석에 필요하지 않은 단어들을 모아 둔 목록입니다.

④ tqdm.auto: 반복문의 진행 상황을 시각적으로 보여 주는 라이브러리입니다.

⑤ Counter: 단어의 등장 빈도를 손쉽게 계산해 주는 파이썬 내장 클래스입니다.
⑥ string: 이 라이브러리는 문장 부호(., !, ? 등)를 다룰 때 유용하게 사용하는 문자열 관련 상수와 함수를 제공합니다.
⑦ punkt: 토큰화에 필요한 사전 학습된 모델입니다.
⑧ punkt_tab: 일부 환경에서 추가로 필요한 토크나이저 설정입니다.
⑨ stopwords: 영어 등에서 불용어 리스트를 가져오기 위한 리소스입니다
⑩ 넘파이 배열을 출력할 때 한 줄에 표시하는 문자 수를 200자로 늘립니다. 이 옵션을 사용하는 이유는 이후 넘파이 배열을 보기 좋게 화면에 출력하기 위함입니다.

언어 모델링을 위한 기본 환경 설정을 위해 텍스트 전처리와 데이터 분석에 필요한 주요 라이브러리들을 폭넓게 불러왔습니다. 특히 nltk 관련 리소스를 사전에 다운로드함으로써 이후 토큰화와 불용어 제거 작업을 원활하게 수행할 수 있도록 준비합니다. 이 단계는 텍스트 데이터를 효과적으로 다루기 위한 필수적인 준비 과정입니다. 디바이스 설정은 이전과 동일하므로 여러분이 직접 코드를 작성해 보기 바랍니다.

사용자 정의 함수: make_DataSet 수정

이번에는 사용자 정의 함수(make_DataSet, train, evaluate, dl_learnig_curve) 생성 및 디바이스 설정입니다. make_DataSet 함수를 제외한 나머지 함수와 디바이스 설정은 이전과 동일하므로 5일 차 186~187쪽을 참조해 입력합니다. make_DataSet 함수는 다음과 같이 변경합니다.

CODE
```
def make_DataSet(x_train, x_val, y_train, y_val, batch_size = 32) :
    # 데이터 텐서로 변환
    x_train_tensor = torch.tensor(x_train, dtype=torch.long) ─┐
    y_train_tensor = torch.tensor(y_train, dtype=torch.long)  │ ①
    x_val_tensor = torch.tensor(x_val, dtype=torch.long)     ─┘
    y_val_tensor = torch.tensor(y_val, dtype=torch.long)

    # TensorDataset 생성: 텐서 데이터셋으로 합치기
    train_dataset = TensorDataset(x_train_tensor, y_train_tensor)

    # DataLoader 생성
    train_loader = DataLoader(train_dataset, batch_size=batch_size, shuffle = True)
    return train_loader, x_val_tensor, y_val_tensor
```

① x의 데이터 타입을 정수형(long)으로 지정합니다.

왜 입력 데이터(x)의 데이터 타입을 정수형으로 지정할까요? 이유는 입력 정보가 바로 Vocab의 인덱스이기 때문입니다. 모델에서 정수형 인덱스는 임베딩층을 거치면서 벡터값(실수형)으로 변환됩니다. 이 변환은 다음에 나오는 데이터 전처리와 모델 선언 과정에서 다시 한번 설명하겠습니다.

데이터 가져오기

이번 실습에서는 트위터에 올라온 문장을 분석해 그 안에 담긴 감정을 6가지 가운데 하나로 분류하는 모델을 만듭니다. 다음과 같이 데이터를 불러옵니다.

CODE
```
data = pd.read_csv('https://bit.ly/emotions_csv')
data.head()
```

OUTPUT

text	label
i didnt feel humiliated	0
i can go from feeling so hopeless to so damned hopeful just from being around someone who cares and is awake	0
im grabbing a minute to post i feel greedy wrong	3
i am ever feeling nostalgic about the fireplace i will know that it is still on the property	2
i am feeling grouchy	3

코드를 실행하면 상위 5개의 트위터 데이터를 확인할 수 있습니다. 총 20,000개의 트윗 문장으로 이루어진 이 데이터는 각각의 트윗 문장에 대한 6가지 종류의 감정 상태를 표현한 목푯값(Label)을 가지고 있습니다. 목푯값은 정수로 인코딩된 값이며, 각각은 0(Sadness), 1(Joy), 2(Love), 3(Anger), 4(Fear), 5(Surprise)를 의미합니다.

트위터 데이터 세트에서 감정 상태별로 데이터가 몇 건씩 있는지 그래프로 확인하겠습니다.

CODE
```
sns.countplot(x = 'label', data = data)  ①
plt.show()
```

OUTPUT

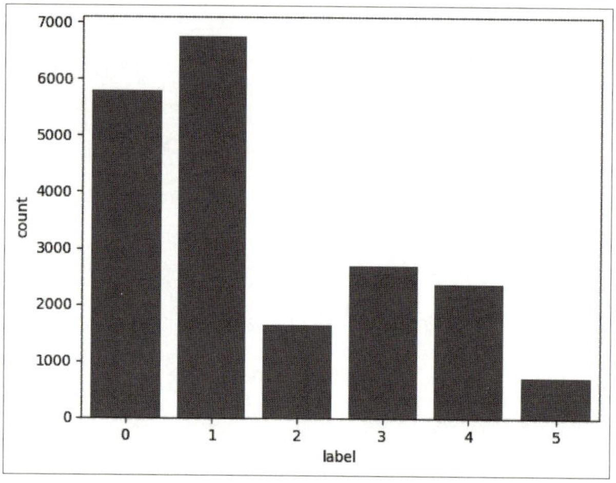

① `countplot` 메서드는 값의 빈도수(건수)를 막대 그래프로 그려 줍니다('label' 열의 값 0~5의 빈도수)

그래프를 보면 감정 데이터는 균등하지 않고 `0`(sadness)과 `1`(joy)이 상대적으로 많습니다. 반면 `2`(love)와 `5`(surprise)는 상대적으로 적습니다. 목푯값의 분포가 균등하지 않고 불균형을 이루고 있는데, 이런 모습을 범주 불균형(Class Imbalance)이라고 합니다. 보통 딥러닝에서는 불균형 문제를 해소하도록 전처리한 후에 모델링을 수행합니다. 하지만 이번 차시에서는 언어 모델링에 초점을 두므로 범주 불균형 문제를 따로 다루지는 않겠습니다.

이어서 언어 모델링을 수행하기 전에 트윗 문장들의 전처리 과정을 진행합니다.

데이터 전처리 1

RNN의 데이터 전처리 과정은 앞에서 진행했던 전처리 과정과 약간 차이가 있습니다. 특히 데이터 전처리 1은 자연어 모델만의 독특한 처리 과정을 포함합니다. 트위터 데이터의 토큰화, 어휘 집합 생성, 정수 인덱스 변환, 패딩으로 이어지는 전처리 과정을 차근차근 코드로 구현합니다.

토큰화

모델이 문장을 처리하려면 단어 단위로 쪼개는 과정, 즉 토큰화(Tokenization)가 필요합니다. 이 단계에서는 단순한 텍스트를 단어 목록(리스트) 형태로 변환해 다음 단계에서 사용할 수 있게 합니다. 토큰화와 관련된 전처리 과정은 다음과 같은 단계들로 이루어집니다.

1. 텍스트 전체를 소문자로 변환
2. 문장을 단어 단위로 나누기(tokenize)
3. 분석에 필요 없는 단어들(불용어, 구두점) 제거
4. 최종 토큰 리스트를 새로운 열(tokens)로 저장

이 4가지 과정의 전처리 코드를 다음과 같이 작성합니다.

CODE

```
# 불필요한 단어(Stopwords & 구두점) 집합 준비
stop_words = set(stopwords.words("english"))  ①
punctuations = set(string.punctuation)         ②

# 전처리 함수
def preprocess_text(text):
    tokens = word_tokenize(text.lower())  ③
    tokens = [word for word in tokens if word not in stop_words and word not in
              punctuations]   ④
    return tokens

# 데이터에 전처리 함수 적용
data["tokens"] = data["text"].apply(preprocess_text)  ⑤
data.head()
```

OUTPUT

	text	label	tokens
0	i didnt feel humiliated	0	[didnt, feel, humiliated]
1	i can go from feeling so hopeless to so damned...	0	[go, feeling, hopeless, damned, hopeful, aroun...
2	im grabbing a minute to post i feel greedy wrong	3	[im, grabbing, minute, post, feel, greedy, wrong]
3	i am ever feeling nostalgic about the fireplac...	2	[ever, feeling, nostalgic, fireplace, know, st...
4	i am feeling grouchy	3	[feeling, grouchy]

① 영어에서는 자주 등장하지만, 의미 분석에는 도움이 되지 않는 단어들만 모은 집합을 만듭니다. 예: ["is", "the", "an", "and", "a", ...]
② 마침표, 쉼표, 물음표 등 구두점 집합을 만듭니다. 예: [".", ",", "?", "!", ...]
③ 모든 글자를 소문자로 변환합니다(대소문자의 차이를 없애기 위함).
④ 불용어(stop_words)와 구두점(punctuations)을 제외한 단어만 남기는 명령입니다.
⑤ 트위터 문장마다 앞에서 정의한 전처리 함수 preprocess_text를 적용해 토큰 리스트를 생성한 다음, 새로운 열(tokens)에 저장합니다.

코드를 실행하면 기존의 text 열값이 tokens 열값으로 토큰화됩니다. 즉, 각각의 문장은 단어 단위로 나뉘고 불필요한 데이터는 제거되어 리스트 형태의 데이터만 남습니다.

Vocab 만들기

이제 토큰화된 단어들을 숫자로 바꾸는 작업을 진행합니다. 이때 필요한 도구가 바로 어휘 집합(Vocabulary, Vocab)입니다. Vocab 만들기는 전체 데이터에 등장하는 고유한 단어들을 모으고 각각의 단어에 고유한 번호(인덱스)를 부여하는 작업입니다. Vocab으로 토큰 리스트를 숫자 시퀀스로 바꿀 수 있습니다.

등장 빈도순으로 정렬된 어휘 집합을 만들고 숫자 시퀀스로 변환하는 코드를 다음과 같이 작성합니다.

CODE

```
all_words = [word for tokens in data["tokens"] for word in tokens]  ①
word_counts = Counter(all_words)                                      ②
vocab = {word: idx + 1 for idx, (word, _) in enumerate(word_counts.most_common())}  ③
vocab["<PAD>"] = 0           ④
vocab["<UNK>"] = len(vocab)  ⑤
print(f"어휘 집합 크기: {len(vocab)}")
```

OUTPUT

```
어휘 집합 크기: 16947
```

① data["tokens"]는 각각의 문장을 토큰화한 단어 리스트입니다. for 문으로 문장의 단어 모두를 하나로 모아 all_words라는 리스트를 만듭니다.

② Counter 함수는 리스트에서 각각의 단어가 몇 번 등장하는지 세는 도구입니다. Counter 함수를 실행하면 **{단어: 등장 횟수}**와 같이 파이썬의 딕셔너리 형식으로 변환된 데이터가 변수 word_counts에 저장됩니다. 예: {"love": 1, "movie": 2, "weather": 1, "great": 1, "today": 1}

③ most_common 메서드는 단어를 등장 횟수가 많은 순서대로 정렬한 리스트를 반환합니다. 그리고 enumerate 함수로 각각의 단어에 순서를 매기고 고유한 숫자(ID)를 부여합니다. 여기서 +1을 한 이유는 나중에 패딩(PAD)을 0번 인덱스로 사용하기 위해서입니다. 따라서 실제 단어에 부여되는 숫자는 1번부터 시작하게 됩니다.

④ 보통 패딩은 인덱스 0으로 합니다.

⑤ 학습할 때는 없었던 새 단어가 나올 경우를 대비해 <UNK> 토큰을 만듭니다.

Vocab의 생성 절차는 문장의 모든 단어를 하나로 모으고 각각의 단어가 얼마나 자주 나왔는지 빈도수를 계산합니다. 그리고 자주 등장하는 단어부터 순서대로 정수 인덱스를 부여합니다. 마지막으로 특수 토큰을 추가합니다. 예를 들어 패딩을 위한 토큰 <PAD>에는 0번 인덱스를 부여하고, 사전에 없는 단어가 나오면 <UNK>(알 수 없는 단어)를 부여합니다. 이렇게 생성한 Vocab의 단어 수는 모두 16,947개입니다.

정수 인덱스로 변환

모델은 단어를 이해하지 못하며 숫자로 변환해야 학습할 수 있습니다. 그래서 문장을 구성하는 단어들을 정수 인덱스(숫자)로 변환하는 과정이 필요합니다. 이때 사용하는 도구가 앞에서 만든 어휘 집합(Vocab)입니다. 각각의 단어에는 Vocab을 만들 때 부여한 고유한 숫자(인덱스)가 있습니다. 문장의 단어들을 하나씩 Vocab에서 찾아 해당 숫자로 바꾸면 됩니다. 만약 단어가 Vocab에 없다면 <UNK> 인덱스로 대체됩니다.

CODE

```
def text_to_sequence(tokens):
    return [vocab.get(word, vocab["<UNK>"]) for word in tokens]  ①
data["sequences"] = data["tokens"].apply(text_to_sequence)        ②
data[["text", "tokens", "sequences"]].head()
```

OUTPUT

	text	tokens	sequences
0	i didnt feel humiliated	[didnt, feel, humiliated]	[50, 1, 510]
1	i can go from feeling so hopeless to so damned...	[go, feeling, hopeless, damned, hopeful, aroun...	[31, 2, 408, 2987, 431, 44, 54, 1565, 1252]
2	im grabbing a minute to post i feel greedy wrong	[im, grabbing, minute, post, feel, greedy, wrong]	[4, 2988, 1100, 183, 1, 381, 308]
3	i am ever feeling nostalgic about the fireplac...	[ever, feeling, nostalgic, fireplace, know, st...	[78, 2, 561, 4628, 6, 13, 3363]
4	i am feeling grouchy	[feeling, grouchy]	[2, 918]

① text_to_sequence는 tokens(문장을 토큰화한 단어 리스트) 열의 단어 리스트를 숫자 리스트로 변환하는 함수입니다.

② data["tokens"] 열의 모든 리스트에 text_to_sequence 함수를 적용합니다. 결과는 sequences라는 새로운 열에 저장됩니다.

코드의 실행 결과로 나온 데이터의 일부를 보면 text가 토큰화되고 다시 정수로 인코딩되었음을 알 수 있습니다.

패딩(문장 길이 맞추기)

RNN은 입력 데이터의 길이가 모두 동일해야 학습할 수 있습니다. 하지만 실제 텍스트 데이터는 문장마다 단어 수(길이)가 제각각입니다. 예를 들어 문장 A가 7개 단어, 문장 B가 4개 단어, 문장 C가 12개 단어라면 길이가 다르기 때문에 하나의 배치(Batch)로 묶어 학습하기 곤란합니다. 그래서 모든 문장의 길이를 일정한 길이로 맞춰주는 작업, 즉 패딩(Padding)을 수행해야 합니다. 패딩은 문장이 짧다면 뒤에 0(PAD 토큰)을 붙여 정해진 길이에 맞추는 작업입니다. 또한 문장이 길다면 필요한 만큼 잘라 길이를 맞춘 다음 배치로 묶어 학습시킵니다.

학습을 위해 문장을 동일하게 맞추려면 어디까지 잘라야 할지 또는 얼마나 채워야 할지에 대한 기준이 필요합니다. 그래서 문장의 길이를 정하는 두 가지 방법을 소개합니다.

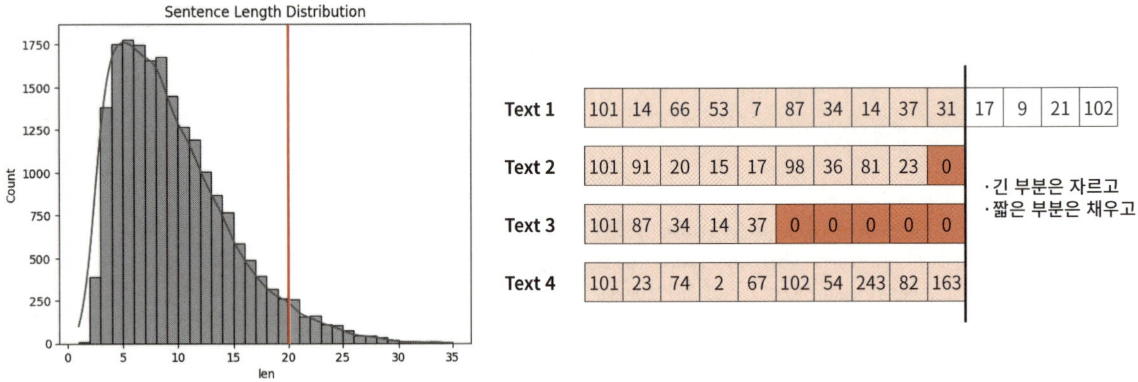

[그림 9-6] 문장의 길이 분포를 감안하기

- 토큰 길이 분포 고려: 문장 길이 분포(히스토그램)를 확인하고 전체의 95% 정도를 커버하는 길이를 선택합니다(예: 대다수 문장이 20단어 이내라면 길이를 20으로 설정)
- 시스템 제약 고려: 메모리 용량이나 모델 학습 속도를 고려해 문장의 길이, 즉 토큰 수를 보통 50~512개 사이로 설정합니다. 너무 길면 학습 시간이 오래 걸리고, 너무 짧으면 중요한 정보가 잘릴 수 있으므로 적절한 길이를 선택하는 것이 필요합니다.

이번 단계에서는 첫 번째 패딩(Padding) 방법을 적용합니다. 먼저 분포를 그리고 95%에 해당하는 지점을 찾아보겠습니다.

다음은 토큰의 길이를 계산해 열로 추가하는 코드입니다.

CODE
```
data["len"] = data["tokens"].apply(len)  ①
data.head()
```

OUTPUT

	text	label	tokens	sequences	len
0	i didnt feel humiliated	0	[didnt, feel, humiliated]	[50, 1, 510]	3
1	i can go from feeling so hopeless to so damned...	0	[go, feeling, hopeless, damned, hopeful, aroun...	[31, 2, 408, 2987, 431, 44, 54, 1565, 1252]	9
2	im grabbing a minute to post i feel greedy wrong	3	[im, grabbing, minute, post, feel, greedy, wrong]	[4, 2988, 1100, 183, 1, 381, 308]	7
3	i am ever feeling nostalgic about the fireplac...	2	[ever, feeling, nostalgic, fireplace, know, st...	[78, 2, 561, 4628, 6, 13, 3363]	7
4	i am feeling grouchy	3	[feeling, grouchy]	[2, 918]	2

① 토큰의 길이(개수)를 세어 열로 추가합니다.

토큰의 길이에서 95% 지점을 찾고 히스토그램 위에 표시합니다.

CODE

```
p95 = np.percentile(data['len'], 95)  ①
print('95% 지점', p95)
sns.histplot(x = 'len', data = data, bins = 35)  ②
plt.axvline(p95, color = 'r')                    ③
plt.show()
```

OUTPUT

```
95% 지점 20.0
```

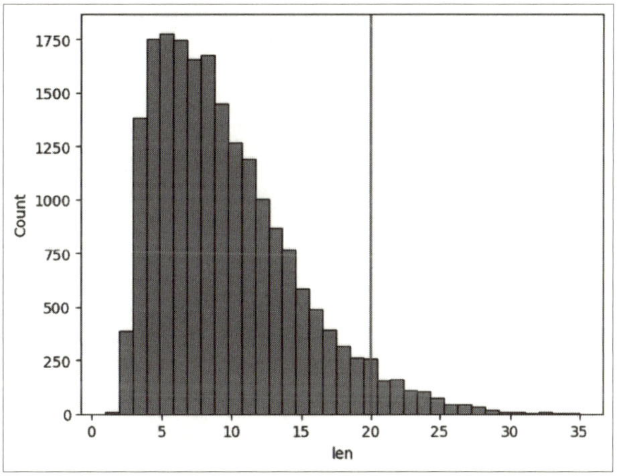

① percentile 메서드로 data['len']의 95% 지점을 찾아 p95에 저장합니다.

② histplot 메서드를 이용해 data['len']에 대한 히스토그램을 그립니다.

③ ②의 히스토그램에서 95%에 해당하는 값(여기서는 20) 위치에 수직선(plt.axvline)을 추가합니다.

그래프를 보면 95% 지점의 토큰 수(len)가 20임을 한눈에 알 수 있습니다.

이어서 20자리로 자르고 0으로 채우는 패딩을 수행합니다. 여기서는 파이토치의 패딩 함수 대신 케라스(Keras)의 pad_sequences 함수를 사용합니다. 이유는 파이토치의 패딩 함수는 사용법이 약간 복잡하고 별도의 텐서 조작이 필요한 반면, 케라스 함수는 한 줄로 간단하게 패딩을 적용할 수 있습니다(참고로 케라스(Keras)는 파이토치와 함께 딥러닝 모델링을 지원하는 대표적인 라이브러리입니다).

CODE

```
from keras.utils import pad_sequences  ①
max_len = 20                           ②
sequences = pad_sequences(data["sequences"],
                          maxlen=max_len,        ③
                          padding='post',        ④
                          truncating='post',     ⑤
                          value=vocab["<PAD>"])  ⑥
```

① 케라스의 pad_sequences 함수를 불러옵니다.
② 최대 시퀀스 길이를 설정합니다.
③ 모든 문장을 20단어의 길이로 맞춥니다.
④ 문장 끝(post)에 0을 채워 패딩합니다(예: [2, 5] → [2, 5, 0, 0, ...]).
⑤ 길이가 20을 초과하는 단어는 잘라냅니다.
⑥ 패딩할 때 숫자를 vocab["<PAD>"]로 지정합니다. 여기서는 0입니다.

패딩 코드를 실행하고 패딩의 결과를 다음과 같이 출력합니다.

CODE

```
print(sequences[:10])
```

OUTPUT

```
[[  50    1  510    0    0    0    0    0    0    0    0    0    0    0    0    0    0    0    0    0]
 [  31    2  408 2987  431   44   54 1565 1252    0    0    0    0    0    0    0    0    0    0    0]
 [   4 2988 1100  183    1  381  308    0    0    0    0    0    0    0    0    0    0    0    0    0]
 [  78    2  561 4628    6   13 3363    0    0    0    0    0    0    0    0    0    0    0    0    0]
 [   2  918    0    0    0    0    0    0    0    0    0    0    0    0    0    0    0    0    0    0]
 [  16    2    8  454  207  218   61    0    0    0    0    0    0    0    0    0    0    0    0    0]
 [  16  233 8278   98 8279  748   16 2698 1394   64 1725   38    1    3  298    0    0    0    0    0]
 [   1  342   18 1814  696   91  168  257    0    0    0    0    0    0    0    0    0    0    0    0]
 [5826  122    1 5826 5827   49   46  893 4629    0    0    0    0    0    0    0    0    0    0    0]
 [   1  540    0    0    0    0    0    0    0    0    0    0    0    0    0    0    0    0    0    0]]
```

코드를 실행하면 상위 10개 문장의 데이터 길이는 모두 20입니다. 데이터의 길이가 20보다 작은 문장은 나머지가 0으로 채워져 있습니다.

지금까지 언어 모델링을 위한 특별한 전처리 작업인 토큰화(Tokenize), Vocab 만들기, 정수 인덱스로 변환, Padding(문장 길이 맞추기) 작업을 단계별로 수행했습니다.

데이터 전처리 2

다음은 종전의 모델링 작업과 유사한 전처리 과정입니다. 데이터 세트의 준비가 완료되었으니 x와 y 준비, 학습과 검증 데이터 세트 분할, 데이터 로더 및 검증 텐서 데이터를 다음과 같이 준비합니다.

CODE
```
x = np.array(sequences)      ①
y = np.array(data["label"])  ②
x_train, x_val, y_train, y_val = train_test_split(x, y, test_size = 0.2)
train_loader, x_val_ts, y_val_ts = make_DataSet(x_train, x_val, y_train, y_val, 32)
```

> ① sequences는 각각의 문장을 토큰화하고 정수 시퀀스로 변환하고 패딩까지 적용한 결과물입니다. 이를 넘파이 배열로 변환해 x에 담습니다.
>
> ② y는 data["label"]을 가져와 역시 넘파이 배열로 변환합니다.

전처리 과정을 모두 마쳤습니다. 이제 모델 구조를 설계하고 학습시키겠습니다.

모델 구조 설계

지금부터 모델 구조를 설계하고 학습, 검증 및 평가로 이어지는 과정을 진행합니다. 앞에서 배운 모델링과 다른 점은 바로 모델 구조입니다.

LSTM LM 모델의 전체 구조

이번에는 감정 분류 모델의 전체 구조를 살펴봅니다. 앞에서 배운 단어 임베딩과 RNN 구조가 실제 코드로는 어떻게 구현되는지 직접 확인하겠습니다.

우선 다음과 같이 모델 클래스를 작성합니다.

CODE
```
class SimpleLSTMClassifier(nn.Module):
    def __init__(self, vocab_size, embedding_dim, hidden_size, output_size):
        super(SimpleLSTMClassifier, self).__init__()
        self.embedding = nn.Embedding(vocab_size, embedding_dim)          ①
        self.lstm = nn.LSTM(embedding_dim, hidden_size, batch_first=True)  ②
        self.fc = nn.Linear(hidden_size, output_size)                      ③
    def forward(self, x):
        x = self.embedding(x)          ④
        _, (hidden, _) = self.lstm(x)  ⑤
        out = self.fc(hidden[-1])      ⑥
        return out
```

이번에 구현할 감정 분류 모델은 임베딩층→LSTM층→완전 연결층(출력층)의 구조로 이루어져 있습니다. 구조는 간단하지만, 처음 등장하는 nn.Embedding(임베딩층)이나 nn.LSTM(LSTM층) 같은 함수는 조금 어렵게 보일 수 있습니다.

각각의 코드를 설명하기 전에 감정 분류 모델 구조 각 층의 입력 특징 수와 출력 특징 수를 표로 정리했습니다.

[표 9-1] 모델 구조 예시에서 각 층의 입출력 특징 수

층	입력 특징 수	출력 특징 수
nn.Embedding	vocab_size	embedding_dim
nn.LSTM	embedding_dim	hidden_size
nn.Linear	hidden_size	output_size

각각의 층이 서로 연결되어 있으므로 임베딩층의 출력 특징 수는 다음에 연결할 LSTM층의 입력 특징 수가 되고, LSTM층의 출력 특징 수는 다시 완전 연결층의 입력 특징 수가 됩니다.

이 부분을 기억하면서 각각의 층을 차근차근 살펴보겠습니다.

① nn.Embedding(임베딩층)

임베딩은 모델이 텍스트를 이해할 수 있도록 단어를 수치화된 벡터로 바꾸는 과정이라고 설명했습니다. 문장을 숫자 시퀀스로 바꾸는 것은 전처리 과정(정수 인코딩 및 패딩)에서 이미 진행했습니다. 모델의 임베딩층에서는 단어의 의미를 벡터로 표현합니다.

CODE
```
self.embedding = nn.Embedding(vocab_size, embedding_dim)
```

임베딩층의 vocab_size는 전체 어휘 집합의 크기입니다. 예를 들어 어휘 집합에 5,000개의 고유 단어가 있다면 이 값은 5,000입니다. embedding_dim은 각각의 단어를 표현할 벡터의 크기입니다. 보통 100, 200과 같이 설정하며 차원이 높을수록 단어 간 의미를 더 정밀하게 표현할 수 있습니다.

임베딩층은 모델 구조에 포함되어 학습 과정에서 가중치를 업데이트합니다. 이 층은 텍스트 데이터를 벡터 형태로 변환해 딥러닝 모델이 문장의 의미를 효과적으

로 파악하도록 도와줍니다. 이 과정에서 의미가 비슷한 단어들은 서로 유사한 벡터로 표현됩니다.

② nn.LSTM(LSTM층)

임베딩으로 벡터로 바뀐 단어들을 순서대로 처리하는 층이 바로 LSTM층의 역할입니다. LSTM층은 문장을 구성하는 단어들을 순서대로 입력으로 받으며 그 순서와 문맥을 이해하려고 합니다.

LSTM은 앞에서 본 정보를 기억하면서 다음 단어를 해석하도록 도와줍니다. 특히 RNN의 단점인 기울기 소실 문제를 완화하기 때문에 긴 문장에서도 앞뒤 문맥을 비교적 잘 파악합니다.

CODE
```
self.lstm = nn.LSTM(embedding_dim, hidden_size)
```

`embedding_dim`은 임베딩 벡터의 차원으로 입력의 크기를 의미합니다. `hidden_size`는 LSTM이 문맥 정보를 얼마나 잘 기억할지 결정하는 은닉 상태(Hidden State)의 크기입니다. 이 값이 크면 클수록 LSTM이 더 많은 정보를 담을 수 있지만, 계산량도 그만큼 늘어납니다.

LSTM층은 단어의 순서와 문맥을 이해하는 데 있어 핵심적인 역할을 합니다. 특히 긴 문장에서 앞뒤 단어 간의 연결을 잘 파악하도록 도와줍니다.

③ nn.Linear(완전 연결층)

LSTM에서 얻은 마지막 은닉 상태(Hidden State)는 문장의 전체 정보를 요약한 결과라고 볼 수 있습니다. 이 은닉 상태값을 바탕으로 완전 연결층(출력층)에서 최종 결괏값을 예측합니다.

CODE
```
self.fc = nn.Linear(hidden_size, output_size)
```

`hidden_size`는 LSTM에서 출력된 은닉 상태의 크기입니다. 문장의 의미가 여기에 압축되어 담겨 있습니다. `output_size`는 분류하려는 결괏값의 개수입니다. 예를 들어 감정 분류에서는 6개의 감정 범주가 있으므로 `output_size=6`으로 설정됩니다.

정리하면 완전 연결층은 LSTM층에서 나온 문장 요약 정보(은닉 상태)를 바탕으로 최종 예측을 수행합니다. 이 층에서 모델은 감정 범주별로 점수를 계산하고 가장 높은 점수를 가진 범주를 예측 결과로 선택합니다.

④ forward 메서드의 임베딩 단계

이 단계에서는 입력으로 들어온 문장 데이터를 임베딩층을 통해 의미 있는 벡터로 변환합니다.

CODE
```
x = self.embedding(x)
```

입력 x는 [batch_size, seq_len] 형태이며 이 값들은 단어를 숫자로 바꾼 정수 인덱스입니다. 이 정수 인덱스 각각은 nn.Embedding을 통과하면서 고정된 크기의 의미 벡터로 변환됩니다. 변환 결과는 [batch_size, seq_len, embedding_dim] 형태의 3차원 텐서가 됩니다.

예를 들어 입력 문장이 [2, 5, 10]이라는 정수 시퀀스라면 임베딩 후에는 다음과 같이 각각의 벡터로 바뀝니다.

> 예: 입력 문장 → [2, 5, 10], 임베딩 후 → [[0.12, −0.03, ...], [0.21, 0.07, ...], [0.01, 0.02, ...]]

임베딩 벡터는 단어의 의미를 숫자 벡터로 표현해 LSTM이 문장의 의미를 더 잘 이해하도록 도와줍니다.

⑤ forward 메서드의 LSTM 단계

이번 단계에서는 임베딩된 문장을 LSTM에 입력하고 그 결과로 문장의 의미를 요약한 벡터를 얻습니다. LSTM은 문장을 구성하는 단어들을 순서대로 하나씩 처리하며 각 시점마다 은닉 상태와 내부 상태를 계산합니다.

CODE
```
_, (hidden, _) = self.lstm(x)
```

이 코드는 LSTM의 출력값 중 필요한 값만 선택해 사용하는 방식입니다. LSTM은 총 3개의 출력값을 반환합니다. 이 코드에서는 그중 두 번째 값만 hidden 변수에 담고 나머지 두 값은 사용하지 않기 때문에 _로 처리했습니다.

- 첫 번째 출력: 각 시점의 은닉 상태를 모두 담은 텐서(문장의 모든 단어에 대한 정보)
- 두 번째 출력: 마지막 단어까지 모두 처리한 후의 최종 은닉 상태(문장 전체의 요약 정보)
- 세 번째 출력: LSTM의 내부 셀 상태(기억 장치 상태)

이 예제에서는 문장 전체를 대표하는 하나의 벡터, 즉 최종 은닉 상태(Hidden)만 사용합니다. 감정 분류처럼 문장 단위로 예측하는 작업에서는 단어별 정보가 아니라, 문장 전체의 의미를 담고 있는 요약 벡터 하나만 있으면 충분하기 때문입니다.

⑥ forward 메서드의 출력층

이제 마지막 단계입니다. LSTM을 통과해 얻은 문장 요약 벡터를 출력층(완전 연결층)에 전달해 최종 감정 분류 결과를 얻습니다.

CODE
```
out = self.fc(hidden[-1])
```

hidden[-1]은 LSTM의 마지막 층에서 나온 최종 은닉 상태 벡터입니다. 이 벡터는 문장의 의미를 잘 요약한 정보라고 볼 수 있습니다. LSTM은 여러 층으로 구성될 수 있기 때문에 hidden 텐서는 [num_layers, batch_size, hidden_size] 형태입니다. 이 중에서 가장 마지막 층(-1)의 은닉 상태를 꺼내 사용하면 됩니다.

출력층에서는 이 벡터를 입력으로 받아 최종적으로 분류할 감정 범주 수만큼의 값을 출력합니다. 이 결과는 감정 범주 각각의 확률 또는 점수로 사용됩니다.

다음 [표 9-2]는 지금까지의 모델링 과정과 그 과정에서 다루어지는 데이터의 구조(shape)를 요약한 정보입니다. 모델이 어떻게 데이터를 처리하는지 한눈에 이해하는 데 도움이 됩니다.

[표 9-2] 모델의 구조와 흐름, 출력 크기

단계	설명	출력 크기 예시
임베딩	단어 인덱스를 의미 벡터로 변환	[32, 20, 100]
LSTM	시퀀스를 따라 정보 처리	hidden[-1] → [32, 128]
FC Layer(출력층)	은닉 상태를 감정 범주로 분류 변환	[32, 6]
최종 출력	문장별 감정 예측값	[32, 6]

학습 및 모델 평가

모델 선언

지금까지 만든 모델 클래스를 사용해 모델을 선언합니다. 기존의 모델 선언 코드와 달리 LSTM 모델은 `vocab_size`와 `embedding_dim`을 추가로 입력값으로 지정할 수 있습니다.

CODE

```
vocab_size = len(vocab)  ①
embedding_dim = 100      ②
hidden_size = 128        ③
output_size = 6          ④
learning_rate = 0.001
model = SimpleLSTMClassifier(vocab_size, embedding_dim, hidden_size,
                             output_size).to(device)  ⑤
loss_fn = nn.CrossEntropyLoss()
optimizer = optim.Adam(model.parameters(), lr=learning_rate)
```

① 어휘 집합 크기

② 단어 임베딩 차원

③ LSTM 은닉층 크기

④ 감정 범주의 개수(anger, fear, joy, love, sadness, surprise)

⑤ LSTM 모델 선언

모델을 준비했으니 이제 모델 학습 및 평가 단계로 넘어갑니다.

학습 및 성능 평가

모델을 선언했으니 이제 모델을 반복 학습시키며 성능을 확인합니다. LSTM 모델 역시 기본적인 학습 구조는 5일 차에서 살펴본 다중 분류 모델과 같습니다. 다음과 같이 코드를 작성합니다.

CODE

```
epochs = 10
tr_loss_list, val_loss_list = [], []
for t in range(epochs):
    tr_loss = train(train_loader, model, loss_fn, optimizer, device)
    val_loss, _ = evaluate(x_val_ts, y_val_ts, model, loss_fn, device)
    tr_loss_list.append(tr_loss)
    val_loss_list.append(val_loss)
    print(f"Epoch {t+1}, train loss : {tr_loss:4f}, val loss : {val_loss:4f}")

dl_learning_curve(tr_loss_list, val_loss_list)
```

OUTPUT

```
Epoch 1, train loss : 1.582555, val loss : 1.582607
Epoch 2, train loss : 1.504480, val loss : 1.277368
Epoch 3, train loss : 1.003537, val loss : 0.751714
...
Epoch 8, train loss : 0.062404, val loss : 0.342364
Epoch 9, train loss : 0.044441, val loss : 0.385510
Epoch 10, train loss : 0.038292, val loss : 0.348621
```

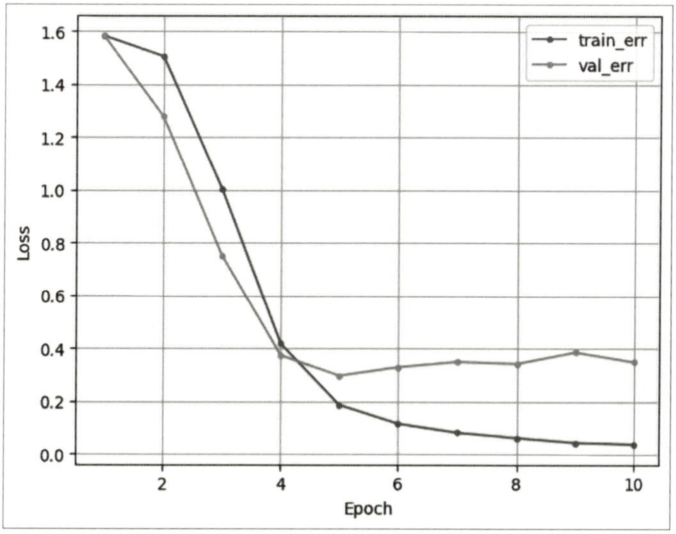

학습 곡선을 보면 에포크 4까지 급격히 검증 오차(val_err)가 줄어들다가 이후 오차가 살짝 증가하면서 학습이 종료됩니다.

이어서 예측 및 평가를 위한 코드도 작성합니다.

CODE

```
# 예측
_, pred = evaluate(x_val_ts, y_val_ts, model, loss_fn, device)
print(type(pred))
pred = pred.softmax(dim = 1)                          ①
pred = np.argmax(pred.cpu().numpy(), axis = 1)  ②
```

OUTPUT

```
<class 'torch.Tensor'>
```

① 예측값으로 저장된 pred는 텐서 데이터입니다. 따라서 텐서를 지원하는 softmax 메서드를 사용했습니다. nn.functional.softmax(pred, dim=1)과 동일합니다.

② pred.cpu().numpy(): pred는 gpu에 있으므로 cpu로 옮기고 넘파이 배열로 변환합니다. argmax 메서드로 가장 확률이 큰 인덱스를 pred에 저장합니다.

감정 분류 모델을 평가하기 위해 혼동 행렬(Confusion Matrix)과 분류 결과 보고서(Classification Report)의 결과도 출력합니다. 다음과 같이 작성합니다.

CODE

```
# confusion matrix 시각화
label_list = ['sadness', 'joy', 'love', 'anger', 'fear', 'surprise']  ①
cm = confusion_matrix(y_val_ts.cpu().numpy(), pred)
disp = ConfusionMatrixDisplay(confusion_matrix=cm, display_labels=label_list)
disp.plot(cmap="Blues")
plt.show()
print('-'*100)  ②

# classification_report
print(classification_report(y_val_ts.cpu().numpy(), pred, target_names=label_list))
```

OUTPUT

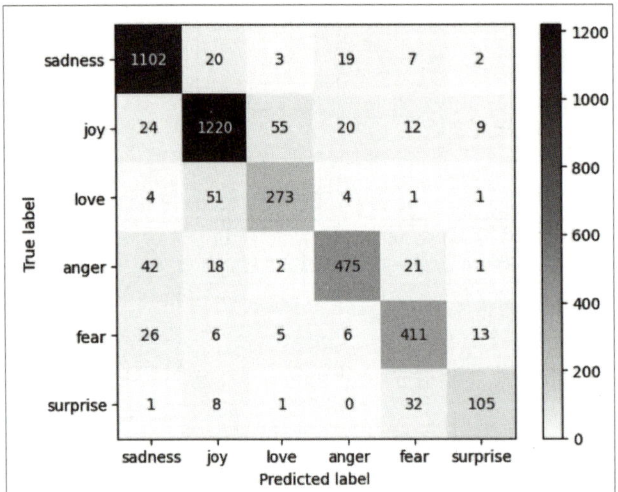


```
----------------------------------------------------------------------------------------------------
              precision    recall  f1-score   support

     sadness       0.92      0.96      0.94      1153
         joy       0.92      0.91      0.92      1340
        love       0.81      0.82      0.81       334
       anger       0.91      0.85      0.88       559
        fear       0.85      0.88      0.86       467
    surprise       0.80      0.71      0.76       147

    accuracy                           0.90      4000
   macro avg       0.87      0.85      0.86      4000
weighted avg       0.90      0.90      0.90      4000
```

① 6개의 감정을 리스트에 담습니다. 혼동 행렬과 분류 결과 보고서 함수의 입력으로 사용합니다.
② 혼동 행렬 결과와 분류 결과 보고서 결과 사이에 경계선을 긋습니다.

모델의 전체 정분류율은 약 90%로 트윗 감정 분류에서 전반적으로 안정적인 성능을 보입니다. 특히 슬픔(sadness)과 기쁨(joy)은 정밀도와 재현율이 모두 높아 긍정, 부정 반응 분석에 효과적으로 활용할 수 있습니다. 분노(anger)와 사랑(love)도 비교적 잘 구분되어 고객 불만 탐지나 긍정 반응 분석에 도움이 됩니다.

반면 두려움(fear)과 놀람(surprise)은 다른 감정에 비해 성능이 낮아 실제 위기 상황에서 사용자의 불안 신호나 긴급 반응을 제대로 감지하지 못할 가능성이 있습니다. 따라서 이 모델은 고객 만족도 분석이나 마케팅 반응 모니터링에는 충분히 활용할 수 있지만, 위기 대응과 같은 민감한 영역에서는 보완 학습이 필요합니다.

정리

이번 차시에서는 자연어 처리의 기초 개념부터 순환 신경망(RNN)의 구조와 언어 모델링에 이르기까지 딥러닝의 자연어 처리 분야를 빠르게 배웠습니다.

먼저 자연어 처리란 무엇인지 그리고 문장을 처리하기 위해 텍스트를 어떻게 정제하고 숫자 형태로 바꾸는지 알아보았습니다. 이어서 RNN이 문장의 순서를 어떻게 기억하고 문맥을 반영하는지 그 작동 원리를 알아보았습니다. 또한 RNN의 한계를 보완한 LSTM, GRU 같은 개선된 구조도 함께 살펴보았습니다. 마지막으로 실제 트윗 데이터를 활용해 6가지 감정을 분류하는 언어 모델링 실습을 통해 자연어 처리 모델이 실제로 어떻게 만들어지고 작동하는지 직접 체험했습니다.

자연어는 복잡하고 섬세한 정보를 담고 있는 데이터입니다. 이번 차시의 내용만으로 자연어 처리를 모두 익힐 수는 없습니다. 하지만 텍스트를 수치화하고 문맥을 이해하고 의미를 예측하는 인공지능의 기본 흐름 정도는 이해할 수 있었기를 바랍니다.

다음은 이 책의 마지막 차시로서 비지도학습의 기본 구조인 오토인코더(Auto encoder)를 살펴보겠습니다.

10일 차

오토인코더 비지도학습 기초

이번 차시에서 주목할 키워드

- 비지도학습
- 오토인코더
- 잠재 공간
- 잠재 벡터
- 차원 축소

10일 차 학습 목표

- 비지도학습의 개념과 정답이 없는 데이터를 활용하는 이유를 설명할 수 있습니다.
- 오토인코더의 구조와 원리, 그리고 특징을 스스로 학습하는 과정을 설명할 수 있습니다.
- MNIST 노이즈 제거 예제로 오토인코더 모델을 직접 설계하고 학습하며, 입출력의 차이를 비교해 복원 성능을 분석합니다.

지금까지 이 책에서는 주로 정답이 있는 데이터를 학습하는 지도학습을 다루었습니다. 하지만 실제 데이터의 대부분은 정답이 없는 경우가 많습니다. 따라서 목푯값이 없는 데이터를 이해하고 활용하는 비지도학습 또한 딥러닝에서 매우 중요한 분야입니다. 마지막 차시에서는 비지도학습의 개념을 소개하고 대표적인 기법 중 하나인 오토인코더(Autoencoder)를 소개합니다. 오토인코더의 구조를 이해하고 이미지 노이즈의 제거와 차원 축소 예제로 비지도학습의 원리를 익혀 보겠습니다.

비지도학습 개요

비지도학습이란?

이 책에서는 지금까지 딥러닝에서 '정답'이 있는 데이터를 학습하는 방법, 즉 지도학습(Supervised Learning)을 설명했습니다. 지도학습은 고양이와 강아지를 구분하는 이미지 분류, 텍스트로 된 스팸 메일 분류처럼 '입력'과 함께 언제나 '정답(Label)'이 주어진 상황에서 학습하는 모델입니다.

하지만 현실에서는 데이터에 정답이 달려 있지 않은 경우가 많습니다. 예컨대 수많은 고객의 행동 데이터, 웹에서 수집된 이미지, 의료 센서 데이터 등에는 별도의 정답이 붙어 있지 않습니다. 그렇다고 이런 데이터가 쓸모가 없을까요? 절대 그렇지 않습니다. 오히려 정답이 없는 데이터에서 의미 있는 패턴을 찾는 일이 더욱 중요해지고 있습니다. 그리고 이 점이 비지도학습(Unsupervised Learning)의 목표입니다.

지도학습과 비지도학습의 차이

[표 10-1]에서는 지도학습과 비지도학습의 차이를 표로 정리했습니다.

[표 10-1] 지도학습과 비지도학습 비교

구분	지도학습(Supervised)	비지도학습(Unsupervised)
데이터 구성	입력+목푯값(레이블)	입력만 존재(목푯값 없음)
목표	목푯값을 예측하는 모델 학습	데이터 내부의 패턴, 구조 파악
예시	이미지 분류, 가격 예측	클러스터링, 차원 축소, 이상 탐지 등

비지도학습은 목푯값이 없기 때문에 모델이 '무엇을 맞춰야 하는지'가 명확하지 않습니다. 대신 모델은 데이터를 스스로 분석하며 '서로 유사한 데이터는 가까이, 다른 데이터는 멀리' 두는 방식으로 데이터의 구조를 파악합니다.

비지도학습이 필요한 이유

비지도학습은 다음과 같은 상황에서 특히 유용합니다.

- 정답(Label)이 없는 대규모 데이터 세트: 실제 현장에서 수집되는 데이터는 많지만, 정답이 있는 경우는 드뭅니다. 예를 들어 쇼핑몰의 구매 로그나 CCTV 영상은 매일매일 방대한 양의 정보가 쌓이지만, 하나하나 레이블링(Labeling)하기에는 시간과 비용이 많이 들어 사실상 불가능합니다. 이때 비지도학습은 정답이 없어도 데이터를 분석하고 활용할 수 있는 좋은 방법입니다.
- 데이터 구조를 파악하고 싶을 때: 고차원 데이터는 눈으로 보기 어려울 만큼 복잡합니다. 이때 비지도학습을 이용하면 데이터를 저차원으로 줄여 시각화하거나 주요 특성을 요약해 볼 수 있어 유용합니다. 예를 들어 수천 개의 상품 속성을 몇 개의 대표 특성으로 압축해 분석하면 데이터의 전반적인 구조를 직관적으로 이해할 수 있습니다.
- 이상 탐지(Anomaly Detection): 정상적인 패턴을 학습하면 정상 패턴에서 벗어난 특이한 데이터는 자동으로 찾을 수 있습니다. 예를 들어 신용카드 결제 내역에서 평소와 다른 의심스러운 거래를 감지하거나 기계 센서 데이터의 고장을 예측할 때도 비지도학습이 유용하게 활용될 수 있습니다.

비지도학습은 정답이 없는 데이터에서 의미 있는 패턴과 구조를 찾는 강력한 도구이므로 점점 더 다양한 비즈니스 상황에서 많이 활용되고 있습니다.

대표적인 비지도학습 기법

비지도학습은 크게 두 가지 방향으로 발전해 왔습니다. 바로 클러스터링(Clustering)과 차원 축소(Dimensionality Reduction)입니다. 두 방법은 모두 정답이 없는 데이터에서 숨겨진 패턴이나 구조를 찾는 데 활용되지만, 접근 방식과 목적이 서로 다릅니다.

클러스터링

클러스터링은 이름 그대로 비슷한 데이터를 묶어 하나의 그룹(Cluster)을 만드는 방법입니다. 마치 학생들이 같은 취미나 관심사를 가진 친구들끼리 모여 동아리를 결성하는 일과 비슷합니다. 클러스터링은 데이터 사이의 유사도(얼마나 닮았는가)를 기준으로 이루어지는데, 정답이 없어도 자동으로 그룹이 만들어진다는 장점이 있습니다.

대표적인 클러스터링 알고리즘은 다음과 같습니다.

- K-means 클러스터링: 사용자가 미리 그룹의 개수를 정하면 알고리즘이 각각의 데이터를 가장 가까운 그룹에 배정하면서 그룹을 형성합니다. 예를 들어 고객을 3개의 그룹으로 나눈다고 하면 '가격에 민감한 그룹', '프리미엄 선호 그룹', '보통 소비 그룹'과 같이 세 유형으로 분류할 수 있습니다.
- 계층적(Hierarchical) 클러스터링: 데이터를 점차 합치거나 쪼개면서 나무(Tree) 형태의 구조로 그룹을 만듭니다. 작은 그룹이 모여 큰 그룹을 형성하는 방식이어서 데이터 사이의 관계를 계층적으로 살펴볼 때 유용합니다.
- DBSCAN: 데이터의 밀도를 기준으로 그룹을 형성합니다. 데이터가 빽빽하게 모여 있는 부분은 하나의 그룹으로 묶고 떨어져 있는 데이터는 '이상치(Outlier)'로 판별할 수 있습니다. 복잡한 형태의 데이터에서도 잘 작동합니다.

이와 같은 클러스터링 기법은 비즈니스에서 다양하게 응용할 수 있습니다. 예를 들어 온라인 쇼핑몰의 고객 데이터를 클러스터링하면 구매 패턴이 유사한 고객 집단을 손쉽게 찾을 수 있습니다. 구매 패턴을 기반으로 '할인을 좋아하는 고객 그룹'에는 쿠폰을 제공하고, '신제품을 선호하는 그룹'에는 신상품 정보를 먼저 알리는 등 맞춤형 마케팅 전략을 세울 수 있습니다.

차원 축소

차원 축소는 고차원 데이터를 더 단순한 저차원으로 줄이는 과정입니다. 쉽게 말해 변수가 많아 복잡하게 얽힌 데이터를 핵심만 뽑아 요약하는 방법입니다. 예컨대 수십 가지 특성을 가진 고객 데이터를 '구매력'과 '브랜드 충성도' 두 개의 축으로만 표현한다면 훨씬 직관적으로 이해할 수 있습니다.

대표적인 차원 축소 기법은 다음과 같습니다.

- PCA(Principal Component Analysis, 주성분 분석): 데이터를 가장 잘 설명하는 직각 방향(주성분)을 찾아 차원을 줄이는 방법입니다. 예를 들어 3차원 데이터가 있다면 그중 가장 정보가 많은 두 방향만 남겨 2차원 평면에 표현합니다. 선형(직선) 기반이라 빠르고 직관적이지만, 복잡한 곡선 구조는 잘 표현하지 못합니다.
- t-SNE: 데이터 사이의 유사도를 최대한 보존하면서 2D나 3D 공간을 시각화하는 데 특화된 기법입니다. 특히 클러스터링 구조를 시각적으로 보여주는 데 강점이 있어 고차원 데이터를 분석할 때 자주 활용됩니다. 다만 계산 속도가 느리다는 단점이 있습니다.
- UMAP: t-SNE와 비슷하게 고차원 데이터를 저차원으로 시각화하지만, 더 빠르며 큰 데이터 세트에서도 잘 작동합니다. 또한 클러스터링의 전반적인 구조를 더 잘 보존한다는 장점이 있습니다. 최근 데이터 시각화에 많이 활용되는 기법입니다.

이번 차시에서 다룰 오토인코더 역시 강력한 차원 축소 도구입니다. 신경망을 이용해 데이터를 잠재 공간(Latent Space)으로 압축하고 다시 복원하는 과정에서 데이터의 중요한 특징만 남기고 불필요한 정보를 버립니다. 차원 축소 기법을 활용하면 복잡한 데이터를 효율적으로 다룰 수 있습니다. 즉, 차원 축소는 데이터를 2D 또는 3D로 줄여 시각화할 수 있고, 데이터의 노이즈를 제거하거나 요약된 특성을 다른 학습에 활용하는 데도 유용합니다.

정리하면 클러스터링은 비슷한 데이터를 묶어 그룹을 만드는 작업이고, 차원 축소는 데이터를 더 간단하게 줄여 표현하는 작업입니다. 둘 다 비지도학습의 핵심 기법으로서 이들 기법을 잘 활용하면 정답이 없는 데이터에서도 충분히 의미 있는 정보를 얻을 수 있습니다.

비지도학습과 딥러닝의 만남

과거의 비지도학습은 주로 통계적 기법이나 규칙 기반 알고리즘에 의존했습니다. 이 방법들은 단순한 데이터에서는 효과적이지만, 복잡한 이미지나 텍스트 같은 고차원 데이터에서는 한계가 뚜렷했습니다. 최근 들어 딥러닝이 비지도학습에 접목되면서 상황은 크게 달라졌습니다.

중심에는 오토인코더(Autoencoder)라는 모델이 있습니다. 오토인코더는 주어진 데이터를 스스로 압축하고 다시 복원하는 과정을 반복하면서 데이터에 숨어 있는 중요한 특징을 자동으로 학습합니다. 예를 들어 이미지라면 선과 모양, 텍스트라면 단어 사이의 의미 관계 같은 본질적인 구조를 오토인코더는 스스로 파악합니다.

오토인코더는 사람이 일일이 특징을 정의하지 않아도 모델이 데이터의 핵심 표현(Representation)을 학습할 수 있도록 해줍니다. 오토인코더는 단순한 복원을 넘어 데이터의 본질적인 패턴을 포착해 새로운 활용 가능성을 열어 주는 도구입니다.

이어지는 절들에서는 오토인코더의 기본 작동 원리와 구조를 살펴보고 실습으로 구현하면서 그 원리를 이해해 보겠습니다.

오토인코더의 개념과 구조, 활용

오토인코더란?

혹시 위폐 감별사가 위조지폐를 어떻게 구별하는지 아시나요? 감별사는 수많은 위조지폐를 분석하지 않습니다. 오히려 진짜 지폐만을 반복해 관찰하고 그 속에 담긴 특징들을 철저히 익힙니다. 홀로그램의 위치, 미세한 문자, 숨은 은선, 색상의 변화 같은 진짜 지폐만이 가진 미묘한 요소들을 감별사는 머릿속에 정확히 새겨 두는 것이죠. 즉, 진짜의 특징을 명확히 알고 있다면 그와 다른 점을 기준으로 위조 여부를 쉽게 판단할 수 있습니다.

이와 마찬가지로 오토인코더도 목푯값 없이 진짜 데이터만 보고 중요한 특징을 학습합니다. 오토인코더는 정답을 따로 알려 주지 않기 때문에 오직 진짜 데이터만 보고 학습합니다. 고양이 사진, 손글씨 이미지처럼 실제 데이터를 반복해 보여 주면 모델은 그 안에 담긴 중요한 특징을 스스로 파악합니다. 그리고 학습한 특징으로 입력 데이터를 복원하려고 합니다.

예를 들어 숫자 '8'의 이미지를 여러 번 학습한 오토인코더는 '8'이 어떤 형태인지 자연스럽게 이해합니다. 이후 이상한 모양의 숫자, 예를 들어 선이 하나 빠지거나 비정상적으로 찌그러진 이미지를 입력으로 받으면 기존에 학습한 특징과 다르므로 제대로 복원하지 못합니다. 복원 결과가 흐릿하거나 이상하다면 오토인코더는 '무언가 이상하다'는 신호를 내보냅니다.

오토인코더는 진짜 데이터를 이용해 중요한 특징을 압축 학습하는데, 학습한 정보만으로 복원과 이상 탐지까지 모두 가능한 강력한 비지도학습 딥러닝 모델입니다. 한마디로 말해 입력을 압축했다가 다시 복원하는 형태의 신경망입니다. 예를 들어 '고양이 사진'을 입력으로 넣으면 오토인코더 모델은 그 사진의 핵심적인 정보를 압축해서 기억한 다음, 원래의 고양이 사진처럼 복원하려고 합니다. 입력과 출력이 거의 동일한 데이터가 되도록 학습한 신경망이기 때문입니다.

그렇다면 오토인코더는 왜 이런 일을 할까요? 단순히 사진을 복제하려는 게 아닙니다. 오토인코더는 '복원하는 과정' 그 자체로 데이터의 핵심적인 특징을 파악하려는 것이 목적입니다. 예를 들면 사람이 책을 요약한 다음, 요약을 다시 떠올려 원래 내용을 복원하려는 행동과 비슷합니다. 다시 복원한다고 했을 때 요약은 어떤 형태일까요? 당연히 중요 정보만 남기고 불필요한 정보는 제외한 형태일 겁니다.

또 다른 예를 들어 볼까요? 어떤 사람이 '파란 배경에 검은 고양이가 앉아 있는 사진'을 본다고 합시다. 이 사람에게 그 사진을 요약하라고 하면 "고양이가 파란 배경 위에 앉아 있었어"라고 말할 가능성이 높습니다. 고양이의 눈썹 길이나 사진 구도 같은 세세한 정보는 생략하고 말입니다. 오토인코더는 입력을 압축하면서도 중요한 특징은 유지하는 학습을 합니다. 이 과정의 핵심 요소가 바로 '잠재 표현(Latent Representation)' 또는 '잠재 공간(Latent Space)'입니다. 오토인코더는 이 잠재 공간에 입력 데이터를 압축해 표현하는데, 이 공간은 입력보다 훨씬 낮은 차원의 벡터로 구성되어 있습니다. 이 잠재 공간은 모델이 학습한 데이터를 압축한 '요약 정보'라고 할 수 있습니다.

오토인코더는 비단 이미지뿐만 아니라 텍스트, 음성, 센서 데이터 등 다양한 형태의 데이터에 적용할 수 있어 차원 축소, 노이즈 제거, 이상 탐지 등 여러 작업에서 응용할 수 있습니다.

오토인코더의 구조와 학습 방식

오토인코더의 구조는 크게 두 부분으로 나뉩니다. 바로 인코더(Encoder)와 디코더(Decoder)입니다. 두 구성 요소가 입력 데이터를 압축하고 다시 복원하는 역할을 합니다.

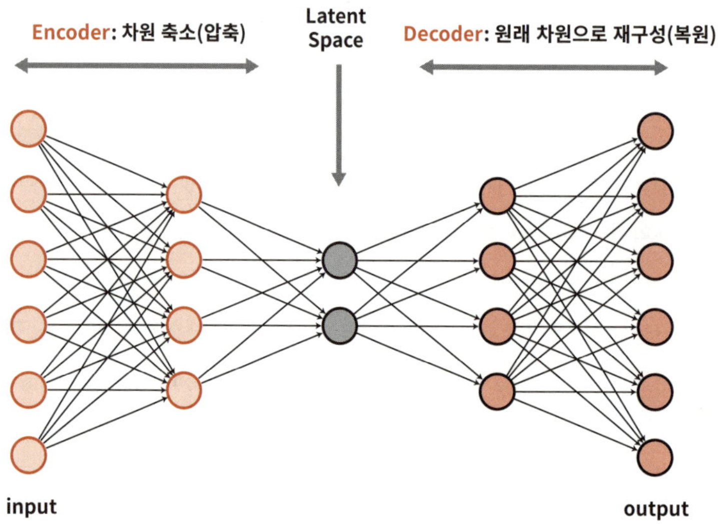

[그림 10-1] 오토인코더의 구조

인코더는 입력 데이터를 점점 줄여 가며 압축하는 역할을 수행합니다. 이 과정에서 입력 데이터는 잠재 공간(Latent Space)이라고 불리는 곳에서 압축된 중간 결과물로 변환됩니다. 잠재 공간은 일반적으로 입력보다 훨씬 작은 차원으로 구성되는데, 인코더로 생성된 중간 결과물은 '데이터의 핵심 요약본'이라고 할 수 있습니다. 잠재 공간에 있는 값을 '잠재 벡터'라고 합니다.

디코더는 압축된 잠재 벡터를 다시 원래의 데이터로 복원하는 역할을 수행합니다. 즉, 인코더가 '요약'이라면 디코더는 '되살리기'입니다. 이 두 단계가 합쳐져 하나의 오토인코더를 이루며 전체 구조는 [그림 10-1]처럼 입력을 점차 압축했다가 다시 복원하는 '모래시계' 모습을 띠고 있습니다.

고양이 사진 여러 장을 오토인코더에 학습시킨다고 가정합시다. 모델은 각각의 고양이 사진을 인코더로 압축하고 다시 디코더로 복원하는 과정을 반복하면서 학습합니다. 이때 중요한 것은 입력(Input)과 출력(Output)이 최대한 비슷해지도록 학습한다는 점입니다. 즉, 고양이 사진을 입력했으면 출력도 고양이 사진이 되도록 만들어야 합니다.

복원 과정에서 발생하는 차이(입력과 출력의 차이), 즉 오차를 줄이기 위해 학습된 모델은 고양이의 중요한 특징(예를 들면 귀의 모양, 눈의 위치, 털 패턴)을 점점 잘 기억합니다. 학습이 잘 이루어지면 모델은 고양이 사진을 볼 때마다 공통 특징만으로 다시 비슷하게 그릴 수 있습니다. 오토인코더는 공통의 중요 특징만 남기고 불필요한 정보(예: 배경, 조명, 노이즈 등)는 제거하는 효과가 있습니다.

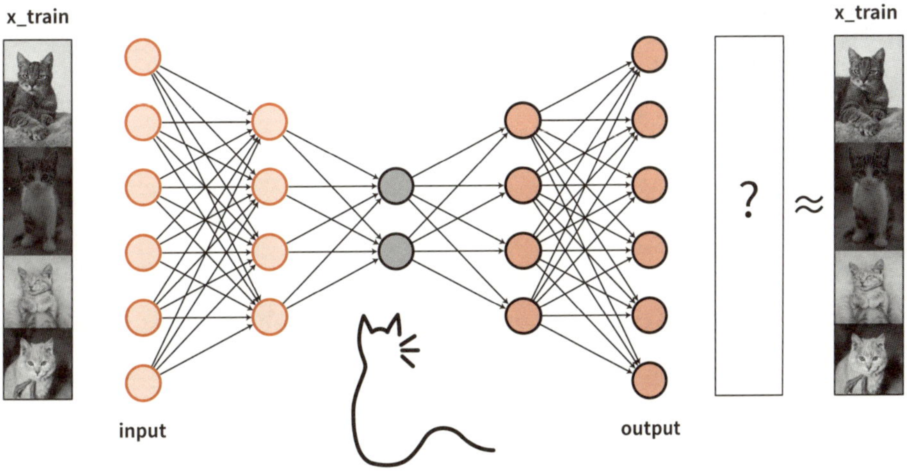

[그림 10-2] 고양이 이미지로 오토인코더 학습

학습을 모두 마친 모델은 '새로운 데이터'로 복원 결과를 비교할 수 있습니다. 예를 들어 그동안 학습한 적이 없는 사진(예를 들면 선글라스를 낀 고양이나 강아지 사진)을 입력하면 어떻게 될까요?

고양이의 특징만 학습한 오토인코더는 익숙한 고양이의 특징은 어느 정도 복원할 수 있지만, 강아지 사진처럼 생소한 데이터는 제대로 복원하지 못합니다. 이때 복원 결과와 원래의 입력 데이터 사이에 차이가 크게 나타나는데, 이를 재구성 오차(Reconstruction Error)라고 합니다.

- 재구성 오차가 작다 → 학습 데이터와 유사하다(예: 고양이)
- 재구성 오차가 크다 → 학습 데이터와 다르다(예: 강아지)

오토인코더는 이런 식으로 이상 탐지나 노이즈 제거 작업 등에 자연스럽게 활용됩니다.

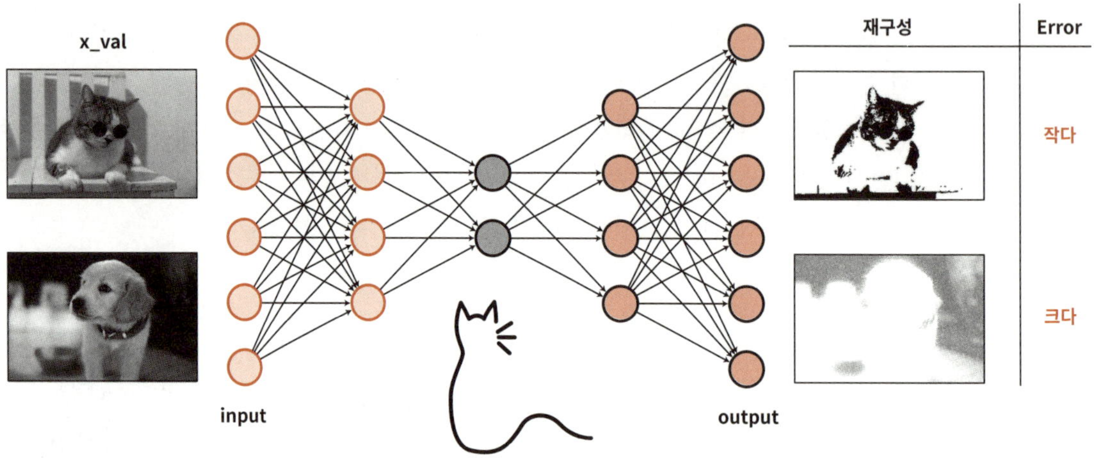

[그림 10-3] 학습된 오토인코더 모델 사용(예측)

정리하면 오토인코더는 압축(Encoder)과 복원(Decoder)으로 구성됩니다. 그리고 입력과 출력이 유사하도록 학습하면서 중요한 특징을 기억합니다. 또한 학습이 잘 된 모델은 이전에는 본 적이 없는 데이터가 들어오면 복원에 실패하는데, 그 차이로 이상을 감지할 수 있습니다.

이어지는 절에서는 오토인코더의 개념과 구조에 대한 이해를 바탕으로 노이즈를 제거하는 비지도학습 모델을 직접 구현하겠습니다.

오토인코더 구현 1: MNIST 노이즈 제거

실습 개요

앞서 배운 오토인코더의 개념과 구조를 실습으로 구현합니다. 실습에 사용할 데이터는 5, 8일 차에서 다뤘던 MNIST 손글씨 이미지 데이터 세트입니다.

이번 실습의 목표는 노이즈가 포함된 이미지에서 원래의 이미지를 복원하는 오토인코더 모델을 직접 구성하는 것입니다. 이 과정에서 인코더와 디코더 구조를 학습해 입력 이미지와 최대한 유사한 출력을 생성할 예정입니다. 또한 복원 결과를 눈으로 직접 확인하면서 오토인코더가 어떻게 데이터의 '본질적인 특징'을 학습하는지 이해합니다.

실습을 마치면 오토인코더가 단순히 원래의 데이터를 복원하는 것에 그치는 게 아니라 데이터의 본질적인 특징을 학습한다는 사실을 확인할 수 있을 겁니다. 이 경험은 다음 절에서 소개할 오토인코더 확장 모델을 이해하는 데 많은 도움이 됩니다.

환경 준비에서 데이터 전처리까지

새 코드 파일을 열고 파일 이름은 '10일차_비지도학습모델링.ipynb'로 합니다. 런타임 유형은 'T4 GPU'를 선택합니다.

환경 준비

이어 라이브러리를 불러오고 디바이스를 준비합니다.

CODE
```
import matplotlib.pyplot as plt
import numpy as np
import torch
import torch.nn as nn
import torchvision
from torchvision.transforms import ToTensor
from torchvision.datasets import MNIST
from torch.utils.data import DataLoader, Dataset
from torch.optim import Adam

device = torch.device("cuda" if torch.cuda.is_available() else "cpu")
```

꼭 필요한 라이브러리만 불러왔으며 디바이스 설정은 종전과 동일합니다. 이전 차시들에서 생성했던 train, evaluate 같은 사용자 정의 함수를 오토인코더에 맞게 새로 수정할 수도 있지만, 함수의 구조가 달라지면 오히려 혼란을 줄 우려가 있습니다. 따라서 이번 차시에서는 별도의 함수를 생성하지 않고 학습과 평가 과정을 코드로 직접 구현할 예정입니다.

데이터 전처리

MNIST 데이터를 다운로드하고 데이터 로더를 선언합니다. 기존에는 학습 데이터만 데이터 로더로 선언하고 검증 데이터나 테스트 데이터는 텐서 데이터로 준비했지만, 여기서는 코드를 간결하게 작성하기 위해 테스트 데이터 역시 데이터 로더로 선언합니다.

CODE
```
# 다운로드
train_set = MNIST(root='./data', train=True, transform=ToTensor(), download=True)
test_set = MNIST(root='./data', train=False, transform=ToTensor(), download=True)

# 데이터 로더 선언
```

```
train_loader = DataLoader(train_set, batch_size=128, shuffle=True)
test_loader  = DataLoader(test_set, batch_size=128, shuffle=False)  ①
```

① 테스트 데이터도 데이터 로더로 선언합니다.

테스트 데이터는 원래 데이터 로더로 선언할 필요가 없습니다. 하지만 테스트 데이터가 대규모여서 메모리를 효율적으로 관리할 필요가 있는 경우 또는 지금처럼 간결한 코드를 작성하기 위해 테스트 데이터를 데이터 로더로 선언하는 경우가 종종 있습니다.

테스트 데이터를 데이터 로더로 선언할 때 데이터를 섞지 않은(shuffle=False) 이유는 테스트 데이터는 섞을 필요가 없다는 관례에 따른 것인데, 섞으나 안 섞으나 테스트 데이터 전체로 예측하고 평가하므로 결과에는 영향을 주지 않습니다.

데이터에 노이즈 추가하기

이제 각각의 손글씨 이미지에 정규분포에서 추출한 노이즈(잡음)를 추가합니다. 오토인코더 모델로 추가한 노이즈를 제거하고 원본 이미지를 복원하는 작업이 이번 실습의 목표입니다.

다음과 같이 노이즈를 추가하는 함수를 작성합니다.

CODE

```
def add_noise(imgs, noise_factor=0.5):
    noisy_imgs = imgs + noise_factor * torch.randn_like(imgs)  ①
    noisy_imgs = torch.clip(noisy_imgs, 0., 1.)                ②
    return noisy_imgs
```

① torch.randn_like(imgs)는 입력 이미지와 같은 크기이면서 표준 정규분포(평균 0, 표준편차 1)를 따르는 무작위 값을 생성합니다. 여기에 noise_factor를 곱해 노이즈의 크기를 조절합니다. 그리고 원본 이미지 imgs에 이 노이즈를 더해 noisy_imgs를 만듭니다.

② MNIST 같은 이미지 데이터는 보통 픽셀 값이 0~1 사이입니다. 그러나 노이즈를 추가하면 값이 0보다 작아지거나 1보다 커질 수 있습니다. clip 메서드를 사용해 값이 0~1 범위를 벗어나지 않도록 잘라 줍니다.

노이즈를 추가하는 함수에 대해 몇 가지 부연 설명을 하겠습니다. 먼저 표준 정규분포(평균 0, 표준편차 1)를 따르는 무작위 값을 사용하는 이유는 노이즈가 특정 방향으로 치우치지 않고 고르게 분포하도록 하기 위함입니다. 이렇게 하면 어떤 픽셀은 밝아지고 어떤 픽셀은 어두워지면서 보다 자연스러운 노이즈를 만들 수 있습니다. 또한 clip 메서드를 이용해 값이 0~1 범위를 벗어나지 않도록 잘라 주면 노이즈를 추가하더라도 픽셀 값이 허용된 범위 안에서 유지됩니다. 이렇게 하면 데이터는 깨지지 않고 안정적으로 학습에 활용할 수 있습니다.

작성한 함수를 이용해 노이즈를 추가하고 몇 개의 이미지를 출력합니다. 빈 셀에서 다음과 같이 코드를 작성합니다.

CODE

```
x, _ = next(iter(train_loader))  ①
noisy_x = add_noise(x)           ②

plt.figure(figsize=(10, 4))  ③
for i in range(6):           ④
    # 원본 이미지
    plt.subplot(2, 6, i + 1)              ⑤
    plt.imshow(x[i][0], cmap='gray')  ⑥
    plt.axis('off')                       ⑦
    # 노이즈 이미지
    plt.subplot(2, 6, i + 7)
    plt.imshow(noisy_x[i][0], cmap='gray')  ⑧
    plt.axis('off')

plt.tight_layout()  ⑨
plt.show()
```

OUTPUT

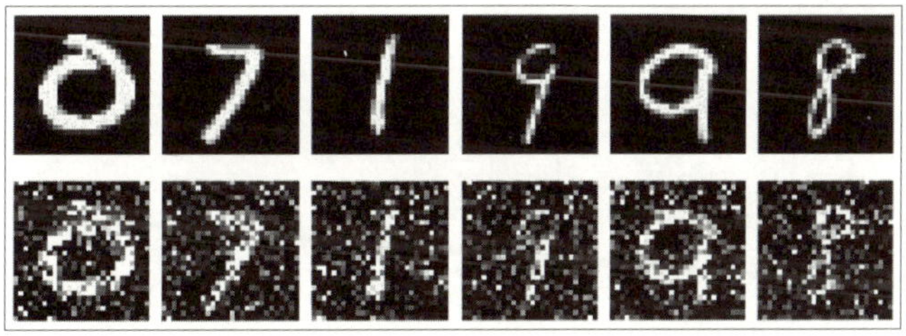

① next와 iter 함수를 중첩해 실행하면 train_loader에서 첫 번째 배치를 꺼내옵니다. 학습 이미지 텐서만 사용할 예정이므로 정답은 _로 버립니다.

② 정의한 add_noise 함수를 적용해 x에 노이즈를 추가합니다. 픽셀 값은 0~1 범위로 클리핑됩니다.

③ 이미지의 크기를 가로 10, 세로 4인치로 지정합니다.

④ 배치에서 앞의 6개 샘플만 시각화하기 위해 0부터 5까지만 반복합니다.

⑤ 2행 6열 격자 중 윗줄 i+1번째 위치에 서브 플롯을 만듭니다. 윗줄에는 원본 이미지를 배치합니다.

⑥ x[i][0]: 데이터 세트 x에서 i번째 이미지를 꺼내면 구조(shape)는 [1, 28, 28]입니다. 여기서 [0]을 한 번 더 붙이면 [28, 28] 크기가 됩니다. 이 이미지를 회색조의 컬러 맵

(cmap='gray')으로 화면에 출력합니다.
⑦ 눈금과 축을 감춰 이미지에만 집중할 수 있게 합니다.
⑧ i번째 노이즈 이미지를 회색조로 표시합니다.
⑨ 서브 플롯 사이의 여백을 자동으로 조정해 제목이나 이미지가 겹치지 않도록 합니다.

학습 데이터에서 6개의 이미지를 추출하고 각각의 이미지에 노이즈를 추가한 다음, 원본 이미지와 노이즈가 추가된 이미지를 나란히 출력했습니다. 코드의 실행 결과를 보면 제일 오른쪽에 있는 숫자 8의 이미지는 사람이 알아보기 힘들 정도의 노이즈를 포함하고 있습니다.

오토인코더 모델 학습 및 예측

오토인코더 모델 구성

이제 노이즈가 포함된 이미지를 입력으로 받아 깨끗한 이미지로 복원하도록 학습할 오토인코더 모델을 구성합니다.

이번 예제에서는 완전 연결층 기반의 간단한 오토인코더를 구현합니다. 입력 이미지(28×28 = 784차원)를 잠재 공간에서 압축한 다음, 원래 이미지로 복원하는 모델입니다.

모델 설계에서 노드 수는 다음과 같습니다.

- 인코더에서는 784→128→64→32로 압축
- 디코더에서는 32→64→128→784로 늘어나게 구성

설계한 구조대로 다음과 같이 코드를 작성합니다.

CODE
```
class Autoencoder(nn.Module):
    def __init__(self):
        super(Autoencoder, self).__init__()
        # Encoder: 784 → 128 → 64 → 32
        self.encoder = nn.Sequential(  ①
            nn.Linear(28*28, 128), nn.ReLU(),
            nn.Linear(128, 64), nn.ReLU(),
            nn.Linear(64, 32), nn.ReLU() )
        # Decoder: 32 → 64 → 128 → 784
        self.decoder = nn.Sequential(  ②
            nn.Linear(32, 64), nn.ReLU(),
            nn.Linear(64, 128), nn.ReLU(),
```

```
            nn.Linear(128, 28*28),
            nn.Sigmoid() )   # 픽셀 범위를 [0,1]로 맞추기 위해 시그모이드 함수 사용
    def forward(self, x):
        x = x.view(x.size(0), -1)                  ③
        encoded = self.encoder(x)                  ④
        decoded = self.decoder(encoded)            ⑤
        return decoded.view(x.size(0), 1, 28, 28)  ⑥
```

① 입력 이미지의 크기를 28×28=784차원 벡터로 펼친 다음(③), 128→64→32차원으로 점진적으로 축소합니다. 층마다 ReLU 활성화 함수로 비선형성을 부여해 단순 선형 조합으로는 포착하기 어려운 패턴을 학습하고 압축 과정에서도 중요한 특징을 보존하도록 돕습니다. 인코더의 마지막 결과는 32차원 벡터입니다.

② 인코더가 만든 32차원 벡터를 다시 784차원으로 확장해 원래 이미지로 복원합니다. 마지막에 시그모이드 함수를 사용한 까닭은 출력값을 0~1 범위로 제한해 MNIST의 픽셀 범위와 일치시키기 위함입니다.

③ `forward` 메서드에서 입력으로 받은 2D 이미지(28×28)를 1차원 벡터(784)로 펼칩니다. `x.view(x.size(0), -1)`은 배치 차원(첫 번째 축)의 크기는 그대로 유지하고 나머지 차원을 모두 곱해 하나의 특징 차원으로 펼칩니다. 예를 들어 입력이 [128, 1, 28, 28]이라면 [128, 784]로 변환하며 이는 기능적으로 `nn.Flatten` 함수와 동일합니다.

④ 인코딩하며 32차원으로 압축합니다. 이렇게 압축된 32차원 벡터는 데이터를 요약해 담은 표현이기 때문에 잠재 벡터(Latent Vector)라고 합니다.

⑤ 디코더로 32차원을 다시 784차원으로 복원합니다.

⑥ 복원된 1차원 벡터를 [batch_size, 1, 28, 28] 형태로 다시 변형해 원래의 이미지 형태로 되돌립니다.

오토인코더 모델은 인코더에서 비선형 변환을 활용해 입력 정보의 손실을 최소화하면서 압축하고, 디코더에서 같은 정보로 원본을 재구성하도록 학습합니다. ReLU 활성화 함수로 비선형 표현력을 확보하고, `Sigmoid` 함수로 출력값을 [0, 1] 범위로 제한해 학습과 시각화 모두에서 안정적인 결과를 얻을 수 있습니다.

모델 선언 및 학습

이제 모델을 선언하고 손실 함수와 옵티마이저를 설정합니다. 오토인코더는 입력과 출력(예측값)이 최대한 같아지도록 학습합니다. 따라서 출력 이미지와 원본 이미지 간의 차이를 줄이는 것이 목표입니다. 차이를 줄이기 위해 가장 많이 사용하는 손실 함수는 평균 제곱 오차(Mean Squared Error, MSE)입니다. 그리고 옵티마이저로는 Adam을 사용합니다.

CODE

```
model = Autoencoder().to(device)
loss_fn = nn.MSELoss()
optimizer = Adam(model.parameters(), lr=0.001)
```

계속해서 준비된 모델과 손실 함수, 옵티마이저를 이용해 학습시킵니다. 노이즈를 제거하는 오토인코더 모델을 학습시킬 때는 입력에는 노이즈가 포함된 이미지를 넣고 출력에는 정상적인 이미지를 넣은 다음, 오차를 계산합니다.

다음과 같이 학습을 수행합니다.

CODE

```
epochs = 20
for t in range(epochs):
    model.train()
    running_loss = 0.0
    for imgs, _ in train_loader:                       ①
        noisy_imgs = add_noise(imgs).to(device)        ②
        imgs = imgs.to(device)                         ③
        outputs = model(noisy_imgs)                    ④
        loss = loss_fn(outputs, imgs)                  ⑤
        optimizer.zero_grad()
        loss.backward()
        optimizer.step()
        running_loss += loss.item()
    tr_loss = running_loss / len(train_loader)
    print(f"Epoch {t+1}, train loss: {tr_loss:.6f}")
```

OUTPUT

```
[Epoch 1] Training Loss: 0.068906
[Epoch 2] Training Loss: 0.045545
[Epoch 3] Training Loss: 0.036148
...
[Epoch 18] Training Loss: 0.021408
[Epoch 19] Training Loss: 0.021106
[Epoch 20] Training Loss: 0.020792
```

① train_loader로 입력값(x)과 정답(y)을 불러오지만, x만 사용하고 y는 _로 처리합니다. 오토인코더의 학습은 y를 사용하지 않는 비지도학습입니다.

② add_noise 함수로 imgs에 노이즈를 추가하고 noisy_imgs에 저장합니다. 그리고 디바이스를 할당합니다.

③ imgs 역시 디바이스에 할당하는 이유는 모델의 입력으로 사용한 노이즈 데이터(noisy_imgs)의 출력 결과와 원본 데이터(imgs)를 비교하기 위함입니다.

④ 노이즈 이미지(noisy_imgs)를 오토인코더 모델에 입력해 복원 이미지를 출력합니다.

⑤ outputs는 모델이 복원한 이미지, imgs는 정답(깨끗한 원본 이미지)입니다. 두 이미지의 차이를 계산해 모델의 오차(MSELoss)를 구합니다.

오토인코더는 원래 정상 이미지를 입력으로 넣고 출력과 정상 이미지 사이의 오차를 계산합니다. 그러나 디노이징 오토인코더(Denoising Autoencoder)라는 분야가 발전하면서 노이즈가 포함된 이미지를 입력으로 학습시키면 모델이 원본 패턴을 복원하는 능력을 자연스럽게 익히게 되어 노이즈 제거 효과가 높습니다.

예측 및 결과 비교

학습된 모델로 예측을 수행합니다. 다음과 같이 테스트의 데이터 로더에서 배치 하나를 뽑아 예측합니다.

CODE

```
model.eval()                             ①
imgs, _  = next(iter(test_loader))       ②
noisy_imgs = add_noise(imgs).to(device)  ③
with torch.no_grad():                    ④
    outputs = model(noisy_imgs)          ⑤
```

① 모델을 평가 모드로 전환합니다.

② test_loader에서 첫 번째 배치를 꺼내 입력값(x)과 정답(y)을 가져옵니다. 정답(y)은 사용하지 않으므로 _로 무시하고 imgs만 활용합니다.

③ 불러온 이미지에 노이즈를 추가한 다음 디바이스를 할당합니다.

④ 평가 단계에서는 기울기(Gradient) 계산이 필요하지 않으므로 torch.no_grad 블록에서 실행합니다.

⑤ 노이즈가 포함된 이미지를 모델에 넣어 복원 이미지를 얻습니다. 오토인코더 모델의 학습에 따라 outputs에는 원본에 가까운 이미지를 재구성한 결과가 담기게 됩니다.

이제 원본, 노이즈 데이터, 복원된 결과(예측 결과) 이미지를 각각 6개씩 뽑아 비교합니다.

CODE

```
imgs = imgs[:6].cpu()                    ①
noisy_imgs = noisy_imgs[:6].cpu()        ②
outputs = outputs[:6].cpu()              ③
plt.figure(figsize=(12, 6))
for i in range(6):
    # 원본
    plt.subplot(3, 6, i + 1)
    plt.imshow(imgs[i][0], cmap='gray')
    plt.axis('off')
    if i == 0: plt.title("Original")     ④
    # 노이즈
    plt.subplot(3, 6, i + 7)
```

```
    plt.imshow(noisy_imgs[i][0], cmap='gray')
    plt.axis('off')
    if i == 0: plt.title("Noisy")
    # 복원
    plt.subplot(3, 6, i + 13)
    plt.imshow(outputs[i][0], cmap='gray')
    plt.axis('off')
    if i == 0: plt.title("Denoised")

plt.tight_layout()
plt.show()
```

OUTPUT

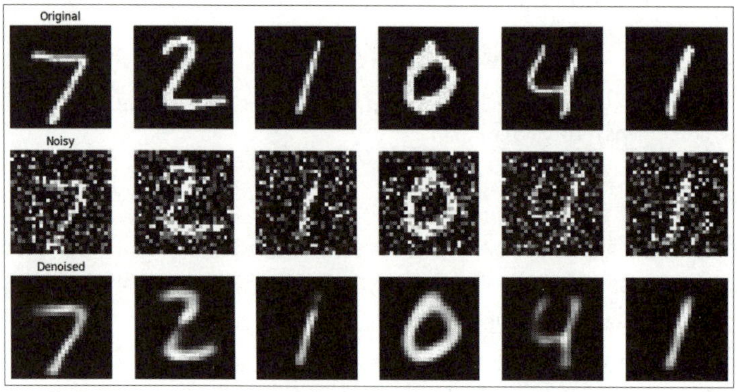

① 테스트 배치에서 앞쪽 6개의 원본 이미지만 추출하고 GPU에 있다면 CPU로 옮깁니다.

② 노이즈가 추가된 이미지도 앞쪽 6개만 가져와 CPU로 옮깁니다.

③ 오토인코더가 복원한 결과 이미지 역시 6개만 선택해 CPU로 옮깁니다.

④ 첫 번째 이미지(인덱스 0)에만 제목을 붙입니다. 따라서 각 열의 첫 번째 그림 위에 'Original', 'Noisy', 'Denoised'라는 제목이 표시됩니다.

코드 실행 결과는 첫 번째 행은 원본 이미지, 두 번째 행은 노이즈 이미지, 마지막 행은 오토인코더 모델 학습으로 노이즈가 제거된 이미지를 각각 출력하고 있습니다. 노이즈를 제거한 이미지의 결과를 보면 원본에 비해 해상도가 조금 떨어지지만, 노이즈를 상당히 제거하고 있음을 알 수 있습니다.

오토인코더 구현 2: MNIST 차원 축소

이번에는 오토인코더 정가운데 층(잠재 공간)의 노드를 2개로 구성한 다음, MNIST 원본 이미지를 입력해 압축하고 다시 원본 이미지를 복원하도록 모델을 학습시키겠습니다. 그런 다음 모델에서 인코더 부분만 떼어 내면 MNIST의 고차원 데이터

(784차원)를 2차원 잠재 벡터로 변환할 수 있습니다. 그리고 잠재 벡터에 담긴 정보에 정답(숫자 범주)을 붙여 2차원 그래프로 시각화합니다. 이번 실습은 '10일차_비지도학습모델링.ipynb' 파일에서 이어 작성하면 됩니다.

모델 구성

모델을 학습한 다음 인코더만 따로 떼어 사용할 예정이므로 모델 클래스의 인코더를 별도의 함수로 구성합니다. 모델 클래스의 코드를 보면 인코더의 마지막 층 출력 노드 수와 디코더 첫 번째 층의 입력 노드 수가 2로 같다는 것을 알 수 있습니다. 그리고 클래스의 마지막 부분에 잠재 벡터 추출을 위한 인코더 함수를 별도로 정의했습니다.

CODE

```
class Autoencoder2D(nn.Module):
    def __init__(self):
        super(Autoencoder2D, self).__init__()
        self.encoder = nn.Sequential(  ①
            nn.Linear(784, 128), nn.ReLU(),
            nn.Linear(128, 64), nn.ReLU(),
            nn.Linear(64, 2))          ②
        self.decoder = nn.Sequential(  ③
            nn.Linear(2, 64), nn.ReLU(),
            nn.Linear(64, 128), nn.ReLU(),
            nn.Linear(128, 784),
            nn.Sigmoid())
    def forward(self, x):
        x = x.view(x.size(0), -1)
        z = self.encoder(x)
        out = self.decoder(z)
        return out.view(x.size(0), 1, 28, 28)
    def encode(self, x):  ④
        x = x.view(x.size(0), -1)
        return self.encoder(x)
```

① 인코더: 784 → 128 → 64 → 2

② 인코더의 마지막 층은 2차원입니다. 이렇게 만든 이유는 2차원 좌표에 시각화하기 위함입니다.

③ 디코더: 2 → 64 → 128 → 784

④ 잠재 벡터만 추출하기 위해 모델의 인코더만 별도의 메서드로 정의합니다. encode 메서드를 보면 입력 데이터를 펼쳐 `self.encoder`에 넣고 결과를 반환합니다.

784차원을 2차원으로 압축하고 2차원 잠재 벡터를 시각화하기 위한 모델을 구성했습니다. 이 코드의 두 가지 특징은 2차원으로 압축한다는 점, 인코더 부분만 떼어 사용할 수 있도록 메서드를 추가한 점입니다.

모델 선언 및 학습

모델을 선언하고 학습을 시키는 과정은 앞의 오토인코더의 학습과 동일합니다. 다만 모델을 입력할 때 원본 데이터가 들어가는 부분만 신경 쓰면 됩니다.

CODE

```
model = Autoencoder2D().to(device)
loss_fn = nn.MSELoss()
optimizer = Adam(model.parameters(), lr=0.001)

epochs = 20
for t in range(epochs):
    model.train()  # 학습 모드
    running_loss = 0.0
    for imgs, _ in train_loader:
        imgs = imgs.to(device)
        outputs = model(imgs)            ①
        loss = loss_fn(outputs, imgs)  ②
        optimizer.zero_grad()
        loss.backward()
        optimizer.step()
        running_loss += loss.item()
    tr_loss = running_loss / len(train_loader)
    print(f"Epoch {t+1}, train loss: {tr_loss:.6f}")
```

OUTPUT

```
[Epoch 1] Training Loss: 0.067704
[Epoch 2] Training Loss: 0.053347
[Epoch 3] Training Loss: 0.049070
...
[Epoch 18] Training Loss: 0.041100
[Epoch 19] Training Loss: 0.040926
[Epoch 20] Training Loss: 0.040811
```

① 노이즈 제거를 위한 오토인코더에서는 노이즈가 포함된 이미지를 넣었지만, 이번에는 차원을 2차원으로 축소하고 시각화하는 게 목적이므로 모델 입력으로 원본 이미지를 사용합니다.

② 원본 이미지를 복원한 결과(outputs)와 원본 이미지(imgs) 사이의 오차를 계산합니다.

입력 이미지를 2차원 잠재 공간으로 압축하고 다시 복원하면서 오토인코더 모델을 학습시켰습니다.

모델 사용: 차원 축소

이제 테스트 데이터의 데이터 로더에서 배치 단위로 뽑아 잠재 벡터를 만듭니다.

CODE

```
model.eval()
latent_vectors = []
labels = []
with torch.no_grad():
    for imgs, lbls in test_loader:
        imgs = imgs.to(device)
        z = model.encode(imgs)                  ①
        latent_vectors.append(z.cpu())          ②
        labels.append(lbls)                     ③
latent_vectors = torch.cat(latent_vectors)  ④
labels = torch.cat(labels)
```

① 오토인코더 모델에서 encode 메서드를 사용해 입력 이미지를 2차원 잠재 공간으로 변환합니다. z의 크기는 [배치 크기, 2]로서 숫자 이미지 하나당 (x, y)의 좌표 형태(2차원)로 표현됩니다.

② 모델이 뽑아낸 잠재 벡터 z는 GPU 위에 있을 수 있습니다. 그런데 여러 배치를 모아서 하나로 합치려면 CPU에 있는 텐서가 더 편합니다. CPU로 옮기고 리스트 `latent_vectors`에 하나씩 추가합니다. 리스트에 추가하는 이유는 그래프를 손쉽게 그리기 위함입니다.

③ 각각의 이미지가 어떤 숫자인지 알려 주는 레이블(`lbls`)도 함께 모아 둡니다. 이렇게 하면 이후 잠재 공간을 그래프로 그릴 때 숫자가 같은 것끼리 색깔을 각각 다르게 표시할 수 있습니다.

④ 배치마다 분리되어 있던 텐서들을 하나의 큰 텐서로 합칩니다. 최종적으로 `latent_vectors`는 [전체 데이터 개수, 2] 크기의 텐서, `labels`는 [전체 데이터 개수] 크기의 텐서가 됩니다.

이 과정은 오토인코더가 학습한 잠재 공간을 실제로 추출하는 단계로 숫자 이미지가 어떻게 2차원 좌표 위에 배치되는지 확인할 수 있습니다. 잠재 벡터와 레이블을 함께 모아 두면 이후 시각화에서 데이터의 구조와 패턴을 한눈에 파악할 수 있습니다.

잠재 벡터 시각화

이제 앞에서 저장한 잠재 벡터 리스트(`latent_vectors`)와 레이블 리스트(`labels`)를 시각화합니다. 784차원을 2차원으로 축소한 잠재 벡터를 산점도(scatter)로 그리고 레이블별로 색을 달리해 시각화합니다.

CODE

```
plt.figure(figsize=(8, 6))
scatter = plt.scatter(latent_vectors[:, 0], latent_vectors[:, 1], c=labels,   ①
                      cmap='tab10', s=10, alpha=0.7)                            ②
plt.colorbar(scatter, ticks=range(10))                                          ③
```

```
plt.xlabel("z1")  ④
plt.ylabel("z2")
plt.grid()        ⑤
plt.show()
```

① latent_vectors의 첫 번째 열을 x좌표(z1), 두 번째 열을 y좌표(z2)로 사용해 산점도를 그립니다. c=labels로 지정했기 때문에 각각의 점은 숫자 레이블(0~9)에 따라 다른 색으로 표시됩니다.
② 색상표로 tab10을 사용해 10개의 고유 색상을 적용합니다. s=10으로 점의 크기, alpha=0.7로 투명도를 지정합니다. 점들이 겹쳐도 구분이 잘 되도록 하기 위함입니다.
③ 색상과 숫자 레이블이 어떻게 매칭되는지 확인할 수 있도록 색상 막대를 추가합니다. ticks=range(10)으로 지정해 숫자 0~9 레이블이 색상과 대응하도록 지정합니다.
④ x축의 이름을 z1로 지정합니다. 이는 잠재 공간의 첫 번째 차원을 의미합니다.
⑤ 그래프 위에 격자선을 표시해 점들의 분포를 좀 더 쉽게 확인할 수 있도록 합니다.

코드를 실행하면 [그림 10-4]와 같이 숫자 이미지별로 군집을 형성하는 그래프를 볼 수 있습니다. 딥러닝 학습에서 초기 가중치가 랜덤하게 할당되기 때문에 여러분이 그린 그래프와 책의 그래프는 형태가 조금 다를 수 있습니다.

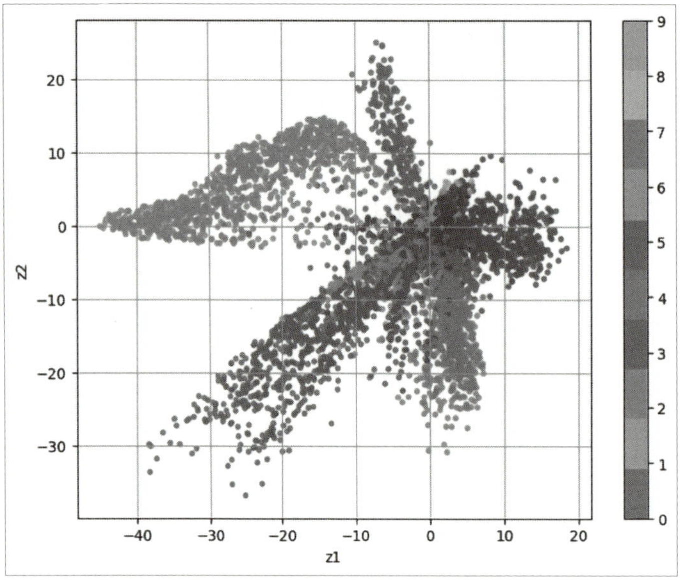

[그림 10-4] 784차원 데이터를 2차원으로 축소한 후 시각화

숫자 0, 1, 2, 6은 2차원 잠재 벡터에서 잘 분리가 된 것처럼 보입니다. 그러나 9와 4 그리고 7은 겹친 부분이 꽤 있습니다. 또한 3, 5, 8도 중복 영역이 존재합니다. 중복

영역이 존재하는 까닭은 MNIST 데이터에 있는 이 숫자들이 실제로 비슷해 보이거나 헷갈리게 작성한 손글씨이기 때문입니다.

잠재 공간으로 축소된 데이터(은닉층 데이터)의 의미를 정확히 파악할 수는 없지만, 잠재 벡터가 0~9까지의 손글씨를 분류하는 데 상당히 중요하고 의미 있는 값을 보여 주고 있습니다.

오토인코더의 인코더와 PCA

오토인코더의 인코더는 입력 데이터를 더 낮은 차원의 공간으로 압축하는 역할을 합니다. 이처럼 복잡한 데이터를 간단하게 요약하는 과정은 차원 축소와 매우 유사합니다. 그렇다면 차원 축소 기법으로 자주 사용되는 PCA(주성분 분석)와 오토인코더는 어떤 차이가 있을까요?

먼저 PCA는 데이터를 가장 잘 설명할 수 있는 방향(주성분)을 찾아서 데이터를 그 방향을 기준으로 정렬합니다. 예를 들어 3차원 공간의 점들을 2차원 평면 위에 그려야 할 때 PCA는 가장 정보가 많이 담긴 두 방향만 남기고 나머지는 버립니다. 이 과정을 통해 데이터를 손실 없이 최대한 간단하게 표현할 수 있습니다.

하지만 PCA는 어디까지나 직선을 기반으로 하는 선형 기법입니다. 따라서 데이터가 직선처럼 잘 퍼져 있는 경우에는 유효하지만, 나선형이나 곡선처럼 복잡한 구조를 가진 데이터에서는 한계가 있습니다.

반면 오토인코더는 신경망을 활용하기 때문에 훨씬 더 유연하게 작동합니다. 인코더는 비선형 함수와 여러 계층으로 구성되어 있기 때문에 복잡한 패턴이나 곡선 형태의 데이터 구조도 학습할 수 있습니다. 또한 구조를 다양하게 바꿀 수 있는 활성화 함수 등을 조절하기 때문에 더 복잡한 데이터에서도 잘 적응할 수 있습니다.

두 방법의 차이를 [표 10-2]로 정리하면 다음과 같습니다.

[표 10-2] PCA와 오토인코더의 차원 축소 비교

항목	PCA	오토인코더
방식	선형(직선 기반)	비선형도 가능(신경망 기반)
복잡한 패턴 처리	제한적	가능
계산 효율성	빠름	상대적으로 느림
구성 요소	수학적 계산 기반	신경망 구성(Encoder/Decoder)
활용 유연성	차원 축소, 시각화에 주로 사용	노이즈 제거, 이상 탐지 등 다양하게 활용 가능

정리하면 PCA는 단순하고 빠르지만 구조가 단순한 데이터에 적합하며, 오토인코더는 복잡한 구조의 데이터까지도 유연하게 학습할 수 있는 강력한 도구입니다. 실제로 데이터가 복잡할수록 오토인코더가 더욱 효과적인 차원 축소 방법이 될 수 있습니다.

정리

마지막 차시에서는 비지도학습의 기본 개념을 시작으로 대표적인 기법들과 오토인코더의 구조, 활용까지 함께 살펴보았습니다. 특히 오토인코더가 입력을 압축하고 다시 복원하는 과정을 통해 정답 없이도 데이터의 본질적인 특징을 효과적으로 학습할 수 있다는 점을 실습으로 체험했습니다. 노이즈가 있는 이미지에서 깨끗한 이미지를 복원하거나 데이터를 2차원 공간으로 표현해 시각화하는 과정은 오토인코더의 강력함을 잘 보여 줍니다.

이제 여러분은 지도학습뿐만 아니라, 비지도학습의 기본 원리와 활용 방법까지 이해하게 되었습니다. 이는 앞으로 생성 모델이나 고급 딥러닝 모델로 학습을 확장하는 데 든든한 발판이 될 것입니다. 이 책에서 다룬 내용을 바탕으로 여러분의 프로젝트와 지식 탐구를 계속 이어가기를 진심으로 바랍니다.

찾아보기

l~m

n~r

S~Z

ㄱ~ㄷ

ㄹ~ㅂ

ㅅ~ㅇ

ㅈ~ㅊ

ㅋ~ㅎ